风险管理和内部控制
理论与实践

RISK MANAGEMENT & INTERNAL CONTROL:
THEORY AND PRACTICE

李 健 ◎ 编著

中国财经出版传媒集团
经济科学出版社
Economic Science Press

图书在版编目（CIP）数据

风险管理和内部控制理论与实践/李健编著.—北京：经济科学出版社，2019.4（2022.10 重印）
ISBN 978-7-5218-0485-0

Ⅰ.①风… Ⅱ.①李… Ⅲ.①企业内部管理-风险管理-研究-中国 Ⅳ.①F279.23

中国版本图书馆 CIP 数据核字（2019）第 077686 号

责任编辑：张　燕
责任校对：王肖楠
责任印制：邱　天

风险管理和内部控制理论与实践

李　健　编著

经济科学出版社出版、发行　新华书店经销
社址：北京市海淀区阜成路甲 28 号　邮编：100142
总编部电话：010-88191217　发行部电话：010-88191522
网址：www.esp.com.cn
电子邮件：esp@esp.com.cn
天猫网店：经济科学出版社旗舰店
网址：http://jjkxcbs.tmall.com
固安华明印业有限公司印装
710×1000　16 开　23.5 印张　480000 字
2019 年 5 月第 1 版　2022 年 10 月第 4 次印刷
ISBN 978-7-5218-0485-0　定价：78.00 元
（图书出现印装问题，本社负责调换。电话：010-88191510）
（版权所有　侵权必究　打击盗版　举报热线：010-88191661
QQ：2242791300　营销中心电话：010-88191537
电子邮箱：dbts@esp.com.cn）

序 一

奠稳风险管理和内部控制的基石，企业之舟才能扬帆远航

近年来，全球化和技术变迁正在不断改变着世界的政治格局和经济版图，企业面对的不确定因素不断增多，面对的风险也越来越复杂。波及全球的贸易战、金融危机以及时有发生的地区武装冲突、恐怖袭击、自然灾害、安全事故、环境污染等不仅给全球经济发展带来了巨大挑战，也直接威胁到企业的生存和发展。因此，企业开展风险管理和内部控制工作是顺应国际国内政治经济环境新变化的必然要求，也是现代企业实现健康稳定可持续发展的必要保障。

全球经济一体化的进程在很大程度上加剧了风险事件产生的影响，一个小的风险事件往往会打开一体化链条上的"潘多拉之盒"，形成多米诺骨牌效应，波及的方面和产生的连锁反应往往是很多国家和企业所始料未及的。这些都在客观上要求中国企业建立一套行之有效的风险管理和内部控制体系来抵御内外部的各种风险。

虽然中国企业经过了四十多年的发展，也经历了市场化和全球化的巨大考验，但中国企业的风险管理和内部控制工作依然处于初级发展阶段，与中国企业在全球化和世界经济中承担的角色还很不相称和匹配。未来企业开展风险管理和内部控制工作需要走出仅仅满足合规要求的禁锢，要"择高处立"，即这些工作要与企业整体战略密切结合，推动企业整体战略的实现，借此实现企业的盈利目标和增加企业价值。风险管理要帮助企业管理者进行战略分析和提供决策选项，确保企业战略得到有效的执行。而内部控制是企业通过内部管控措施有效应对风险的重要手段，是企业综合能力的体现，也是企业竞争力的重要来源。

毫无疑问，以上这些变化和挑战要求企业管理者和学者从战略和创新发展的角度来审视风险管理和内部控制，并将两者与企业的整体战略、企业日常经营管理和业务流程

密切融合，以便应对企业发展进程中不断出现的新的挑战。

本书的作者李健博士是我最优秀的博士生之一，具有很强的研究创新能力、严谨的治学态度和极强的进取精神，善于通过跨学科研究和理论与实践相结合的方式实现学术上的突破。在《风险管理和内部控制理论与实践》的编写过程中，他融入了自己在世界五百强企业从事风险管理和内部控制工作多年积累的经验，结合理论研究的最新成果和行业内的最佳实践，阐述了风险管理和内部控制等各个方面，是一部不可多得的学术新作。该书有助于读者掌握风险管理和内部控制的游戏规则，了解企业开展风险内控工作的具体方法，提高风险管理和内部控制的理论和实践水平。

金占明

清华大学创新创业与战略系

教授　博士生导师

序 二

近十多年来，放眼全球，人们看到了大洋彼岸许多不良的公司治理和内部控制失效的事件，由此而引发的一系列的财务丑闻和舞弊案件以及国际金融危机，对企业和社会经济发展产生了巨大的破坏性影响。社会各界人士的口诛笔伐，促使美国监管部门出台了《萨班斯—奥克斯利法案》等一系列的法律法规和标准，要求上市公司加强内部控制和完善公司治理。

现代内部控制是一种综合管理体系，包含着经营管理的精髓、理念和控制措施，是企业运营和各项管理工作的基础；企业风险管理强调治理和文化的上层建筑，支持企业使命、愿景和核心价值的实现。按照美国反虚假财务报告委员会下属的发起人委员会（COSO）在2017年版企业风险管理整合框架中的最新解释，内部控制主要聚焦在企业的运营和对于相关法律法规的遵从性上，例如，企业需要关注与财务报告目标相关的舞弊风险、与合规目标相关的控制活动、与运营目标相关的持续及独立评估。风险管理则包括了管理风险的文化、能力和实践，更加强调风险与价值的相结合，突出价值创造而不只是防止损失。COSO一再强调，风险管理和内部控制两个框架是截然不同的，并提供不同的重点；它们不可相互取代，而是互补的关系。二者是公司治理不可缺少的两个组成部分。

在企业内部控制规范体系建设方面，我国政府监管部门充分利用了后发优势，在借鉴和吸收国际监管新理念，通过整合资源与合力攻坚，2008年5月和2010年4月，我国财政部、证监会、审计署、银监会和保监会五部委联合制定和先后发布了《企业内部控制基本规范》和《企业内部控制配套指引》，构建了中国企业内部控制规范体系。近10年来，这场由我国政府监管机构主导的旨在加强企业内部控制体系建设的系统工程，大约可分为三个阶段。

第一阶段（2008~2011年），开展普及内控规范体系和相关知识的培训教育运动。尽管从总体上说，这种以搞运动的方式开展内控培训，是否真正达到了"人人学内控、人人讲内控、个个受约束"的效果还有待实践检验，但对于自上而下层层传导式地推进企业内控规范体系的实施起了促进作用，这一点是毋庸置疑的。

第二阶段（2012～2016年），以内控评价促进企业内控体系建设。由于一些企业，尤其是上市公司自我约束的内在动力不足，企业内部控制规范体系中专门规定了"施行企业内部控制规范体系的企业，必须对本企业内部控制的有效性进行自我评价，披露年度自我评价报告"要求，同时还要求企业"聘请会计师事务所对其财务报告内部控制的有效性进行审计，出具审计报告"。政府监管部门强化对企业内部控制规范体系实施情况的检查与考核，这种"以评促建"的方式，无疑对上市公司建立内部控制体系发挥了强制性的推动作用。

值得一提的是，2012年5月7日，国资委和财政部联合发布了《关于加快构建央企内控体系有关事项的通知》。通知要求，各中央企业要力争用两年时间，按照《企业内部控制基本规范》和配套指引的要求，建立规范、完善的内部控制体系。央企和地方国企由此拉开了建立和实施内部控制体系的大幕。

第三阶段（2017年至今），企业建设内部控制体系由外部推动变为内在需求。当前，国内外环境正发生深刻变化，企业发展亦面临诸多不确定因素，我国监管机构积极寻求规避风险和化解矛盾的应对举措。从金融去杠杆的推进，到强化银行同业、资本市场、保险业务的监管；从国有企业完成公司制改制，加强企业海外经营合规管理，再到财政部印发《小企业内部控制规范（试行）》，层出不穷的监管要求，对企业进一步完善风险管理和内部控制体系施加了倒逼压力。企业内部控制体系建设由点带面，由浅入深，从原先的"要我控制"变成了"我要控制"，从单纯的制度建设转向追求内控制度的实际操作及其有效性。治理层和高级管理层更加关注如何实现战略目标和提升经营绩效，在消除各行业风险隐患的基础上，加强薄弱环节监管制度建设，确保企业依法合规经营，完善风险控制机制，找到企业变革和创新转型的抓手，实现持续改进和提升价值。

李健博士一直负责中国化工集团的风险管理和内部控制工作。近10年来，他全过程参与了其所在集团从风险控制体系建设，风险识别和评估、试点及推广项目，到全体系的内部控制评价检查工作，积累了丰富的实践经验，并具备了较全面的综合管理和协调能力。本书是李健博士近10年来在中国化工集团从事风险管理和内部控制工作的实践经验总结。作者结合国资委对中央企业全面风险管理的各项要求和财政部等五部委对企业贯彻落实内部控制规范体系的指引和规定，从风险管理和内部控制概述，风险内控体系建设，风险的识别、评估和应对，公司层面和业务层面控制，内部控制评价，风险内控信息化六个方面，详细论述了风险管理和内部控制从规划、实施、评价检查，以及整改和信息化的各个环节的重点内容，面临的主要风险和相应的控制措施，力图为企业开展风险管理和内部控制工作提供有效的指导。

企业建立和实施内部控制是一项专业性很强的工作，要求相关人员具备丰富的知识技能和充足的实践经验。为了解决目前普遍存在的制度建设与实际操作"两张皮"的现象，企业需要把内部控制的有效执行放在首位。在开展内控体系建设的过程中，一些企业由于缺乏内控专业人才，或相关工作人员缺乏相应的知识和经验，从而影响企业内部控制体系建设的质量和持续改进。本书的出版发行不仅为我国上市公司和国有企业的内部控制体系建设提供可供选择的实务操作指南和解决方案，而且可作为内部控制培训项目的适用辅导教材，有利于培养风险内控专业人才，促进企业内部控制体系建设紧密结合自身实际，实现控制目标和提升经营管理绩效。

张 玉

中国大陆首位高级国际注册内部控制师

中国职协企业内控师岗位培训项目资深顾问

2019年5月

前言

人类社会的存在和发展自始至终都伴随着风险，识别、评价和应对风险是人类的本能，也是人类得以生存繁衍的基础。随着社会的进步，人类的风险意识和应对能力也在不断提高。同样的，企业在生存和发展过程中也会遇到各种各样的风险，会对企业整体经营目标的实现产生影响，这些风险可能来自企业所处的外部环境也可能来自企业的内部。

风险管理就是帮助企业在发展业务的同时，对危及目标实现的可能性提前预判，并采取有效的措施加以预防。而内部控制是风险管理的重要手段，企业通过将内部控制的要求融入各项业务管理过程中，对企业制度和流程进行规范和监督评价，实现管控"内力"的提升。风险管理和内部控制能够保证企业健康、稳定和可持续发展，为企业战略目标的实现保驾护航。

不仅如此，风险管理作为企业整体战略的重要组成部分，它还能帮助企业在错综复杂的环境中识别危机和机遇，结合自身的资源和能力，抓住机遇实现更快的发展，促进企业战略目标的实现，提升企业的价值。这既是企业满足外部合规要求的需要，也是企业提高经营效率和效益的关键。

中国改革开放四十年来，很多企业规模迅速扩大，企业效益明显增长。但中国企业在发展过程中也遇到很多机遇和挑战，突出表现在国内外各方面监管要求越来越严格，违规处罚的力度越来越大，而企业整体的风险管理和内部控制水平无法跟上规模扩大和国际化的步伐，各类风险事件频出。

目前，很多国内企业的风险内控工作还处于满足合规要求阶段，距离实现风险量化、实时监控、及时预警和为管理层提供决策支持等方面还有很大的差距。未来，中国企业需要进一步推动风险内控工作的开展，走出合规要求和规范管理的限定，有效化解风险和危机，推动企业的持续创新和自我优化提升，更好服务于企业整体战略和价值创造的目标。

基于这种考虑，本书解读了风险内控最新理论和合规性要求，系统介绍了从整体规划到实际执行，从评价检查到完成整改和提升，以及实现信息化管理的整个风险内控工作过程，以期为企业开展风险内控工作提供有效的指导。

本书的理论部分系统阐释了风险管理和内部控制的概念、理论演进过程、对企业的重要意义等，对风险管理、内部控制、审计、合规管理等概念进行了界定；对国内外风险内控的最新规定，比如2017年版风险管理框架等予以解读；探索和分析了中国企业风险内控工作的现状和存在的问题，并对我国企业风险内控工作的未来发展提出了一些设想。

实践部分结合作者的实际工作经验，以案例的形式分析了国内外一些企业开展风险内控工作的最佳实践和经验教训，提出开展风险内控工作的方式和方法，包括风险内控总体规划、风险识别和量化评估、内部控制组织和制度体系建设、公司层面（组织、战略、人力资源等5类）和业务层面（采购、生产、销售、资金等13类）的主要风险及内部控制措施、内部控制评价方法（抽样和测试方式等）、内控缺陷认定标准、风险监控和预警、内控成熟度评价，以及企业风险内控信息化建设等。

与以往风险内控类的书籍有所不同，本书的创新点在于：将风险内控工作与企业战略有机结合，系统诠释风险管理在企业战略制定和执行中发挥的作用；对最新风险内控合规要求进行详细解读；本书涵盖了风险内控最前沿的研究领域，包括风险量化评估、关键风险指标体系设计、风险监控和预警体系搭建、内部控制成熟度评价、风控信息化等相关内容。在国内已出版发行的书刊中，相关内容鲜有涉猎，本书顺应企业界的实际需求在以上方面做出了有益的探讨和尝试。

本书由李健编著，同时获得了德勤、信永中和等咨询机构、国际内部控制协会等机构及众多企业管理人员的支持，为本书编写提供支持和帮助的还有况成功、张赵坤、胡宇、陈蔚然、李慧、周洁、谢冰、庞云等，作者对上述机构和人员所付出的努力表示衷心感谢。

由于风险内控工作所涉及的业务领域较为宽泛且深入，风险内控工作因企业、行业的实际情况而具有较大差异，书中存在的不足之处，恳请各位读者提出宝贵的意见和建议。

作者邮箱：lj05@tsinghua.org.cn。

作者

2019年4月

目 录

第一章 风险管理和内部控制概述 ... 1

第一节 风险和风险管理 ... 1
一、风险的概念 ... 1
二、风险的分类 ... 2
三、风险管理理论的演进 ... 7
四、2017年版企业风险管理框架 ... 12

第二节 内部控制 ... 17
一、内部控制的概念 ... 17
二、内部控制的重要性 ... 22
三、内部控制的基本原则 ... 23
四、内部控制发展历程 ... 25
五、2013年版内部控制框架 ... 30
六、内部控制局限性 ... 35

第三节 风险管理、内部控制与合规管理 ... 38
一、风险管理和内部控制的关系 ... 38
二、风险管理、内部控制与合规管理的关系 ... 40
三、风险管理、内部控制与内部审计的关系 ... 46
四、风险管理、内部控制与业务的关系 ... 48

第四节 风险管理和内部控制相关法规 ... 50
一、安然事件 ... 50
二、《萨班斯—奥克斯利法案》简介 ... 51
三、我国风险管理和内部控制规范的演进 ... 54
四、《中央企业全面风险管理指引》主要内容 ... 57
五、《企业内部控制基本规范》主要内容 ... 64

六、《企业内部控制基本规范》应用指引主要内容 ……………………… 66
　第五节　中国企业风险内控的现状和未来 ……………………………………… 70
　　　一、中国企业内部控制现状 ………………………………………………… 70
　　　二、中国企业风险内控工作中存在的问题 ………………………………… 71
　　　三、中国企业风险内控的未来发展 ………………………………………… 74

第二章　风险内控体系建设 ……………………………………………………… 77

　第一节　总体规划 ………………………………………………………………… 77
　　　一、前期分析调研 …………………………………………………………… 77
　　　二、主要工作难点分析 ……………………………………………………… 79
　　　三、实施原则 ………………………………………………………………… 81
　　　四、启动会 …………………………………………………………………… 82
　第二节　组织架构搭建 …………………………………………………………… 83
　　　一、组织架构概述 …………………………………………………………… 83
　　　二、风险内控组织架构 ……………………………………………………… 84
　　　三、风险内控部门职责 ……………………………………………………… 88
　　　四、对企业风险内控部门定位的思考 ……………………………………… 89
　第三节　制度体系建设 …………………………………………………………… 91
　　　一、制度的概述 ……………………………………………………………… 91
　　　二、风险内控制度体系构成 ………………………………………………… 94
　　　三、制度管理 ………………………………………………………………… 95
　第四节　风险内控手册编制 ……………………………………………………… 102
　　　一、风险管理手册和内部控制手册概述 …………………………………… 102
　　　二、集团型企业内部控制手册类型 ………………………………………… 105
　　　三、内部控制手册的展现形式 ……………………………………………… 106

第三章　风险的识别、评估和应对 ……………………………………………… 117

　第一节　风险识别 ………………………………………………………………… 120
　　　一、风险识别的概念 ………………………………………………………… 121
　　　二、风险识别的程序 ………………………………………………………… 125
　第二节　风险评估 ………………………………………………………………… 130
　　　一、根本原因分析 …………………………………………………………… 132
　　　二、风险发生的可能性 ……………………………………………………… 134
　　　三、风险影响程度 …………………………………………………………… 136

四、风险评级 ………………………………………………………… 138
　　五、风险热力图 ……………………………………………………… 140
第三节　风险应对 ………………………………………………………… 142
　　一、风险偏好和风险承受度 ………………………………………… 143
　　二、风险应对策略 …………………………………………………… 144
　　三、风险应对有效性评估 …………………………………………… 148
　　四、风险与创新 ……………………………………………………… 149
第四节　风险预警和关键风险指标 ……………………………………… 151
　　一、风险监控和风险预警概述 ……………………………………… 151
　　二、风险预警体系的建立 …………………………………………… 153
　　三、关键风险指标体系概述 ………………………………………… 154
　　四、关键风险指标体系建设路径 …………………………………… 156
　　五、关键风险指标体系的拓展应用 ………………………………… 161

第四章　公司层面控制 … 164

第一节　组织架构的内部控制 …………………………………………… 164
　　一、治理结构和内部机构 …………………………………………… 164
　　二、组织架构的责权分配 …………………………………………… 165
　　三、组织架构的内部控制 …………………………………………… 167
第二节　企业战略的内部控制 …………………………………………… 169
　　一、战略的概述 ……………………………………………………… 169
　　二、战略管理的理论研究 …………………………………………… 171
　　三、战略管理的内部控制 …………………………………………… 181
第三节　人力资源的内部控制 …………………………………………… 184
　　一、人力资源的引进与开发 ………………………………………… 185
　　二、人力资源的约束与激励 ………………………………………… 187
　　三、薪酬福利管理 …………………………………………………… 188
　　四、人力资源的使用与退出 ………………………………………… 189
　　五、员工档案管理 …………………………………………………… 190
第四节　社会责任的内部控制 …………………………………………… 193
　　一、安全生产 ………………………………………………………… 193
　　二、质量管理 ………………………………………………………… 197
　　三、节能环保 ………………………………………………………… 198
　　四、促进就业与员工权益保护 ……………………………………… 199

第五节　企业文化的内部控制 ································· 200

第五章　业务层面控制 ······································· 203

　　第一节　资金管理的内部控制 ································· 203
　　　　一、筹资 ··· 204
　　　　二、资金营运 ··· 205
　　　　三、金融衍生业务 ······································· 209
　　　　四、担保业务 ··· 211
　　第二节　投资管理的内部控制 ································· 215
　　　　一、投资方案与决策 ····································· 215
　　　　二、投资执行 ··· 216
　　　　三、投资企业管理 ······································· 218
　　　　四、投资后评价 ··· 221
　　第三节　采购业务的内部控制 ································· 223
　　　　一、采购计划 ··· 225
　　　　二、供应商管理 ··· 227
　　　　三、采购执行与验收 ····································· 230
　　　　四、采购付款 ··· 234
　　　　五、业务外包 ··· 237
　　第四节　生产管理的内部控制 ································· 240
　　　　一、生产计划 ··· 240
　　　　二、生产运行 ··· 241
　　　　三、生产监督 ··· 242
　　　　四、生产成本 ··· 242
　　第五节　存货管理的内部控制 ································· 245
　　　　一、入库管理 ··· 245
　　　　二、库存管理 ··· 246
　　　　三、出库管理 ··· 247
　　　　四、存货处置 ··· 248
　　　　五、物流运输 ··· 248
　　第六节　销售业务的内部控制 ································· 250
　　　　一、销售计划 ··· 250
　　　　二、客户管理 ··· 253
　　　　三、销售定价 ··· 254

四、销售渠道管理 ……………………………………………………… 255
　　五、收款管理 …………………………………………………………… 256
　　六、客户服务 …………………………………………………………… 258
第七节　研究与开发的内部控制 …………………………………………… 260
　　一、立项与研发计划 …………………………………………………… 260
　　二、技术及产品应用 …………………………………………………… 262
　　三、知识产权保护 ……………………………………………………… 263
第八节　工程项目的内部控制 ……………………………………………… 264
　　一、工程立项 …………………………………………………………… 264
　　二、工程招标 …………………………………………………………… 265
　　三、工程建设 …………………………………………………………… 268
　　四、工程验收与竣工决算 ……………………………………………… 272
第九节　资产管理的内部控制 ……………………………………………… 275
　　一、固定资产管理 ……………………………………………………… 275
　　二、在建工程 …………………………………………………………… 277
　　三、无形资产管理 ……………………………………………………… 278
第十节　财务管理的内部控制 ……………………………………………… 279
　　一、全面预算 …………………………………………………………… 279
　　二、税务管理 …………………………………………………………… 284
　　三、会计核算 …………………………………………………………… 286
　　四、财务报告 …………………………………………………………… 287
　　五、成本与费用管理 …………………………………………………… 289
　　六、关联交易 …………………………………………………………… 290
第十一节　法律事务的内部控制 …………………………………………… 292
　　一、合同管理 …………………………………………………………… 292
　　二、纠纷与诉讼管理 …………………………………………………… 295
第十二节　信息系统的内部控制 …………………………………………… 298
　　一、信息系统规划 ……………………………………………………… 299
　　二、信息系统开发 ……………………………………………………… 299
　　三、信息系统运行维护 ………………………………………………… 300
　　四、信息安全 …………………………………………………………… 302
第十三节　综合管理 ………………………………………………………… 303
　　一、综合办公 …………………………………………………………… 303
　　二、制度管理 …………………………………………………………… 306

三、信息传递 ··· 306
　　四、保密管理 ··· 308

第六章　内部控制评价 ··· 310

第一节　内部控制评价概述 ··· 310
　　一、内部控制评价的目标 ··· 311
　　二、内部控制评价的主体 ··· 311
　　三、内部控制评价的范围 ··· 312

第二节　内部控制评价程序和方法 ··· 314
　　一、内部控制评价程序 ··· 315
　　二、内部控制评价方法 ··· 317
　　三、内部控制评价检查内容 ··· 326
　　四、内部控制缺陷认定 ··· 333
　　五、内部控制评价工作底稿 ··· 337
　　六、内部控制成熟度评价 ··· 339

第七章　风险内控的信息化 ··· 345

第一节　风控信息化的重要性 ··· 345
　　一、风控信息化的内在需求 ··· 346
　　二、外部监管要求 ··· 347

第二节　风控信息化建设 ··· 348
　　一、风控信息化应注意的问题 ··· 348
　　二、风控信息化平台建设的目标 ··· 349
　　三、风控信息化的基础和前提 ··· 350
　　四、风控信息化的具体内容 ··· 352

第三节　风险内控应用软件 ··· 353
　　一、风控信息化软件应用现状 ··· 353
　　二、国内企业风险内控信息化现状 ··· 355
　　三、SAP GRC 系统功能和模块介绍 ··· 356

参考文献 ··· 361

第一章 风险管理和内部控制概述

第一节 风险和风险管理

自人类诞生之日起风险就一直相伴,可以说人类对风险的认知与人类的历史一样悠久。在挑战自然、挑战自身极限的过程中人类都曾付出巨大的代价。1986 年和 2003 年"挑战者"号和"哥伦比亚"号航天飞机的失事,共导致 14 名宇航员遇难。1912 年号称"永不沉没的巨轮"泰坦尼克号处女航时就撞到冰山而沉没,超过 1500 人在事故中遇难。人类为自己的过度自信和冒险行为付出了沉重的代价,但也正是这种无畏和勇于探险的精神一直鼓舞和激励着人们去探索未知的世界,才有了今天繁荣发达的人类社会。现如今,风险(risk)一词在我们生活中出现的频率越来越高,在电视、电影、广告、报纸、杂志上都能听到和看到风险的字眼,上到人类整体的未来,全球自然环境、政治经济环境等,下到企业和个人的发展,在遇到不确定性、面对困难和挑战时人们都会把风险一词挂在嘴边。

在市场经济环境下,企业为了生存和发展,必须承担必要的风险,追逐更高的利润,同时避免出现过高的风险而导致企业遭受损失。对企业来说,每一次投资和并购,每一次做出重要的决策都是打开一扇未知的门,永远不知道门后到底是美女还是老虎。而风险管理所能做的就是把打开门后见到老虎的概率降到最低,并采取有效的风险防范措施,避免在没有做出认真分析评估,没有采取有效应对措施的情况下就打开那扇门。

一、风险的概念

对于风险的定义,最为人们普遍接受的是 1921 年美国经济学家佛兰克·奈特在他的《风险,不确定性和利润》一书中提出的:风险是可测定的不确定性。2004 年美国反虚假财务报告委员会下属的发起人委员会(以下简称 COSO 委员会)将风险定义为:某个事件即将发生并给目标实现带来负面影响的可能性;2017 年在新版的企业风险管理框架中COSO委员会又将风险定义为：事项发生并影响战略和商业目标实现的可能性。新框架强调了风险带来影响的双面性，既包括负面影响，也包括正面影响。

国务院国有资产监督管理委员会（以下简称国资委）印发的《中央企业全面风险管理指引》将风险定义为：未来的不确定性对企业实现其经营目标的影响。相对之前的定义而言，这个定义更为具体和全面。在这个风险的定义中突出了两个方面的内容：一是本质的不确定性；二是影响，如图1-1所示。不确定性指的是风险发生的可能性，比如说今天有50%的可能性下雨，这就是一种不确定性，也可以看作一种概率。这个概念的第二个层面就是对经营目标的影响。以下雨对经营的影响为例，如果我们是经营饭店的，下雨可能导致客流量减少，从而减少收入。而如果我们是卖雨伞的，那么下雨可能会带来更多的销售量，带来收入的增加。要正确把握国资委对于风险的定义就需要从不确定性和影响两个方面把握，两者缺一不可。

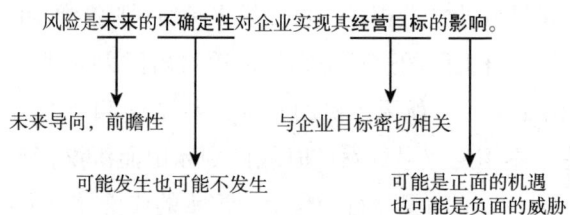

图1-1 国资委对于风险的定义

资料来源：国务院国有资产监督管理委员会．中央企业全面风险管理指引．2006．

国资委对风险的定义，首先强调了风险的前瞻性，对风险的管理不仅是事后的亡羊补牢，更是对潜在的风险进行提前研判和防范；其次，不确定性是风险的本质，风险的发生存在一定的概率，产生的影响大小也是不确定的；再次，风险会对企业经营目标造成影响；最后，风险产生的影响有可能是正面的也有可能是负面的，可能是机遇也可能是威胁。

二、风险的分类

人们从不同的角度对风险进行分类，由于侧重点和分类基础不同，风险的分类也有很大不同。

从风险产生影响不同的角度，将同时带来机遇和挑战可能性的风险称为机会风险，将只能带来损失可能性的风险称为纯粹风险。机会风险一般与市场机会相联系，可能带来收益也可能带来损害；纯粹风险是指只会产生损害，而没有获利可能的风险。按照风险造成的严重程度，可将风险分为重大风险、重要风险和一般风险。按照风险产生的不同原因，可将风险分为政治风险、社会风险、经济风险、自然风险等。

国资委在2006年颁布的《中央企业全面风险管理指引》中建立了三级风险分类体

系，将企业风险划分为战略风险、财务风险、市场风险、运营风险、法律风险五大一级风险，如图1-2所示。

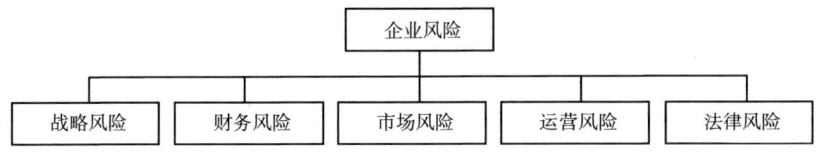

图1-2　一级风险分类

资料来源：国务院国有资产监督管理委员会．中央企业全面风险管理指引．2006．

在对风险的识别和评估过程中，粗略的分类没有实际可操作性，通常需要对风险进行更为详细的划分。例如，根据一级风险涉及的经营管理活动特点或流程进一步细分，可细分为二级风险、三级风险等；战略风险包括宏观经济风险、产业结构风险、政策风险并购重组风险、战略管理风险、投资风险等二级风险；三级风险是根据二级风险涉及的经营管理活动特点或流程进一步细分，如果二级风险无法细分，则三级风险名称与二级风险保持一致。很多国内企业接受了这种分类方式，并根据实际情况进行些许调整，但多数还是基本沿用了国资委对于风险的分类方式，如表1-1所示。

表1-1　　　　国资委《中央企业全面风险管理指引》对企业风险的分类

一级风险	二级风险	三级风险
战略风险	投资风险	投资决策风险
		投资实施风险
		投资中止退出风险
	政策风险	
	国际化经营风险	境外投资风险
		国际工程承包风险
		海外市场开拓风险
	战略管理风险	战略规划风险
		战略实施风险
		战略调整风险
	宏观经济风险	
	产业结构风险	
	改制风险	
	并购重组风险	估值与定价风险
		尽职调查风险
		执行与整合风险

续表

一级风险	二级风险	三级风险
战略风险	公司治理风险	
	组织结构风险	
	集团管控风险	
	社会责任风险	
	企业文化风险	企业文化建设风险
		廉政建设风险
		职业道德风险
	公共关系风险	政府关系风险
		媒体关系风险
		危机沟通风险
		社会舆情风险
	业务合作伙伴风险	业务合作伙伴关系风险
		业务合作伙伴信用风险
市场风险	竞争风险	
	价格风险	
	汇率利率风险	
	市场供求风险	市场供应风险
		市场需求风险
	衍生品交易风险	
	市场营销风险	
	行业前景风险	
	客户风险	客户信用风险
		客户关系维护风险
		客户商业模式风险
	品牌与声誉风险	品牌策略风险
		品牌推广及维护风险
		声誉风险

续表

一级风险	二级风险	三级风险
财务风险	现金流风险	融资风险
		资金短缺风险
		债务风险
		应收/预付账款风险
	资金管理风险	资金使用风险
		资金安全风险
	预算管理风险	预算编制风险
		预算执行风险
		预算考核风险
	会计与报告风险	会计核算风险
		财务报告风险
	成本费用风险	
	担保风险	
	税务管理风险	税务操作风险
		税务筹划风险
		税金缴纳风险
	关联交易风险	
	资本运作风险	
法律风险	合同管理风险	
	法律纠纷风险	
	合规风险	
	知识产权风险	
	重大决策法律风险	
运营风险	健康安全环保风险	安全生产风险
		职业健康风险
		环境保护风险
		节能减排风险
	人力资源风险	人力资源规划风险
		招聘与留任风险
		人员配置风险
		关键人才流失风险
		人才储备风险
		培训与发展风险

续表

一级风险	二级风险	三级风险
运营风险	人力资源风险	绩效考核风险
		薪酬与福利风险
		劳动关系管理风险
	其他项目管理风险	
	技术风险	技术变革风险
		技术停滞、落后风险
		技术引进风险
		技术应用风险
		技术创新风险
	产品风险	产品结构/规划风险
		产品生命周期风险
		产品质量风险
	资源保障风险	
	保密风险	
	研发与开发风险	产品研发风险
		技术研发风险
	存货风险	
	信息系统风险	信息系统安全风险
		信息系统规划风险
		信息系统架构风险
		信息系统运行风险
	运行控制风险	
	稳定风险	
	执行力风险	
	采购风险	
	业务伙伴风险	
	生产管理风险	
	销售风险	销售渠道风险
		产品交付风险
		退货风险
		销售实施风险
	供应链风险	
	物流管理风险	

续表

一级风险	二级风险	三级风险
运营风险	贸易风险	
	工程项目管理风险	工程设计风险
		工程造价风险
		工程概预算风险
		工程招投标风险
		工程分包风险
		工程进度风险
		工程质量风险
		工程安全风险
		工程竣工风险
	资产管理风险	有形资产管理风险
		无形资产管理风险
	审计监察风险	审计计划风险
		审计执行风险
		审计报告风险
	新业务开发风险	
	退市风险	

资料来源：国务院国有资产监督管理委员会．中央企业全面风险管理指引．2006．

三、风险管理理论的演进

人类社会始终是在未来结果不确定性因素的驱动下不断发展和进步的。早在原始社会，人类就已经通过经验和推理来判断猎物可能在哪里，开始思考未来如何能够填饱肚子，这就是对未来可能性的"预"。人类对"预"的研究贯穿整个人类历史，无论哪种文化，哪个人种，人们都一直对预见未来极其热衷，出于对未来的未知和好奇，人们通过各种形式进行占卜和预测。随着社会的进步，人们渐渐对风险管理形成了各种理论和观点，《礼记·中庸》中提到"凡事预则立，不预则废"，荀子曰："预则祸不生"，这些都体现了古人预测未来不确定的智慧。人类社会经历了很多的历史变革，从农业社会到工业社会再到今天的信息时代，时代变迁的速度越来越快，如果不能了解和把握时代发展所带来的机遇与挑战，对于企业乃至国家都将是最大的风险。随着人类社会的发展，人类对于事物的认知水平会不断提高，对于一些事物的发展规律也会有所掌握，对于未知的预测能力也将不断进步，人类所掌握的风险管理手段和工具不断被完善，风险管理的经验也将不断积累和丰富。对于个人而言，能够更好地分析、认识和把握未来发展趋势，识别出机遇，做好充分准备抓住机遇的人必然能获得成功。对于社会而言，能够对潜在的风险做出更有前瞻性的预测和有效的应对是人类社会进步的重要标志。尽管如此，即便到了现代社会，人类对事物的了解和所积累的经验依旧是有局限的，事物发展也往往超过人们的预测和想象，世界的发展变化并没有完全按照人类的主观意志而进行，也正因为如此，我们所生活的这个世界才能如此丰富和精彩。

风险管理是战略层面的对内外部环境和趋势的认识和判断，如果不能正确判断形势和发展趋势，不能正确判断风险和挑战，再多的细节努力也不能扭转乾坤。风险管理理论在过去长时期的发展过程中，实现了从多个领域分散研究到整合一体化框架的演变，风险管理的内涵、组成部分、风险管理实现目标的作用机理都不断得到丰富和完善。

（一）萌芽阶段

风险管理概念起源于中世纪的欧洲，最早在亚里士多德时代就已经存在了风险管理的思想。最著名的、最容易应用的定量化风险管理理论是伊文·费歇尔于1896年提出的纯预期理论，该理论被广泛应用在证券市场计算利率，这种理论认为长期债券的利率等于在其有效期内人们所预期的短期利率的平均值。此后，J. R. 希克斯和 J. M. 卡尔博特林在1939年和1957年又分别对这种纯预期理论进行修正，纳入了风险和流动性因素，认为短期债券由于期限短因而流动性比长期债券高，投资者对高流动性债券的偏好促使长期债券利率中必须包含一定量的流动性补偿。

（二）早期风险管理理论

早期风险管理理论包括马柯维茨的均值—方差理论、资本资产定价模型、期货定价理论等。1952年，美国经济学家马柯维茨提出用资产收益的期望来度量预期收益，用资产收益的标准差来衡量风险的思想，将风险定量化，为金融风险的研究开辟了一条新的途径。威廉·夏普、林特纳和莫辛提出资本资产定价模型（Capital Asset Pricing Model，CAPM）。运用CAPM模型可以对均值—方差模型进行优化，资本资产定价模型研究的重点在于探求风险资产收益与风险的数量关系，即为了补偿某一特定程度的风险，投资者应该获得多少的报酬率。这一模型作为处理风险问题的重要工具，至今仍被广泛应用在财务决策方面。

布莱尔和斯克尔斯在1973年创立了基于股票标的资产的看涨权的定价公式，他们意识到期权的风险实际上在标的物的价格运动中就得到反映，而标的物的价格还反映了市场对未来的预期，奠定了金融衍生品定价理论的基础。

（三）现代风险管理理论

从风险管理的内容方面，以往很多研究仅仅关注风险导致损失的结果，而现代风险管理理论越来越关注如何采取措施对一定量的风险进行控制，因此，认为风险管理活动还应该包括风险识别、风险评估和控制整个过程，采取风险管理措施要考虑到实际的风险偏好和风险评估结果。其中，主要的理论如下所述。

美国学者克里斯蒂在《风险管理基础》中提出，风险管理是企业或组织由控制偶然损失的风险，以保全所有能力与资产所做的集合努力。

保险学者威廉斯和理查德·汉斯在 1964 年出版的《风险管理与保险》中认为，风险管理是通过对风险的鉴定、衡量和控制而以最小的成本使风险所导致的损失达到最低程度的管理方法。

随着风险管理理论的不断完善，现代逐渐出现了较为完整的风险管理系统，即企业风险管理（enterprise risk management，ERM）概念。企业风险管理从企业整体考虑，涉及各个管理层级，对各种风险进行综合识别、评估，对各种风险进行定量和定性分析，明确承担风险的各个业务单位，采取不同的方法应对不同的风险。

许多学者从不同角度对风险管理进行研究，产生了许多重要的研究成果。罗伯特·森内尔（1998）和萨米尔等（2000）等认为，风险管理是从企业战略角度考虑风险的识别、分析、评价及控制。美国威廉斯及史密斯（2000）明确提出了企业风险管理的五个要素，认为尽管不同企业其风险管理操作可能存在较大的差别，但都存在着相同的确定要素，这些共同的企业风险管理要素是：企业风险任务的确定；企业风险和不确定性的评价；企业风险控制；企业风险融资（如企业商品套期保值、保险等）；企业风险管理信息反馈。

（四）整合框架理论

进入 21 世纪后，美国安然公司、世通公司等在爆发欺诈和会计造假丑闻后纷纷倒闭，同时也给公众投资者造成巨大损失，政府机关、企业和公众越来越关注风险管理。但是风险管理在当时并没有一个普遍接受的定义，更没有一个全面的风险管理框架来描述风险管理工作的程序。另外，随着各国企业积极实施国际化战略，企业间兼并、重组活动不断加剧，越来越多的企业实行多角化经营，涉及的行业越来越多，并逐渐向价值链上下游延伸，企业内部和外部面临的风险也越来越多，而且外部监管的要求也越来越严格。很多企业的失败、倒闭案例让企业了解到传统的安全风险和财务风险管理等已经不能保证企业生产运营取得成功，企业风险管理范围不断扩大，出现了企业整体风险管理理论。

2004 年 9 月，为了顺应风险管理与内部控制相融合的趋势，结合《萨班斯—奥克斯利法案》，COSO 委员会发布《企业风险管理——整合框架》（*Enterprise Risk Management—Integrated Framework*）（以下简称风险管理框架），如图 1-3 所示。该框架指出，企业风险管理是由企业的董事会、管理层和其他人员实施的，应用于战略制定并贯穿整个企业的一个过程，旨在识别可能影响企业的潜在风险，并在企业的风险承受度范围内管理风险。

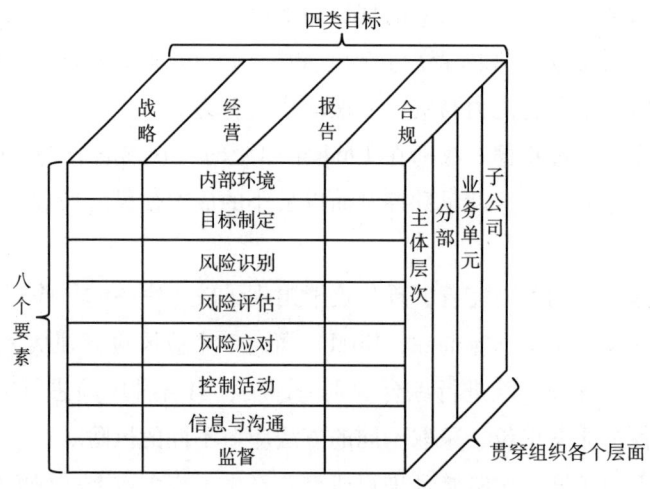

图 1-3　企业风险管理——整合框架

资料来源：COSO 委员会. 企业风险管理——整合框架. 2004.

该框架指出，企业的风险管理应包括四类目标（战略目标、经营目标、报告目标以及合规目标）和八个要素（内部环境、目标制定、风险识别、风险评估、风险应对、控制活动、信息与沟通以及监督）。

风险管理框架的 X 轴是四类目标，Y 轴是内部控制的八个要素，Z 轴是内部控制涉及的活动、部门等。企业风险管理框架实现了三个方面的突破：首先，扩展了传统企业管控范围，强调对企业风险管理这一更加宽泛的领域予以更有力、更广泛的关注；其次，将构成要素由五个（控制环境、风险评估、控制活动、信息和沟通、监督）扩展为八个（内部环境、目标制定、风险识别、风险评估、风险应对、控制活动、信息和沟通以及监督），对风险评估进行了展开，扩展为风险识别、风险评估和风险应对；最后，框架的目标在提高经营效率和效果、保证会计报告的可信度和遵循法律法规三项目标基础上强调外部环境给企业带来的风险而增加了企业总体战略目标一项。

风险管理框架为实现企业的以下目标提供合理的保证：

（1）战略目标，为最高层次的目标；

（2）经营目标，包括资源运用的效果和效率；

（3）报告目标，即报告的可靠性；

（4）遵循性目标，即合法合规性。

风险管理框架只是一个理论框架，所解决的是理论边界问题。该框架解释了内部控制的目标、层面、构成要素等内容，但缺乏对不同行业、不同管理方式、不同发展阶段的企业内部控制具体操作的详细指导。在具体应用过程中，还要通过内部控制手册及风险控制矩阵（RCM）等工具来实现。风险控制矩阵列明了各个业务流程的主要风险，与风险对应的控制点，以及控制点的详细描述，其对应的就是框架中的"控制活动"。框架中的"监督"通常就是通过对内部控制的自我评估、内部控制审计来完成的。

风险管理框架包含八个要素。

1. 内部环境

内部环境是企业建立与实施内部控制的基础，内容包括董事会和管理层、权限和职责划分、风险管理的理念、企业的风险文化、风险偏好等。内部环境构成内部控制依赖的规则和结构，影响和决定目标设定、决定风险评估和应对以及控制活动等其他要素。各级领导层的重视是风险内控工作的关键，最高管理层的态度决定风险内控工作的成效。

2. 目标制定

管理者会根据内部环境各种要素的实际情况，按照企业的风险承受度和企业预期去制定企业的目标，并将目标有效传递给企业内部各层级，实现总体目标的逐层分解，将目标设立与面临的风险相结合来保证能够实现企业的愿景。

3. 风险识别

风险识别也称事项识别，企业要对目标产生影响的内外部因素进行识别，找出可能对目标实现产生影响的因素。这一过程需要对内外部各种因素、各种潜在的风险事件进行汇总、归类，对照企业的风险库对各种风险事件进行准确归类。

4. 风险评估

在风险识别的基础上企业要对已经识别的风险进行定性和定量分析，分析风险发生的可能性和产生影响的大小，从而确定风险对于企业目标实现所产生的影响。通过风险评估对风险按严重程度进行排序，一般分为一般风险、重要风险和重大风险。风险评估以风险识别为基础同时也是采取风险管理措施加以应对的基础。

5. 风险应对

在完成对风险的识别和评估之后，企业要对发生可能性较大和对企业可能造成重大损失的风险采取措施加以应对，企业的风险应对措施需要结合企业总体战略、风险偏好和成本效益原则，通常的风险应对措施包括风险承担、风险规避、风险分担和风险转移等。

6. 控制活动

企业为了确保风险应对措施得到有效执行，需要制定和实施政策与程序，以确保风险应对措施得到有效的贯彻执行，一方面需要设计合理的控制活动以有效应对风险，另一方面也要确保这些控制措施在实际工作中得到有效贯彻执行。

7. 信息与沟通

企业生存和发展需要获得来自内部和外部的信息才能对不断变化的环境采取有效的措施并及时做出反应，企业要获得及时、准确的信息来判断风险，并对信息进行筛选分类和处理，才能有效进行风险识别、风险评估和风险应对。企业风险识别和评估的结果，拟采取的风险应对措施等信息也需有效传递给管理层及组织内部相关部门及人员了解和贯彻执行，进而保证企业目标的实现。

8. 监督

监督是保证风险管理得到有效设计、执行，不断进行优化和改进的关键，能够保证风险管理能够在组织内部，包括管理层和相关部门得到有效的贯彻执行，防止因风险事件影响企业战略目标的实现。监督分为日常持续监督和专项评价。日常持续监督对例行的业务活动进行过程监督，是对企业经营活动的实时监控；专项评价是结合风险评估的结果和管理层需求对特定事项做的事后监督。两者相结合可以共同保证风险管理的有效性。

四、2017年版企业风险管理框架

在2004年版《企业风险管理——整合框架》发布之后的十几年时间里，内外部环境不断变化，新技术不断出现，新的风险层出不穷，风险的复杂性也不断增加，特别是在实践中风险内控体系的建立并未能有效保证企业战略目标的实现和有效规避经营中出现的风险，未能为企业经营目标和价值创造目标提供有效的支持和保障。为适应这些新的变化，COSO委员会在2014年就开始了对风险管理框架的修订工作，希望从整合风险管理的角度重新思考风险管理对于企业经营管理的作用，突破以往框架中的局限，为企业创造价值和实现战略目标提供必要的保障。最终，于2017年9月正式发布了更新版的企业风险管理框架——《企业风险管理——战略整合与绩效》。新版风险管理框架阐述了整合风险管理工作贯穿于组织提升治理、战略、目标设定和日常运营决策能力的始终，能够协助组织更加紧密地考虑战略和商业目标的相关风险从而获得更好的绩效，旨在保证组织能够创造、保持和实现价值。

新版风险管理框架较2004年版作了很大的改动。首先，新版框架改变了内部控制整合框架和风险管理整合框架立方体的展示模式，取而代之以双螺旋曲线的方式。其次，从内容上，新版风险管理框架突出了风险管理对于企业价值的创造，强调了战略制定和执行过程中风险管理的价值,以及风险管理和企业绩效间的关系。

(一)新版风险管理框架要素

新版风险管理框架将 2004 年版《企业风险管理——整合框架》的八要素改为五要素,即将风险识别、风险评估、风险应对、控制活动等归纳为执行要素,内部环境改为治理和文化,将目标制定改为战略与目标制定,将监督改为检查与修正,将信息与沟通改为信息、沟通和报告,如图 1-4 所示。新版框架还更好地体现出要素之间的递进关系和最终的价值提升目标。

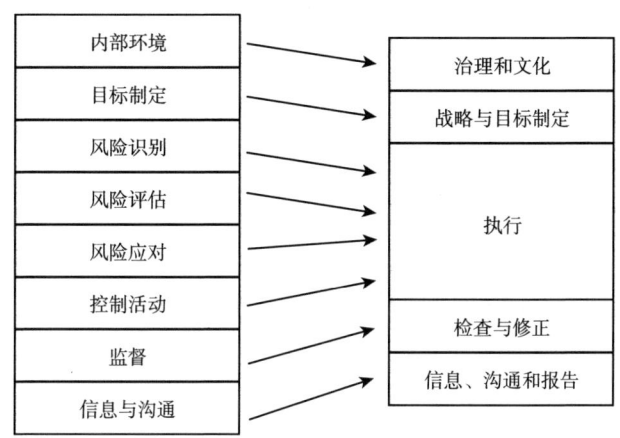

图 1-4 2004 年版和 2017 年版风险管理框架要素对应关系

资料来源:作者整理。

新版风险管理框架对要素和原则内容也做了规定,包含了五大要素,在此之下又细化为 20 项原则。

要素一:治理和文化。

治理确定了企业的基调,强调了企业风险管理的重要性和监督责任;文化则包含了道德价值观、行为准则等。

(1)履行董事会风险监督职能。董事会要对战略进行监督,支持管理层实现战略和业务目标。

(2)建立运营架构。组织建立运营架构用以实现战略和商业目标。

(3)定义理想的企业文化。组织的文化通过对期望行为的定义得以体现。

(4)致力于实现核心价值。实现组织对主体核心价值观的承诺。

(5)吸引、培育和留住人才。组织致力于选聘、培养与战略和业务相适应的人力资源。

要素二:战略与目标制定。

战略制定过程中风险管理、战略和目标是相互联系的。业务目标确保战略能够得以实现,同时风险的识别、评估要以对战略和目标的影响为基础。

（6）分析业务环境。组织要重视不同环境对风险状况的影响。

（7）定义风险偏好。组织在创造、保持和实现价值时要明确风险偏好。

（8）评估备选战略。组织通过对风险的分析，评估备选战略，做出战略选择。

（9）制定业务目标。组织通过对风险的评估分析，制定支持战略实现的不同层次的业务目标。

要素三：执行。

对影响战略和业务目标实现的风险进行识别、评估，并按严重程度对风险进行排序，并与风险偏好和风险承受度结合确定风险应对策略。

（10）识别风险。组织根据影响战略和业务目标的风险进行识别。

（11）评估风险的严重程度。组织对风险的严重程度进行评估。

（12）风险排序。组织对风险的严重程度进行风险排序。

（13）执行风险应对方案。组织选择风险应对措施并予以实施。

（14）建立风险组合观。组织建立一种组合的视角来评估风险。

要素四：检查与修正。

通过检查主体的绩效情况，确定对风险管理进行改进。

（15）评估重大变化。组织识别和评估可能对战略和业务目标产生重大影响的变化。

（16）检查风险和绩效。组织审视主体绩效，检查和了解风险产生的影响。

（17）对企业风险管理的改进进行追踪。组织要根据实际情况不断对风险管理进行改进，了解改进执行情况。

要素五：信息、沟通和报告。

风险管理作为一个持续的过程，需要获得和分享内外部的必要信息，确保信息在组织内能够有效流转。

（18）运用信息和技术。组织利用信息系统支持风险管理工作。

（19）沟通风险信息。组织利用沟通渠道支持风险管理工作。

（20）汇报风险、文化和绩效。组织对主体各层次的风险、文化和绩效提供报告。

（二）新版风险管理框架特点

新版风险管理框架对风险和风险管理作了重新定义：风险是指事项发生并影响战略和商业目标实现的可能性。风险管理是指组织在创造、保持和实现价值的过程中，结合战略制定和执行，赖以进行风险管理的文化、能力和实践。新版风险管理框架完全改变了风险管理的定义，将风险管理从"流程或程序"改为"文化、能力和实践"，用以实现组织创造、保持和实现价值，如图1-5所示。

与2004年版《企业风险管理——整合框架》相比，新版风险管理框架具有以下四方面特点。

图 1-5　2017 年版风险管理框架

资料来源：COSO 委员会. 企业风险管理——战略整合与绩效. 2017.

（1）强调了风险和价值之间的关系。新版风险管理框架强调了使命、愿景与核心价值，突出了所有风险管理的最终目标都是实现价值提升。风险管理能够通过预测风险事件发生的概率，事先做好对可能发生风险的预判，提高组织应对变化的能力，通过对机会和威胁的系统分析，为决策层决策提出备选项，增强企业承担风险的信心和能力，最终能够加速企业的增长和价值创造。

新版框架突出强调了风险管理对于主体价值创造和业绩提升方面所起到的作用，将风险管理嵌入企业管理业务活动和核心价值链当中，这点与国资委的《中央企业全面风险管理指引》高度相似，都突出了风险管理的价值导向。

（2）强调了企业风险管理工作和绩效的关系。新版风险管理框架将风险管理看作是和绩效有机结合的整体。风险管理是要推动企业绩效的实现，与绩效之间是相互协同的关系。

新版框架突出强调了企业在确立业务目标绩效时，应明确风险偏好与风险承受度，在风险与绩效间建立起关联，如图 1-6 所示。

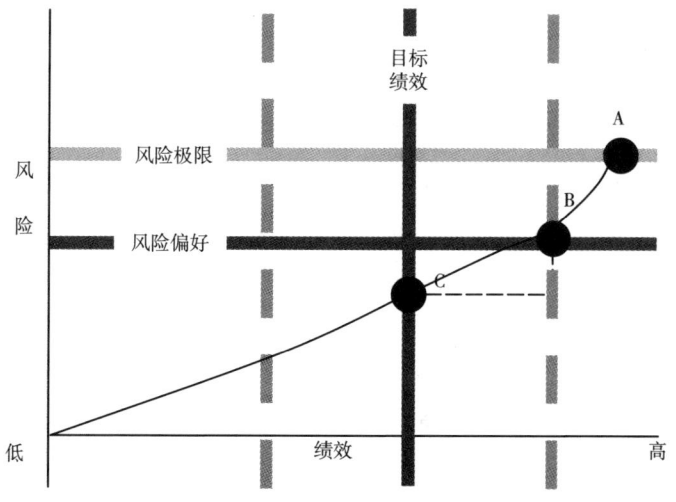

图 1-6　风险绩效曲线

资料来源：COSO 委员会. 企业风险管理整合——战略整合与绩效. 2017.

绩效管理聚焦资源的高效配置，关注点放在组织的行动、任务和职能是否有助于达成预先设定的目标。存在的风险以及企业的风险偏好都会影响到这些预先设定目标的实现，影响到组织总体绩效水平。

在图1-6中，A点是企业在风险极限下，所能达成的最高绩效；B点处于风险偏好线上，是组织愿意承担的风险水平下所能达成的绩效；C点是目标绩效下企业所承受的风险。B点到C点的垂直距离是目标绩效风险与组织愿意承担的最大风险水平的差距，距离越短，表示企业在制定目标绩效时越激进。

（3）强调了风险管理对企业战略的影响。新版风险管理框架中的要素和原则从围绕企业战略，变成了贯穿融入企业的使命、愿景、核心价值、战略、业务目标、绩效和价值提升当中。其中，使命是指主体的核心宗旨，要实现什么而成立及为什么而存在；愿景是主体对未来状态的愿望或者组织未来想要实现的目标；核心价值是指主体的价值取向以及对好与坏、接受或不接受的判断标准，这些将会影响组织的行为模式。企业通过将风险管理融入战略制定环节，协助管理层了解主体的整体风险状况，为管理层提供战略制定所需信息，为战略制定和决策提供支持信息以及战略选项，评估替代策略对于风险状况的影响，并识别新的发展机遇，制定出符合自身风险状况的战略。同时风险管理能够对所选择的战略进行评估，分析战略制定和执行的风险及可能产生的影响，并进行相应的调整和修改，更好地促进企业战略目标的实现。新版风险管理框架将风险管理提升到了一个前所未有的高度，风险的范围不仅包括战略执行过程中的风险，还包括了战略制定过程中的风险，以及战略目标与主体使命、愿景和价值观不匹配，与业务目标不匹配的风险。

（4）明确了企业风险管理和内部控制的关系。新版风险管理框架改变了2004年版风险管理框架与1992年版内部控制框架相似的状况，不再是在内部控制框架基础上的"缝缝补补"，不只是一个大的"控制框架"，而强调直接为利益相关方的价值创造，强调了风险管理所面对的对象更针对企业决策者和管理者。新版风险管理框架指出实施风险管理的目的是为股东和利益相关方创造价值，支持主体使命、愿景和核心价值的实现，不只是要满足监管和合规要求，这是企业内生的需求。从这个层面上看，新版风险管理框架将风险管理和内部控制进行了更为清晰的界定。

遗憾的是2017年版企业风险管理框架在风险管理如何进行价值创造以及价值创造如何衡量方面没有给出细致的描述，如何对风险管理创造的价值进行衡量评估仍是一个难题，对于风险管理创造价值的衡量有待进一步的探索和研究，例如，具体可通过可支配现金流、投资回报率、资本现值增长等来体现风险管理的成效。

第二节 内部控制

一、内部控制的概念

(一) 控制的含义

控制的含义是驾驭和支配,是指实施控制的主体按照给定的条件和目标,对被控制对象施加影响的过程和行为。控制是一种行为,是确保实现预期目标的一种手段。例如,警察(控制主体)依据法律赋予的权力(条件),对犯罪嫌疑人(控制客体)进行追踪和逮捕(过程和行为),从而达到防止犯罪嫌疑人逃跑或继续犯罪的目的(目标)。控制并不是一个高深莫测的概念。控制在生活中无处不在:我们行驶在马路上,看见红灯停车,这是控制;走进地铁站,安检人员要对乘客随身物品进行检查,这是控制;上下班刷卡签到,这是控制;在企业里随处可见的各种标识,如"财务重地,非请莫入""库房重地,闲人免进"等,这也是控制。

在管理学中,人们认为控制是管理者通过影响组织的其他成员来保证组织战略实现的过程。事实上,控制作为企业管理上的一个专有名词被提出来却只是近现代的事情。控制论并非起源于管理经济学,而是来自机器理论、通信理论以及概率理论和运筹学。随着该理论的不断发展和日趋成熟,控制论的部分基本理论和研究方法被广泛应用到了经济管理领域,最终形成了经济控制理论。而内部控制就是指组织内部人员针对内部经营管理活动而采取的控制行为,外部组织、机构与人员的控制行为并不被包含在其中。

(二) 内部控制的思想起源

内部控制起源于对人性的分析,伴随着人类历史不断向前发展,对人性的分析一刻也未曾停歇,特别是其中针对性善和性恶的辩论。孔孟认为"人之初,性本善","性相近,习相远也"。按照儒家圣贤的理论,可将人性的形成划分为先天赋予和后天习染两个阶段,人本性向善,但后天的环境和习得可能会使本善的人性与一开始的赋予截然不同。尽管荀子和韩非子等名家坚持性恶论,即人本性向恶,并且本恶的人性需要得到约束,但在中国社会普遍相信"人性善"是总的趋势。相应的,中国传统儒家观念认为,不管采取什么样的手段对人进行监督和约束,若想要真正避免人性向恶发展,必须从改造人的思想品质入手,从根源上避免道德风险的发生。因此,中国传统的管理理念是从内在因素入手,强调个人的思想教育,注重个人修养的提升,以实现各方面的和谐与统一。这也就解释了为什么控制理论长期以来在中国没有得到系统发展。

经济学鼻祖亚当·斯密提出"理性经济人"的概念，认为人的一切行为都是理性的，且其目的旨在最大限度地满足个人的私利。这一观点随后成为经济学理论的传统人性假设，美国管理学家麦格雷戈据此在《企业的人性面》一书中提出"性恶论"。由此可见，西方管理学更多强调的是人天生是有缺陷的、是有弱点的、是不可靠的。西方认为对人行为的约束要依靠完善的制度体系和有效的执行与监督，只有建立起一套像机器一样能够自动且长期运行的监督审查机制，才能让人们收敛自己的欲望、控制自己的行为，久而久之社会才会变得秩序井然。

内部控制的根本原因是源于委托代理问题，按照控制理论来分析，企业最主要的控制主体是股东，董事会、经理层既属于控制主体又是控制客体，受到股东的监督和影响，又对公司管理施加影响，以保证组织目标的实现。股东、董事等希望追求的是资本收益的最大化，而企业各层级的经营管理人员出于"经济人"属性强调的却是个人利益的最大化，这就产生了双方利益的冲突，加上双方信息的不对称，对于股东及投资者来说需要建立有效的机制防范被委托人的行为，能够有效制约、检查和监督企业生产经营活动和财务行为，这也就是企业内部控制存在和发展的最终根源。

（三）内部控制的概念

内部控制的概念最早是由美国注册会计师协会（AICPA）在1949年提出的，美国注册会计师协会将内部控制定义为：在组织内部采用的，以保证资产安全性、核查会计数据的准确性和可靠性，提高运营效率，促进管理政策的贯彻和实施为目的的计划，以及所有与其相协调的方法和措施。在这个概念里，尽管提到了内部控制在运营效率和管理政策等方面的作用，但当时对内部控制作用的主流认识还是为了预防和控制财务会计方面的风险。

1972年，美国审计准则委员会（ASB）对内部控制提出以下定义：内部控制是在一定的环境下，企业为了提高经营效率、充分有效地获得和使用资源，达到既定管理目标，而在企业内部实施的各种制约和调节的组织、计划、程序和方法。简单地说，内部控制指的是单位（企业等组织）通过规范流程、约束员工行为和协调资源来实现生产经营管理目标的过程和方法。

1992年，COSO委员会发布了指导内部控制实践的纲领性文件《内部控制——整合框架》，并正式定义现代内部控制为：内部控制是一个要靠组织的董事会、管理层和其他员工去实现的过程，实现这一过程是为了合理地保证经营的效果性和效率性、财务报告的可信性、对有关法律和规章制度的遵循性。

2013年，COSO委员会对《内部控制——整合框架》进行了更新，全新的内部控制的定义如下：内部控制是一个由单位（企业等组织）的董事会、管理层和其他员工实施的，旨在为实现运营、报告和合规目标提供合理保证的过程。新定义为内部控制赋予了新的内涵：内部控制的目标是向组织的高级管理层和董事会在组织运营、报告和合规三个方面提供合理保证。这一保证是合理保证，并非是绝对保证。这个定义强调了内部控制的实施主体是企业内部各层级人员，强调了内部控制不仅仅是政策、流程手册、系统和表单，而且包括组织中各层级人员以及他们所实施的可能影响内部控制的行动。

2008年，财政部、证监会、审计署、银监会和保监会五部委联合发布了《企业内部控制基本规范》（以下简称《基本规范》），奠定了中国内部控制的管理基础。《基本规范》对内部控制作出如下定义：内部控制是指由企业董事会、监事会、管理层和全体员工实施的旨在实现控制目标的过程。

为了方便对内部控制的理解，我们可以以开车为例，开车过程中司机所做的制动刹车、转向，以及面对不同情况做出各种的现场反应，都可以被归纳为一系列尝试规避风险的措施，诸如此类的措施都可以被叫作内部控制措施。例如，当观察到前方有山体滑坡时，司机一般会采取快速制动、迅速转弯绕行等一些应急的行动来避免危险的发生。在这一情景下，汽车的转向系统和制动系统都为有效降低风险提供了基础条件。同样，在企业中我们会采取各种措施来规避风险，通过利用内部管理手段来提升规避风险的效率和成功率，这些都是内部控制措施的具体体现。

（四）内部控制的工作内容

对于企业来说，内部控制工作涉及的内容很广泛：从明确治理层、管理层到基层员工的各级权限及职责范围，到企业制度和流程梳理，再到监督企业各项业务活动是否按照规定的程序进行。按照内部控制要求所有业务活动都经过必要的适当的审批、监督、审核等程序，并且不能由单一个人或者单一部门完成等。简而言之，内部控制的主要工作内容就是规范和落实企业各类制度，梳理和完善各项业务流程，设立各种合适的审批权限和岗位职责分离，从而保证企业经营效率、资产安全和会计数据的真实性与准确性。

内部控制主要工作内容包括以下方面。

1. 明确权限

内部控制通过权限指引与各重要环节的流程描述，对业务活动的发起、授权、审批、实施、监督、考核等职责做出清晰的规定，从而达到实现不相容岗位的职责分离的目的。内部控制强调明确权限的根据是：各项工作的落实需要由不同的个体或部门来完成，即单一个体或部门不会独立负责某一流程的全部环节，从而避免引发舞弊行为发生的风险。内部控制意味着申请、审批、执行、监督过程的岗位职责分离。整个业务活动从申请、审批、执行、监督、考核到后面的完善需要相关业务部门各司其职、分工合作、相互监督,从而能够确保制度得到有效的执行和整个业务活动能够得到有效的监督。例如,项目的审批人和申请人绝不能是同一个人,这两个岗位职责的分离必须要得到保证,否则便存在发生员工舞弊行为的可能性;经营业绩指标的完成和考核需要由不同的部门或部门中不同的员工负责,否则业绩考核将因无法保证真实性而失去意义。

2. 完善制度

制度是企业生产经营管理活动应遵守的基本准则。一套完整的可操作的制度体系应包含制定相关制度的目的、适用范围、术语解释、部门职责、约束条例、操作流程、相关表单等基本内容。内部控制体系建设过程中,应对目前实行的制度进行梳理,对标内部控制要求,对制度体系进行补充和完善。对照国家最佳实践,对那些有所缺失的制度,需要更新的进行及时更新和完善。只有当制度体系与内部控制体系有机融合在一起,制度的内容才能得到有效贯彻,流程的执行才能得到有效保障,企业的风险才能得到有效控制。

制度建设包括制度识别、制度编制、宣贯执行、评审优化四个环节,形成完整的闭环管理。在制度识别阶段,项目组应根据公司现有职能要素和业务流程,对标行业优秀实践,梳理制度框架。

在制度编制阶段,各类规章制度应由相关业务和职能部门负责起草。涉及多个部门的规章制度,由主管领导指定牵头部门,组成工作小组共同起草。起草部门对制度的合法合规性和风险控制承担第一责任。

在宣贯执行阶段,管理层应将形成的流程制度体系向全体员工做宣贯和培训,使员工了解和掌握相关流程和关键点,提升执行力。

在评审优化环节,试运行和内部控制评价是检验流程制度设计与可行性的关键一环,也是持续改进的输入。同时,相关部门应定期组织制度设计和执行有效性评审,保证在发现问题时、监管环境变化时、经营目标变动时及时修订制度。

3. 梳理流程

通过对业务流程进行梳理,企业能够确保业务活动得到适当的监督,能够确保制度得到有效的执行,增加必要的控制环节。众所周知,所有的业务活动、所有的决策,都是必须要通过具体的业务实施活动落实。内部控制也能提高管理效率,其实内部控制不仅仅是"加法",同时它也是"减法",在一定程度上可以减少一些多余或过于繁杂的审批程序和审批环节,从而提高工作效率。

内部控制的主要工作内容如图1-7所示。

总体上说,内部控制工作的内容主要是规范和落实企业制度,梳理和完善业务流

第一章 风险管理和内部控制概述

明确权限	完善制度	梳理流程
通过权限指引对重要环节的内控描述，对业务活动的发起、授权、审批、实施、监督、考核等职责做出清晰的规定。实现不相容岗位的分离	对现有制度进行梳理，对标内控要求，对制度体系进行补充和完善	通过对业务流程的梳理，确保业务活动得到适当的监督，确保制度得到有效的执行，减少冗余的审批环节，提高管理效率

图 1-7　内部控制的主要工作内容

资料来源：作者整理。

程，按照不相容职位分离原则，设立不同的审批权限，降低企业内部由于制度、权限不明晰产生的风险。

下面举个例子来说明内部控制工作的主要内容。如果员工有购置一台办公电脑的需求，他必须事先向具有相关审批权限的领导或有关部门提交正式采购需求申请，得到适当审核批准后才可以自行购买或由采购部门负责代购。这一系列审批行为就是事前控制。员工所提交的采购申请便是内部控制痕迹，内部控制得到有效实施的体现便是申请人、审批人、执行人与监督人的职责分别由不同个体承担，也就是我们日常所说的对不相容职责进行分离。采购电脑工作的实施由采购部门负责，采购实施的过程由其他部门人员负责监督，这便是内部控制中的事中控制。电脑购置完成后还要由专门人员负责对货物进行验收。在整个过程中，采购部门的电脑采购人员、采购过程的监督人员、购得电脑的验收人员、电脑实际保管和使用人员分别将电脑采购与验收的经过进行书面记录并提交到相关责任部门报备，整个从申请到审批到执行到监督过程要留有痕迹以备未来对电脑采购事项进行检查时提供。

很多企业都对员工出差或者办理业务时的出租车票给予报销，下面就通过这个例子帮助大家更好地理解内部控制。

（1）如果企业没有任何相关制度规定，只要员工能够提供出租车发票，财务部门就会为员工报销交通费用，此时该项费用报销环节缺乏有效的内部控制措施。

（2）如果企业开始实行预算控制，财务部门只对在报销额度范围内的交通费用进行报销，并且在财务部门实际向员工发放报销款项前对报销金额和费用预算进行比对，同时对员工权限内的可报销额度进行复核，对超过报销额度的不予报销，此时费用报销环节就有了低级别的内部控制措施。

（3）如果企业要加强出租车票报销管理，除了严格的出租车费额度控制，还要比对员工出差和业务办理的时间，来检查出租车票上的上下车时间和里程距离，确认交通费用是否真实发生，确认出租车票的产生是否与业务有关，避免员工用别人的出租车票来报销，各方面的信息都能匹配得上才能报销。这就形成了该项费用报销方面较为严格的内部控制措施。

二、内部控制的重要性

很多人会问：为什么要进行内部控制，让企业按照自身意愿去发展就好了，何必投入人力物力去做一件看上去和业务没有太多关联，不能快速带来直接效益的工作呢？我们通过道路交通的例子来分析内部控制的作用：如果取消城市里的红绿灯，取消行车道，取消斑马线，也不要监控和交警，城市的交通会变得有条不紊还是会变得杂乱无章？结果不言而喻，就会有人抢道，有人占道，没有了红绿灯每天会发生很多的交通事故，没有了监控人们也就不知道哪条道路有了事故处于拥堵的状态，发生了事故也不能得到快速有效的处理。更严重的是，没有了规矩，没有了监管，没有了对错的标准和判定，也就没有对错误行为的提醒和更正。那将是一个疯狂的城市，每个人都会深受其害，不仅仅是出行效率的降低，更会危害到每个人的出行安全。同样，内部控制就是企业能够正常运行的必要保障，涉及企业当中每个人的切身利益。

内部控制是企业各项生产经营活动工作的基础。企业的内部体制改革和各项生产运营活动，都必须在完善的内部控制体系之下，并在合规合法的基础上运行，以规避生产运营过程中出现的各类风险，提升企业治理水平与核心竞争力。

内部控制工作给企业带来的价值具体体现在以下四个方面。

第一，提高风险管理水平，促进企业战略目标的实现。内部控制体系要求企业的管理制度要在实际业务流程中得到有效贯彻执行，相应的权限、岗位职责要在流程执行过程中实现有效分离，流程中要设置有效的内部控制点，以保证内部控制的要求得到有效落实。内部控制体系建设包括制度和流程梳理及权限划分，这些都有利于企业实现战略目标的分解，将复杂抽象的战略目标分解和固化到实际的业务流程中，确保管理层的要求能够分解落实到各部门、各单位的实际行动当中，确保各项指令得到切实有效的落实。

第二，保证信息有效传递，发挥决策支持作用。内部控制工作能够真实、准确、及时地向各级领导提供企业风险内控方面的信息，帮助各级领导了解企业生产经营各方面的实际情况，实时监控和把握风险，了解企业风险管理和内部控制工作的开展情况，实时了解企业存在的各类内控缺陷情况和风险应对措施，为管理层提供决策支持，提高管理者对企业的管控能力。

第三，加强信息披露，提升企业的形象和加强投资者的信心。通过内控体系的建设，可以实现更及时准确的信息披露，保证财务报表的真实准确，保证企业的资产安全，提升企业的形象和加强投资者的信心，满足监管要求。

第四，减少和消除舞弊机会，在反舞弊反腐败方面发挥作用。在舞弊行为成因方面，目前较为著名的理论包括美国注册舞弊审查师协会（ACFE）创始人史蒂文（Steve）提出的舞弊三角形模型，他认为，企业舞弊的产生是由压力（pressure）、机会（opportunity）和自我合理化（rationalization）三个要素组成，如图1-8所示。压力包括经济压力、恶癖压力、工作压力和其他压力。机会是指可以进行舞弊又能掩盖不被发现或逃避惩罚的时机。自我合理化也就是理由，舞弊者需要有某种理由使舞弊行为与其本人道德观念、行为准则相吻合，例如这是企业欠我的，我只是暂时借用这笔资金，肯定会归还的等。就像必须同时具备一定的热度、燃料、氧气这三个要素才能燃烧一样，缺少了上述任何一项要素都不可能真正形成企业舞弊。

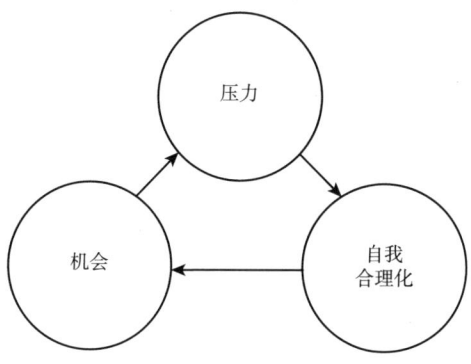

图1-8 舞弊三角形

法律法规的严格规定强化了"不敢腐"的法律震慑作用，通过政治思想教育增强了"不想腐"的对法律法规遵守的自觉性，内部控制制度和流程的规范实际上通过明确清晰的权限划分和岗位职责分离有效实现"不能腐"的结果。内部控制可以通过弥补控制上的缺陷，完善内部控制机制方面消除腐败机会的出现，有效降低腐败的可能，同时内部控制对于决策和业务执行方面的留痕和有据可查在很大程度上为事后的追责和案件查处提供有价值的线索。简而言之，内部控制能够有效消除舞弊和腐败的机会，增加舞弊腐败的机会成本和事件暴露的可能性。

总而言之，内部控制作为一种企业经营活动自我调节和自我约束的内在机制，在企业管理系统中具有重要的作用，有效的内部控制是保证企业高效运行的必要组成部分。

三、内部控制的基本原则

1. 全面性原则

全面性是指内部控制贯穿于企业经营管理的各个方面，是对企业整个经营管理活动的全过程进行的监督和控制。不仅包括公司层面的职责划分、战略决策等，还包括采购、生产、销售等各个环节的业务活动,也包括信息在企业的传递以及信息系统,涉及制度的制定、控制措施、内部控制评价等整个程序。内部控制要贯穿决策、执行和监督全过程,覆盖企业及其所属单位的各种业务和事项。内部控制涉及从董事会、管理层到每一个员工,他们既是内部控制的主体也是被控制的客体,是内部控制实施的主体,同时也受到约束和监督。内部控制全面性原则是确保企业整个生产经营活动协调进行的基础。

2. 重要性原则

内部控制并不是要"胡子眉毛一把抓",而是要有重点地开展,这就是说,要在全面控制的基础上,关注重要业务事项和高风险领域。内部控制工作要集中在前期风险识别、分析和评价基础上针对管理层关注的重点领域,聚焦于对企业战略目标实现产生影响的重大风险,从而有针对性地开展。

3. 制衡性原则

组织架构必须充分体现部门之间、岗位之间分工合作、相互制约的关系。内部控制就是要在治理结构、机构设置及权责分配、业务流程等方面形成相互制约、相互监督,同时兼顾运营效率。企业要按照国家有关法律法规规定,明确各层级的职责权限、议事规则和工作程序,确保决策、执行和监督相互形成制衡。

4. 适应性原则

内部控制要与企业经营规模、业务范围、竞争状况和风险水平等相适应,并随着情况的变化及时加以调整。内部控制要紧扣企业的发展战略,充分考虑内外部环境,使企业组织架构适应外部环境,从企业实际出发,实现企业内外部资源的优化配置。

5. 成本效益原则

除了以上原则外,开展风险内控工作还要遵循成本效益原则。内部控制应当权衡实施成本与预期效益,以适当的成本实现有效控制。企业的生存和发展过程中,从上到下最关心的问题莫过于经济效益,企业如果不能盈利、入不敷出,自然难以维系。企业开展风险内控工作如同开展所有生产经营活动一样都必须遵循成本效益原则,通过制定风险管理制度、采取风险内控措施在一定程度上规避和缓解风险,但风险内控工作本身是会产生成本的,内部控制的环节越多,控制点越细致,控制措施越严密,产生的成本也会越高。因此,一方面我们要考虑这些控制手段是否能够有效降低风险、提升效益,投入与产出是否相匹配,另一方面内部控制措施本身也存在着边际效应递减的趋势,创造的效益并不是与投入同比增长。

成本效益原则如图1-9所示,虚线为投入的成本A点左侧的曲线部分控制效益增长幅度大于成本增长幅度,A点右侧成本增长幅度高于效益增长幅度,A点为成本效益最优点。

成本效益原则与前面提到的重要性原则本质上是高度一致的,要求我们要合理设置

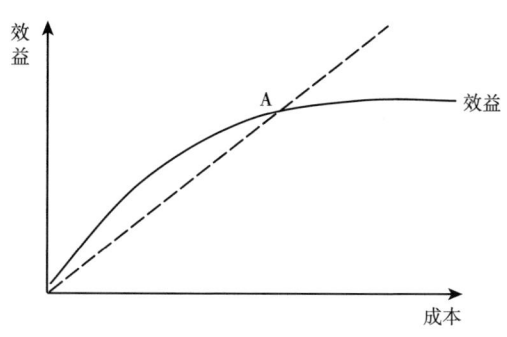

图 1-9 成本效益原则

资料来源：作者整理。

控制点，太多的控制点会产生过高的成本，浪费时间和资源，而过少的控制点无法达到最经济有效的控制。需要根据环境的变化对业务流程进行调整，从而简化流程和提高效率。

因此，在进行内部控制设计时，除了要充分考虑风险，避免内部控制措施的缺失和疏漏之外，还要合理优化工作程序，使风险管控措施达到一个合理的水平，避免过度控制而产生过高的成本，从而实现成本和效益的平衡。

四、内部控制发展历程

内部控制理论和实践是随着经济社会的发展而不断演化和发展的。总体上说，内部控制发展历程大致经历了内部牵制、内部控制制度、内部控制结构、内部控制整合框架四个阶段，如图 1-10 所示。

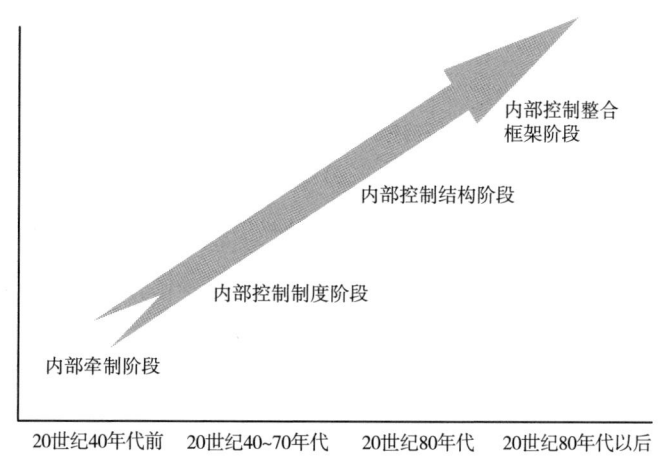

图 1-10 内部控制发展历程

资料来源：作者整理。

（一）内部牵制阶段

在 20 世纪 40 年代之前，由于还没有正式的内部控制概念，人们一直使用的都是内部牵制一词。《柯氏会计词典》中对内部牵制的描述是："以提供有效的组织和经营，并防止错误和其他非法业务发生的业务流程设计。"通俗来说，内部牵制是任何个人或者部门不能单独控制任何一项或者一部分业务权力的方式进行组织上的责任分工，每项业务通过正常地发挥其他个人或部门的功能进行交叉检查或者交叉控制。

内部牵制主要是以查错防弊为目的，以职务分离和交互核对为手法，以钱、账、物等会计事项为主要控制对象。内部控制最早源于内部牵制，内部牵制最早源于古埃及的银库管理，内部牵制过程由三个人完成，一个人负责银子和谷物的接收和记录，一个人负责银子和谷物的入库接收和记录，一个人负责对接收数量和入库数量的核对，以保证记录的准确。同时，还会安排专人对各项记录进行定期核对，检验记录的一致性，如图 1-11 所示。

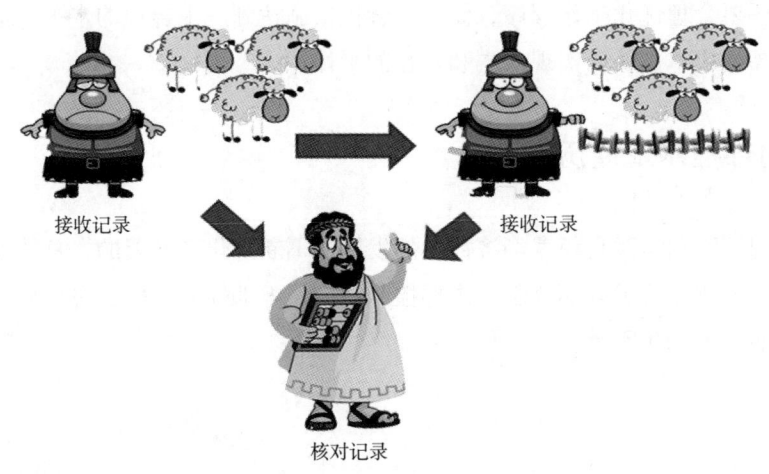

图 1-11　早期的内部牵制

资料来源：作者整理。

古罗马时代对会计账簿实施双人记账制。双人记账制规定一笔业务的发生需要两个人在各自独立的账簿上进行记录，然后再定期将双方账簿记录加以核对，以检查有无记账差错或舞弊行为，从而达到控制财物收支的目的，确保没有差错和舞弊情况的发生。

根据《周礼》的记载，中国在西周就有了内部牵制的实例，国库管理设置了职内、职出和职币岗位，分别负责收入、支出和盘点登记职能。这也是目前中国最早的牵制机制的体现。

审查记录和双人记账制体现的就是内部牵制思想。内部牵制以账目间的相互核对为主要内容，并且依据这一思想来实施岗位分离，是早期确保账目准确无误的最理想控制方法。

内部牵制是建立在两个基本假设之上：第一，两个或两个以上的个人或部门，无意识地犯同样错误的可能性很小；第二，两个或两个以上的个人或部门，有意识地合伙舞弊的可能性大大低于单独一个人或一个部门舞弊的可能性。其中，无意识的错误是指因为粗心大意或者信息错误导致的实际情况与期望结果出现差异；有意识的舞弊是指有计划、有预谋地为了达到一定的目的而采取的行为。

内部牵制又可以分为实物牵制（由两个或两个以上的人共同负责资产的保管任务，在缺少某一人的情况下，就无法获得该资产）、机械牵制（以制度性的文件形式固化操作，将业务办理的程序通过流程描述或者流程图的形式展示出来）、体制牵制（实现岗位职责分离）、簿记牵制（复式记账和对账制度）四类。比较典型的例子就是银行保管箱的开启，需要客户本人凭身份证和钥匙，与银行工作人员共同插入各自的钥匙，开启保管箱。一方面防止了工作人员监守自盗，另一方面也避免有人盗用钥匙开启不属于自己的保管箱。如果开保管箱只需要一个人一把钥匙就可以的话，一旦钥匙丢失，拿到钥匙的人就可以把保管箱里的钱物拿走，如果是多个人每人一把钥匙，只有所有人的钥匙共同插入才能打开保管箱，那么一个人想偷走保管箱里的钱物难度就增大了。内部牵制就是通过这种执行过程中多人参与以及审核来避免出现错误——一个人操作，另一个人检查，有人记账，有人负责审核，以及增加了监督程序，这会大大降低犯错的可能。

简而言之，内部牵制是以相互制衡以及查错防弊为目的，以业务授权、职务分离、双重记录以及定期交互核对等控制手段为基本内容，它的范围主要包括对现金、实物的控制。时至今日，在现代的内部控制理论中内部牵制依然占有相当比重，内部牵制是组织机构控制和职务分离控制的基础。

（二）内部控制制度阶段

20世纪40～70年代为内部控制的发展期，即内部控制制度开始出现。从20世纪40年代起，股份制公司逐渐开始产生，原有的以职务分工为主的内部牵制理论也随着公司架构的改变开始逐步向内部控制理论方向转变。"二战"结束后，随着资本主义经济快速增长，很多发达资本主义国家不断进行改革调整，企业的所有权和经营权进一步分离，内部牵制逐渐演进并涉及企业组织结构、岗位职责、业务处理流程及内部审计等，形成较为严密、更为完善的控制制度。以往简单地以账务核对和职责分工来实现控制目标的做法已经逐渐被业务流程的规范化、标准化、制度化和授权管理等手段所替代，形成了较为完善的内部控制体系。

继美国注册会计师协会（AICPA）在1949年提出内部控制概念之后，1953年其下属的审计程序委员会发布了《审计程序公告第19号》，在公告中对内部控制概念进行了首次修订，对内部控制作了两分法的划分，即内部控制包括会计控制和管理控制两个部分。前者用于保护企业资产，检查会计数据是否准确可靠；后者用于提升管理效率，规范企业管理，促进相关人员遵守制度规定。这也是首次将内部控制的目标设定到会计核算范围之外，从那时起内部控制开始与企业的经营管理直接相关。

（三）内部控制结构阶段

20世纪70~80年代，人们已开始意识到将会计控制和管理控制人为进行分割并不科学，1988年，美国注册会计师协会发布了《审计准则公告第55号》，不再将内部控制分为会计控制和管理控制两部分，并正式将控制环境纳入内部控制范畴，内部控制又逐渐发展到内部控制结构阶段。此阶段，内部控制结构被认定为有三个组成部分：

——内部控制环境

——会计系统

——控制程序

这一阶段所取得的重要突破包括：

首先，强调了人在内部控制中的作用，通过前期的理论研究人们开始意识到要想内部控制理论具有可操作性，人的因素至关重要，所有的管理措施都是通过人发挥主动性来实现的，对人的管理作为三个组成部分中的内部控制环境而出现。人们开始意识到人的态度、认识和行为构成的控制环境的重要性，以及对最终实现内控目标所起到的作用。

其次，强调了管理者在内部控制过程中发生的行为最终对控制环境所产生的作用。这是控制环境这一要素首次出现在内部控制结构中，指出控制环境也是充分有效的内部控制体系实施的基础。

（四）内部控制整合框架阶段

从20世纪80年代起，内部控制方面的研究进入一个新的时期，主要标志是1992年美国COSO委员会发布了《内部控制——整合框架》专题报告，在世界范围内得到广泛应用。

《内部控制——整合框架》（以下简称内控框架）指出，内部控制是一个"发现问题—解决问题—发现新问题—解决新问题"的循环往复的过程，是企业经营过程的一部分，目标是在合法经营的前提下，提高经营的效率与效果，向外界提供可信的财务报告，如图1-12所示。

内部控制整体框架包括内部环境、风险评估、控制活动、信息与沟通、监控五个要素。这五个要素内容全面广泛、相互关联，形成了动态框架系统。

第一章 风险管理和内部控制概述

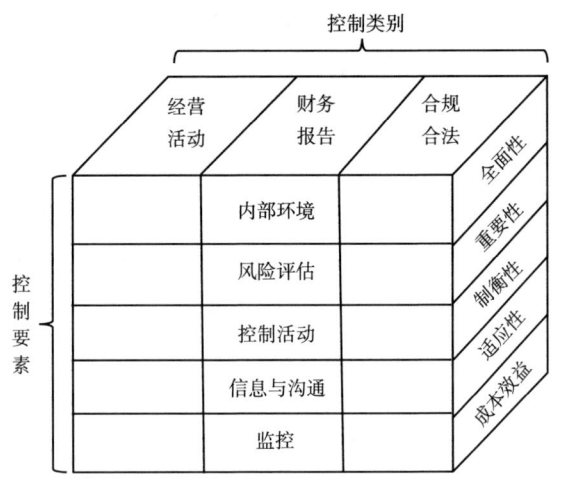

图 1-12 内部控制——整合框架

资料来源：COSO 委员会. 内部控制——整合框架. 1992.

五个要素的具体含义如下。

1. 内部环境

内部环境是企业内部的物质、文化环境的总和，是影响、制约企业内部控制建立与执行各种内部因素的总称，构成了其他内部控制要素的基础。内部环境主要包括治理结构、组织机构设置与权责分配、企业文化、人力资源政策、道德标准、价值观、内部审计机构设置、反舞弊机制等。

2. 风险评估

风险评估是及时识别、科学分析和评价影响企业内部控制目标实现各种不确定因素并采取应对策略的过程。风险评估的先决条件是制定目标。风险评估就是分析和辨认实现所定目标可能发生的风险。

3. 控制活动

控制活动是根据风险评估的结果，结合风险应对策略采取的确保企业内部控制目标得以实现的方法和手段。控制活动要结合企业具体业务的特点与要求制定，主要包括职责分工控制、授权控制、审核批准控制、预算控制、绩效考核控制、会计系统控制、经济活动分析控制、信息技术控制等。

4. 信息与沟通

信息与沟通是及时、准确、完整地收集与企业经营管理相关的各种信息，并使这些信息以适当的方式在企业各层级间进行及时传递、有效沟通和正确应用的过程，是实施内部控制的重要条件。企业在其经营过程中需对信息进行辨识，获取确切的信息，并在内部有效传递。企业员工必须从管理层清楚地获取承担控制责任的信息，以使员工能够履行其责任，同时员工还必须有向上级部门沟通重要信息的方法。企业还需要对外界顾客、供应商、政府主管机关和股东等做出有效的沟通。

5. 监控

监控是企业对其内部控制的健全性、合理性进行有效的监督检查与评估，形成书面报告并作出相应处理的过程，是实施内部控制的重要保证。内部控制系统需要被监控，监控是由适当的人员，在适当及时的基础下，评估控制的设计和运作情况的过程。监控活动由持续监控、个别评估所组成，其可确保企业内部控制能持续有效地运作。具体包括持续的监控活动、个别评估、报告缺陷等。

以上五个要素相互联系，其中，内部环境是实施内部控制的重要基础，风险评估是内部控制的首要前提，控制活动是内部控制的具体措施，信息与沟通是内部控制的必要条件，监控是内部控制的保证手段。

内控框架的提出使内部控制的研究进入了一个更系统、更全面和动态的过程。对内控要素进行了详细描述，创造性地增加了信息与沟通、风险评估和监控。内控框架认为，内部控制不是一次性的行动，而是一个持续改进和不断完善的过程；内部控制不再是制度和理论，不再是少数管理者和董事会的行为，而是由全体员工参与的过程，涉及组织结构中的各个职能；内部控制也不仅仅是财务目标和抽象的管理目标，而是具体到了经营目标、财务报告目标和合规目标，如图1-13所示。

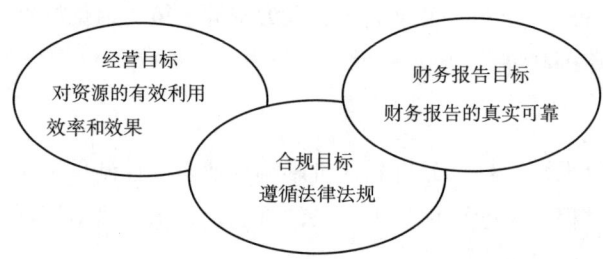

图1-13　COSO内部控制整合框架目标

资料来源：COSO委员会. 内部控制——整合框架. 1992.

五、2013年版内部控制框架

自从1992年内控框架发布以来，COSO委员会为了萨班斯法案的实施，以及针对某些较小上市公司按照COSO框架实施内部控制成本过高的问题，在2006年发布了《财务报告内部控制——较小型公众公司指南》（Internal Control Over Financial Reporting—Guidance for Smaller Public Companies）。2009年为了进一步指导对内部控制系统的监督又发布了《内部控制监管指引》（Guidance on Monitoring Internal Control Systems）。为了适应内部控制方面最新的变化，COSO委员会在2013年又发布了最新版的《内部控制——整合框架》。

（一）2013 年版内部控制框架特点

COSO 委员会对内部控制框架不断进行更新的主要原因是在过去的 20 年间外部环境发生了很大的变化，包括：

- 公司治理和相关利益者对公司治理监督的要求日益迫切；
- 市场和企业经营的全球化发展；
- 业务活动越来越复杂；
- 法律、法规、准则和标准要求越来越多，越来越复杂；
- 对企业管理能力的要求提高；
- 对不断发展的科技的应用和依赖越来越多；
- 预防舞弊行为的需要。

与原版框架相比，2013 年新版内部控制框架将一些内部控制的基本概念上升为准则，而且框架内容综合考虑了企业运营与法律环境的变化。新版框架不仅关注财务报告，也关注其他类别的重要报告。与原版框架相比，新版框架的突出特点具体可概括为以下八点：

1. **明确了原则**

新版内控框架中把五个要素分解成了相应的 17 个原则，适用于所有报告目的和所有类型的营利组织、政府机构和其他组织。这些原则代表了有关的要素，企业可以通过应用所有这些原则来实现有效的内部控制，因此更具有实际指导意义，更容易进行实际操作。

2. **拓展了报告的目标范围**

财务报告的目标被拓展为考虑其他外部报告而不仅仅是财务报告，也包括内部财务和非财务报告。

3. **突出组织整体目标**

2013 年版框架强调组织的各项目标制度，强调了人在目标实现中发挥的作用。

4. **强调了全球化**

2013 年版框架强调了全球化对管理层经营模型的影响，对实体架构、相关职责，以及对于总部和分支机构内部控制的影响。新版框架还对兼并和收购的外部和内部风险因素进行了识别和分析。

5. **强化了公司治理**

2013 年版框架强调了公司治理相关内容，包括董事会和董事会下属委员会（包括审计、提名和薪酬委员会）的职责。

6. 考虑了商业模式

新版框架增加了对新商业模式的考虑，涵盖了在新商业模式下内部控制框架和如何达到内部控制的要求。

7. 充分反映信息技术进步的影响

自1992年以来，使用和依赖信息技术的企业增长了很多，且信息技术在很多企业应用越来越广。这种变化会对内部控制很多要素的实施产生影响。

8. 增强了对反舞弊期望的考虑

新版框架增加了更多关于舞弊的讨论，并将潜在舞弊风险作为内部控制的一个原则。

（二）2013年版内部控制框架原则

新版内控框架中把控制环境、风险评估、内控活动、信息与沟通、监控五个要素又分解成了相应的17个原则，如图1-14和表1-2所示。这17个原则适用于所有报告目的和所有类型的营利组织、政府机构和其他组织。每个原则分若干关注点，代表此原则的重要特点。

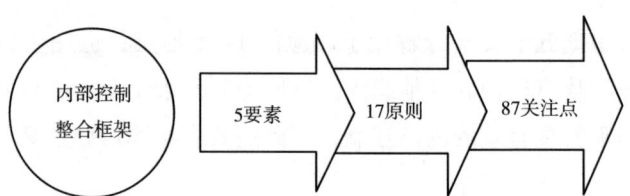

图1-14 2013年版内部控制框架的拓展

资料来源：企业内部控制编审委员会. 企业内部控制主要风险点、关键控制点与案例解析［M］. 上海：立信会计出版社，2018.

表1-2　　　　　　　　　2013年版内部控制框架原则及关注点

原则编号	原则内容	关注点
原则1	组织明确承诺将遵从职业操守及道德规范	➤ 设定最高基调 ➤ 建立行为准则 ➤ 评价行为准则的遵守程度 ➤ 及时纠偏
原则2	董事会相对于管理层保持独立性并对管理层建立和执行内控情况进行监督	➤ 明确监督职责 ➤ 具备专业胜任能力 ➤ 独立于管理层 ➤ 对内控系统实施监督

第一章　风险管理和内部控制概述

续表

原则编号	原则内容	关注点
原则3	在董事会的监督下，管理层建立相应的组织结构、汇报路径、恰当的授权/职责体系，以实现组织目标	➤ 考虑实体的组织结构 ➤ 明确汇报路径 ➤ 定义、分配并约束权限和职责
原则4	组织致力于吸引、发展和保留具有职业胜任能力且与组织整体目标相匹配的人才	➤ 建立政策和程序 ➤ 评估能力和解决不足 ➤ 吸引、发展和保留人才 ➤ 计划和准备继任者
原则5	组织明确个人的内控职责，以实现组织目标	➤ 通过组织架构、权力和责任确定内控责任 ➤ 建立内控绩效评价措施、激励和奖励 ➤ 评估与内控绩效相关的措施、激励和奖励 ➤ 考虑绩效评估带来的过大压力 ➤ 评估绩效、奖励和个人自律的关系
原则6	组织制定清晰的目标，进而能够有效识别和评价威胁目标实现的风险	经营目标： ➤ 经营目标反映管理层的选择 ➤ 管理层要考虑风险容忍度 ➤ 组织要明确经营和财务目标 ➤ 管理层以经营目标为基础分配资源 外部财务报告目标： ➤ 财务报告的目标与适用的会计准则相一致 ➤ 管理层要考虑财务报表列表中的重要事项 ➤ 外部报告反映实体的活动 外部非财务报告目标： ➤ 管理层设立的目标与外部准则和框架相一致 ➤ 管理层要考虑非财务报告的准确性水平 ➤ 外部非财务报告要体现实体的活动 内部报告目标： ➤ 内部报告反映管理层的选择 ➤ 内部报告考虑用户对于准确性水平的需求 ➤ 内部报告体现实体的活动 合规目标： ➤ 合规目标体现外部法律、法规 ➤ 管理层要考虑合规目标的风险容忍度
原则7	组织在整个实体层面识别可能威胁组织目标实现的风险，以便判断如何对这些风险进行管理	➤ 组织要在实体、分公司、各部门、业务单元和职能层级进行风险识别和评估 ➤ 风险识别要全面考虑内部和外部因素 ➤ 有效的风险评估机制要包含不同水平的管理活动 ➤ 评估风险识别的意义 ➤ 风险评估要包含如何应对风险

续表

原则编号	原则内容	关注点
原则8	组织在评价威胁组织目标实现的风险时，考虑潜在的舞弊风险	➢ 对舞弊风险的评估要考虑舞弊的种类 ➢ 舞弊风险的评估要考虑刺激和压力 ➢ 对舞弊风险的评估要考虑不恰当行为发生的概率 ➢ 对舞弊的评估要考虑管理层和员工的态度和合理性
原则9	组织对可能对内控体系产生重大影响的变化事项进行识别与评价	➢ 风险识别过程要考虑外部环境变化 ➢ 组织要评估业务模式的变化 ➢ 组织要评估领导层的变化
原则10	组织选择并且设置控制活动，以将威胁组织目标实现的风险降低到可接受的水平	➢ 控制活动与风险评估相互融合 ➢ 管理层要考虑影响实体的具体因素 ➢ 管理层要决定哪些相关业务流程与内控活动相关 ➢ 要评估控制活动包含哪些类型
原则11	组织针对技术选择并且设置一般控制活动，以支持组织目标实现	➢ 管理层了解并决定业务流程，自动控制活动与技术通用控制的从属关系和联系 ➢ 管理层明确相关的技术基础设施控制活动 ➢ 管理层明确相关的安全管理流程控制活动 ➢ 管理层明确技术获取、开发和维护流程的控制活动
原则12	组织通过制定政策（以明确控制期望）和具体流程（以将控制期望转换为具体行为）来贯彻控制活动	➢ 管理层明确政策和流程来支持管理层指令的执行 ➢ 管理层明确执行政策与流程的责任 ➢ 负责的员工及时执行内部控制活动 ➢ 负责的员工纠正内控活动中的错误行为 ➢ 使用有能力的员工执行内部控制活动 ➢ 管理层要定期评估制定的政策和流程
原则13	组织获取或者产生符合使用者需求的、高质量的信息，以支持内控体系发挥功能	➢ 识别信息需求 ➢ 信息系统获取内部和外部信息数据 ➢ 信息系统将相关数据转化为信息 ➢ 信息系统在处理信息的过程中保证信息的质量 ➢ 注意信息的成本和获益
原则14	组织在内部沟通相关信息（包括控制目标、控制职责），以支持内控体系发挥功能	➢ 内部控制信息沟通 ➢ 管理层与董事会的沟通 ➢ 提供独立沟通路径 ➢ 选择相关沟通方法
原则15	组织与外部相关各方沟通可能对内控功能发挥产生影响的事项	➢ 与外部机构进行沟通 ➢ 开放的沟通渠道确保沟通顺利进行 ➢ 与董事会沟通外部机构信息 ➢ 提供独立的外部沟通路径 ➢ 选择恰当方式进行外部沟通

续表

原则编号	原则内容	关注点
原则 16	组织选择、设计和执行持续和/或者单独的评价，以确认内控各关键要素存在且持续发挥功能	➤ 管理层要考虑持续的独立的评估 ➤ 管理层要考虑业务及业务流程的变化 ➤ 内部控制体系的设计要明确持续独立的评估标准 ➤ 持续独立的评估要由足够知识明确评估什么 ➤ 持续评估要与业务流程相融合 ➤ 管理层要调整范围与频率 ➤ 独立评估要定期进行并提供客观反馈
原则 17	组织对内部控制进行评价，并及时地将发现的内控缺陷报给负责执行纠正性措施的主体，这些主体包括高级管理层、董事会，具体视缺陷的具体情况而定	➤ 管理层和董事会评价持续独立评估结果 ➤ 与相关方、高级管理层和董事会沟通缺陷 ➤ 管理层要追踪缺陷的整改

资料来源：企业内部控制编审委员会. 企业内部控制主要风险点、关键控制点与案例解析 [M]. 上海：立信会计出版社，2018.

六、内部控制局限性

内部控制的目标是向组织的高级管理层和董事会在组织运营、报告和合规三个方面提供合理保证。但是内部控制所提供的保证是合理保证，并非是绝对保证，这是因为内部控制不是万能的，也是有很多局限性的。首先，内部控制工作受到成本的限制、人员素质限制，即便是设计合理的内部控制体系在执行中也可能受到各种因素的干扰，导致内部控制不能及时发现和消除所有的缺陷。其次，现实中内部控制的目标并非总能实现，它总是受到来自管理层违规、政府政策和法律的非预期变化等威胁因素的影响。内部控制的效果在内部控制设计、执行过程中受到多方串通、成本限制以及管理层越权等因素影响，如图 1-15 所示。

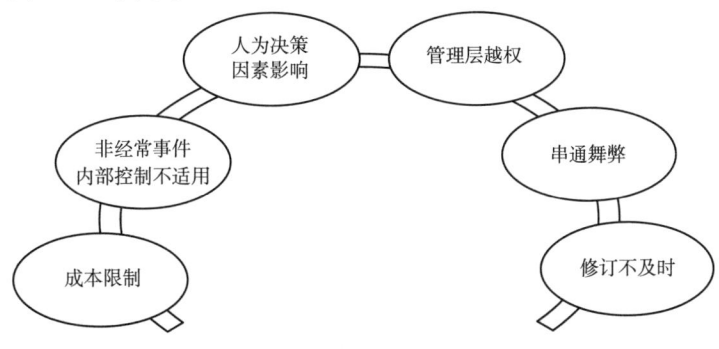

图 1-15 内部控制的局限性

资料来源：作者整理。

其中，导致内部控制具有局限性的最主要方面如下所述。

（一）内部控制设计

内部控制是结合企业实际生产经营特点为经常重复发生的经济业务而设计的，一旦设置就具有相对稳定性。如果设计层面设定没有考虑到一些可能事件对企业产生的影响，没有针对特殊事件设计的应对控制措施，或者没有根据环境变化及时对内部控制制度进行修订，当突发事件或不符合预期的业务发生时，就会出现内部控制体系不适用的情况，内部控制体系的有效性也会受到影响。

企业在发展过程中，外部环境始终处于不断的发展变化之中。企业为了生存和发展，势必要不断调整经营战略，或者并购其他企业，或者在外地开设分支机构，或者增设分部、部门生产线等。这样，就会导致原有的控制程序对新增加的业务不能完全适用，如果不能及时调整内部控制制度和措施就可能产生差错或失去发展机会，给企业带来实际的损失。

从企业内部来看，即使外部环境不发生变化，也可能导致类似问题。例如，企业实施信息化以后，会计核算的方法和手段都发生了根本性的变化，对内部会计控制的岗位、控制环节、控制程序等都提出了不同于手工核算的要求。在这种情况下，如果不建立新的控制制度，原来的控制制度就很有可能失灵，进而影响内部会计控制的有效性。

（二）内部控制执行

内部控制是人为设计建立的，发挥作用的关键在于执行人员的实际运作水平。企业即便设计了有效的内部控制体系，在执行过程中仍会受到人为因素的影响，影响内部控制的效率和效果。内部控制在实际执行的过程中，人员内部控制意识薄弱、专业能力差、粗心大意、精力分散、判断失误以及对指令的误解等都可能使内部控制系统失效，导致内部控制没能发挥作用。

（三）高层基调

企业最高层对于内部控制的态度、行为以及向所有员工传递的信息决定着内部控制工作能否顺利开展，以及所能达到的成效，即通常所说的高层基调（Tone at the Top）。事实上，内部控制工作需要得到最高层的认同和支持，高层的基调决定着内部控制能够做到什么程度，范围能够做多大。内部控制作为一个全员参与的过程，不仅是针对普通员工而言，更多的是涉及各层级的管理者。事实上，更多的决策风险、更多的权力约束通常发生在管理层面，管理层所面临的风险以及其所能造成的危害远远大于普通员工。管理层如果超越权限，凌驾于内部控制之上，授意工作人员违反制度规定，干扰内部控制部门正常执行职责，都会使已经建立起来的内部控制体系失效。

在国内很多企业，由于治理结构不健全，风险内控部门本身就由管理层任命、考核，其监督职能很难独立有效地发挥。如果企业管理层更多强调业务收入，而忽视内部控制工作，无疑为组织的其他员工传递了一个信号，即内部控制仅是一种摆设，那么内部控制工作也就很难得到相关业务部门的支持和配合。

为了确保内部控制工作能够独立有效发挥监督作用，在董事会下应该设有专门的风险管理委员会，风险内控工作要能够直接向董事会及风险管理委员会进行汇报，并由董事长或总经理直接对风险内控职能进行管理，同时风险内控人员及其他监督性工作要具有一定的独立性。风险内控部门能够从最高层获得足够授权，其监督检查的范围除了下属企业和各业务部门，还要对现有管理体系甚至管理层形成必要的监督，所以在一定程度上要妥善解决管理层凌驾于内部控制之上的问题，才能让风险内控独立发挥其监督职能。同时还需要建立一套有效的可以跨越层级的投诉举报机制，让监督职能取得更大的成效，形成对各级管理者的监督压力。

（四）串通舞弊

内部控制的不相容职务分离能够有效规避个人舞弊行为的发生，形成牵制，为避免一个人单独从事和隐瞒不合规定的行为提供基本的保证，但并不能完全防止两个或两个以上的人员和部门共同作弊行为的发生，对于多人的合谋行为则无能为力。例如出纳与会计共同作弊，财产保管与财产核对人员合伙造假，采购部门与会计部门联合舞弊，审计部门与会计部门合伙舞弊等。对于多人合谋行为，再完备、再严密的内部会计控制措施也不能发挥其应有的作用。

（五）成本效益

成本效益原则是指一个内部控制程序设计、实施、运行的成本不应该超过预期的效益，设计与执行内部控制所产生的效率和效果应大于为此而投入的成本。如果对内部控制工作投入的成本不足，就会导致内部控制面临专业人员不足、控制措施不够深入、内部控制评价范围受限等问题。另外，尽管单纯从控制的角度来看，控制环节和控制措施越严密复杂，控制的效果就越好，但如果控制环节过多、控制措施过于复杂，相应地就会产生不必要的控制成本，从而会对企业生产经营活动的效率产生负面影响。因此，在设计和实施内部控制时，企业必然要考虑控制成本与控制效果之比，保证控制收益大于控制成本，即所有设置控制点所达到的控制收益应大于为此而付出的控制成本。

总体上说，尽管建立内部控制并不能绝对保证企业整体目标的实现，内部控制也不能解决企业的所有问题，但是内部控制的设计和实施所能起到的作用却为企业控制目标的实现提供了必要合理的保证。

第三节　风险管理、内部控制与合规管理

一、风险管理和内部控制的关系

人们对风险管理和内部控制关系的理解经历了一个逐渐发展的过程。因为在理论界和企业界往往对风险管理和内部控制界定不清，为了方便起见很多人干脆把两者放在一起，统称为风险管理和内部控制，这种做法虽然可以回避对两者关系，回避对两者谁包括谁的争论，但也导致了两者间边界的进一步模糊。国外对风险内控的研究，以COSO委员会的内部控制整合框架和风险管理整合框架为例，都是先有了内部控制框架后有的风险管理框架，这是因为，在理论和实践过程中，人们发现内部控制措施并不能解决企业所面临的很多问题和风险，仅仅停留在控制层面建立一个内部控制体系不足以防范企业所面对的多变的环境，应对出现的影响企业生存和发展的各种风险，而需要站在全面风险管理的高度，从更大、更广泛的范围去指导企业实现战略目标，实现更大的价值。

在2017年新版风险管理框架发布前，人们对于风险管理与内部控制之间关系的普遍理解是：风险管理与内部控制的关系犹如一个硬币的正反两面，既相互联系又互有差别。内部控制与风险管理密不可分，风险管理是内部控制的核心，也是内部控制的目标；内部控制是风险管理的一种手段。控制适度，风险发生的可能性及其损失会大大减少；控制过度，则会降低效率；控制缺失，则会导致风险频发。

对于风险管理和内部控制的范围问题，人们有着不同的理解。有人认为，风险管理包括内部控制，认为内部控制是风险管理的重要组成部分，风险分为内部风险和外部风险，而内部控制是对可控的内部风险采取的防范手段，风险管理还包括针对企业外部风险采取的各种风险应对措施。有人认为，内部控制包括风险管理，在企业开展内部控制工作的时候，要先对风险进行识别，并对风险进行排序，风险管理是内部控制工作的重要组成部分。从COSO委员会提出内部控制整合框架和风险管理框架可以看出，风险管理的范围更为广泛，包含的内容也更多，因此更多的人支持风险管理包括内部控制的观点。

风险应对与接受度模型有助于帮助理解风险和内部控制的关系，如图1-16所示。两条直虚线为风险承受的水平，中间的直线为目标值，与目标值差异度达到一定程度，即两条虚线之间的风险是可以接受的，两条虚线之外的风险则是不可接受的。虚曲线是可以接受的风险程度，即可能的实际值2；而黑色的实曲线，即可能的实际值1，是我

们不能接受的结果。采取内部控制措施要实现的目标就是剩余风险控制在两条虚直线的范围内，使风险处于距离目标值合理的可接受的范围。

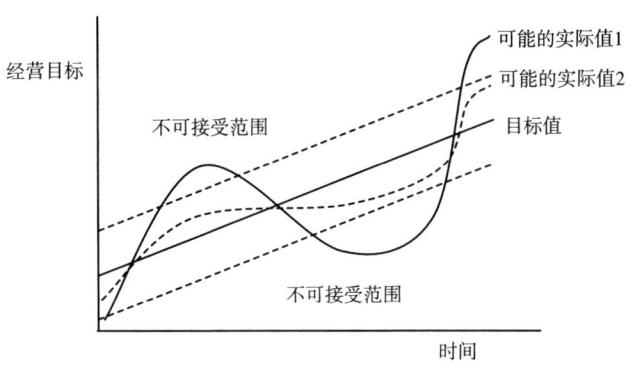

图1-16　风险应对与接受度模型

资料来源：作者整理。

2017年版的风险管理框架彻底颠覆了传统对风险管理和内部控制之间关系的理解。新版框架并没有在原版框架基础上进行缝缝补补，也没有进行补充说明或是修改，而是彻底抛弃了2004年版的风险管理框架，不再是在内部控制框架基础上的扩展。新版框架对于风险管理做了重新界定，不再纠葛于与内部控制的纷争，而是将风险管理与企业战略、企业运营管理密切结合，风险管理与内部控制至此清晰地"分道扬镳"，彼此的界限清晰了。

按照2017年版风险管理框架体现的最新观点，风险管理和内部控制之间的差异包括以下两个方面。

1. 实现的目标不同

风险管理的目标是实现企业的愿景、战略，促进企业价值的实现，风险管理的体系设计和运行是为战略和绩效目标的实现提供保障。而内部控制是针对财务、运营、合规三个目标，企业内部控制的设计和运行是为了保证财务报告的真实性、运营的效率和效益以及实现合规目标。

2. 采取的手段不同

内部控制采取的手段与传统观点相同，都是针对企业管理的制度、流程采取控制措施，确保制度得到有效执行、流程关键控制环节得到有效的控制。最新观点认为，风险管理不仅限于控制手段，而是与战略管理密切融合，包括了对企业战略和经营目标会产生的不确定性进行的识别、分析评估、应对等一系列管理过程。

风险管理是全局的、前瞻性的，更类似于中医，讲究的是天人合一，内外部相互协调，遵循自然规律，遵循人体生理活动的规律，全面考虑各种因素的相互制约、相互影响。而内部控制更类似于西医，是针对具体制度、具体控制环节、具体问题的分析和管控,更直接、更有效、更具有可操作性,强调与制度、流程和权限的结合,"看得见,摸得着"但也有"头痛医头脚痛医脚"的思维局限。

二、风险管理、内部控制与合规管理的关系

(一)合规概述

近年来,合规是摆在中国企业面前的一个越来越严重的问题。与国际上优秀企业相比,很多中国企业在合规问题上已经非常落后了。当西方很多企业在严格治理合规性问题时,我国很多企业甚至连合规是什么都还没有弄清楚,这严重影响了我国企业未来的发展,特别阻碍了我国企业进入国际市场开展国际竞争的步伐。2018年对于中国企业的合规工作来说是重要的一年,多个监管机构针对企业合规管理出台了一系列的指引,包括:2018年8月1日起实施的国家标准(GB/T 35770—2017),很大程度上采用了ISO19600-2014《合规管理体系指南》;2018年11月2日,国资委发布《中央企业合规管理指引(试行)》;2018年12月26日,国家发改委、外交部、商务部、中国人民银行、国资委、外汇局、全国工商联七个部委共同印发《企业境外经营合规管理指引》。因此,业内也有人将2018年称为中国合规元年。

俗话说"无规矩不成方圆",任何事情都有其内在的规矩、规则,我们做事情也要按照这些规矩和规则操作,才能保证事情能够圆满解决。合规的范围很广泛,不仅包括遵守法律法规等约束性文件,还包括了诚实守信和道德层面的内容。不同时期、不同行业的企业会面临不同的合规要求,工作重点也会有所不同。例如,联合国2000年11月出台的《联合国反腐败公约》、美国《反海外贿赂法》即FCPA以及中国、英国、德国等国也都制定了类似的法律,重点加强反商业腐败方面的合规工作,打击商业贿赂成为很多国家跨国企业合规管理的中心工作。

合规,英文是compliance,原意是遵守、服从。对企业来说,合规意味着要遵守所在国的法律、法规,遵守企业内部的规章制度,遵守职业操守、道德规范等。合规要求企业及其员工的经营管理行为符合法律法规、监管规定、企业章程、规章制度以及国际条约、规则等要求。合规风险是企业没有遵循适用于经营活动的法律、法规、规章制度以及其他规范性文件规定的行为准则时可能受到法律制裁、监管处罚从而使企业遭受财务损失、声誉损失的风险。企业内部控制制度的建立和执行必须符合国家的法律、法规和政策,这也是企业内部控制工作的最基本目标和要求。

合规管理是指以有效防控合规风险为目的,以企业和员工经营管理行为为对象,开展包括制度制定、风险识别、合规审查、风险应对、责任追究、考核评价、合规培训等有组织、有计划的管理活动。合规管理是汇总整理外部合规要求,将外部合规要求转为内部控制要求,并切实执行和有效考评。较其他内部控制措施来说,合规管理更多关注

商业活动、反商业贿赂、反舞弊等。合规的范围非常广泛，从法律法规、国际标准到公司政策、责任感、诚信等行为和道德规范。总体上分为三个方面：一是所在国家和地区的各项法律法规；二是所在行业的规定、公司的政策和制度等，以及公司应承担的社会责任和商业诚信等；三是员工的道德规范，包括了企业的员工行为准则，以及一些没有明文规定的行为道德准则。企业的合规往往还以行为准则（code of conduct）的方式体现，包含了健康、安全、环保、人权、劳工、反托拉斯、反腐败、反洗钱等内容，在实际工作中会因企业实际情况不同而有不同侧重，如图1-17所示。

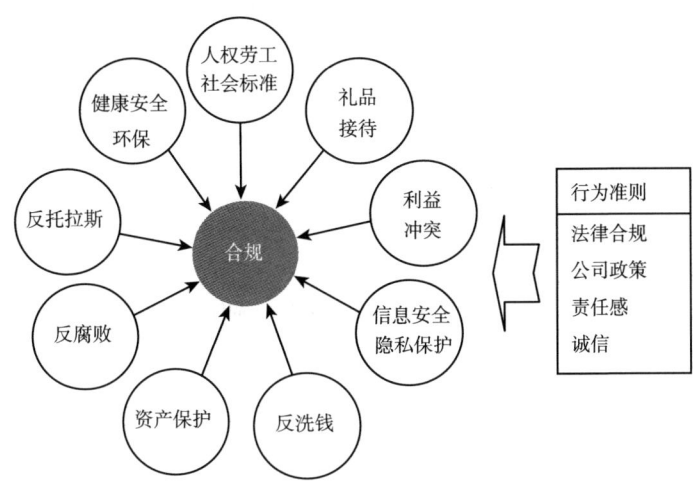

图1-17　合规管理的内容和依据

资料来源：作者整理。

合规与经济效益、社会责任和环境保护等结合在一起，作为每一个员工理解遵循的规则和标准。事实上，在一些国际优秀企业中合规工作与业务表现一起成为对员工绩效考评的组成部分，企业高管、部门主管、合规相关部门会有计划地组织合规方面的培训和宣贯。同时，企业根据合规工作的开展情况对合规标准进行必要的修改和完善。合规管理体系的主要工作内容及流程如图1-18所示。

（二）ISO19600《合规管理体系——指南》

2014年12月，国际标准组织（International Organization For Standardization）发布了ISO19600《合规管理体系——指南》，目的是为企业或其他组织设立一套行之有效的合规管理体系并对该体系的实施、评估、维护和改善提供指导，这是世界上第一个关于合规管理的标准。如图1-19所示，ISO19600遵循的依旧是与ISO其他标准一样的PDCA循环方式，涵盖了企业可以做和应该做的行为标准，这些标准能够为合规体系的有效性提供保障，避免或减轻来自监管机构的潜在违规处罚。虽然ISO19600没有对如何建立合规体系提出具体要求，但却对合规管理体系提出了指南和操作建议，并将建立合规管理体系分为建立和改进两个阶段。

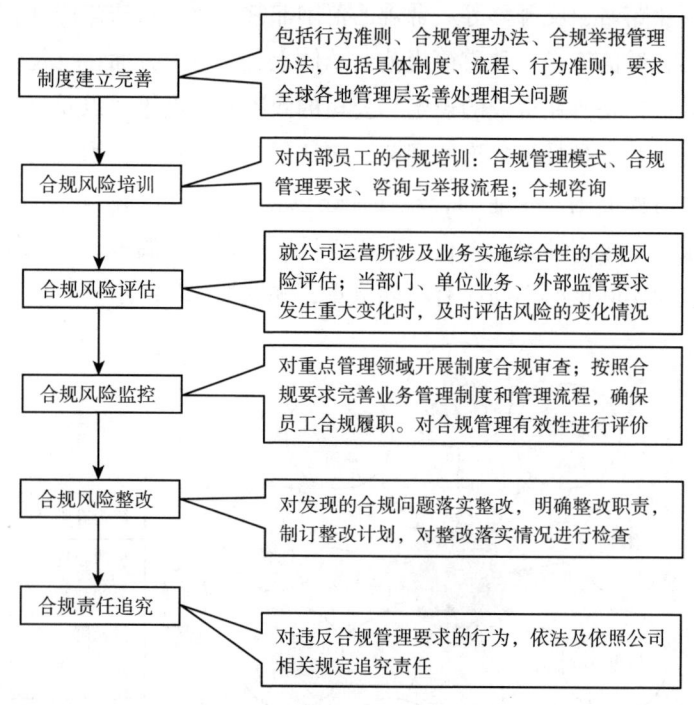

图 1-18 合规管理体系流程

资料来源：作者整理。

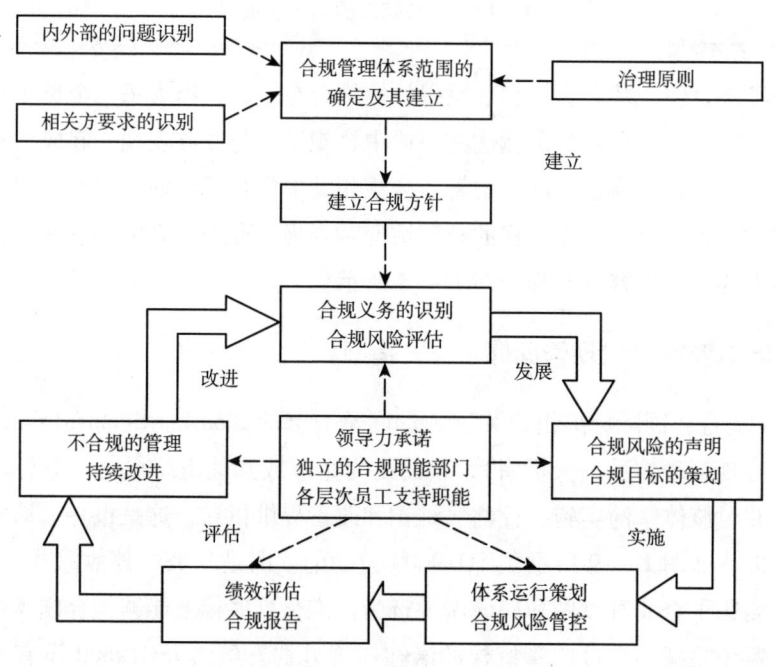

图 1-19 ISO19600 标准体系

资料来源：国际标准组织. 合规管理体系——指南. 2014.

ISO19600 和以往的合规体系相比具有以下特点：

（1）强调了风险导向。实施合规管理要以风险为基础，要对合规义务进行识别，对合规风险进行识别和评价。合规一方面是满足监管要求，另一方面是对风险采取有效应对。

（2）强调了开展评价、审计和持续改进的重要性。提出对高风险领域合规管理开展内部审计，从而对合规管理系统进行维护和变更。合规体系在建立后还要经过不断改进，通过识别风险，制定风险应对措施，评估风险应对结果，以及持续改进的动态过程，完成对合规工作的闭环管理。

（3）提出了三道防线的模式，将合规性工作看作一项系统工程。由相关业务部门、内控合规部门和审计部门构成风险防范的三道防线。业务部门人员通过对业务流程和控制措施的制定和执行，发挥着第一道防线的作用；内控合规部门通过对合规框架的建立和监督管理发挥着第二道防线的作用；审计部门对内部控制的有效性和合规体系整体的有效性进行评估，构成第三道防线。

近年来，国际合规治理呈现出新的趋势，各国监管机构对合规方面的要求越来越严苛。合规工作的要求是规范和约束企业及个人的行为，保证不因违反规定而导致企业与个人受到处罚而遭受损失，或是减轻所受的处罚和责任。而 ISO19600 通过系统化的合规体系建设，帮助企业从源头上防止不合规行为的发生，通过体系运行发现企业经营活动中存在的相关法律风险，通过整体合规性审查和规章制度建设，将合规风险消除于萌芽状态。

（三）风险管理、内部控制与合规的关系

很多企业开展合规管理的同时，很容易混淆风险管理、内部控制和合规管理之间的关系。以下我们对三者进行比较。

首先，内部控制工作的核心是通过内部控制五要素，对管理层及员工的行为进行约束，实现企业的运营有效、报告可靠、合规三大目标。内部控制是帮助企业实现业绩和盈利目标，同时又保证企业出具的财务报告可靠和企业行为符合法律法规。显而易见，合规管理是内部控制最基本的层面之一，也是最低的内部控制要求，依法合规经营作为内部控制工作三项目标之一，是内部控制工作所要力保的底线。合规是实现企业经营目标的保障，是其他内部控制目标得以实现的基础。但内部控制不只要求合规，还要对现有治理结构、权限划分、制度、流程等的合理性进行验证，要建立合理的制度、流程，要对现有体系是否得到有效执行进行验证，从而实现提高运营的效率和效果的目标。内部控制还是合规得以实现的有效手段，内部控制将合规性的各项外在要求转为企业内部控制的内在要求，如图 1-20 所示。

其次，按照国资委《中央企业全面风险管理指引》的划分，企业风险分为市场风险、财务风险、法律风险、战略风险、运营风险五大类。有的风险是可以通过内部控制得到解决的，比如运营风险，但再严密的内部控制措施对于涉及外部环境的风险以及总体战

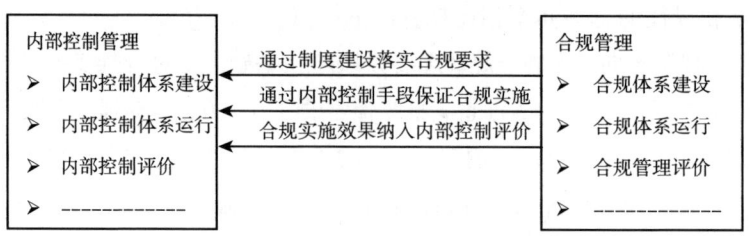

图 1-20　内部控制与合规管理

资料来源：作者整理。

略决策方面的风险能够取得的效果都有限。也由此可见，风险管理的涵盖范围比内部控制更大，不仅包括内部的降低风险相关措施，还包括诸如风险转移、风险分担、风险规避等战略性举措，以及对外部环境的研判等。风险管理是从企业最高管理层角度自上而下推动执行，为最高管理层服务，解决的也是战略的决策和执行，推动管理创新、管理变革等方面的问题。企业面临的风险复杂多变，影响企业经营目标实现的因素有很多，合规风险仅是企业风险管理的一个方面，合规管理是保证企业目标实现的手段之一，但不是最终目标。而事实上，人们通常所说的合规多指的是外部监管方面的硬性要求，企业同时还面临着所在地区的习惯、文化、行业规定等"软合规"，以及内部规章制度、员工行为规范等内部的规定和要求。

总体上说，风险管理包括内部控制，内部控制是企业应对部分风险的内部管理措施，所有内部控制措施所要防范的可能影响企业经营目标实现的事件都是风险；内部控制又包括合规管理，如图 1-21 所示，合规管理的目标需要通过内部控制措施得以实现，所有合规性问题必然是企业首先需要管理的风险。

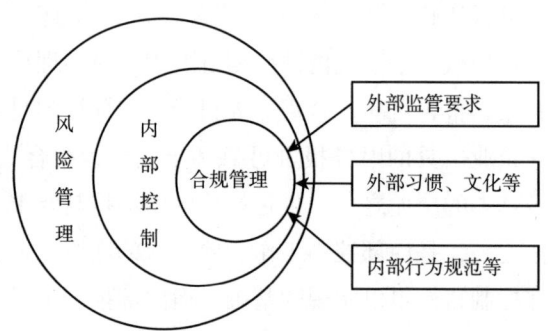

图 1-21　风险管理、内部控制和合规管理的关系

资料来源：作者整理。

企业在实际开展风险管理、内部控制和合规管理工作时，不能人为地割裂开三者之间的关系，要从整体上做好风险管理的统筹和规划，开展风险识别、评估和分析，作为此后各项工作的起点，企业要根据风险识别评估结果有针对性地来制定风险应对措施。内部控制是企业通过内部管控的方式来应对各类风险的手段，目的是实现企业的有效运营,保证财务报告的真实可靠,以及满足合规的要求。合规管理是要化监管机构的"外规"为企业"内规",将合规要求转化为具体的内部控制举措,通过对制度、流程、权限等的梳理和完善,以及内部控制评价检查等手段确保合规要求得到贯彻执行。

案例

X 企业的合规行为准则

X 企业是全球领先的植保和种子公司,致力于在食物生产、供应和加工的各环节向广大客户特别是农户提供卓越、安全和环保的创新解决方案。作为一家跨国农药公司,社会和环境等影响是 X 企业在日常运营中必须解决的关键问题之一。因此,X 企业的行为准则一直作为公司合规体系的支柱,是公司作为法律意义上的"人"的道德规范,体现了公司对利益相关者所关注的五个方面的 24 条承诺。

为了建立世界一流的农业科技公司,X 企业在努力创造利润、承担对股东的法律责任;同时也承诺忠于商业道德和诚信标准,以实现对公司员工、客户、社区和环境的企业社会责任。X 企业的行为准则包括以下五方面内容。

一、法律

作为业界领袖,我们非常郑重地担负起自己的责任。我们以透明和负责的方式运作,遵守所有适用法律,并确保雇员知晓与他们的职责有关的法律。我们完全拥护旨在建立自由公平的全球贸易的国家及国际法律。

(1) 守法;(2) 竞争法律;(3) 贿赂和贪污;(4) 证券交易(内幕交易);(5) 健康、安全和环境。

二、商业诚信

我们一贯奉行最高的公平、诚实和诚信标准,这让我们赢得利益相关者的信任,维护公司信誉。我们的经营方式和我们对社会的贡献令我们深感自豪。

与此同时,我们也鼓励全体雇员成为他人的楷模。包括:

(6) 广告、销售及营销实践;(7) 提供和接受馈赠、服务和款待;(8) 政治捐献;(9) 游说活动;(10) 对待欺压政体;(11) 动物试验;(12) 合同义务和文件标准;(13) 利益冲突。

三、社会

我们努力造福社会,倾听及回应大众诉求。

我们对待公司、同事及社会的方式,无愧于行业领袖的地位。包括:

(14) 环境影响;(15) 生物多样性;(16) 社区;(17) 与利益相关者的沟通。

> **四、科学、产品和财产权利**
>
> 我们提供创新、可靠、优质的产品,同时保护我们的利益相关者和环境。
>
> 我们的创造力使我们的产品能帮助种植者应对全球的农业挑战。包括:
>
> (18)研究与开发;(19)产品安全、品质及管理;(20)资产保护;(21)知识产权。
>
> **五、人才**
>
> 人才是我们企业经营的基石,我们要以多元化的政策让全体雇员受到公平的待遇,我们追求的是国际公认的最高的公平、正直和诚信标准。包括:
>
> (22)劳动权利;(23)歧视与骚扰;(24)多元化。
>
> X 企业要求所有员工认真遵循以上的行为准则,每位雇员在加入企业时都将获得一份行为守则的副本。X 企业要求所有受行为守则管理的人员必须了解并完全遵守其中的规定。每位雇员都要遵守行为守则及 X 企业所通过的所有政策、指引和规则。
>
> 对违反守则的行为,X 企业鼓励任何雇员立即报告知悉或怀疑任何人违反《守则》。雇员可随时向上司举报,同时"法纪专线"或"法纪专线"网站也对员工提供了一个秘密举报的途径。"法纪专线"由第三方专业顾问机构运作,每周七日,每日 24 小时开通,必要时可提供翻译。X 企业认真对待每一项举报并彻底调查是否有该等违规的情况发生。一旦调查属实,将予以相应的纪律制裁。

三、风险管理、内部控制与内部审计的关系

1999 年国际内部审计师协会(IIA)在《内部审计实务标准》中对内部审计进行了准确定义:审计是一种独立、客观的确认和咨询活动,旨在增加组织的价值和改善组织的运营。它通过应用系统化、规范化的方法,评价并改善风险管理、控制和治理过程的效果,帮助组织实现其目标。《企业内部控制应用指引》中将内部审计定义为:企业内部的一种独立客观的监督、评价和咨询活动,通过对经营活动及内部控制的适当性、合法性和有效性进行审查、评价和提出建议,促进改善企业运行的效率效果,实现企业发展目标。

内部控制与审计的渊源始于 20 世纪初期。当时美国的审计人员在设计审计程序时开始考虑内部会计控制问题。1929 年,美国注册会计师协会(AICPA)在财务报表的验证文章中指出,审计人员对财务报表的检查范围可以根据不同情况来确定,在一些情况下,审计可能发现需要对账簿上记录的大部分或全部经济业务进行审核,而在另外一些情况下,只要内部牵制健全,抽查就可以了。这是审计职业界第一次将审计和内部控制联系起来。

1986年4月,最高审计机关国际组织发表的《关于绩效审计、公营企业审计和审计质量的总声明》,把组织结构、方法程序和内部审计作为内部控制的要素,内部审计成为内部控制的重要组成部分。内部审计在企业内部天然的监督作用使其自然成为内部控制方式之一,同时又是对内部控制执行情况的一种监督形式。

《企业内部控制基本规范》(以下简称《基本规范》)把内部监督作为内部控制的一个要素,而内部审计是内部监督的主要形式,《基本规范》要求企业应当制定内部控制监督制度,明确内部审计机构和其他内部机构在内部监督中的职责权限,规范内部监督的程序、方法和要求。

《内部控制——整合框架》指出,内部控制由五个要素组成,即控制环境、风险评估、控制活动、信息与沟通和监控。其中监控(通常就是内部审计)是内控系统的特殊构成要素,它独立于各项生产经营活动之外,是对其他内部控制的一种再控制。

从以上内容可以看出,内部审计具有评价、监督和服务等职能,是内部控制体系的组成部分。

内部控制构成了审计工作顺利开展的基础,影响着审计方法、效率和质量。在实践过程中,一个经济实体所提供的各种信息的真实、完整与否,与该实体是否存在一套良好的内部控制制度且有效执行有着密切的关系。如果审计过程中能先行确定一个实体建有有效的内部控制体系,便可相应地缩小审计的范围。现代审计都是在有限的时间与成本条件下进行的,随着企业规模的扩大、业务量的增加,审计人员不可能对所有业务的记录都进行详细检查。借助内部控制体系可以既确保会计资料的可信和可靠,有效提升审计的效率和质量,又在很大程度上减少了审计的工作量。通过对内部控制有效性的检查,审计内容也会从详细审计转为有针对性的专项审计,有利于审计工作实现从合规性审计向风险导向型审计的转变,如图1-22所示。

图 1-22　审计规划与风险内控

资料来源:作者整理。

反之,审计的存在也对内部控制起到促进作用。对内部控制体系进行检查和评价是审计工作的一项重要内容。审计职能需要对主要风险的管控情况进行评估,确认控制流程的有效性,通过检查和评价能够有助于管理层了解内部控制的设计和执行情况,能够相对独立、有效地对内部控制体系进行监督,及时发现存在的重大缺陷并加以改进,从而促进内部控制体系的完善。总体上说,普遍为大家所认可的观点是,在风险防范过程中，各业务部门担负着主要的职责，内部控制部门是风险防范的第二道防线，而审计部门起到风险防范第三道防线的作用，如图1-23所示。

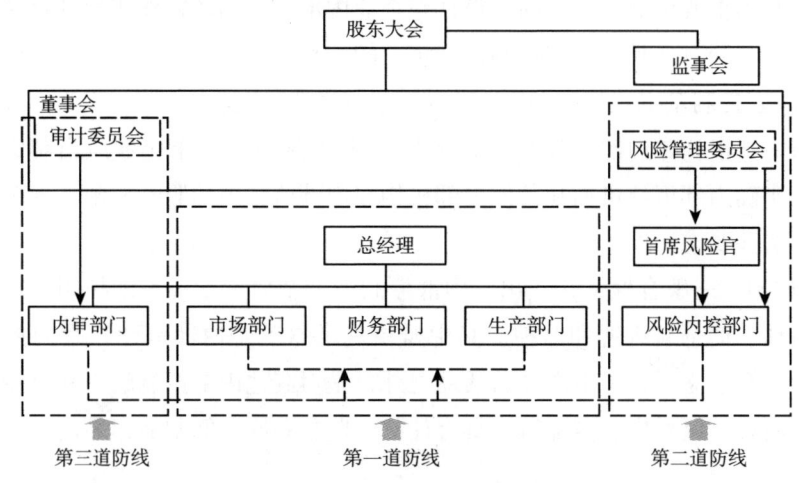

图1-23　风险管理三道防线

注：——表示业务管理；－－－表示业务监督。
资料来源：作者整理。

四、风险管理、内部控制与业务的关系

国内企业中很多人对内部控制的理解还处于非常模糊的阶段，很多人将内部控制看成一场运动、一个项目，还有很多人把内部控制与审计混为一谈，认为内部控制就是监督检查，而更多的人认为内部控制就是一堆手册、文件和制度规定。之所以人们没有很好地理解内部控制工作的内容以及内部控制工作对企业的重要意义，很大程度上是因为人们将内部控制与业务割裂开了。很多企业的管理者将业务的快速发展当作生产经营管理的主要目标，盲目开展并购、扩展业务领域和扩大销售，甚至完全忽视关键业务的潜在风险，对可能出现的风险缺乏有效的应对措施，导致企业遭受重大损失。从另一个角度，如果对风险避之如虎，不积极发展业务，不进行拓展和创新以此来逃避风险，也是没有正确看待和处理风险内控与业务发展的关系，将两者人为对立起来的表现。

风险内控工作与企业战略、文化等密切联系，深入企业管理的方方面面，同时又在实际工作中才能得到具体体现的职能，内部控制的执行和落地需要与业务活动、具体流程结合才能发挥其效能。内部控制最终的目的不是给业务部门"挑毛病"，而是通过对制度、流程和权限的规范实现管理提升。为了更好地理解内部控制与企业实际业务的关系，需明确以下三点：

第一，内部控制具有很强的目的性，支持企业完成既定的战略目标和生产经营目标，这就意味着内部控制工作和其他业务工作一样，都与企业整体目标相一致。

第二，内部控制不是静态的制度和手册，而是为实现目标而进行的一系列行动，是一种动态的过程，是推动企业按既定目标不断前进的过程，是企业经营活动的一个重要组成部分，必然要与企业的经营管理密切结合，确保经营活动按照预期开展，监督经营活动的持续进行。

第三，内部控制活动并不仅仅是一个部门的工作，需要上至董事会下至每个员工都要积极参与，组织内每一个人既是控制的主体又是控制的客体，要对自己负责的业务是否得到有效控制负责，直接实施控制，同时也受到其他人的控制或监督。

内部控制顾名思义是企业内部进行的约束和控制。内部控制与业务发展要实现一种平衡，企业内部控制太少或者没有内部控制会造成企业面临的风险过大，容易给企业带来资产方面的损失、业务流程的混乱、岗位职责和决策权不明晰，引发舞弊甚至违法行为，对企业的资产、声誉都会造成不良影响。例如该领导审批的没有经过审批，下面人员自作主张，做出错误的投资决策；采购人员不经必要程序引入不合格供应商，或对供应商资质不加审核；销售人员与客户串通，以低于市场的价格出售产品；生产过程中原材料能源浪费严重；库存缺乏有效监管，造成货品丢失。这些行为都会给企业造成巨大的经济损失，甚至法律诉讼等。

另外，控制太多就会影响企业的运营效率，造成过多的资源浪费。什么都做等于什么都不做，什么都管等于什么都不管，太多的审批环节、太多的领导审核和参与意见会导致效率的降低，增加业务决策的复杂性，产生官僚作风，在非增值环节浪费过多的时间和资源。例如，发生在销售环节，客户下了一个订单，而企业的审批拖得太久会造成企业失去客户，本来有很好的发展机遇可以抢占市场，决策迟缓、审批过于烦冗会让企业丧失好的市场机会。

内部控制与业务间的关系并不是非此即彼，有效的内部控制也能够提高生产运营的效率，为企业健康稳定发展保驾护航。实际工作中，很重要的一点就是要实现内部控制与各项业务运行效率间的平衡，避免过度控制的同时也要避免出现过多未加管控的风险，如图1-24所示。

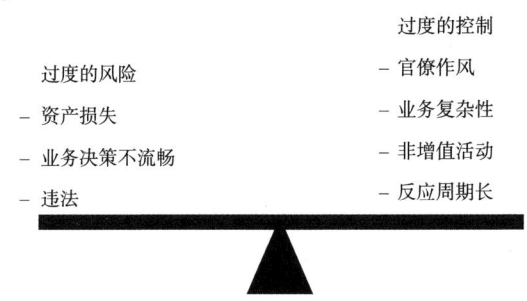

图1-24　控制与业务的平衡

资料来源：作者整理。

风险内控部门和业务部门作为风险防范的第一道和第二道防线,所实施的控制是不同的,这个不同就在于风险内控部门的控制是基于风险整合的考量。风险是不确定的,风险内控部门就是要明确如何通过内部控制措施来控制不确定的风险,如何将基于风险整合的内部控制融入业务部门日常管理当中,注意控制的尺度和独立性。内部控制需要存在于业务之中,并且贯穿于业务始终,不能脱离业务而另搞一套体系。实际内部控制的执行需要依赖各业务部门,风险内控部门发挥的作用是"敲边鼓",发现问题及时提醒,如果内部控制执行得好就不去干扰,以免影响企业业务的正常开展。

第四节 风险管理和内部控制相关法规

一、安然事件

风险内控相关法规出台的诱发因素是2001年美国安然(Enron)公司的破产案。安然公司成立于1985年,是在Inter-North公司收购竞争对手休斯敦天然气公司后成立的。安然公司在1985~2000年短短的15年中,逐步成为世界上最大的电力、天然气以及电讯公司之一,其业务不断扩张,核心业务由天然气转为动力和发电领域,又从电站和管道"运营商"变成"交易商",又到进军电子商务,创建因特网交易平台等。在2001年宣告破产之前,安然拥有约21000名雇员,2000年披露的营业额达1010亿美元。公司连续六年被《财富》杂志评选为"美国最具创新精神公司"。

2001年9月11日美国遭受恐怖袭击,股市受其影响出现暴跌。很多被牛市掩盖的金融丑闻也被逐渐揭露出来。2001年安然公司第三季度报出总计达到6.18亿美元的亏损。在政府监管部门、媒体和市场的强大压力下,安然承认从1997~2001年共虚报利润5.86亿美元,并且未将巨额债务入账。此后,安然公司在国债和原油市场上遭受双重损失,又在收购迪诺基公司中失败,最终于2001年底申请破产保护,成为美国历史上最大的破产企业。持续多年精心策划乃至制度化、系统化的财务造假丑闻也随之被公布于众。

实际上,安然的盈利率并没有所宣传的那么高,而且安然背后的合伙公司和安然有着说不清的幕后交易,随着调查的深入,其背后的合伙公司开始浮出水面,这些合伙公司大多被安然高层官员所控制,安然巨额贷款被列入这些公司,而不出现在安然的资产负债表上。这样,安然高达130亿美元的巨额债务就不被为投资人所知,而安然的高层对于公司运营中出现的问题有意隐瞒。

当时世界五大会计师事务所之一的安达信会计师事务所作为安然公司财务报告的审

计者，既没审计出安然虚报利润，也没发现其巨额债务。安达信不仅同时承接安然公司的审计和咨询业务，在调查开展过程中还销毁了大量的审计材料，不仅在形式上缺乏相对的独立性，在实际行为中也完全丧失了职业道德。安然事件最终也导致了安达信的分崩离析。

安然、安达信等公司欺诈、会计造假的丑闻，在美国的资本市场上造成非常坏的影响，形成了多米诺骨牌效应，导致投资者对上市公司失去信心，多家上市公司宣布破产，使投资者遭受巨大的损失，也对美国经济产生了重大的影响。

针对上市公司和大型企业在内部控制方面出现的问题，例如缺乏有效的内部控制管理机制，内部控制形同虚设以及管理层凌驾于内部控制之上等问题，美国、中国、英国、法国、日本、澳大利亚、韩国等国家的监管机构先后制定和颁布了公司治理和内部控制的相关法律规定，对本国企业及金融机构的内部控制加以规范。如中国财政部、证监会、审计署、银监会、保监会联合发布的《企业内部控制基本规范》及其配套指引、日本的《金融工具与交易法》、英国的《综合准则》、法国的《金融安全法》、中国香港联合交易所的《企业管制常规守则》、欧盟的《发展白皮书》。其中影响最大的是美国的《萨班斯—奥克斯利法案》（*Sarbanes-Oxley Act*）（以下简称 SOX 法案或萨班斯法案）。

二、《萨班斯—奥克斯利法案》简介

（一）萨班斯法案产生背景

20 世纪 70 年代，美国的立法机关和行政机关开始关注本国企业的内部控制。据美国证券交易委员会了解的情况，很多美国的企业在国内外都进行了违法的捐款和支付，很多钱被用在了对官员的行贿上。针对这种愈演愈烈的情况，美国国会在 1997 年通过《反国外贿赂法》（*Foreign Corrupt Practices ACT*，FCPA），按照该法令规定，除了不允许美国企业实施贿赂外，还规定了内部控制有关的条款。也就是从那时起很多企业开始建立内部控制体系。

1985 年由美国注册会计师协会（AICPA）、美国会计协会（AAA）、财务经理人协会（FEI）等共同成立了全国舞弊性财务报告委员会（National Commission On Fraudulent Financial Reporting），即 Treadway 委员会，其目标之一就是研究舞弊性财务报告产生的原因，包括内部控制的不健全问题。按照该委员会的提议，又专门成立了专门研究内部控制问题的发起人委员会，即 COSO 委员会。

（二）萨班斯法案内容

美国国会于 2002 年 7 月通过了《2002 年上市公司会计改革和投资者保护法案》，由于这个法案是由民主党参议员萨班斯（Paul Sarbanes）和共和党众议员奥克斯利

（Michael G. Oxley）联合提出的，因此也被称为《萨班斯—奥克斯利法案》，同时也由于该法案80%的内容或措施与内部控制有关，因此也被称作内部控制法案。该法案对美国《1933年证券法》和《1934年证券交易法》作了不少的修订，在会计职业监管、公司治理、证券市场监管等方面做出了许多新的规定。

萨班斯法案全文有11篇68条，包括成立公众公司会计监管委员会（PCAOB）、增强审计师的独立性、明确公司责任、强化财务信息披露、加重白领犯罪处罚等措施，对强化企业内部控制提出了严格要求。该法案建立了国会立法推动、政府监管跟进、企业组织实施、中介进行审计、社会提供咨询的联动机制。按照该法案要求，上市公司要建立以COSO框架为参照的内部控制框架体系；通过增强公司的报告责任和审计委员会的责任，加强独立审计师的独立性，增强财务报表的真实、公允和完整性以及改善公司治理结构，从而恢复公众投资者对于上市公司的信心。民主党和共和党在萨班斯法案方面达成高度一致，成为两党自出兵阿富汗方面达成共识以来，在美国国会最协调一致的行动，该法案得到了全票通过。

萨班斯法案主要涉及对会计职业界及公司行为的监管，提高对公司高管及白领犯罪的刑事责任，提高上市公司按照证券法做出的对公司披露的准确性和可靠性，以达到保护投资者和其他相关目的。萨班斯法案的出台标志着美国证券法律根本思想从披露转向实质性管制的转变。

萨班斯法案涉及的主要内容如下：

（1）成立独立的"公众公司会计监管委员会"（Public Company Accounting Oversight Board，PCAOB）。加强对上市公司审计业务的监管，并有权检查、处罚和制裁违反该法案、相关证券法规以及专业准则的会计师事务所和个人。

（2）加强独立审计师的独立性。禁止对上市公司进行审计的事务所提供被列入清单的非审计业务，审计事务所开展未列入清单的非审计业务也必须经公司审计委员会批准。

（3）加大上市公司财务报告责任。要求公司首席执行官和首席财务官保证呈报给美国证券交易委员会（SEC）的财务报告"完全符合证券交易法"，以及在所有重大方面公允反映公司财务状况和经营成果。

（4）要求强化财务披露义务。上市公司应进行实时披露，即要求及时披露导致公司经营和财务状况发生重大变化的信息。强制要求上市公司年度报告中应包含内部控制报告及其评价，并要求会计师事务所对公司管理层做出的评价出具签证报告。

（5）加重了违反行为的处罚措施。为保证公司财务报告的合法性和公允可靠，对故意进行证券欺诈的行为，对故意破坏或捏造材料的行为都会被处以罚款或追究刑事责任，最长刑期为25年。

萨班斯法案中关于加强内部控制的主要条款包括：

302 条款

302 条款主要是强调公司对财务报告的责任，确保上市公司财务报告的真实性，要求公司（包括在美国上市的别国企业）的首席执行官（CEO）和首席财务官（CFO），必须保证定期报告中的财务报表和信息披露是适当的，在所有重大方面公正地报告了公司的运营和财务状况，不含有任何不真实的并导致其财务报表误导公众的重大错误或遗漏。如果违反，首席执行官或首席财务官个人要承担民事甚至刑事责任。

302 条款要求首席执行官和首席财务官负责建立、维护和评价"与财务报告相关的内部控制和程序"，必须充分了解企业的整体情况，尤其是公司的内部控制建设情况，了解财务报表披露的真实性和完整性。上市公司要介绍信息披露的控制和程序，强调财务人员的正直和财务报告系统控制的完整性；需披露的非财务信息包括重要合同的签署、战略合作关系的解除以及法律诉讼等。

404 条款

404 条款要求管理层每年除提报年度报告外，还需要提交一份内部控制报告，对内部控制进行评价。

（1）公司管理层和外部审计师在年报中就内部控制分别评价和报告；

（2）上市企业要依据 COSO 框架，来评估公司财务报告内部控制的有效性，并报送评价报告；

（3）外部审计师也必须对企业与财务报告相关的内部控制的有效性进行审计并出具审计意见。

409 条款

409 条款涉及信息披露。提交内部控制报告的公司要及时向公众披露财务状况和运营的重大变化等额外信息，以保护投资者和公众的利益。

906 条款

906 条款规定了对违反法案所进行的处罚，最高被处以 500 万美元罚款和可判处达 20 年的监禁。但是只要企业按照要求建设并维护好内部控制体系，并在此基础上按照 404 条款的要求进行自我评价和接受外部审计，就能避免 906 条款的惩罚。

萨班斯法案的出台体现了美国政府规范市场行为的决心，强化了公司高管层对财务报告的责任，要求 CEO、CFO 等公司高管签署财务报告真实完整的声明，公司高管须对财务报告的真实性负责，如有提供不实财务报告将承担刑事责任。另外，强化文档记录管理，要求企业保留必需的证据。萨班斯法案导致美国现行证券法、公司法和会计法进行多处重大修改，新增了许多相当严厉的法律规定。也为全球各国监管机构和企业提供了加强公司管理、信息披露和保护投资者利益的借鉴。

按照萨班斯法案的约定，大中型美国本土上市公司必须在 2004 年 11 月 15 日后的财政年度中就财务报告的内部控制有效性出具评价报告，还要求外部公共审计师进行相应的检查并出具正式意见。考虑到在美上市的海外公司和中小型本土公司执行起来的困难，美国证券交易委员会（SEC）将生效日期延期至2006年7月15日，我国在海外上市的企业也就是在这段时间开始了系统的风险内控体系建设工作。实际上，从2004年开始，以中石油、中移动、华能国际为代表的，在美国上市的中国企业就开始纷纷聘请咨询机构，开始了内部控制建设与评价工作。随着互联网时代浪潮，在美国上市的搜狐、新浪、百度等企业，新东方等教育类以及新型行业企业，也开始了在内部控制建设与评价方面的探索。

三、我国风险管理和内部控制规范的演进

自改革开放以来，中国经济市场化程度逐步提升，特别是中国加入WTO以后，中国经济加快了市场化和国际化进程。内部控制和风险管理制度的发展随着对上市公司监管要求的提高而快速发展。

内部控制制度作为企业受托者实现其经营管理目标、完成受托责任的一种手段，在企业内部管理监控系统中起着举足轻重的作用。为了规范内部控制制度的建立和实施，中国证监会于2000年11月发布了《公开发行证券公司信息披露编报细则》，财政部于2001年6月发布了《内部会计控制规范——基本规范（试行）》和《内部会计控制规范——货币资金（试行）》。这些规范的发布和实施，对于强化企业内部监督，整顿和规范社会主义市场经济秩序，都有着十分重要的意义。但从目前的内部控制客观环境和内部控制制度自身来看，仍然存在着很多局限，阻碍着内部控制制度的有效运行。

我国内部控制规范的历史演进也大概经历了从内部牵制、会计与审计控制到以风险为导向三个阶段。

（一）内部牵制阶段

内部牵制阶段主要强调会计工作中的岗位职责分离和权限划分，以及内部会计控制的目标、方法、措施和流程。以国务院1978年颁布的《会计人员职权条例》、1984年财政部发布的《会计人员工作规则》和1985年第六届人大第九次会议通过的《中华人民共和国会计法》为标志。

（二）会计与审计控制阶段

这一阶段会计管理得到进一步规范，通过建立相关制度，加强了会计控制规范和监督，审计中也增加了内部控制方面的内容。相关法规包括：1996年财政部发布的《会计基础工作规范》，1996年财政部发布的《独立审计具体准则第9号——内部控制与审计风险》；1999年第九届人大第十二次会议修订的《会计法》以及2001年财政部发布

的《内部会计控制规范——基本规范（试行）》。

总体上说，这一阶段我国对于企业内部控制更多从会计控制入手，尚未建立起系统全面的风险防范理论体系。

（三）以风险为导向的内部控制阶段

从2005年开始，相关监管机构对内部控制的监管越来越明确和严格，对上市公司和中央企业的内部控制做出明确的规定并提出了清晰的要求。2006年中国财政部成立了"企业内部控制标准委员会"，标志着中国内部控制规范建设正式启动。随着加强风险内控及境外资产管理方面的需求不断提升，各监管机构连续出台了一系列的监管措施，我国风险内控监管要求也逐步得到建立和完善，如图1-25所示。

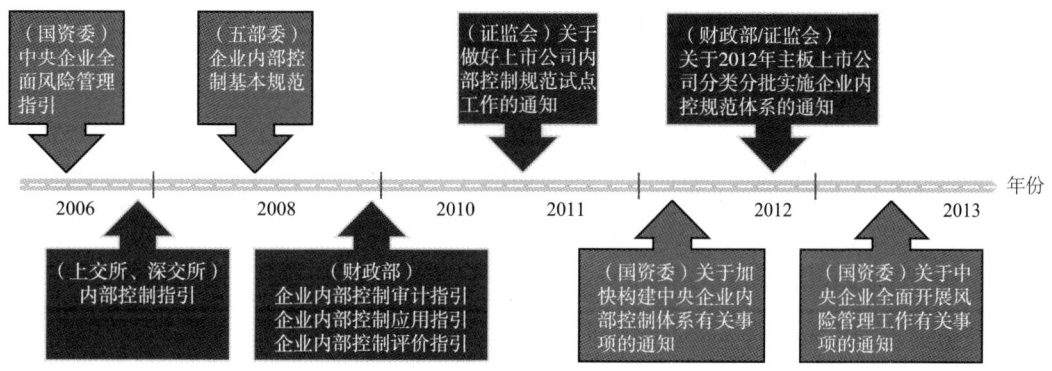

图1-25 我国风险管理和内部控制的主要监管规定

资料来源：作者整理。

1. 资本市场内部控制规定

目前我国资本市场运行机制以及相应的法律、法规还有不健全的地方，存在交易不规范、非法牟取暴利的现象。在这种情况下，如果申请上市的企业不能真实对外披露相关内部控制内容，或者内部控制体系不健全都可能会给企业造成负面影响，影响或延误企业的正常上市。内部控制信息的披露，对投资者了解企业生产经营状况起到关键作用，不健全的内部控制体系无法保证信息披露的准确性和真实性，会引起投资者的猜测和恐慌，也会对企业的资本运作产生不利影响。

在这种背景下，证监会2006年《首次公开发行股票并上市管理办法》第29条规定内部控制在所有重大方面有效、注册会计师出具无保留结论内部控制鉴证报告是企业发行上市基本条件之一。深沪两市都对上市公司提出了明确的内部控制要求，2006年深交所、上交所颁发了《内部控制指引》，要求所有上市公司在年报中披露内部控制自我评价报告，外部审计师在年报中出具内部控制核实评价意见，证监会将内部控制建设纳入上市公司日常监管。2011年先在境内外同时上市的公司实施，2012年开始在所有深交所、上交所主办上市公司范围内实施。按照要求所有上市公司每年都要开展内部控制评价并提交内部控制报告。《内部控制指引》针对内部控制操作规定比较详尽,包括财务报告目标、经营目标、合规目标。

2. 《企业内部控制基本规范》

为了加强和规范内部控制,提高企业经营管理水平和风险防范能力,促进企业可持续发展,2008年财政部会同证监会、审计署、银监会、保监会颁布了我国第一部完备统一的内部控制规范——《企业内部控制基本规范》(以下简称《基本规范》)。《基本规范》适用于中国境内的大中型企业,将于2009年7月1日起对所有上市公司生效,所有上市公司必须在2009年年度报告中进行自我评价,自我评价报告将于2010年初公布。

按照《基本规范》,内部控制的目标分为五个主要方面,即合规性目标、资产目标、报告目标、营运目标、战略目标。

(1) 合规性目标,即实现企业经营的合规合法。内部控制要保证企业所有经营行为遵循有关法律、法规,依法经营,这是企业得以生存和发展的基础。企业在面对内部加强管理和外部满足监管机构、政府和社会要求情况下而进行的对管理进行规范、检查和约束的体系,要求企业的内部体制改革和管理模式的运行都在合规合法的基础上运行。保证企业业务必须合规合法,这是企业生产经营能够顺利进行的一个基本保障。

(2) 资产目标,即保证企业资产安全。内部控制作为企业正常开展各项生产运营活动的基础,以降低风险为导向,规避变革中出现的各类风险,实现企业资产的保值和增值。内部控制就是要确保企业资产不受到流失,不因为个人的过错或者是个人的有意舞弊造成资产损失。

(3) 报告目标,即保证财务报告及相关信息真实完整。内部控制要实现财务报表可信赖,保障财务报告信息的真实可靠。财务报告能够真实反映企业状况,有利于投资者、管理者和所有者做出相关决策,财务报告不真实会误导决策者,误导投资,影响监管工作,造成社会资源的浪费,干扰社会经济秩序。

(4) 营运目标,即提高经营效率和效果。内部控制能够有效地提高企业的经营效率和效果,促进企业对资源进行充分有效利用。企业通过整合各方面资源,以最小代价获得最大的效益。内部控制以业务流程为载体、以成本效益平衡为前提,通过采用多种控制措施及其不同的控制方式,促进成本节约,规范和提升企业管理,提高企业经营管理的效率和效益。

(5) 战略目标,即促进企业实现发展战略。以上所有目标最终都是增强企业治理水平与核心竞争力,实现企业的可持续发展,促进企业战略目标的实现。

《基本规范》特别强调了内部控制需要董事会、监事会、管理层和全体员工的参与，换言之，风险管理和内部控制工作并不只是风险管理和内部控制部门的单一职能和责任，而是需要各个业务部门管理层甚至董事会都积极参与的过程，是一个全员参与的过程。内部控制只有在公司上下全员参与的前置条件下，才能够发挥作用。若非所有人都积极参与其中，内部控制连基本作用都不能够发挥，更不用提有效率地改善企业内部管理控制环境、增加企业价值了。

3.《企业内部控制配套指引》

为了便于各大企业集团和上市公司的理解和操作梳理，经过各方的研讨以及与实践经验的结合，2010年4月26日，财政部、证监会、审计署、银监会、保监会联合发布《企业内部控制配套指引》（以下简称《配套指引》），包括：18项《企业内部控制应用指引》以及《企业内部控制评价指引》和《企业内部控制审计指引》，构成中国企业内部控制规范体系，标志着中国企业内部控制规范基本建成。

根据《配套指引》的要求，自2010年1月1日起，先在境内外同时上市的公司实施，并逐步推广到其他上交所和深交所的上市公司，并鼓励非上市大中型企业执行。

4.《中央企业全面风险管理指引》

2006年6月，国资委发布《中央企业全面风险管理指引》，规定开展全面风险管理应当以对重大风险、重大事件的管理和重要流程的内部控制为重点。国资委在《中央企业全面风险管理指引》中阐明了风险管理所要开展的工作目标、内容等，成为指导所有中央企业开展风险管理工作的指导性文件。

《中央企业全面风险管理指引》和《企业内部控制基本规范》及其配套指引构成了我国企业的风险管理和内部控制法规体系。

四、《中央企业全面风险管理指引》主要内容

国资委的《中央企业全面风险管理指引》（以下简称《指引》）总共分为十章，如图1-26所示。

下面我们按照各章进行详细解读。

（一）总则

《指引》第一章为总则，其中对基本的概念、风险管理目标、工作开展的基本流程做了规定。《指引》对风险做了如下定义：风险是未来的不确定性对企业实现其经营目标的影响。全面风险管理的定义是：企业围绕总体经营目标，通过在企业管理的各个环节和经营过程中执行风险管理的基本流程，培育良好的风险管理文化，建立健全全面风

风险管理流程	风险管理初始信息	风险评估	风险管理策略	风险管理解决方案	风险管理的监督与改进
	• 战略风险方面的信息 • 财务风险方面的信息 • 市场风险方面的信息 • 运营风险方面的信息 • 法律风险方面的信息	• 风险辨识 • 风险分析 • 风险评价	• 风险承担 • 风险规避 • 风险转移 • 风险转换 • 风险对冲 • 风险补偿 • 风险控制	• 风险解决具体目标 • 所需的组织领导 • 所涉及的管理及业务流程 • 所需的条件、手段等资源 • 风险事件发生前、中、后所采取的具体应对措施以及风险管理工具	• 部门和业务单位自查和检验 • 风险管理职能部门检查和检验 • 内部审计部门监督评价 • 中介机构评价

风险管理体系	风险管理组织体系		风险管理信息系统	
	• 董事会就全面风险管理工作的有效性对股东（大）会负责 • 风险管理委员会对董事会负责 • 总经理对全面风险管理工作的有效性向董事会负责 • 设立专职部门或确定相关职能部门履行全面风险管理职责 • 董事会下设立审计委员会，内审部门对审计委员会负责 • 其他职能部门及各业务单位接受风险管理职能部门和内部审计部门的组织、协调、指导和监督 • 指导和监督其全资、控股子企业		• 信息技术应用于风险管理实践 • 风险管理信息系统保障风险信息量化值的要求 • 风险管理信息系统的功能要求 • 风险管理信息系统应该实现跨部门的集成与共享 • 风险管理信息系统应确保安全、稳定运行 • 风险管理信息系统的建设与更新	

风险管理文化	• 风险管理文化建设的目标和任务 • 风险管理文化的内涵 • 风险管理文化传播和培育的方法

图 1-26 中央企业全面风险管理指引

资料来源：国务院国有资产监督管理委员会. 中央企业全面风险管理指引. 2006.

险管理体系，包括风险管理策略、风险理财措施、风险管理的组织职能体系、风险管理信息系统和内部控制系统，从而为实现风险管理的总体目标提供合理保证的过程和方法。

《指引》还阐述了风险管理基本流程，包括以下主要工作：（1）收集风险管理初始信息；（2）进行风险评估；（3）制定风险管理策略；（4）提出和实施风险管理解决方案；（5）风险管理的监督与改进。《指引》将风险管理的流程、风险管理体系以及风险管理文化方面内容做了详细的描述。

《指引》确定了全面风险管理所要实现的总体目标为：

（1）确保将风险控制在与总体目标相适应并可承受的范围内；

（2）确保内外部，尤其是企业与股东之间实现真实、可靠的信息沟通，包括编制和提供真实、可靠的财务报告；

（3）确保遵守有关法律法规；

（4）确保企业有关规章制度和为实现经营目标而采取重大措施的贯彻执行，保障经营管理的有效性，提高经营活动的效率和效果，降低实现经营目标的不确定性；

(5) 确保企业建立针对各项重大风险发生后的危机处理计划，保护企业不因灾害性风险或人为失误而遭受重大损失。

《指引》要求企业积极开展全面风险管理工作。通过积累经验、培养人才，逐步建立健全全面风险管理体系。提出风险管理三道防线的划分：各有关职能部门和业务单位为第一道防线；风险管理职能部门和董事会下设的风险指导委员会为第二道防线；内部审计部门和董事会下设的审计委员会为第三道防线。

（二）风险管理初始信息

《指引》第二章里要求企业广泛、持续不断地收集与本企业风险和风险管理相关的内部、外部初始信息。从战略风险、财务风险、市场风险、运营风险、法律风险五方面收集相关信息。

1. 战略风险方面

在战略风险方面，企业应广泛收集国内外企业战略风险失控导致企业蒙受损失的案例，并至少收集与本企业相关的以下重要信息：

(1) 国内外宏观经济政策以及经济运行情况、本行业状况、国家产业政策；
(2) 科技进步、技术创新的有关内容；
(3) 市场对本企业产品或服务的需求；
(4) 与企业战略合作伙伴的关系，未来寻求战略合作伙伴的可能性；
(5) 本企业主要客户、供应商及竞争对手的有关情况；
(6) 与主要竞争对手相比，本企业的实力与差距；
(7) 本企业发展战略和规划、投融资计划、年度经营目标、经营战略，以及编制这些战略、规划、计划、目标的有关依据；
(8) 本企业对外投融资流程中曾发生或易发生错误的业务流程或环节。

2. 财务风险方面

在财务风险方面，企业应广泛收集国内外企业财务风险失控导致危机的案例，并至少收集本企业的以下重要信息（其中有行业平均指标或先进指标的，也应尽可能收集）：

(1) 负债、或有负债、负债率、偿债能力；
(2) 现金流、应收账款及其占销售收入的比重、资金周转率；
(3) 产品存货及其占销售成本的比重、应付账款及其占购货额的比重；
(4) 制造成本和管理费用、财务费用、营业费用；
(5) 盈利能力；
(6) 成本核算、资金结算和现金管理业务中曾发生或易发生错误的业务流程或环节；

(7) 与本企业相关的行业会计政策、会计估算、与国际会计制度的差异与调节。

3. 市场风险方面

在市场风险方面，企业应广泛收集国内外企业忽视市场风险、缺乏应对措施导致企业蒙受损失的案例，并至少收集与本企业相关的以下重要信息：

(1) 产品或服务的价格及供需变化；

(2) 能源、原材料、配件等物资供应的充足性、稳定性和价格变化；

(3) 主要客户、主要供应商的信用情况；

(4) 税收政策和利率、汇率、股票价格指数的变化；

(5) 潜在竞争者、竞争者及其主要产品、替代品情况。

4. 运营风险方面

在运营风险方面，企业应收集与本企业、本行业相关的以下信息：

(1) 产品结构、新产品研发；

(2) 新市场开发、市场营销策略，包括产品或服务定价与销售渠道、市场营销环境状况等；

(3) 企业组织效能、管理现状、企业文化，高、中层管理人员和重要业务流程中专业人员的知识结构、专业经验；

(4) 期货等衍生产品业务中曾发生或易发生失误的流程和环节；

(5) 质量、安全、环保、信息安全等管理中曾发生或易发生失误的业务流程或环节；

(6) 因企业内、外部人员的道德风险致使企业遭受损失或业务控制系统失灵；

(7) 给企业造成损失的自然灾害以及除上述有关情形之外的其他纯粹风险；

(8) 对现有业务流程和信息系统操作运行情况的监管、运行评价及持续改进能力；

(9) 企业风险管理的现状和能力。

5. 法律风险方面

在法律风险方面，企业应广泛收集国内外企业忽视法律法规风险、缺乏应对措施导致企业蒙受损失的案例，并至少收集与本企业相关的以下信息：

(1) 国内外与本企业相关的政治、法律环境；

(2) 影响企业的新法律法规和政策；

(3) 员工道德操守的遵从性；

(4) 本企业签订的重大协议和有关贸易合同；

(5) 本企业发生重大法律纠纷案件的情况；

(6) 企业和竞争对手的知识产权情况。

（三）风险评估

第三章为风险评估。企业应对收集的风险管理初始信息和企业各项业务管理及其重要业务流程进行风险评估。风险评估包括风险辨识、风险分析、风险评价三个步骤。

（四）风险管理策略

第四章的风险管理策略是指企业根据自身条件和外部环境，围绕企业发展战略，确定风险偏好、风险承受度、风险管理有效性标准，选择风险承担、风险规避、风险转移、风险转换、风险对冲、风险补偿、风险控制等适合的风险管理工具的总体策略，并确定风险管理所需人力和财力资源的配置原则。

（五）风险管理解决方案

在第五章风险管理解决方案中要求企业根据风险管理策略，针对各类风险或每一项重大风险制定风险管理解决方案。方案一般应包括风险解决的具体目标，所需的组织领导，所涉及的管理及业务流程，所需的条件、手段等资源，风险事件发生前、中、后所采取的具体应对措施以及风险管理工具（如，关键风险指标管理、损失事件管理等）。

（六）风险管理的监督与改进

在第六章要求企业应以重大风险、重大事件和重大决策、重要管理及业务流程为重点，对风险管理初始信息、风险评估、风险管理策略、关键控制活动及风险管理解决方案的实施情况进行监督，采用压力测试、返回测试、穿行测试以及风险控制自我评估等方法对风险管理的有效性进行检验，根据变化情况和存在的缺陷及时加以改进。

（七）风险管理组织体系

《指引》的第七章要求企业建立健全风险管理组织体系，主要包括规范的公司法人治理结构，风险管理职能部门、内部审计部门和法律事务部门以及其他有关职能部门、业务单位的组织领导机构及其职责。

1. **董事会**

董事会就全面风险管理工作的有效性对股东（大）会负责。董事会在全面风险管理方面主要履行以下职责：

（1）审议并向股东（大）会提交企业全面风险管理年度工作报告；

（2）确定企业风险管理总体目标、风险偏好、风险承受度，批准风险管理策略和重大风险管理解决方案；

(3) 了解和掌握企业面临的各项重大风险及其风险管理现状，做出有效控制风险的决策；

(4) 批准重大决策、重大风险、重大事件和重要业务流程的判断标准或判断机制；

(5) 批准重大决策的风险评估报告；

(6) 批准内部审计部门提交的风险管理监督评价审计报告；

(7) 批准风险管理组织机构设置及其职责方案；

(8) 批准风险管理措施，纠正和处理任何组织或个人超越风险管理制度做出的风险性决定的行为；

(9) 督导企业风险管理文化的培育；

(10) 全面风险管理其他重大事项。

2. 风险指导委员会

具备条件的企业，董事会可下设风险指导委员会。该委员会的召集人应由不兼任总经理的董事长担任；董事长兼任总经理的，召集人应由外部董事或独立董事担任。该委员会成员中须有熟悉企业重要管理及业务流程的董事，以及具备风险管理监管知识或经验、具有一定法律知识的董事。

风险指导委员会对董事会负责，主要履行以下职责：

(1) 提交全面风险管理年度报告；

(2) 审议风险管理策略和重大风险管理解决方案；

(3) 审议重大决策、重大风险、重大事件和重要业务流程的判断标准或判断机制，以及重大决策的风险评估报告；

(4) 审议内部审计部门提交的风险管理监督评价审计综合报告；

(5) 审议风险管理组织机构设置及其职责方案；

(6) 办理董事会授权的有关全面风险管理的其他事项。

3. 总经理

企业总经理对全面风险管理工作的有效性向董事会负责。总经理或总经理委托的高级管理人员，负责主持全面风险管理的日常工作，负责组织拟订企业风险管理组织机构设置及其职责方案。企业应设立专职部门或确定相关职能部门履行全面风险管理的职责。该部门对总经理或其委托的高级管理人员负责，主要履行以下职责：

(1) 研究提出全面风险管理工作报告；

(2) 研究提出跨职能部门的重大决策、重大风险、重大事件和重要业务流程的判断标准或判断机制；

(3) 研究提出跨职能部门的重大决策风险评估报告；

(4) 研究提出风险管理策略和跨职能部门的重大风险管理解决方案，并负责该方案的组织实施和对该风险的日常监控；

（5）负责对全面风险管理有效性评估，研究提出全面风险管理的改进方案；

（6）负责组织建立风险管理信息系统；

（7）负责组织协调全面风险管理日常工作；

（8）负责指导、监督有关职能部门、各业务单位以及全资、控股子企业开展全面风险管理工作；

（9）办理风险管理其他有关工作。

4. 其他职能部门及各业务单位

企业其他职能部门及各业务单位在全面风险管理工作中，应接受风险管理职能部门和内部审计部门的组织、协调、指导和监督，主要履行以下职责：

（1）执行风险管理基本流程；

（2）研究提出本职能部门或业务单位重大决策、重大风险、重大事件和重要业务流程的判断标准或判断机制；研究提出本职能部门或业务单位的重大决策风险评估报告；

（3）做好本职能部门或业务单位建立风险管理信息系统的工作；

（4）做好培育风险管理文化的有关工作；

（5）建立健全本职能部门或业务单位的风险管理内部控制子系统；

（6）办理风险管理其他有关工作。

（八）风险管理信息系统

按照《指引》第八章，企业应将信息技术应用于风险管理的各项工作。对各种风险计量和定量分析、定量测试；实现信息在各职能部门、业务单位之间的集成与共享；建立完善的风险管理信息系统。

（九）风险管理文化

《指引》第九章强调企业应注重建立具有风险意识的企业文化，促进企业风险管理水平、员工风险管理素质的提升，保障企业风险管理目标的实现。

（十）附则

第十章附则要求未设立董事会的国有独资企业，由经理办公会议代行本指引中有关董事会的职责，总经理对本指引的贯彻执行负责。

附则对本指引所涉及的有关技术方法和专业术语进行了说明，包括风险坐标图、关键风险指标管理、蒙特卡罗方法、压力测试等。提供可供参考的对风险发生可能性和对目标影响程度的定性、定量评估标准。

五、《企业内部控制基本规范》主要内容

2008年5月,财政部、证监会、审计署、银监会、保监会联合发布《企业内部控制基本规范》(以下简称《基本规范》),2010年4月又联合发布了《企业内部控制配套指引》,包括:18项《企业内部控制应用指引》《企业内部控制评价指引》和《企业内部控制审计指引》,构成了中国企业内部控制规范体系(简称CSOX),即中国的萨班斯法案。

《基本规范》共分为七章。内部控制基本规范确立了我国企业建立和实施内部控制的基础框架。确定了内部控制的定义、目标、原则,建立了以企业为主体、以政府监管为促进、以审计为评价监督的内部控制实施机制。

第一章为总则。对《基本规范》制定的其他有关法律法规依据、适用范围、相关定义、原则以及内部控制要素等进行说明。五要素沿袭了COSO内部控制框架五要素:内部环境、风险评估、控制活动、信息与沟通、监控。应当建立内部控制实施的激励约束机制,将各责任单位和全体员工实施内部控制的情况纳入绩效考评体系。要求内部控制审计的会计师事务所对企业内部控制的有效性进行审计,出具审计报告。

第二章为内部环境。对股东(大)会、董事会、监事会、经理层的设立和职责进行了详细的说明。其中,股东(大)会享有法律法规和企业章程规定的合法权利,依法行使企业经营方针、筹资、投资、利润分配等重大事项的表决权。董事会对股东(大)会负责,依法行使企业的经营决策权。监事会对股东(大)会负责,监督企业董事、经理和其他高级管理人员依法履行职责。经理层负责组织实施股东(大)会、董事会决议事项,主持企业的生产经营管理工作。企业应当在董事会下设立审计委员会。审计委员会负责审查企业内部控制。内部审计机构应当结合内部审计监督,对内部控制的有效性进行监督检查。明确了董事会、监事会、管理层、审计委员会、风险内控部门、内部审计机构的岗位职责。确立了董事会在内部控制体系中的核心地位,并督促中央企业积极加强董事会建设。董事会负责内部控制体系的建立、健全和有效执行;监事会对董事会实施的内部控制进行监督;经理层负责组织内部控制的日常运行;风险内控部门负责内部控制体系的建立、实施和日常工作;确定了内部审计在企业中应保持相对独立性,应独立于其他经营管理部门,受董事会或下属的审计委员会直接领导;审计委员会负责监督内部控制有效实施和内部控制自我评价情况;内部审计负责对内部控制有效性进行监督和检查;内部控制和审计中发现的重大内部控制缺陷需要报送审计委员会、董事会和监事会。内部环境是企业实施内部控制的基础,一般包括治理结构、机构设置及权责分配、内部审计、人力资源政策、企业文化等。企业组织要让企业的各个组

成部分及其每个成员都了解自己在企业中的位置、承担的责任以及拥有的权力等。人力资源政策和措施应考虑如何招聘进来有能力、可信任的人员，如何进行相关培训使员工意识到他们的工作职责和公司对他们的要求，如何通过考核、薪酬、提升等政策激励约束员工。

第三章为风险评估。要求企业开展风险评估，应当准确识别与实现控制目标相关的内部风险和外部风险，确定相应的风险承受度。企业应当采用定性与定量相结合的方法，按照风险发生的可能性及其影响程度等，对识别的风险进行分析和排序，确定关注重点和优先控制的风险。企业应当根据风险分析的结果，结合风险承受度，权衡风险与收益，确定风险应对策略。

第四章为控制活动。企业结合风险评估结果，通过手工控制与自动控制、预防性控制与发现性控制相结合的方法，运用相应的控制措施，将风险控制在可承受度之内。控制措施一般包括不相容职务分离控制、授权审批控制、会计系统控制、财产保护控制、预算控制、运营分析控制和绩效考评控制等。

➤ 不相容岗位分离控制：全面系统地分析、梳理业务流程中所涉及的不相容职务，实施相应的分离措施，形成各司其职、各负其责、相互制约的工作机制。

➤ 授权审批控制：编制常规授权的权限指引，严格控制特别授权；明确各岗位办理业务和事项的权限范围、审批程序和相应责任；对重大的业务和事项实行集体决策审批或者联签制度。

➤ 会计系统控制：严格执行国家统一的会计准则制度，加强会计基础工作；企业应当依法设置会计机构，配备会计从业人员；大中型企业应当设置总会计师。

➤ 财产保护控制：建立财产日常管理制度和定期清查制度；采取财产记录、实物保管、定期盘点、账实核对等措施，确保财产安全；企业应当严格限制未经授权的人员接触和处置财产。

➤ 预算控制：实施全面预算管理制度；明确各责任单位在预算管理中的职责权限，规范预算的编制、审定、下达和执行程序，强化预算约束。

➤ 运营分析控制：建立运营情况分析制度；经理层综合运用各方面信息，定期开展运营情况分析，发现存在的问题，及时查明原因并加以改进。

➤ 绩效考评控制：建立和实施绩效考评制度；科学设置考评指标体系，进行定期考核和客观评价，考评结果作为薪酬及职务升降的依据。

第五章为信息与沟通。企业应当建立信息与沟通制度，公司机构内的各个层面都应广泛收集相关信息，从源头获取准确数据，同时及时、准确地传递与内部控制相关的信息，确保信息在企业内部、企业与外部之间进行有效沟通。企业要充分发挥信息技术在信息与沟通中的作用确保信息及时沟通，促进内部控制有效运行。加强对信息系统访问与变更、文件储存与保管、网络安全等方面的控制，保证信息系统安全稳定运行，还应当建立反舞弊机制，明确反舞弊工作的重点领域、关键环节，规范舞弊案件程序，建立举报投诉制度和举报人保护制度。

有效的信息与沟通要实现以下目标：

➢ 通过内部沟通，包括与董事会的有效沟通、员工间的沟通和举报流程，促进员工相互理解；

➢ 影响控制目标实现的事项应在一定条件下与外界沟通，包括供应商和客户，以及重要股东；

➢ 建立反舞弊机制，营造反舞弊的企业文化环境，明确反舞弊的重点领域和关键环节，成立反舞弊工作常设机构，接受审计委员会和董事会的监督。

第六章为内部监督。制定内部控制监督制度，明确内部审计机构（或经授权的其他监督机构）和其他内部机构在内部监督中的职责权限，规范内部监督的程序、方法和要求。内部监督分为日常监督和专项监督。日常监督是指企业对建立与实施内部控制的情况进行常规、持续的监督检查；专项监督是指在企业发展战略、组织结构、经营活动、业务流程、关键岗位员工等发生较大调整或变化的情况下，对内部控制的某一或者某些方面进行有针对性的监督检查。企业对内部控制建立与实施情况进行监督检查，应制定内部控制缺陷认定标准，评价内部控制的有效性，对监督过程中发现的内部控制缺陷，应当分析缺陷的性质和产生的原因，提出整改方案，应当及时加以改进，并采取适当的形式及时向董事会、监事会或者经理层报告。

第七章为附则。

《基本规范》在形式上借鉴了COSO内部控制整合报告的五要素框架，建立了五要素内部控制结构。在风险应对策略中比照COSO风险管理框架介绍了风险规避、风险降低、风险分担、风险承受四种应对策略，还表述了企业内部控制的五个目标：合理保证企业经营管理合法合规，资产安全，财务报告及相关信息真实完整，提高经营效率和效果，促进企业实现发展战略。

六、《企业内部控制基本规范》应用指引主要内容

为了推动《基本规范》相关规定的切实落地，使企业内部控制工作落到实处，与企业的经营活动和具体业务有效结合，更好地指导企业开展内部控制自我评价，指导外部审计师开展内部控制实施情况的审计。2010年4月，财政部、证监会、审计署、银监会、保监会五部委联合发布《企业内部控制配套指引》，从内部控制应用、评价和审计三个方面给予了明确的说明，指明了企业内部如何开展内部控制工作，如何进行自我评价与外部审计如何开展工作的方向，如图1-27所示。

第一章 风险管理和内部控制概述

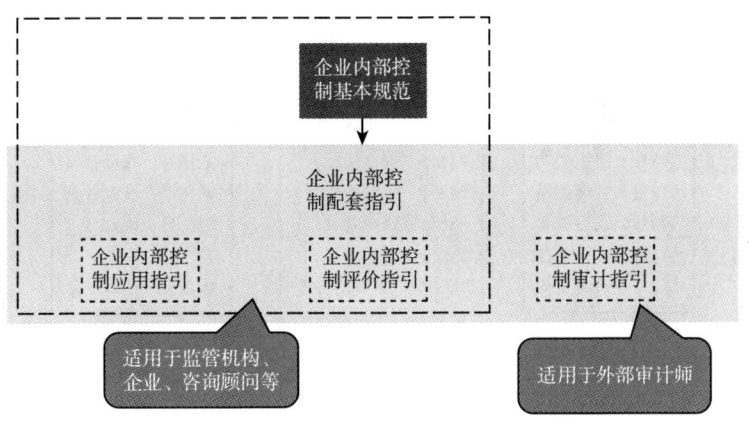

图 1-27 《企业内部控制基本规范》及配套指引体系

资料来源：作者整理。

在三个配套指引中，《企业内部控制应用指引》处于主体地位。《企业内部控制评价指引》是为企业管理层对本企业内部控制有效性进行自我评价提供指引；《企业内部控制审计指引》是为注册会计师和会计师事务所执行内部控制审计业务设定的执行准则。三者之间既相互独立，又相互联系，形成一个有机整体。

《企业内部控制应用指引》是指导企业按照内部控制原则和内部控制五要素要求建立健全企业内部控制体系，其中的18项业务流程提供给企业作为参考，具有通用性的特点，具体的体系建设实施过程还需要与企业所处行业和自身经营特点相结合，设计出符合企业实际经营要求的内部控制流程系统。按照该应用指引的分类方式，将18个配套指引分为内部环境、控制活动、控制手段三大类，内部环境是企业内部控制其他要素的基础。具体的控制手段我们也可以将其看作是业务层面的控制，因此从简化目的出发，我们将应用指引分为公司层面、业务层面（包括控制手段）两方面。公司层面包括组织架构、发展战略、人力资源、社会责任、企业文化、内部信息传递；业务层面内部控制涉及资金活动、采购业务、资产管理、销售业务、研究与开发、工程项目、业务担保、业务外包、财务报告、全面预算、合同管理、内部信息传递、信息系统13项，如图1-28所示。

18个配套指引基本覆盖了企业的资金流、实物流、人力流和信息流等各项业务。首先我们来看公司层面即内部环境方面的指引内容，公司层面的指引有五个，分别是组织架构、发展战略、人力资源、社会责任、企业文化。

(一) 公司层面控制

1. 组织架构

组织架构是指企业按照国家有关法律法规、股东（大）会决议和章程，结合本企业实际，明确股东（大）会、董事会、监事会、经理层和企业内部各层级机构设置、

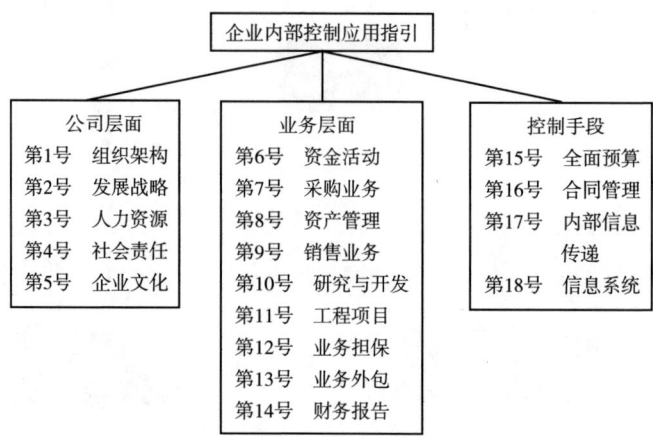

图1-28 企业内部控制应用指引内容

资料来源：财政部、证监会、审计署、银监会、保监会．企业内部控制配套指引．2010．

职责权限、人员编制、工作程序和相关要求的制度安排。

配套指引中的组织架构指引指导企业如何进行组织架构设计和运行，如何完善公司治理结构、健全企业内部管理体制和运行机制。组织架构部分分为治理结构和内部机构两个层面，如图1-29所示。

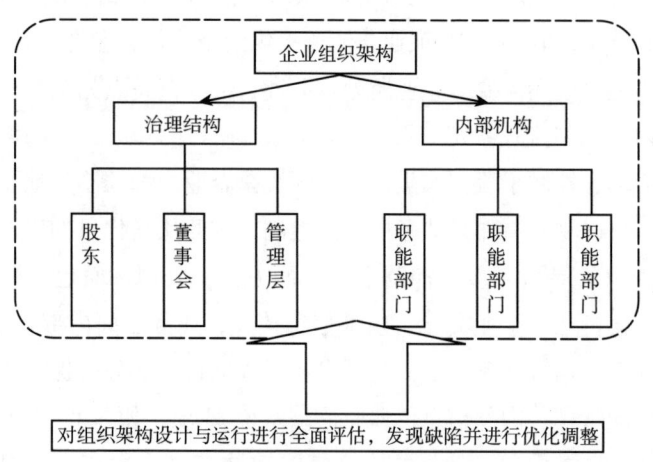

图1-29 组织架构指引中的组织机构

资料来源：作者整理。

对于组织架构方面经常出现的问题包括：治理结构形同虚设，缺乏科学决策、良性的运行机制和执行力，可能导致企业经营失败，难以实现发展战略；内部机构设计不合理，导致设置和运行中存在职能交叉、缺失或运行效率低下。

2. 发展战略

发展战略是指企业在对现实情况和未来趋势进行综合分析和科学预测的基础上，制定并实施的长远发展目标与战略规划。

发展战略指引包括了战略制定和战略实施两部分。战略制定涵盖的内容为：企业在充分调查研究、科学分析预测和广泛征求意见的基础上制定发展目标，再根据发展目标制定战略规划。战略实施涵盖的内容为：制定年度工作计划，编制全面预算，将年度目标分解、落实；加强对发展战略实施情况的监控，按照规定权限和程序调整发展战略。按照该指引要求企业在制定发展目标过程中，应当综合考虑宏观经济政策、国内外市场需求变化、技术发展趋势、行业及竞争对手状况、可利用资源水平和自身优势与劣势等影响因素。指引没有对具体的战略制定方法和手段进行详细规定，但从战略管理的角度有很多成熟的战略分析方法企业可以采用。

3. 人力资源

人力资源，是指企业组织生产经营活动而录（任）用的各种人员，包括董事、监事、高级调理人员和全体员工。

指引要求制定人力资源总体规划和能力框架体系，优化人力资源整体布局，明确人力资源的引进、开发、使用、培养、考核、激励、退出等管理要求，实现人力资源的合理配置。突出规定了人力资源控制环节的两个方面：一个是人力资源的引进与开发；另一个是人力资源的使用与退出。

4. 社会责任

社会责任，是指企业在经营发展过程中应当履行的社会职责和义务，主要包括安全生产、产品质量（含服务，下同）、环境保护、资源节约、促进就业、员工权益保护等。

5. 企业文化

企业文化，是指企业在生产经营实践中逐步形成的、为整体团队所认同并遵守的价值观、经营理念和企业精神，以及在此基础上形成的行为规范的总称。

指引除了按传统方式对企业文化的重要性和意义进行阐述外，在文化建设方面特别提出了企业应当重视并购重组后的企业文化建设，促进并购双方的文化事例融合。把与并购企业之间的文化融合放在重要位置，一方面，并购重组后双方的文化融合能够在治理关系、内部机构设置、工作流程和行为方式等方面达成共识和认同，可以避免双方产生的对立思想和文化冲突；另一方面，统一的文化，价值观、核心理念的统一，可以增强企业的凝聚力和向心力，逐步建立起特有的企业文化。

（二）业务层面控制

配套指引的第二部分是业务层面控制内容，业务层面控制是内部控制措施的具体实施。业务层面控制活动包括：资金活动、采购业务、资产管理、销售业务、研究与开发、工程项目、业务担保、业务外包、财务报告，如果把控制手段也算作业务层面控制的话，则还包括全面预算、合同管理、内部信息传递、信息系统，共 13 个方面。

业务层面的控制措施一般应包括：不相容岗位分离控制、授权审批控制、计划控制、预算控制、合同管理控制、资金支付控制、信息技术控制和绩效考评控制等。

企业在业务层面的控制，往往是针对业务流程梳理的形式开展的。各项生产经营活动可以分解成一个或者多个业务流程。各个业务流程要有明确的控制目标、控制步骤、不相容岗位、相应的权限划分。同时，每一个流程都应该设有一个或多个控制点，控制点通常由不同的实施主体实施，负责实施审批、执行、监督检查等控制活动。企业要识别和评估业务活动各环节可能存在的风险，然后针对评估后的风险确定控制目标，再按照控制目标制定控制措施，在控制措施中设置一个或多个控制点，最终实现对风险的有效控制。

通常业务层面控制还可以通过内部控制流程体系来实现，能够梳理各个业务流程，检查流程中主要风险及关键控制点，识别企业实际生产经营过程中面临的风险，并实施有效的内部控制措施加以克服，从而加强企业对于风险的应对能力。

第五节　中国企业风险内控的现状和未来

一、中国企业内部控制现状

2006 年中国财政部成立"企业内部控制标准委员会"，标志着内部控制规范建设正式启动；国资委在 2006 年颁布了《中央企业全面风险管理指引》，标志着全面风险管理工作的正式启动；2008 年 5 月五部委联合发布的《企业内部控制基本规范》和 2010 年发布的《企业内部控制配套指引》标志着中国企业内部控制规范基本建成。到 2018 年，风险内控进入中国企业已经十多年光阴，中国企业在十几年时间里经历了风险内控体系从无到有、从起步到成熟的过程。

随着国家对风险内控要求的不断提高，相关法律法规的不断完善，中国企业实施范围也不断扩大，风险内控体系也逐步规范和完善。纵观风险内控在中国的十几年，中国企业的风险内控特点体现在以下三方面。

（一）风险内控管理职责

很多中国企业开始逐步认识到风险内控工作的重要性，国资委、证监会等监管机构也将风险内控工作规定为管理层的职责。按照监管要求在企业开展风险内控工作时，领导小组往往也都是由企业董事长或者总经理担任。

在风险内控主责部门方面，中国企业的风险内控归口管理部门可谓"五花八门"，不仅有风险管理部门、财务部门、审计部门、监事部门，还有的企业将风险内控职能放在生产经营部门、总经理办公室、人力资源部、法律部等。

（二）风险内控指导文件

不管是民营企业还是国有企业，多数中国的企业风险内控体系建设成果都是通过内部控制手册的形式来展现。在内部控制手册中，各类企业都是遵循监管机构的要求，结合企业自身的行业和管理特点，形成自己的内部控制流程框架，涵盖所有主要的业务和流程。内部控制手册多是以各项业务的风险开始，进行风险点描述，明确控制目标，明确内部控制的主责部门/岗位、对应的制度、控制手段和方式等，在内部控制描述中针对具体风险或者控制目标的控制措施，多是遵循"5W+1H"的原则进行具体描述。同时，内部控制手册一般都是以控制矩阵、流程图、不相容岗位、语言描述等方式展示。

风险内控指导文件通常都是以书面手册的形式体现，很多企业没有实现手册的电子化，没有分列与相关部门的业务流程密切相关的、具备可操作性的、更为精简的岗位内部控制卡片等，导致内部控制手册和要求被束之高阁，在实践中发挥的实际指导意义有限。

（三）内部控制评价检查

按照财政部等五部委及国资委相关监管要求，中国企业普遍开展了内部控制评价工作，内部控制评价工作意味着企业进入了内部控制体系运行阶段，内部控制评价是对体系运行情况的检查和监督。

内部控制评价要求实现内部控制建设和评价工作适当分离，多数国内企业是采用企业自我评价和独立检查评价相结合的方式，由企业组织内部人员进行交叉检查，很多企业会聘请专业咨询机构一起来开展评价。

通过几年的内部控制评价工作，多数中国企业对内部控制评价工作给予了更多的重视，越来越多的企业意识到内部控制评价是发现企业管理问题的一个好抓手，能够较全面地发现企业管理中的问题，并能有效推动和落实问题整改。

二、中国企业风险内控工作中存在的问题

中国改革开放四十年来，国民经济获得了长期稳定的快速增长，也成就了中国企业的飞速成长，很多企业规模迅速扩大，企业效益明显增长。但同时中国企业的总体管理水平却明显跟不上发展的节奏，突出表现在风险管理和内部控制工作无法跟上企业规模扩大和国际化的步伐，风险防范能力的缺失导致企业在快速发展的过程中出现"裸

奔"。实现风险管理和内部控制等企业管理水平的全面提升，与企业的战略发展保持同步，为企业的健康稳定发展保驾护航是摆在每个风险内控从业人员面前的一项重要任务。

中国企业的风险管理和内部控制在过去十多年中取得一些成绩，很多企业以规范和提升管理为目标，建立健全了风险内控体系，实现了风险管理和内部控制的常态化运行，将风险内控工作逐步融入企业生产运行当中。但也有很多企业主要出于满足监管要求的目的，风险内控工作流于形式，风险内控工作成果被束之高阁，没有引起管理层和业务部门的充分认识，风险内控工作与各项业务各行其道。总体上说，中国企业在开展风险内控工作的过程中存在着以下四方面问题。

（一）推动力不足

在中国现行的经济体制下，很多企业开展风险内控工作的原因是为了符合监管机构的要求，风险内控工作的开展是在政府主导之下进行的，并非企业的自发行为。中央企业、各上市公司开展风险内控工作主要是为了满足信息披露和监管要求。企业开展风险内控工作缺乏源动力，更缺乏通过风险内控工作促进战略实现和管理提升的内在诉求。企业没有将风险内控工作与整体战略、与企业的生存和发展、与企业生产运营目标结合考虑，没有将风险内控作为企业实现发展战略，推行企业变革，提升管理水平的有效手段。相对企业实现生存发展、为股东创造价值、追求更高的业务指标来说，风险内控成为一个相对孤立的"项目"，更多地涉及如何搭建风险内控体系，如何开展风险识别和内部控制评价，加上风险内控工作还处于初级阶段，对企业价值的贡献还没凸显，因而没有得到更多的支持和认同，管理层和各业务部门也没有更大的动力去推动风险内控工作的开展。这导致了很多企业的风险内控工作还是流于形式，仅是满足外部监管机构的合规性要求，没有成为企业自发的行为。

（二）工作缺乏独立性

在中国企业开展风险内控工作的十多年时间里，内部控制被逾越、内部控制失效的现象时有发生。根本原因在于风险内控部门缺乏权威，缺乏独立性。在企业治理结构和管理架构中没有设立真正具有独立性的风险内控委员会及风险内控部门是症结所在。内部控制部门作为风险防范的第二道防线，所应发挥的作用是对管理层和各业务部门进行监督，直接向董事会、风险内控委员会及管理层汇报，风险内控工作中很多内容不是单靠风险内控部门就能够解决的，不要说对治理结构和管理架构的问题，单单对管理层职责权限的梳理就已经超过了普通职能部门的职权范围。因此，风险内控工作的直接领导应该是企业的"一把手"，需要由企业的"一把手"来推动，这直接决定了风险内控工作所能做到的高度。没有"一把手"的支持，风险内控部门要想完成上述各项工作的难度就可想而知，就如同让七品芝麻官去审皇亲国戚的案子一样，心有余而力不足。

在实际工作中，很多企业没有设立独立的风险内控部门，而把风险内控工作放在审计部、财务部，甚至法律部，风险内控部门的定位不清晰，受管理层及被监督部门考核，无法独立行使其职权进行有效的监督。风险内控主责部门的划分也直接影响到风险内控职能的发挥，风险内控没有独立部门在一定程度上造成风险内控职能过窄，职能层级过低也影响到风险内控管控的范围。同时由于没有与战略规划等部门相结合，使得风险管理的关口没有实现前置，没有参与到战略决策的制定和执行当中，没有起到事前风险防范的作用。这些都导致了各级领导及业务部门对风险内控要求熟视无睹，导致企业现有内部控制措施失效，内部控制体系形同虚设。提高风险内控的地位，切实在组织上对风险内控工作予以保障任重而道远。

（三）获取信息少

很多中国企业信息孤岛现象严重，各个部门业务间条块分割严重，这些都为风险内控工作的开展制造了困难。风险内控工作开展过程中，需要及时准确地获得相关方面的信息，才能够通过系统分析及时提示风险，提出风险内控解决方案。在很多企业业务开展过程中，风险内控部门是后知后觉，没有参与重要业务决策和执行过程，没有在业务开始前了解相关信息，很多时候都是通过业务部门事后提供的二手材料才得以知晓，因此无法及时进行风险识别和评估。甚至很多企业的业务信息对风险内控部门是"保密"的，这都在很大程度上制约了风险内控部门职能的发挥。往往业务部门在风险已经出现，问题解决不了的时候才想到风险内控部门，并将解决问题的责任归到风险内控部门。由于缺乏有效地获取信息的手段，不能获得准确、及时的信息输入，就无法实现对风险的有效掌控，无法实现对风险的有效分解和准确量化评估，风险内控工作就不能产生有价值和实效性的输出，不能有效约束和指导业务部门开展管控，不能为管理层有效提供决策支持。

（四）缺乏约束考核机制

中国企业内部控制评价涉及的业务范围非常广泛，包括了企业的各项主要业务，术业有专攻，风险内控部门的资源和精力也都有限，风险内控考核缺乏有效量化指标，打分很多时候主观臆断的成分居多，对管理层和大范围的业务领域给出客观、公允的评价是一个极大的挑战。

同时，企业落实内部控制的手段和措施还很有限，对于风险内控工作中发现的问题如何进行整改和完善，如何将关键措施落实到位，对风险高发的领域监督到位，一直是风险内控工作的难题。多数企业风险内控工作仍没有列入对各级管理者绩效考核的指标体系当中，自然会造成管理者对风险内控重视程度和投入的不足。事实上，管理者的绩效应该与业务风险相挂钩，不考虑实际风险大小而单单将财务等方面实际绩效与计划相比较进行绩效考核，其结果是不完整、不充分的。同时重视风险内控体系建设和内部控制评价而轻视内部控制整改落实的现象普遍存在，导致风险内控缺乏约束性，风险内控问题跟踪整改难度较大，无法形成风险内控管理从发现问题到整改完成的闭环，风险内控工作的真正价值还没得以全面体现。

三、中国企业风险内控的未来发展

回顾中国企业风险管理和内部控制过去的发展，范围已经从上市公司逐步扩展到中央企业，甚至民营企业。中国企业需要进一步推动风险内控工作的开展，找准风险内控的定位，实现风险内控工作的突破，走出合规要求和规范管理的限定，通过风险内控推动企业变革，化解风险和危机，承担更加重要和关键的责任。未来中国企业可以在以下五个方面开展风险内控变革，发挥更大的效果，释放出更大的价值。

（一）推动战略与创新

风险内控工作是一个持续的不断完善的动态过程，通过风险识别、评估和内部控制评价等工作可以了解到企业整体运行的各个方面，看到企业运营管理的全景，能够全面了解企业现阶段的问题和未来面临的各方面风险。风险内控可以为企业战略制定和决策提供支撑，避免企业战略制定过程中出现偏差，盲目扩张或是丧失发展机遇，避免战略过于激进或是过于保守，导致企业利益受损。同时风险内控部门由于自身的业务特点，能够广泛接触各项业务，能够全面了解和监督各项业务，使风险内控能够成为保证企业战略执行力的重要手段，风险内控部门也将成为推动企业战略目标实现的重要部门。

风险内控部门进行的是全层面、全方位、全职能的管理，可以通过对内外部环境的分析，对照外部机会、威胁和内部优势、劣势的分析，寻找企业发展的机遇，成为进行管理创新的手段。风险内控部门可以通过内部控制评价有效评估企业各个关键管控手段的有效性，找出管理中存在的问题，找出影响企业战略目标实现的因素，通过与监管要求和优秀企业的对标提出优化整改建议，这都有助于发现发展过程中的短板，找到企业管理创新的着力点，推动企业的持续创新和自我优化提升。

（二）完善企业治理结构

风险内控部门的一项重要工作就是建立良好的内部控制环境，发挥公司治理方面的重要职能，作为治理结构和组织架构的支撑部门，风险内控部门可以协助董事会、管理层明确各层级的职责分工等。风险内控部门需要在外部环境不断变化，公司规模不断扩张和组织日益复杂的情况下，保证治理结构的合理，保证科学决策，保证组织机构设置合理、职责清晰，保证企业能够良好运行。其实风险管理本身就应当成为组织目的、治理、战略和运营的一个组成部分。

风险内控部门应该按照企业的实际情况，确定具体的管控模式，根据企业的内部控制能力，确定管控的程度。

（三）流程优化和效率提升

风险内控通过覆盖全企业的、跨部门的管理体检，识别业务流程之间存在的脱节环节，发现信息系统之间没有同步、没有集成的部分，实现企业更有效的运行。

在各个业务流程中，存在着管理低效和不增值的环节，通过对内部控制评价能够对这些环节进行细致分析，去掉冗余、无效、不合理的流程环节，优化业务流程设计，省略不必要的控制点，从而推动业务流程的简化，提高企业的运营效率。

风险内控工作是问题导向的，能够协调跨部门开展工作，协调多部门发挥协同效应，寻找企业管理中制度、流程有效落地的手段，能够为企业董事会、管理层提供综合问题解决方案，打破部门间和不同管理层级间的壁垒，从企业整体的角度对流程进行整合和优化。

（四）推动监督体系的完善

风险内控作为企业内部管理的重要手段，也是内部监督体系的基础和重要组成部分，与纪检、监察、审计、法律同样具有对企业各项活动的监督职能。按照风险内控体系的要求企业需要建立统一规范的内部管理制度，并不断地加以补充和完善，使各项规章制度成为一个有机的统一体，保障各项经营管理活动有章可循、有据可依。因此，风险内控构成了各项内部监督活动的基础和依据。

为了实现与纪检监察、审计、法律等"多位一体"的内部监督体系的有效整合、相互补充，发挥各监督职能的优势，需要从系统角度对风险内控及各监督职能进行分析和整合，从最大限度发挥内部监督体系的协同效应。

第一，风险内控工作通过明确管理权限、梳理各项管理制度和流程，促进纪检监察、审计、法律工作的标准化、规范化。在内部控制工作开展过程中，纪检监察、审计、法律等职能可以通过对监督流程的梳理，对各项规章制度进行补充和完善，从而能够按照标准规范的程序开展监督工作，使各项工作做到有据可依、有章可循，依靠制度来规范运作。第二，内部控制体系通过对体系内的岗位职责进行修正和完善，明确了各岗位的工作范围和责任权限，也促进纪检、监察、法律职能的监督内容更加清晰和明确。第三，随着内部控制体系的逐步完善，纪检监察、审计、法律工作也将逐步转向对内部控制薄弱环节进行监督，有助于集中精力聚焦于不符合内部控制要求的异常行为，从而提高监督工作的效率和效果。第四，风险内控能够较及时和客观地反映出制度和流程方面存在的问题,并且做到有据可查,可以为纪检监察、审计、法律等职能处理各类问题时提供有力的证据。

大监督体系的核心是考核和追责,通过内部控制可以将企业责任、部门责任、员工责任明确和细化,建立起与控制活动相匹配的风险内控考评指标体系,通过对内部控制效果进行总体评价,使对于重大风险控制情况的责任追究成为可能。目前,美国萨班斯法案对在美上市的公司做出了严格的法律追责规定。但中国只有五部委发布的规范性文件,并没有明确的追责条款。未来追责条款也会被写入相关法规当中,风险内控的法律层级也将有所提高。

(五) 实现风险内控的信息化

随着信息技术的快速发展,风险内控工作需要及时、准确地获得充分的信息,了解企业的发展目标和实际状况,这些都需要有通畅的信息传递沟通的渠道。完全依赖于手工方式的风险内控效率低,不能满足企业发展的需要,信息传递的不及时、不完整、不准确会影响风险识别的准确性,影响内部控制的效率和效果。企业风险内控信息化建设是未来发展的必然趋势。

总体上说,中国企业的风险内控工作还任重而道远,关键症结还是在于企业治理结构不健全,风险管理意识淡漠。而反观很多优秀的国外企业,这些企业经历了上百年的积累,其治理结构、规章制度、工作流程的标准化程度很高,风险内控早已深入每个员工的骨髓,风险管理和内部控制已经有效融入企业日常生产经营的流程当中,成为人们的一种自发行为,只要按照之前设置好的制度、流程、权限等开展工作就可以了,附之以内部审计和合规进行必要的抽查和对例外事项的专项检查,有效确保企业整体风险在可控范围内。

第二章 风险内控体系建设

第一节 总体规划

企业在风险内控工作实践中会遇到很多困难。例如，应该从哪方面入手开展风险内控工作？应该如何进行整体规划以保证能够满足相关监管的要求和管理层的要求？如何才能实现和业务的结合，保证风险内控工作能够取得切实的效果？

要保证风险内控工作能够顺利开展、实现企业预期目标并取得实际效果，需要结合企业的实际情况，在对内、外部环境认真分析的基础上，做好风险内控工作的整体规划。风险内控项目整体规划包括总体目标确定、相关规定及资料收集、实施方案制定等。

在建设和优化风险内控体系过程中，首先，要以企业战略、风险和合规为出发点，对标同行业优秀企业的最佳实践，对企业内部的组织和岗位设置进行梳理，确保治理结构和管理架构的规范合理；其次，要全面诊断现有风险内控管理体系，了解当前风险内控管理体系的现状，从而明确优化和提升的方向；再次，要以制度和流程梳理为落脚点，规范制度体系并有效固化，诊断并优化现有业务流程，设计关键控制标准，有效防范风险；最后，要以绩效考核为驱动点，从控制目标出发，强化检查与监督，建立风险控制考核评价体系，形成一种"自我修正"的闭环管理。

风险内控工作目标要服从于企业整体战略、风险和合规要求，再到机构设置、授权和岗位职责。制度体系要与内部控制标准和实际业务流程相互一致，首先要进行业务流程梳理和细化，识别业务流程中的关键控制环节，针对关键控制环节，设定相应的控制措施（不相容职务分离控制、授权审批控制、会计系统控制、预算控制、运营分析控制和绩效考评控制等），从而明确相关控制标准，最终还需要将控制标准固化到规章制度中，确保控制标准的有效执行，如图 2-1 所示。

在风险内控总体规划过程中要做好以下具体工作。

一、前期分析调研

在风险内控工作启动之前需要将外部监管要求和内部需求进行汇总分析。在制定风

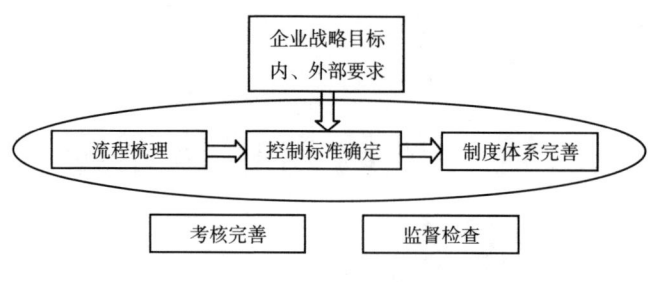

图 2–1 风险内控体系建设方法论

资料来源：作者整理。

险内控规划时，需要对相关监管机构的要求有比较透彻的了解，深入研究国际、国内风险内控的相关理论，特别是需要了解一些先进企业开展风险内控工作的最佳实践，充分借鉴同类型、同行业企业开展风险内控工作的思路和方法，根据管理层要求和企业实际情况，例如企业规模、业务相似度、管理基础、信息化程度等具体情况制定本企业开展风险内控工作的具体计划。

在风险内控工作开展之前，需要得到管理层的高度认同，实现组织内思想上的统一，要在对内、外部环境的反复讨论基础上形成比较明确的整体目标，这也是风险内控工作取得成功的根本保障。

在风险内控分析调研阶段，需要做好以下三方面工作。

（一）资料收集

企业在制定总体方案之前需要明确风险内控工作的主要内容，明确面临什么样的外部要求，优秀企业是怎么做的等一系列问题，这就要求对相关监管机构的要求有比较透彻的了解。这个阶段需要熟悉和掌握相关机构颁布的指导性文件，包括：财政部等五部委颁布的《企业内部控制基本规范》及配套指引等相关文件；中央企业需要了解的《中央企业全面风险管理指引》《关于加快构建中央企业内部控制体系有关事项的通知》《关于2014年中央企业开展全面风险管理工作有关事项的通知》等合规性要求；在海外上市的企业需要了解《萨班斯法案》和《反海外贿赂法》等相关法律法规。

（二）培训、交流和沟通

除资料收集外，企业还可以通过与监管机构、专业咨询机构、其他企业交流及组织相关人员进行风险内控培训学习等方式，了解风险内控工作的目标、内容、工作思路，学习专业技能和工作开展经验。特别是需要了解一些先进企业开展风险内控工作的最佳实践，了解和充分借鉴同行业同类型企业开展风险内控工作的思路和方法。有些时候招标选聘协助开展风险内控事务所的过程对于企业从事风险内控工作的人员来说也是个很好的学习机会，每个事务所都会把自己前期的风险内控研究成果，经验和项目实施方案提交上来，这些都可以看作事务所前期经验的总结。将多家事务所的方案进行比对，对比分析差异，了解其工作开展的方法论和总体思路，对于企业最终确定适合自身特点的实施方案非常有帮助。

（三）实地调研

在企业内部开展风险内控调研是全面推动风险内控工作的前提和基础，通过"摸家底"能够全面了解企业内部各业务部门、下属各单位工作开展情况和可能存在的问题，了解各部门在风险内控方面的诉求，探索将风险内控工作和业务有效结合的方式。前期有工作积累的企业还可以通过调研了解前期工作的成果和进展情况，做好与前期工作的衔接，充分利用以往工作的成果，避免重复劳动和工作脱节，从而有助于正确制定符合实际情况的风险内控实施计划。

从总部层面规划全系统风险内控项目计划时，需要对下级单位的内部控制工作开展情况进行摸底，对系统内内部控制工作开展情况有全面、真实的了解，收集相关信息，包括风险内控组织管理架构、相关制度、提交给证监会等监管机构的报告等，必要时还需要到开展内部控制工作的企业进行实地调研，以了解企业开展风险内控工作过程中面临的主要困难和出现的问题等，按照各下级单位管理现状制定出切实可行的实施方案，确定实施方案是分步实施还是同步开展，是企业自主开展还是总部直接参与等，从而为下一步开展全面风险内控工作打好基础。

二、主要工作难点分析

在项目启动前，企业还需要对风险内控工作开展可能面临的一些困难和问题进行分析，对可能会影响风险内控工作效果的因素进行分析，再在这个基础上想好应对措施，制定整体的应对策略。以下是开展风险内控工作经常面临的问题：

- ➤ 领导支持不足；
- ➤ 项目范围模糊或过大；
- ➤ 项目不能与业务结合，无法有效落地；
- ➤ 人员素质不能满足要求。

第一，风险内控工作顺利开展和取得成效，一个重要的保障就是要获得各级领导的支持，包括企业的最高领导，下属各级单位的领导和各业务部门的领导。领导的支持表现在各级领导对风险内控工作的重视程度，对风险内控工作给予更多的宣贯，在各种场合对风险内控工作重要性的强调，对风险内控工作给予更多的人力物力的支持等。不可否认，目前多数企业开展风险内控工作主要是保证企业符合相关合规性要求，单单为了合规性目标，或者说为了形式上满足监管要求很难让管理层重视风险内控工作，如果只将其看作一项应付性工作，对企业管理者来说应该吸引力不大，所能得到的支持就非常有限了。要想得到各级领导的有效支持，首先就是要让领导意识到风险内控工作是一项能给企业带来实际效益，给管理层提供各种有效信息，提供有效决策支持，确保企业各项制度、规定和政策得到有效执行的"万能抓手"。首先，风险内控工作可以打破层级和部门限制，收集各业务部门和层级的一手和二手信息，了解和分析企业在经营过程中面临的风险，了解各项政策的实际执行情况。其次，风险内控工作要能够按领导的要求规范和管理业务，根据对下属单位的风险内控执行情况进行监督检查和考核，督促下属单位按管理层要求执行，促进企业整体战略和经营目标的实现。

第二，风险内控工作开展面临的另一个挑战是项目范围确定问题，开展风险内控工作最大的忌讳就是"贪多嚼不烂"，想"一口吃个胖子"。对于一个大型企业来说，下属单位数量众多，所处行业不同，管理水平参差不齐，业务和产品区别较大，统一实施难度就会很大。因此，在开展风险内控工作过程中需要有所选择。在选择试点和评估时，首先选择那些资产规模和收入规模均居前列、具有良好管理基础和影响力，具备符合推广条件的下级单位。通过对下属单位进行适当的区分，从而确定哪些单位可以由总部督导重点开展，哪些单位可以按照总部的要求自行开展风险内控工作。

此外，风险内控贯穿企业决策、执行和监督全过程，涉及企业生产经营的各方面，从安全生产、投资、人力资源、产权管理到采购和销售等，同时全面推广需要足够的资源支持，实施难度大。虽然按照相关监管的要求风险内控要覆盖总部和所有的下属单位，覆盖所有的业务流程，即所谓的风险内控全覆盖，范围非常之大。但实际工作中企业必须有侧重点，要想把所有下级单位和所有业务"眉毛胡子一把抓"，基本上是不可能的，必然不能取得很好的效果。风险内控工作在起步阶段，所能调动的各方面资源都非常有限，企业内部对于风险内控的理解还不深入，更多的人还处于观望状态，那么项目开始的"三把火"能否烧好对于后面的工作来说至关重要。只有把有限的资源和精力集中在最重要的业务、管理层最关注的领域、形成最大的"压强"才能取得事半功倍的效果。重点关注业务流程的梳理，遵循成本效益原则，针对重要业务事项、高风险领域和审计发现的重大问题开展风险内控管理工作。

第三，风险内控工作开展过程中还经常会遇到的问题是项目落地问题。与各部门、下属单位的交流和沟通有助于了解在实际工作中人们对风险内控的需求，以及工作中面临的主要风险和亟须解决的问题。例如，通过资料审查可以了解到财务部门开展金融衍生品方面所面临的制度缺乏、对各类风险的评估不足等问题，可以通过对标完善相关制度，聘请专业咨询机构对各类风险进行评估，根据企业的风险偏好度退出不可掌控的高风险领域，或通过财产保险等措施来控制、规避、转移风险；再例如，通过访谈可以了解到采购和销售管理部门在推行集中采购，或通过采购电商和销售管理时需要对下属企业实施情况进行调研，希望深入了解执行过程中出现的问题、具体执行情况和对执行效果进行评估与检查。在风险内控评估检查过程中需要对业务部门类似的需求密切关注，对各项业务执行过程中的风险，业务执行效果是否与预期相一致，相关控制环节是否得到有效的控制，都可以通过风险内控工作得到验证。从实现落地的手段来看，风险内控工作要充分利用现有的信息化系统，将内部控制要求融入业务流程当中，实现对优化后的业务流程的固化。

第四，针对风险内控工作对人员的能力素质、对人员业务熟悉程度方面有很高要求等方面的问题，可以考虑从下级单位及相关部门抽调人员组成跨部门的项目团队，也可以聘请专业顾问和咨询机构协助开展项目实施。由于风险管理和内部控制概念抽象，企业对风险内控理解的确需要一个过程，这就要求随着项目逐步深入，相应培训也应一并开展，包括关键用户的培训，实现企业层面项目人员的"干中学"。同时需要积极促进企业间横向经验交流、内控评估和宣传活动的开展，不断加深各层级人员对项目的理解和掌握，并逐步将内部控制和风险管理融入企业文化当中。

三、实施原则

为保证项目能够取得实际效果，实现项目的落地和成果的固化，方案确定需要遵循以下四项原则。

（一）总体规划，分步实施

风险内控工作开展前要结合企业实际情况，制定总体的工作规划，并将各阶段实施方案进行细化。实施过程不能走得太急、太快，不能让风险内控工作成为"一阵风"，而应是一个可持续、循序渐进的过程。整体上需要有一个系统、全面、清晰的长远规划，用以指导整个风险内控工作的开展。工作开展的基本思路要明确，并根据这个整体思路，设计开展工作的具体步骤和方式，不能企图短时间内覆盖所有下属单位，覆盖所有领域，要根据实际资源和管理基础，对下属单位进行分类，实施过程中要针对不同的业务不同的行业做好统筹规划，分步骤分层次地实施。

（二）突出重点，讲求实效

风险内控工作范围非常大，除了实施范围要覆盖所有下属单位，还要包括所有的主要业务。为了保证实施效果，在实际工作开展过程中应有所侧重，要聚焦于重点企业、重点业务流程，这是风险内控工作能够取得良好效果的基础，也是项目能够持续稳定开展的保障。对企业面临的各类风险也要进行优先级排序,风险较大的业务活动,对管理层所关心的重要领域,对生产经营面临的首要问题要优先考虑。此外,风险内控工作还要以实现企业整体目标为目的,以取得实际效果为导向。毕竟企业是以营利为目标的,在开展风险内控工作时除了要考虑满足监管机构合规性要求之外,还要从为企业创造价值、提升价值角度开展工作。例如,风险内控工作可以通过对业务活动中内部控制环节的梳理,加强内部控制薄弱或者缺失环节的控制,避免企业财产的损失,减少烦冗的审批流程,节约时间和成本;还可以通过找出重大风险源,制定风险应对措施和重大风险应急预案来避免各类事件给企业造成的损失。

(三)完善制度,优化流程

风险内控工作首先要从制度和流程入手,梳理和汇总现有管理制度,列出重叠及缺失制度清单,对现有制度体系进行完善;通过与内部控制标准的对标,对现有流程进行全面梳理和优化,将内部控制措施落实到流程中。

(四)培养团队,加强考核

在开展风险内控工作的同时,结合企业实际对风险内控团队开展注重实效的培训和指导,有效实现知识转移,培养一支有专业能力的团队,保证风险内控工作的顺利开展;加强项目管理,实时监控,完善风险内控评估考核体系,找出缺陷并进行整改,完成"计划—实施—检查—整改"的闭环管理。

完成以上工作后,对检查的结果进行总结分析,成功的经验加以肯定,并予以固化;对于失败的教训也要总结,提出整改建议,并限期整改。

四、启动会

风险内控是"一把手"工程,风险内控工作的启动需要企业高管层的参加,以显示管理层对此项工作的重视,强调风险内控工作的重要性。启动会作为风险内控工作开展的重要一环,应要求内控工作涉及的业务部门甚至所有业务部门负责人、下属单位主要领导参加,这都会有利于未来工作的开展。

启动会是宣贯风险内控文化的良好契机。除了管理层特别是"一把手"进行正面的表态外,风险内控相关负责人要向组织传递这样的信息:第一要介绍风险内控"是什么",在日常工作中很难有机会系统地向如此范围广泛的管理者介绍风险内控相关概念,启动会是一个很好的时机向大家介绍风险内控的基本概念和内容;第二要介绍风险内控工作是"必须做的",介绍合规性要求和重要性,是外部监管要求也是内部规范管理实现管理提升所必需的;第三要说明风险内控工作"如何做",包括风险内控工作开展的方法论、程序和流程、计划安排等，让相关单位了解和意识到自己未来要参与风险内控工作开展，明确职责和需要发挥什么样的作用。

风险内控启动会不仅仅是一个思想上的动员，让大家意识到有这样一个工作要开展，更重要的是让业务部门明白风险内控工作到底要干啥，又需要各部门和企业怎样的配合。这就要求风险内控负责人能够在有限的时间里对风险内控的工作内容和程序进行简单明了的表述，突出强调风险内控工作对于企业的重要性，又要与实际业务工作相结合，用大家熟悉和通用的语言把这些表述出来。

第二节　组织架构搭建

一、组织架构概述

组织架构是指从企业整体层面出发，自上而下地动员和组织全体员工实现企业目标而进行的分工协作，从职务范围、责任和权力方面所形成的结构体系。组织架构分为治理结构和内部组织两方面。

其中，治理结构包含所有者（股东）、董事会和公司高管组成的组织结构。董事会对股东大会负责，行使经营决策权；经理层对董事会负责，执行董事会决议，负责企业生产运行。这部分内容我们在第一章的第四节做了详细的介绍。

内部组织是公司内部不同层次管理人员及其由各专业人员组成的管理团队，执行各项业务职能的计划、决策、执行、控制和监督，并承担相应的责任和义务。

内部组织要遵循科学、精简、制衡的原则，综合考虑总体战略要求、企业所处行业、自身性质以及管理的实际需要，进行合理设置，明确各机构的职责权限，避免职责的交叉和缺陷，实现职责权限的分离，形成高效、职责明确、相互制约、相互协调的工作机制。

组织架构是风险内控工作的基础和保障。在公司治理层面，如果董事、管理层人员失职或舞弊，凌驾于公司管理制度和内部控制系统之上，权力得不到有效控制，或者是缺乏科学决策，或者对于公司治理权归属不明晰、管理权限不明晰会影响公司重大决策和日常运营的效率效果，导致没有建立起良好的运行机制，或者内部控制体系无法发挥作用，都会从根本上使内部控制系统失效。例如，曾经发生过很多上市公司管理层通过调整会计政策、调整固定资产折旧率等方式操纵和更改财务报表，从执行的程序上来看，这些调整都经过了董事会的批准，从内部控制程序上来说是没有问题的，董事会和管理层的这种"合谋"非常轻易地导致了风险内控体系的完全失效。在内部机构层面，内部机构决定着风险内控是否实现了岗位职责分离，是否实现了责权的有效分配，是否会得到有效的执行，从操作层面来保证企业风险内控工作得到有效开展，一个设计科学、分工合理的组织架构是有效开展风险评估、实施控制活动、促进信息沟通、强化内部监督的重要基础。

同时，建立和完善组织架构是企业现代制度得以建立的基础，完善的制度体系是风险内控开展的保证，制度体系最根本、最关键的环节就是企业法人制度，实现产权清晰、权责明确、科学管理。

二、风险内控组织架构

风险内控工作强调的是全员参与，是企业董事、管理层和所有员工的"责任"。内部控制不仅是一个管理提升项目，也是一个长期的持续改进过程，不能独立于生产运行活动之外，是一个与经营管理密切融合的活动。所有内部控制都是通过人来实现的，人的因素在内部控制过程中发挥着重要的作用，因此需要有公司治理、内部机构、信息与沟通等因素作为开展内部控制工作的保障。

风险内控组织架构的设置，首先要符合以下基本原则：

> 符合法律法规的要求，治理结构必须符合所在国和所在地区的法律、法规要求，严格出资人（主要指股东）、董事会、监事会、管理层的权力和义务，及其相关的聘任条件和议事程序等，合理解决企业各方利益分配问题。

> 有助于实现公司发展战略，企业的发展目标需要通过自身组织架构的合理设计和有效运行予以实现和保证。

> 符合管理控制的要求，实现各层级之间的相互监督和相互制约。

> 能够有效适应内、外部环境的变化，适应企业所处的行业、市场等，并能及时根据内、外部环境的变化及时调整组织架构。

风险内控体系的建立，在制定出项目实施计划之后，很重要的工作就是要建立风险内控组织架构。只有在各层级建立风险内控组织架构，配备了相关人员，风险内控的各项指令才能到达企业各层级，才可能得到有效执行。

（一）组织架构

风险内控组织架构搭建为开展风险内控工作提供重要的人力方面的保障，风险内控组织框架一般包括：董事会及其下设的风险内控指导委员会、风险内控办公室（项目管理委员会），以及为具体项目而设的项目执行团队（项目组），从而形成风险内控的三级组织架构，如图2-2所示。

风险内控指导委员会负责人为董事长或总经理（通常为企业的"一把手"），成员包括财务总监（总审计师）和主要领导及各部门主任。委员会主要负责听取工作进度汇报，指导工作开展，检查工作成果等；负责风险内控项目整体的把关和协

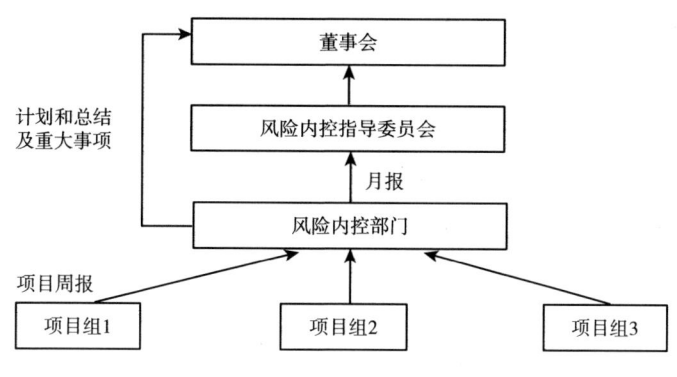

图 2-2 风险内控组织架构

资料来源：作者整理。

调，确保建设工作顺利进行；确定各项风险管理措施与企业所确定的战略目标的兼容度。

➢ 风险内控办公室负责人通常由风险内控部门负责人、总审计师或者财务总监担任，负责风险管理和内部控制的日常运行和具体实施；负责执行过程中的工作协调、资源调配和项目监督等工作；组织有序开展内部控制工作，构建覆盖全公司的风险内控体系。

➢ 在开展具体风险内控工作时，需由风险内控部门或相应的部门牵头，建立起由相关部门、咨询机构等参与的项目组。项目组具体执行风险内控指导委员会及办公室的指令，开展风险内控体系建设、评价检查等具体工作，如图 2-2 所示。

（二）职责分工

按照国资委等监管机构要求，风险内控架构各层级在决策、计划确定和执行过程中的职责需要有清晰的划分，三个层级的职责分工如下所述。

1. 风险内控指导委员会

风险内控指导委员会是风险管理的最高决策机构，其负责协调、指导项目的开展和推进，听取项目汇报。职责包括：

（1）听取风险管理工作汇报，对企业的风险管理和内部控制工作进行指导、监督；

（2）监督企业风险管理和内部控制体系建设及运行；

（3）审批企业风险管理和内部控制相关制度和标准；

（4）确定企业风险管理目标、重大风险管理策略、重大决策风险评估等事项；

（5）审批企业年度全面风险管理和内部控制考核方案；

（6）审核企业年度《全面风险管理报告》和《内部控制评价报告》；

（7）确定重大危机的应对预案，并组织应对；

(8) 指导委员会每季至少召开一次会议，特殊情况下，由负责人提议召开临时会议。

2. 风险内控办公室

风险内控办公室是企业开展全面风险管理的日常工作机构，具体负责项目的整体协调和资源配置，定期进行沟通，提供反馈意见和建议。其主要职责为：

(1) 风险内控办公室在风险指导委员会的指导下工作；
(2) 开展企业重大风险监控预警，编制风险监控预警报告；
(3) 拟定企业全面风险和内部控制相关制度、办法及标准；
(4) 组织开展企业年度风险评估，组织制定重大、重要风险管理策略和应对措施；
(5) 负责企业风险库的建立和更新维护；
(6) 负责组织开展全面风险和内部控制日常监督检查，拟定企业全面风险管理和内部控制考核方案；
(7) 编制企业年度《全面风险管理报告》和《内部控制评价报告》；
(8) 组织全面风险和内部控制人员的培训；
(9) 制定重大危机的应对预案。

3. 项目组

项目组作为具体项目执行团队要参与项目的具体实施，积极配合项目进度和项目日常工作，实现知识转移。原则是以内部力量为主，由内部团队负责项目的实际执行，咨询机构等外部专家负责提供专业技术指导和专家建议，协助设计工作方案和提供工具，以及提供培训和技术指导等。其主要职责为：

(1) 在风险内控指导委员会及办公室指导下建立本单位风险内控体系，开展风险内控体系建设或体系评估工作；
(2) 推广和执行内部控制体系相关标准、文件和制度；
(3) 协调本单位各级管理层、各部门按要求落实风险内控要求，配合访谈、调研、流程梳理及内部控制评估等工作；
(4) 组织讨论和确认识别出来的风险和发现的内部控制缺陷，制定风险应对措施和内部控制解决方案；
(5) 对发现的内部控制缺陷制定整改计划，落实整改主责部门；
(6) 监督整改措施的落实，完成整改报告；
(7) 组织对本单位的风险内控培训；
(8) 建立风险内控企业文化。

在开展风险内控工作过程中，往往需要借助咨询机构的力量，帮助完成总体方案设计，协助建立制度体系，特别是最初阶段企业在人才和经验储备上会有很大不足，因此多数企业开展风险内控工作的初期都是通过聘请事务所，并与咨询机构建立联合团队的方式开展风险内控工作的。咨询机构对各项规定、法规有着深入的理解，具有丰富的制度流程梳理、风险内控评估、项目实施经验，掌握着专业的风险内控实施工具。咨询机构的优势还在于可以通过借鉴以往企业实施风险内控的成功和失败的经验，帮助企业完善风险内控实施方案，实现知识转移，在项目实施过程中不仅可以避免走弯路，同时还可以通过理论培训和实操的结合培养出实施风险内控的专业团队。在聘请外部专业咨询机构联合开展项目时要通过邀标、招标的形式选择具有合格资质、足够专业能力、对总体目标和实施方案了解并认同的机构来参与项目实施。在实际项目实施过程中，具体的项目组或项目实施团队通常会由事务所人员与企业各个层级和部门的人员组成联合团队，共同开展工作，这样一方面有利于内部人员在项目开展过程中充分发挥对企业实际情况的了解，做好组织协调工作，对项目目标和进度进行适合的调整；另一方面有利于内部人员在项目开展过程中学习和了解咨询机构的工作方法和项目经验，实现知识转移和专业水平的提升。

（三）沟通机制

风险内控组织各层级需要进行充分信息共享与沟通，确保收集、整理、汇总和分享相关信息，确保相关信息能够及时、准确、有效地在组织内进行传递，使相关管理层级能够及时了解和把控体系建设及评估的总体情况，及时把控项目进度，并通过获得必要的足够的信息来做出决策。有效的沟通机制还有助于风险内控部门能够了解管理者及利益相关方的期望。

首先，项目组会在项目计划、审批、启动以及整个执行过程中的关键节点向风险内控办公室汇报，在各个关键节点将对项目最新进展情况进行通报，以有利于风险内控办公室发挥项目管理和监督的职能，在有些企业还设有特别的项目监督小组或者项目管理办公室（Project Management Office）对项目整体进展进行实时监督，通过把控进度，并对项目重要交付物的内容质量进行检查，从而以较为独立的方式对项目进行过程管理，项目组通常都要以周报等定期或不定期的方式将项目最新进展情况通报给风险内控办公室。

在风险内控办公室层面也需与上级管理机构建立日常的汇报机制，除了一些特殊事项和特殊风险的专项汇报外，关于企业整体风险内控工作开展情况，各个项目的最新进展情况需要通过简报或者月报的形式向风险内控指导委员会进行例行汇报。按国资委要求各中央企业需要每年提交《年度全面风险管理报告》和《内部控制评价报告》，在正式提交报告前风险内控办公室需要向风险内控指导委员会和董事会汇报报告的编写情况，汇报过去一年风险内控工作的整体完成情况，包括主要风险识别、排序和应对情况，对内部控制系统整体评价情况，以及新一年主要风险内控工作重点等，同时按指导委员会的指示落实各项工作。以上这些汇报和沟通机制促进了风险内控工作三个管理层级之间通畅、及时、有效的信息交流。

三、风险内控部门职责

在开展风险内控工作过程中，为有效防范各类风险需要明确风险管理过程中的职责分工问题。风险内控部门是风险内控工作的归口管理部门，负责风险内控专业技术、负责跨部门的沟通协调。在风险的识别、分析和评价工作过程中，风险内控部门的职责是组织、协调、支持、配合业务部门做好以上工作。风险内控部门与业务部门在以上工作中的定位要明确，不能只是风险内控部门承担风险内控工作，而应是业务部门在日常工作过程中执行风险内控的相关要求，这是业务部门作为风险防范第一道防线应当承担的职责。

风险管理框架阐述了风险防范三道防线的概念，其中提到了风险管理责任落实的第一道防线是核心业务部门（Core Business）；第二道防线是支持职能部门（Supporting Function）；第三道防线是保证职能部门（Assurance Function）。

> 核心业务部门：即企业的业务部门，作为风险管理的第一责任机构；
> 支持职能部门：包括法务、合规、财务、人力、质量、安全等，所有可以协助一线核心业务部门进行风险管控的职能，都应该属于支持职能部门，即第二道防线，很显然风险内控部门属于第二道防线；
> 保证职能部门：主要指的是审计、监察部门，即第三道防线。

现代企业通常由分布在不同部门和岗位的人员共同致力于组织的风险管理与控制，他们包括业务控制、流程控制、质量管理、信息安全、财务控制、风险管理、内部控制管理、合规管理、内部审计、舞弊调查等岗位的专业人员。由于他们分散于企业的不同部门和岗位，所以他们的角色与职责就必须审慎地界定和协调，使各种控制活动之间既无缺口，也不重复，确保风险管理和控制流程的有效运行。为了让风险内控工作融入现有职责中，很重要一点就是要在各部门及岗位职责中，将对风险内控工作所承担的职责明确罗列和说明。对此，三道防线模型提供了一套简易、有效的方式。为了更好地理解风险管理三道防线中各职能部门的作用，我们可以将业务部门看作球场上的运动员，他们负责日常风险内控工作的开展，在日常生产运营管理过程中对风险进行防范，负责各项内部控制措施的落实。风险内控及其他支持性职能部门可以被看作教练员，负责组织协调制定策略，虽然并不直接上场参加比赛，但可以随时变换策略，平衡规则和效率，对第一道防线起到支持、指导、提醒等作用，作为第二道防线需要既兼顾规则又要考虑绩效。作为第三道防线的审计、监察部门所起到的作用相当于裁判员，负责时时对比赛情况进行监督检查，确定各项制度、规则得到有效执行。三道防线的划分如图 2-3 所示。

第二章　风险内控体系建设

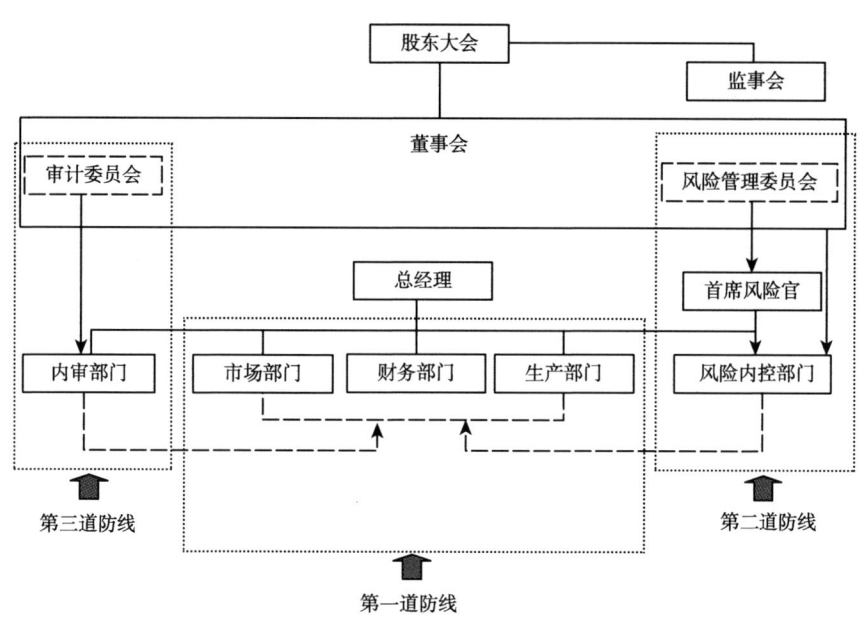

图 2-3　风险防范三道防线

资料来源：作者整理。

四、对企业风险内控部门定位的思考

风险内控工作在中国企业，特别是中央企业和上市公司的全面推广已经有很多年，很多企业设置了风险内控部门或风险内控岗位，风险内控部门每年会按照监管机构的要求开展风险识别、风险评估工作，参照《企业内部控制基本规范》及配套指引的要求建立健全内部控制体系，还会开展内部控制评价工作，对下属单位开展内部控制检查。按照亚当·斯密的分工理论在社会化大生产进程中，国家、企业、部门以及个人都要发挥自身优势产生社会价值；泰勒的组织管理理论更是强调了部门要遵照科学的方案，按照分工规则发挥其职能，这是建立各专业职能部门的起源。那么风险内控部门在企业发展过程中能够给企业带来什么样的收益，发挥什么样的职能才具有存在的价值和意义？

在实践中，风险内控部门的价值以及风险内控在企业中的定位问题日益凸显，引发了人们很多思考：风险内控能完成什么其他职能部门完不成的工作，发挥什么样的独特作用，使之成为不可替代的职能？很多风险内控部门往往不能参与战略及重大业务决策过程，在职能定位上只能开展企业整体的例行风险评估，或是"往下看"来关注对业务部门及下属的风险管理和内部控制评价。如果只是关注内部控制体系建设，风险内控工作就变成一次性的工作，此后只是维护和完善，并不需要建立一个常设的部门来做，可以融入财务、企业管理部门等来执行；如果风险内控部门是对企业的内部控制有效性进行定期评价和检查，风险内控与审计、纪检监察等部门的区别又在哪里？是否完全可以通过审计等手段完成这些职能？究竟风险内控部门该承担什么样的工作职责？支撑风险内控部门作为独立部门存在的主要日常工作和任务又是什么？对这些问题的思考和最终答案决定着风险内控职能能否发挥，能否长期存在和发展。

在这些方面，2017年版风险管理框架给了我们很多的启发，让我们能够逐步走出风险管理和内部控制传统思维的局限，放眼更广阔的领域，提供了更高的展望。未来风险内控的定位应该是更好地为企业创造价值，其职能发挥可以体现在以下三个方面。

（一）发挥决策支持作用

对风险和收益进行有效的衡量并作出正确的决策和选择是企业管理的关键，决定着企业的发展方向和最终结果。风险管理未来应该更好地融入组织治理和决策过程中，作为科学决策的一部分，对企业管理者的决策起到更重要的支持作用。对于企业管理者来说，生产经营过程中需要作出各种各样的决策，风险内控可以协助分析风险中存在的机会，以及机会中存在的风险，对风险和机会进行综合分析判断，甚至可以通过量化的指标对风险和机会进行更有效、更客观的判断，帮助企业管理者和决策者依据分析结果做出判断和决策，更好地管理不确定性，从而帮助企业实现价值。

目前很多企业设有政策研究职能，但政策研究仅是战略分析和决策的一部分内容，风险内控部门可以定位在为管理层、决策层提供更全面、更深入的风险分析方面，不仅仅是了解政策对企业的影响，还可以利用各类风险和战略分析工具和方法，例如利用PESTLE模型，即大环境分析，从政治、经济、社会、科技、法律、环境等方面全面分析政策所能带来的风险和机遇，提出风险应对策略选项，更好地服务于管理层和决策层。

（二）规范与监督业务开展

从业务层面来说，风险内控部门职能可以定位为协助业务部门创造价值或保持价值。风险管理不能孤立开展，需要与其他业务经营管理活动密切结合。业务部门和风险内控部门作为第一道和第二道风险防线，对防范风险起到了至关重要的作用，通过对风险的有效识别、评估和应对，能够将劣势和威胁变为优势和机会，将风险管理作为管理不确定性的科学有效的工具，对风险的有效防范和应对能够使企业获得优于竞争对手的优势，从而通过有效管理风险抓住机会。风险内控部门可以协助各业务部门的主要业务活动，融入业务活动当中，成为业务管理活动的一部分，并通过信息平台等手段及时掌控必要的信息，识别主要风险并及时进行风险提示。风险内控部门通过独立于业务部门的角度对业务进行监督,增强业务部门识别和防范风险的能力,明确风险管理职责,将职责落实到岗位、落实到人,并能够发挥跨职能部门的作用,以任务和目标为导向,协调和打通职能部门间的边界,在企业执行具体项目和特定任务时起到对总体风险监督、加强总体管控的作用。

风险内控工作要想落地执行,除了有制度和管理办法之外,还要落实到具体的风险管控上,可以与企业的主要战略目标和业务目标结合,进行专项风险管理方案设计和实施,例如可以开展对投资的风险管理专项、对项目的风险管理专项、对法律的风险管理专项,以及配合纪检监察开展廉洁风险管理专项,将风险内控工作更深入到业务当中,成为企业的一个重要支持性部门。

(三) 风险能力评级

风险管理水平的好坏很有可能未来成为检验企业管理能力的重要内容。风险内控部门可以将部门职责定位在对下属单位的风险防范能力评级方面,根据组织目标、指标和期望定期衡量风险管理能力,确定是否适合组织目标并促进组织目标的实现。对下属单位的评级有助于管理层了解企业的管理水平和内部控制能力,对于风险防范能力较强的下属单位,相应地在贷款、投资等重大决策方面可以给予更大的授权,可以具有更多的自主权力,或是上级单位审计、纪检等监督控制措施适当放宽。对下属单位的风险能力评价有助于将有限的资源用于重点的风险领域,可以作为风险内控部门重要的一项工作职能;对下属单位进行定期的风险能力评估并进行相应的评级可以成为风险内控部门一项日常工作内容。更好地管理面临的风险就意味着有利于实现企业的目标。同时风险能力评级也将有助于推动管理层更好地履行所承担的风险管理职能,强化各级管理者在风险管理工作中的作用,对风险管理工作给予更多的重视。

对于风险内控部门的定位和未来发展需要学术界和企业不断进行探索,将风险内控作为一个完善治理结构、实现企业管理优化和提升的重要职能,在日常生产运营中发挥规范监督指导作用,为企业战略决策提供支持,确保战略决策得到有效执行,为企业战略目标的实现提供必要的保证。

第三节 制度体系建设

一、制度的概述

(一) 制度的概念

《诗经》中说的"天生烝民,有物有则",意思是有人就有规则。历史上对于制度的定义也经历了很长时间的演进,但总体上来说制度是一个组织、国家乃至整个人类社会所遵循的规则,是对人的行为或相互关系的系列约束。制度说白了就是"游戏规则",是人们所共识的行为准则。对于企业来说,制度是企业为了维护正常的运行秩序,要求大家共同遵守的能够保证各项工作能够正常开展,依照法律、法令、政策而制定的具有法规性与约束力的控制标准、流程和职责的规定。

(二)制度的重要性

在西方的经济理论中,每个人都是"经济人",会以追求个人利益的最大化为目标。人都是具有"利己"动机的,制度就是把人性中偷懒、经不起物质诱惑以及其他人性弱点加以克服和约束,从制度上解决人性这些弱点可能产生的问题。严格的企业管理制度是实现企业持续健康发展的保障。

改革开放以来中国经济取得飞速发展,但很多人却漠视制度的存在,对规则缺乏必要的尊重和敬畏,各种不道德、不文明行为在各种媒体上屡见不鲜,如不遵守交通规则乱过马路,随处乱扔垃圾等。有些中国企业在过去四十年发展中利用各种不遵守规则的行为获得了实际利益,将偷工减料、生产伪劣产品、污染破坏环境、偷税漏税等损害国家和公众利益的行为视作牟利的手段,随着国家各方面法律法规的完善以及经济全球化的发展,这种靠破坏制度和规则建立起来的优势必然不可能持续,在这个进程中会付出很多惨痛的代价,中国很多企业在海外受到各种处罚就是鲜明的例证。相反建立和强调规则意识、合规合法经营、符合市场经济和国际惯例将成为中国企业"软实力"的体现,是中国企业生存和发展的基础,也是面临的重要挑战。

企业建立完善管理制度的主要目的具体体现在以下四个方面。

1. 制度有利于标准化管理

制度可以规范员工的行为、规范企业管理,实现制度面前人人平等。企业如果建立了全面、完善的规章制度,内部员工的工作积极性可以得到广泛调动,企业的各项工作就能够顺利开展,工作效率就会极大提高,企业的总体效益就会不断得到提高,企业的战略方针目标就能得到顺利实现。

2. 企业规章制度具有法律的补充作用

企业的规章制度不仅是规范化、制度化管理的基础和重要手段,同时也是预防和解决劳动争议与合作纠纷的重要依据。由于国家法律法规对企业管理的有关事项一般缺乏十分详尽的规定,事实上企业依法制定的规章制度在管理中可以起到类似于法律的效力,可以作为人民法院审理有关争议案件的依据。因而企业合法完善的规章制度起到了补充法律规定的作用,有利于保护企业的正常运行和发展。

3. 规章制度是合规性要求

企业在发展过程中接受政府有关部门法律法规的指导和管理,受到现行政策的约束和支持。比如项目基金的申报，在发改委要求的项目基金的申报材料中，有一项就是公司政策及管理制度，必须有着非常完善的企业规章制度才可能申请到国家的项目基金支持。同理，许多项目竞标也都需要企业提供本公司的规章制度，并将其作为考核企业是否合格的标准之一。

4. 制度是可持续发展的需要

建立健全行之有效的各项管理规章制度是竞争的需要，也是企业自身发展的需要。完备而有效的管理规章制度是建立现代化企业的前提和必要条件，是挖掘企业的潜力、发挥企业的效能、激发员工工作积极性、增强凝聚力、树立企业良好形象、全面强化竞争力的根本保证。完善的规章制度可以得到合作者和社会的广泛信任，更易赢得商业机会和发展机会。

总体上说，企业要保证各项业务的正常运行需要通过制度实现标准化和规范化；建立良好的制度能够保证和提高企业各项业务开展的质量和效率，减少因缺失制度所造成的不必要损耗，减少决策和执行中走的"弯路"和出现的错误；有效的制度管理能够加强企业整体的竞争力，实现可持续发展的目标；企业的规章制度对于规范企业和员工的行为，树立企业的形象，促进企业的长远发展具有重大的作用。

（三）内部控制与制度的关系

制度建设对于企业来说是各项管理工作的基础。制度既规定企业组织成员该做什么、什么事该由谁来做、该取得什么样的效果，又规定了工作该如何开展、按照什么样的程序进行，包含了流程性质对业务活动执行的说明和要求。对于内部控制来说，制度体系是基础，是内部控制的依据和背景条件。在实际制度制定和执行过程中，我们遵循内部控制要求，避免标准不清晰，避免制度既缺乏实际的标准又没有说明流程。例如，在招标的制度中规定"招标负责人保证招标过程的记录的真实性"在实践中很难操作。首先，这不是一个控制标准，因为无法衡量谁是招标负责人、什么需要记录。另外，也没有流程保障。如果改为"所有参加开标的招标和投标方人员在开标记录上签字"，就成为可衡量的内部控制标准，并且成为流程的一部分，之后为了保障这个标准，在流程中还可以要求授标书盖章时检查这种开标记录单，管理部门也可以抽查盖章时是否检查了这种记录单等，直至确信控制标准得到保证。

只有将制度体系与内部控制、风险管理、流程管理、质量管理等体系有机融合在一起，制度的内容才能得到有效贯彻，流程的执行才能得到有效保障，风险才能得到有效控制。如何处理好制度体系与内部控制、风险、质量等管理体系之间的关系，加强不同体系间的有机融合，成为基础管理工作中的关键问题。

二、风险内控制度体系构成

风险内控制度体系是企业整体制度的一个组成部分，是对风险内控工作开展的总体要求和指导。在完善风险内控组织体系的基础上，企业要建立完整风险内控的制度体系，包括管理制度汇编，全面风险管理办法和内部控制管理办法两个具体指导办法，还要编制风险管理手册、内部控制手册、内部控制评价手册等，确定内部控制的评价考核标准，考评的具体职责分工、工作流程，以及考评的具体指标体系等。这些是保证风险内控体系有效运行的基本制度，是企业开展风险内控工作的依据和标准。

风险内控制度体系要贯穿于生产经营的各个环节，通常由三部分构成。

一是以内部控制制度为基础的《管理制度汇编》，通过对现行管理制度进行梳理、分析、汇总、更新、完善，形成完整的公司管理制度体系，作为内部控制工作开展的依据；二是建立内部控制体系并保障其有效运行的指导性文件——《风险管理手册》和《内部控制手册》；三是以监督、评价、管理改进为核心的《内部控制评估手册》。这三部分工作以制度完善和流程梳理为切入点，各有侧重，互相补充，共同构成了基础的风险内控制度体系。通过建立这些相关制度能够明确责任主体，提升风险内控意识，保证风险内控工作有章可循，促进组织风险内控整体氛围的形成。

其中，风险管理办法涉及风险内控管理工作的总则，对风险内控工作开展的方式、程序和职责分工做出规定；内部控制评价管理办法规定如何实施评价，进行内部控制评价标准，缺陷等级设定；风险内控手册（分开或整合）是重要组成文件，作为开展风险内控工作的标志性文件，将风险内控工作与整体制度体系建立起紧密的联系，同时作为制度管理的有效抓手，风险内控手册要对所有制度进行梳理，提出修改意见，通过管理矩阵和权限划分等方面的规定，实现相关规定和制度要求的不相容岗位职责分离。

在以上风险内控制度的基础上，企业要定期向国资委、证监会等监管机构提交全面风险管理报告或内部控制评价报告。两个报告是对企业整体风险内控管理情况的汇总，是企业风险内控工作的两个主要交付物。全面风险管理报告涵盖上年度的全面风险工作的开展回顾、开展情况的总结以及本年度风险评价的结果和重大的风险管理情况等内容。内部控制评价报告包括内部控制工作的总体情况、内部控制评价的范围依据、内部控制缺陷的认定情况以及最终对整个企业内部控制体系有效性的评价。企业层面的风险内控制度体系构成如图2-4所示。

组织机构和制度体系并不是一成不变的，企业发展过程中环境不断发生变化，内部控制工作的目标和着重点也会在此过程中不断发生变化，风险内控整个体系需要不断进行改进和不断完善，以适应公司实际需要，因此，规划风险内控整体方案时要考虑建立一个不断完善、不断发展的长效机制，在这个机制下风险内控工作是一个不断自我完善

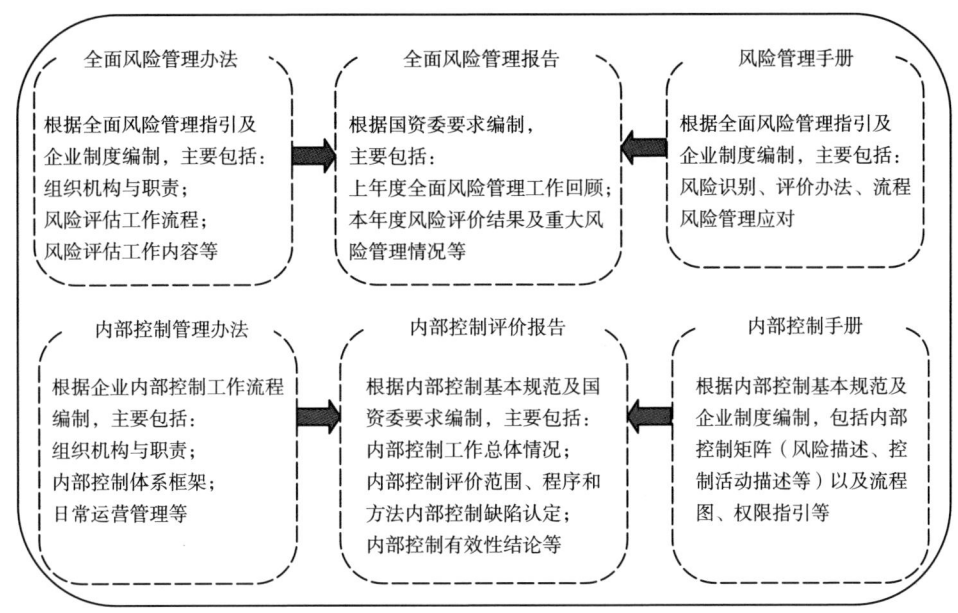

图 2-4 风险内控制度体系

资料来源：作者整理。

的过程，相应的各类制度和手册需要根据实际情况的变化进行及时更新。

三、制度管理

（一）制度的分层管理

在企业的制度管理中经常出现的问题是制度缺乏"分层"管理，未将制度按层级划分，这会导致制度的细致程度和适用性较差，制度之间的"配套性差"。总部层面的指导性制度和下属最基层单位具体实施的制度在实际侧重点和主要关注点上都会有所不同。公司总部层面更多强调基本的原则，是最基本、原则性和具有普适性的管理规定，特别是往往在具体执行细节方面不需要规定得过细，不需要对具体操作执行做出太过于细致的规定，过细的操作层面规定会束缚下属单位实际业务工作的开展，不利于因地制宜地做出细致调整。因此，在实际的制度管理过程中需要根据实际企业情况对制度进行分层次的管理。

为保证企业总体战略目标的实现，需要将战略目标逐层细化到企业管理和运营的每个环节，需要对制度进行细化和分解，明确制度对各层级人员和各项业务的要求，发挥制度对整体战略的支撑作用，整个企业的战略目标和价值创造也就是在这样一个过程中得以逐步实现。管理制度的"分层"管理要根据具体业务特点和组织机构的情况，逐层细化为指导性制度、管理办法，以及具体的实施细则、操作手册、指引等，如图 2-5 所示。尽管实际上使用的制度名称会有所不同,但这种逐层分解和细化是保证制度落到实处,并且得到切实有效执行的基础。

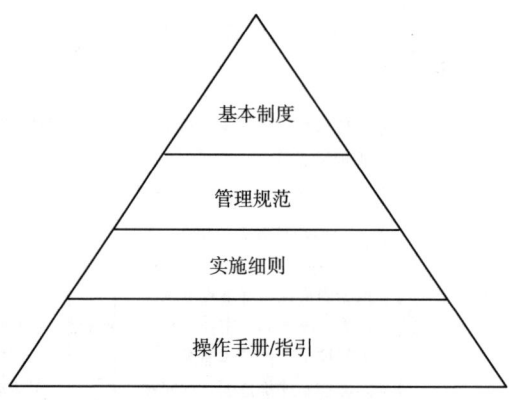

图 2-5 制度的分层管理

资料来源:作者整理。

这就像一个高明的统帅,只是对下面的军队做出原则性的指导,指明要实现的战略目标,确定基本的实施步骤,然后这个整体战略会在部队中进行层层分解,由具体的指挥官做出具体战术上的安排,由更基层的战斗人员确定谁去执行、如何去执行一个个具体的小规模战斗。不了解实际战争细节的统帅,如果过多地对本该下级确定的工作指手画脚,不顾实际情况地生拉硬套,其结果必然是要付出惨痛代价的。

在制度分层管理中要对现有制度形式进行分析,为避免造成理解上的歧义和避免对制度层级的误解,应对制度的名称进行严格规定,避免因对制度名称理解不清而带来对制度规定内容的混淆。例如,很多企业习惯对制度的级别不做区分,随意使用通知、意见、建议、要求等名称,造成人们在理解制度层级上的困惑。企业在进行制度梳理时要统一各层制度名称,统一以制度、办法、实施细则等让各级人员从名称上就能了解制度属于哪一类、哪一个层级,是企业总体性的规定,还是实际业务方面的操作规范等,具体内容如表 2-1 所示。

表 2-1 制度的分层管理定义和执行程序

制度层级		定义	审批程序
基本制度	企业章程	是企业最基本、最高层制度文件,是指企业依法制定,规定企业名称、住所、经营范围、经营管理制度等重大事项的基本文件	制度审核小组审核→总经理审核→董事会批准
	议事规则	是对企业决策机构、议事机构的成员构成、工作职责、工作内容、会议程序及表决机制等的规范	制度审核小组审核→总经理审核→董事会批准
	制度	是对某一专业管理主题的综合性描述和原则性要求	制度审核小组审核→总经理批准

续表

制度层级		定义	审批程序
管理规范	规定	对特定工作和事务制定的相应措施	制度审核小组审核→总经理批准
	管理办法	是对规定的承接和细化，是对规定中的某一项或几项管理事项、核心流程中的一个或几个环节的细化管理要求	制度审核小组审核→总经理批准
实施细则	实施细则	是操作性制度，是对一个具体事项、业务流程的规范要求，能够有效指导和规范具体操作	制度审核小组审核→主管副总批准
操作程序	操作手册/指引	是指导性和可操作性文件，是对具体活动的详细工作内容、流程、标准、方法的详细说明，岗位人员可以直接使用并指导工作	制度审核小组审核→主管副总批准

资料来源：作者整理。

正确的制度层次划分总体上分为三个层级：

第一层级章程、规则和制度构成企业的基本制度，例如企业章程、董事会议事规则、预算管理制度等都属于企业的基本制度层面。

第二层级制度、规定和方法属于管理规范层面，例如全面风险管理办法、投诉管理规定等，这类制度较基本制度更具有可操作性，对开展工作的方式、方法和行为标准做出规定。

第三层级实施细则和操作手册是实际操作层面的具体指导，是所要采取措施和行为的详细、具体的解释和补充。

（二）制度全生命周期管理

企业的实际业务运行是动态的，而制度和标准是相对静态的，为了制度与业务保持一致需要对制度进行不断调整和完善。这就涉及对制度的全生命周期管理。

所谓制度的全生命周期管理是通过制度制定、制度执行、监督考核、制度评估、动态优化五个步骤实现落地。按照制度的全周期管理理论，制度从制定到优化完善是一个不断持续改进和优化提升的动态过程，如图2-6所示。

第一个步骤，在制度制定阶段要经过制度的立项、起草、预审、会签、审核和签发；第二个步骤，制度执行过程要经过制度贯彻和制度宣介，在制度完成制定和签发后要对制度的内容、要求范围和标准等与相关部门的人员进行充分宣贯，避免很多人不了解制度内容现象的发生，不能"不教而诛"；第三个步骤，是制度执行的监督考核，在制度执行过程中需要进行持续监督检查，对制度的执行情况进行定期考核，确保制度制定合理，与实际情况相符，并且得到有效执行；第四个步骤，制度评估阶段是基于第三个步骤监督检查和考核的结果，对制度进行综合评价，按照制度在实际执行中出现的问

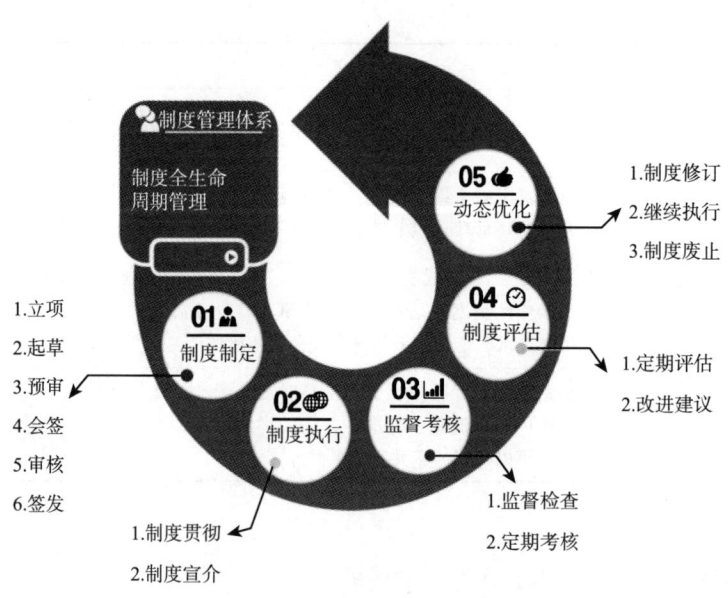

图 2-6 制度的全生命周期管理

资料来源：作者整理。

题提出制度整改的建议；第五个步骤，就是动态优化，根据监督检查的结果和提出的整改建议回顾整个制度是否存在亟待解决的问题，决定这种制度是需要继续保持执行，还是要进行一些调整，如果制度不适应公司现有的发展状况和趋势，不适合内、外部环境的变化，那么这些制度可能会被废止。

在企业开展风险内控工作过程中，通过对制度体系的梳理和优化，可以查遗补缺，避免制度体系不完善，避免制度的重复和缺失，是一项重要工作，这些是风险内控工作开展的依据和基础。

（三）制度的梳理和优化

在制度的执行、监督考核以及评估过程中，如果发现制度中规定的相关内容已经不适用于企业运作现状，就需要对相关内容进行调整更新。调整更新的方式包括：重新编写部分内容，对某些制度中的相关内容按照实际情况，进行删减、合并或者替换等，如图 2-7 所示。

第一个步骤，对现有制度进行整理，确认现行的有效制度数量、涉及的主责部门，列出现有制度名称列表。

第二个步骤，对现有制度进行分类。对有效制度进行归类，与对标企业的制度体系及分类进行比较，分析差异，确定企业的制度体系和进行查漏补缺，对制度体系及分类方式进行优化。对存在重复或冲突部分的制度要与相关部门积极沟通，及时进行修订。

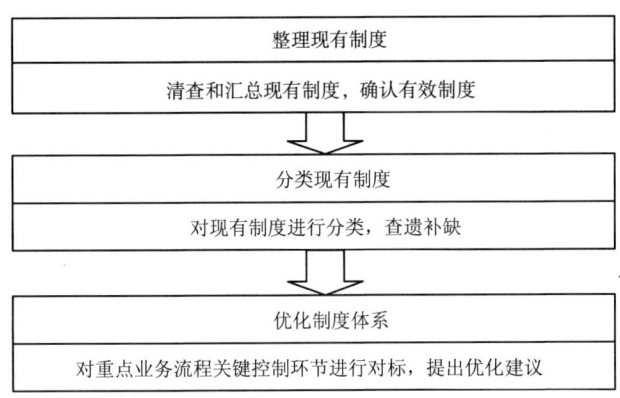

图 2-7 制度体系的梳理流程

资料来源：作者整理。

企业要建立的制度很多，需要进行必要的分类以便更好地找出缺失的制度。制度划分的方式并没有一定之规，重要的原则是要适合企业自身实际需要，符合组织架构和战略目标的制度体系。从层级上，我们通常可以将管理制度分为三大类：战略发展类制度、业务运营类制度和管理、服务及支持性业务。每个大类下面可根据实际需要再进行划分，分为若干小类制度。其中，战略发展类制度包括战略决策、规划发展、企业文化等。业务运营类制度包括计划经营、生产运营、健康安全环保、设备及基础设施、工程项目、物资采购、市场营销、储运管理等。管理、服务及支持性业务包括综合办公、财务管理、信息化管理、科技研发、人力资源、纪检监察、法律事务、审计内控、党群管理等。

也可以按照五部委《企业内部控制基本规范》及《企业内部控制配套指引》，从公司层面、业务运营、服务与支持对企业需要建立的制度进行划分，包括：《授权管理制度》《内部控制制度》《内部控制监督制度》《内部控制评价程序》《企业文化评估制度》《内部审计制度》《信息与沟通制度》《举报投诉制度》《举报人保护制度》《战略管理制度》《预算管理制度》《投资管理制度》《绩效考评制度》《销售业务管理制度》《采购业务管理制度》《供应商评估和准入制度》《存货管理制度》《工程项目管理制度》《财产日常管理制度》《资金管理制度》《担保管理制度》《薪酬管理制度》《强制休假制度》《定期换位轮岗制度》《信息系统用户管理制度》《系统数据定期备份制度》《信息系统安全保密和泄密责任追究制度》《合同管理制度》《重大法律纠纷案件备案制度》《产品质量控制和检验制度》《运营情况分析制度》《安全生产管理制度》《环境保护与资源节约制度》。

第三个步骤，分析现有制度，消冗整合，强化关键控制环节。对重点业务流程关键控制进行对标、提出优化建议。

在制度梳理过程中,除了确认是否有相关制度,还要对相关制度的内容进行了解和对比分析,通过对标合规性要求和行业内优秀企业的制度体系,确保各项业务的关键控制措施都在制度中进行了规定。对标《企业内部控制基本规范》18 个配套指引的要求对各项业务中关键控制点的描述,除了对制度名称和分类的梳理外,更重要的是保证内部控制关键点在制度中得到体现和强调。也就是说,尽管有了相应的制度规定,还要对相应制度里的控制点进行确认,确认各个关键控制点是否在制度里都做了具体且可操作的规定。

例如,在对下属企业的调研中我们发现现有的紧急需求管理规定中没有对紧急物料采购比例的考核措施,没有按内部控制要求实现管理的闭环,导致了在实际工作中紧急采购所占比例很大,因此需要增加对紧急采购考核方面的内容,通过加强紧急采购计划提报比例作为各部门考核的一项指标,如图 2-8 所示。

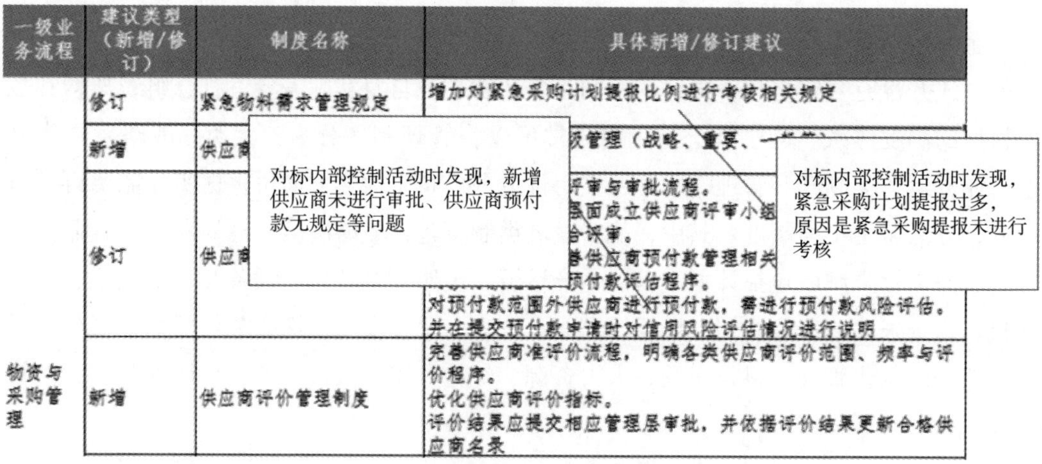

一级业务流程	建议类型（新增/修订）	制度名称	具体新增/修订建议
物资与采购管理	修订	紧急物料需求管理规定	增加对紧急采购计划提报比例进行考核相关规定
	新增	供应商分级管理（战略、重要、一般等）	建立供应商评审和审批流程。书面成立供应商评审小组,进行综合评审。
	修订	供应商预付款管理	增加供应商预付款管理相关预付款评估程序。对预付款范围外供应商进行预付款,需进行预付款风险评估,并在提交预付款申请时对信用风险评估情况进行说明。
	新增	供应商评价管理制度	完善供应商评价流程,明确各类供应商评价范围、频率与评价程序。优化供应商评价指标。评价结果应提交相应管理层审批,并依据评价结果更新合格供应商名录。

> 对标内部控制活动时发现,新增供应商未进行审批、供应商预付款无规定等问题

> 对标内部控制活动时发现,紧急采购计划提报过多,原因是紧急采购提报未进行考核

图 2-8　制度优化分析

资料来源：作者整理。

再例如,在与行业内先进企业对标的过程中,我们发现尽管企业有物资与采购管理相关制度,但在供应商库增加新的供应商的环节没有相关的管理规定,也没有经过事先的审批,导致由采购部门自己决定和维护供应商库,对供应商信用管理、预付款额度没有严格规定,因此,我们在这方面提出了优化建议,并督促企业完善了相关的制度。

在上级单位已经制定了相关制度的情况下,下级企业对制度的承接有两种方式：直接采用、转化采用。直接采用是指,上层级制度不需要进一步细化即可直接纳入本企业制度体系执行；转化采用是指,上层级制度需根据本企业自身实际进行进一步细化方可纳入本企业制度体系执行。表 2-2 为集团类型企业管理制度体系的制度类型及分类。

表 2-2　　　　　　　　　　集团类型企业管理制度体系

制度类别	大类	小类
A. 战略发展类	A01. 总部决策管理	01 企业治理、02 高层管理等业务
	A02. 规划发展管理	01 战略发展规划管理、02 投资计划管理、03 投资项目管理、04 重组并购管理、05 技术装备管理、06 技改技措等业务
	A03. 企业文化	01 企业文化规划、02 企业文化导入实施和传播推广、03 企业文化建设检查督导和评估、04 企业文化平台管理、05 危机管理、06 品牌管理、07 品牌宣传等业务
B. 业务运营类	B01. 计划经营管理	01 经营计划管理、02 经营指标与考核管理、03 产供销协调管理、04 生产经营活动分析、05 综合统计等相关管理
	B02. 生产运营管理	01 生产运行、02 工艺技术管理、03 节能管理、04 质量管理、05 计量管理、06 持续改进管理等相关管理
	B03. 健康安全环境管理	01 SHE 体系、02 安全生产监督、03 环境保护、04 职业健康、05 应急管理等相关管理
	B04. 设备与基础设施管理	01 设备前期管理、02 设备使用维护管理、03 修理和修理费管理、04 特种设备管理、05 设备综合管理、06 公用工程管理、07 基础设施管理等相关管理
	B05. 工程管理	01 工程实施管理、02 工程分包管理、03 工程招标投标管理、04 工程质量监察及监测、05 工程标准及定额管理等相关管理
	B06. 物资与采购	01 物资供应管理战略、02 物资计划、03 供应商关系管理、04 采购市场分析、05 采购管理、06 仓储管理等相关管理
	B07. 市场与销售	01 价格管理、02 销售计划、03 销售过程管理、04 销售市场管理、05 客户管理、06 客户服务等相关管理
	B08. 储运管理	01 运输管理、02 油气计量和交接、03 承运商管理、04 仓储和罐区等相关管理
C. 管理、服务与支持	C01. 综合办公	01 办公室工作、02 秘书与值班管理、03 政策研究、04 外事工作、05 档案管理、06 信访维稳、07 保密保卫、08 后勤服务、09 信息报送管理、10 公文管理等相关管理
	C02. 财务管理	01 财务综合管理、02 会计业务管理、03 预算管理、04 成本费用管理、05 资金管理、06 税费管理、07 资产管理等相关管理
	C03. 信息化管理	01 信息化战略规划管理、02 信息化综合管理、03 信息化项目管理、04 信息系统与运维管理、05 信息安全管理等相关管理
	C04. 企业管理	01 体制改革、02 管理创新、03 组织结构管理、04 制度建设与管理、05 企业管理基础等相关管理
	C05. 科技管理	01 科技发展规划、02 科技项目、03 知识产权、04 科技成果、05 标准化管理等相关管理
	C06. 人力资源管理	01 领导人员管理、02 人才管理、03 组织管理、04 劳动管理、05 薪酬管理、06 培训、07 绩效管理、08 离退休管理等相关管理
	C07. 纪检监察管理	01 党风建设、02 监察管理等相关管理

续表

制度类别	大类	小类
C. 管理、服务与支持	C08. 法律事务管理	01 合同项目管理、02 企业事务管理、03 法律纠纷管理、04 法律资源平台管理、05 普法培训等相关管理
	C09. 审计内控管理	01 审计标准和程序、02 审计业务管理、03 审计综合管理、04 内部控制体系建立与实施、05 风险管理体系建立与实施等相关管理
	C10. 党群管理	01 党组织建设、02 企业思想政治工作、03 工会组织建设及活动管理、04 青年组织建设及活动管理、05 宣传教育等相关管理

资料来源：作者整理。

第四节　风险内控手册编制

一、风险管理手册和内部控制手册概述

通常风险内控手册可以分为风险管理手册和内部控制手册。很多企业在风险管理手册和内部控制手册之外还编有内部控制评价手册作为评价内部控制设计和执行情况的标准。按照内部控制评价手册的考评细则，企业可以对内部控制工作的总体情况进行评估，找出内部控制缺陷并进行整改，不断健全和完善内部控制体系。

不同的企业会采取不同的方式编制手册，很多企业将风险管理手册和风险内控手册分别制定，另外还编有内部控制评价手册等，有的企业则将内部控制评价内容也放在内部控制手册中，合成一本内部控制手册。

（一）风险管理手册

风险管理手册通过建立一套系统的风险识别、风险评估、风险应对方法，成为指导风险管理工作的指导性文件，通常包括总则、风险识别、风险评比、风险应对、全面风险报告、附则六部分。

其中，总则部分包括了前言、编制原则、使用范围、组织体系和职责分工、手册结构、修订条件及程序。

风险识别包括风险信息收集、风险初步识别、风险事件确认。

风险评估包括风险评估维度、风险评估标准、风险评估培训、风险评估及技术支持、风险评估结果汇总统计、重大风险确定、风险坐标图绘制。

风险应对包括制定风险管理策略、制定风险管理解决方案、实施风险管理解决方案、风险管理过程监督与考核。

全面风险管理报告包括风险管理报告的模板、编制风险报告的程序等。对于集团型

企业通常按照以下程序编制全面风险管理报告。

在集团总部开展当期风险评估之前下属企业需按照集团要求完成本单位的风险评估，在本单位风险管理办公室的组织下编制年度《全面风险管理报告》，年度《全面风险管理报告》经本单位风险指导委员会或相应决策机构批准后，提交上级集团。

集团总部风险管理办公室根据集团上年度风险管理工作完成情况，汇总重大风险监控情况和风险评估结果，整理各下级单位提交的年度《全面风险管理报告》，编制集团年度《全面风险管理报告》，报送风险指导委员会审核后提交总经理办公会审批。如需提交国资委等监管机构的，则在报告审批后，按照上报时限要求进行上报。

附则是相关附件。通常包括风险框架、风险事件库、风险定义、风险调查问卷等。

（二）内部控制手册

随着风险管理和内部控制工作的深入开展，两者间的联系也越来越紧密，风险管理和内部控制的融合已经成为一种发展趋势。企业需要以风险为导向开展内部控制工作，对各项重要经营活动及其重要业务流程开展风险识别、风险评估，并制定风险应对措施，针对已识别的主要风险通过内部控制手段进行有效控制，描述各细节业务活动过程中可能出现的风险，并从计划、申请、审批、执行、监督、考核等各环节确保风险得到有效控制。

正是基于这样的思考，为了更好地将风险管理和内部控制相互联系，将内部控制评价作为有效开展内部控制管理的重要一环，多数企业的内部控制手册中涵盖了风险管理识别和评估方面的结果，对主要风险点及相应的内部控制措施方面的描述结合，体现出内部控制的风险导向。

内部控制手册通常都是依据美国的COSO报告提出的《企业内部控制——整体框架》，或者是依据五部委的《企业内部控制应用指引》编制的。从内容和结构上看，内部控制手册通常包括了总则、业务控制流程、内部控制矩阵、权限指引、检查评价与考核办法、附则六个部分，如图2-9所示。

内部控制手册中通常有明确的权限指引、对授权进行的规范描述和系统管理。针对各业务流程中关键环节，根据不同层次、不同级别的职责范围和管理要求，合理分配权限和责任，从而达到有效控制、提高运营效率、最大限度地规避风险的目的。

内部控制手册第一部分是总则，包括五个方面的内容：一是内部控制的定义、目标和原则；二是内部控制手册编制依据；三是内部控制手册适用范围；四是内部控制手册结构；五是内部控制手册的解释权、生效及更新。内部控制手册主要内容如表2-3所示。

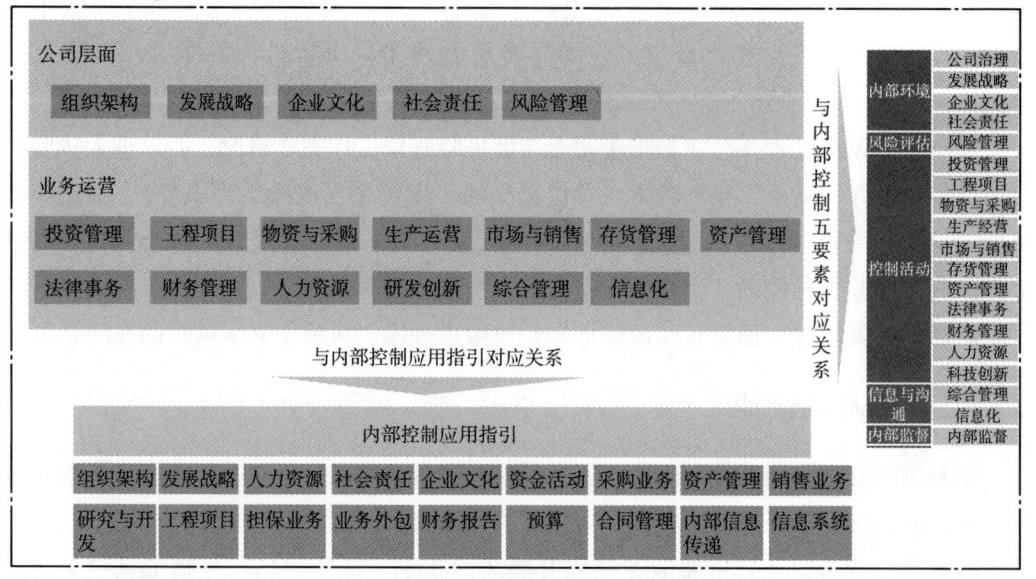

图 2-9 内部控制手册编制原则

资料来源：作者整理。

表 2-3　　　　　内部控制手册主要内容

第一部分 总则	第二部分 公司层面控制	第三部分　业务层面控制				第四部分 权限指引	第五部分　内部控制相关制度	第六部分 附则
一、内部控制定义、目标和原则	一、内部环境	1. 资金管理	2. 投资管理	3. 物资与采购	4. 生产管理			
二、内部控制手册编写依据	二、风险评估	5. 存货管理	6. 市场与销售	7. 科技创新	8. 工程项目			
三、内部控制手册适用范围	三、信息与沟通	9. 资产管理	10. 财务管理	11. 人力资源	12. 信息化			
四、内部控制手册结构	四、内部监督	13. 综合管理	14. 法律管理					
五、内部控制手册解释权、生效及更新								

资料来源：作者整理。

手册的第二部分是公司层面控制，分为六个部分：一是内部环境，包括组织架构、权责分配、发展战略、人力资源、社会责任、企业文化、反舞弊、内部审计；二是风险评估，包括风险识别、风险评估、风险应对、风险管理监督与改进；三是信息与沟通，包括信息收集机制、信息沟通机制、内部报告、保密管理、信息技术整体控制；四是内部监督，包括内部控制、惩防体系、党风廉政建设、效能监察；五是案件检查；六是信访维稳。公司层面控制是存在于公司整体层面的，对于业务层面实施的控制措施，产生普遍深远影响的控制，体现公司的风险管理理念、风险承受能力、公司治理监控水平、对道德价值观的遵守、人员素质与发展水平，以及职责权力分工等，主要包含相关定义、控制目标、主要风险、主要控制要求等。

手册的第三部分是业务层面控制，包括14个子项。具体如下所述。

资金管理，包括筹资管理、资金运营、金融衍生、业务管理、担保管理；投资管理，包括投资前立项与决策、投资项目执行、投资企业管理、产权登记、投资后评估、投资处置管理、上市公司股权管理；物资与采购，包括采购计划管理、供应商管理、采购执行与验收管理、采购付款管理、业务外包；生产管理，包括生产计划管理、生产运行管理、生产监督管理、生产成本管理。此外，业务层面控制还包括存货管理、市场与销售、科技创新、工程项目、资产管理、财务管理、人力资源、信息化、综合管理、法律事务。

内部控制手册中业务层面控制的体现形式包括内部控制矩阵、控制范围、不相容岗位分离等。

内部控制手册的第四部分是权限指引。权限指引是针对各业务的关键环节和经营活动，按照权责匹配的原则，明确公司各层级的集体决策和个人审批权限。

内部控制手册的第五部分是内部控制相关制度，包括内部控制管理办法、内部控制考评管理办法等。

内部控制手册的第六部分是附则，包括公司层面控制主要责任部门，以及业务层面控制主要责任部门。

二、集团型企业内部控制手册类型

内部控制手册是企业开展风险内控工作的标准和依据，编制适合企业实际情况的风险内控手册能够有效指导开展风险内控工作。

集团型企业内部控制手册通常分为三种类型，如图2-10所示。

第一种方式是整合一体化，即集团总部与所属各级企业采用同一套内部控制手册，手册适用于企业各层面，能够直接指导业务操作层面工作，这种方式投入小，一本手册解决所有企业、所有层级的风险内控问题，有利于实现从上而下的统一标准化。缺点是，第一，不能体现各业务板块、不同类型企业的差异；第二，因为要兼顾各个业务类

手册类型	框架特点
整合一体化 适用于"运营管控型"企业	集团总部与所属各级单位适用于同一套内部控制手册。手册内容颗粒度细,可直接用于指导业务操作。公司总部对所属单位内部控制评价和考核适用于一套标准
各自独立化 适用于"战略管控型"企业	集团总部与所属各级单位各自制定内部控制手册,建设时间长且投入巨大
协同一体化 适用于"战略管控型"企业	集团总部制定"准则性"内部控制手册。各级所属单位选择直接运用,或在集团手册基础上进行本地化。手册内容主要针对重大事项的刚性要求,不能直接用于业务操作

图 2-10 集团型企业风险内部控制手册类型

资料来源:作者整理。

型的企业和各个管理层级,手册编制方面难度较大。采取这种方式的企业例如中国神华和中国石化等。

第二种方式是各自独立化,即集团总部与下属各级单位各自制定自己的风险内控手册,这种类型手册的优点是能够根据自身情况有针对性地制定,体现不同业务特点、不同行业和不同类型企业的差异。这种方式的缺点也很明显,手册相互间的一致性会比较低,各级单位各自为政,缺乏统一的标准和规范,同时由于独立进行手册编写,会造成一定程度的重复劳动,编制成本较高。采取这种类型手册的企业如中国铁建、国家核电等。

第三种方式是协同一体化,即从总部层面制定总则性的、标准性的风险内控手册,对基本性、一般性要求做出规定,作为统一的准则。下属各级单位可以参照执行,按照本行业、本企业特点在总体框架下进行细化和本地化,总部层面的手册主要针对重大事项和基本原则做出刚性要求,对具体业务操作层面不直接做详细规定。这类型手册既有利于整个企业采用统一的标准,又有利于下属单位因地制宜,结合自己的实际情况制定指导操作的手册。采用这种类型的优点是建设投入较少,又能体现不同业务板块、不同类型企业的差异。缺点是各级企业需要根据本单位实际情况,决定是否需要进一步实现手册的本地化。代表性企业有中国五矿、中粮、中国化工等。

中国化工集团有限公司(以下简称中国化工)采用的是第三种类型内部控制手册。从框架来看,中国化工的风险内控手册包括三个方面的特点:一是集团总部制定准则性风险内控手册,这个手册对存在行业差异的业务领域规定较为笼统,是偏原则性的规定。二是针对集团制定的手册,各级所属单位可以直接运用,也可以在集团手册的基础上进行本地化修订和细化。三是手册内容主要是针对重大事项的刚性要求,只是作为内部控制指导框架,不直接用于指导业务操作。

三、内部控制手册的展现形式

内部控制手册具体的展现形式包括文字描述、控制矩阵、流程图、权限指引图等。

其中，总则部分主要通过文字描述的形式，明确内部控制的定义、目标、原则，对内部控制手册的依据、适用范围、结构以及手册的解释权、生效及更新做出描述。公司层面控制也是通过文字描述的形式对每项控制的定义、控制目标、主要风险、控制要求、主责部门方面进行规定，而具体的业务层面控制则更多是通过矩阵的形式来展示的。

（一）内部控制矩阵

控制矩阵是企业为了有效控制风险而制定的控制措施，即前面我们提到的"4W+1H"，用简练的语言说就是，谁控制？怎么控制？何时控制？控制什么？内部控制矩阵是将"4W+1H"进行提炼和总结而形成的，通过描述控制点，明确主要风险、控制频率、主责部门/岗位、关键控制文档、涉及信息系统、制度等。

控制矩阵是针对业务流程中各个节点存在风险的控制要求或控制措施。控制矩阵建立了风险与业务流程之间的关联关系，通过对业务流程和业务环节的梳理，确定每个业务流程的子流程。控制矩阵是对控制活动的记录和总结，是对公司制度要求、岗位工作内容的固化。编制控制矩阵的过程也是检验企业的控制措施是否得到了有效落实和执行的过程，确认各环节和各岗位面临的风险是否得到有效控制的过程。

内部控制矩阵结构如表2-4所示。

控制矩阵的核心是控制描述和控制属性两大部分，如图2-11所示。

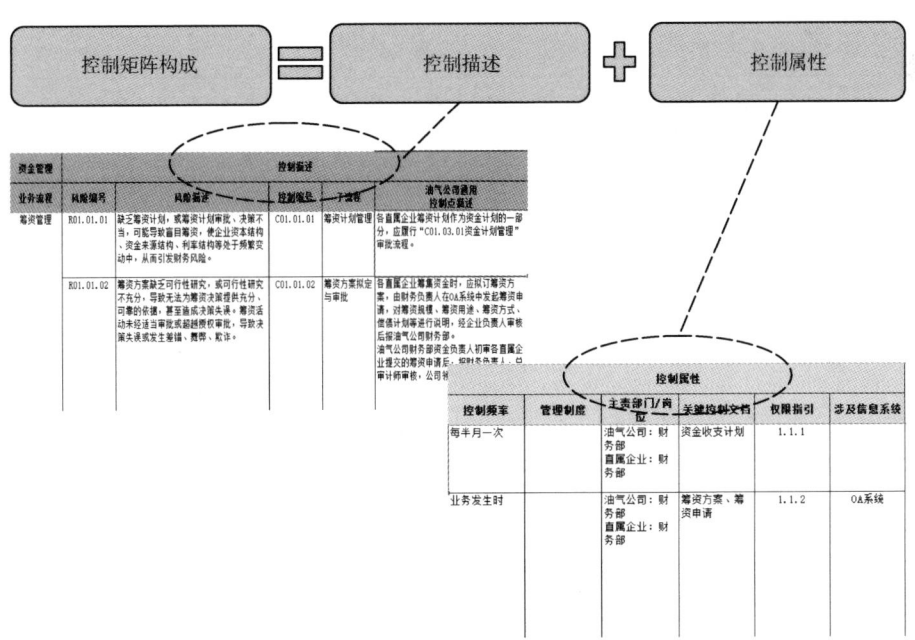

图2-11 内部控制矩阵构成

资料来源：作者整理。

表2-4 内部控制矩阵结构

风险描述		控制描述			控制属性										
风险编号	风险描述	业务流程	子流程	控制点编号	控制点描述	控制频率	控制类型	集团主责部门/岗位	适用层级			控制文档	权限指引	涉及信息系统	涉及制度名称	涉及制度文号
									集团总部	二级单位	三级企业					
R08.01.01	概预算存在漏项偏差，导致项目投资失控	工程项目前期管理	初步设计	C08.01.01	项目在可研批复后，由项目建设单位委托有资质机构的专业机构编制初步设计（含概算）。政府核准项目和重大投资项目的初步设计编制完成后，由主管部门审核，上报集团总部规划发展部组织审查并进行批复。中小型项目的初步设计由所属单位组织审查批复，并报集团规划发展部备案	业务发生时	线下控制	规划发展部/工程建筑管理岗	√	√	√	工程项目初步设计	8.1.1		××××固定资产投资管理办法	××××法规〔2005〕363号

资料来源：作者整理。

1. 控制描述

控制描述包括风险编号、风险描述、业务流程、子流程、控制点编号、控制点描述。风险矩阵如图2-12所示。

一级风险编号	一级风险名称	二级风险编号	二级风险名称	三级风险编号	三级风险名称	风险描述
R01	战略风险	R01.01	政策法规及资质风险	R01.01.01	政策法规风险	国家出台或修订国有资产管理/公司治理/会计核算/人员用工/合同管理/招投标/广告/安全等方面的法律法规，导致公司经营受影响
						国家出台或修订区域/产业/行业政策/意见，导致公司经营受影响或对细分行业的选择难度加大
						国家出台或修订国有股转持或减持政策，导致公司经营受影响
						国家税收政策变动，导致公司利润受影响
						国家环保政策变化，导致公司经营受影响
						国家外汇管理政策变化，导致公司经营受影响
						国家货币政策变化，导致经营受影响
						政府采购政策变化，导致招/投标业务受影响
						国家反垄断政策变化，导致业务开展或市场占有率受影响
						国家相关专项支持政策（专项进口业务/中小企业扶持基金/国家优惠贷款/外国政府和组织贷款/技改贴息）变化，导致业务受影响
				R01.01.02	资质风险	经营资质不全，导致业务开展受阻或成本增加
						资质被降级或取消，导致公司经营受影响
						业务准入/资质门槛调整，导致公司经营受影响

图2-12 风险矩阵

资料来源：作者整理。

风险编号由"R+数字"组成，其中"R"为"风险"的缩写，例如：R01.01，R01.02……依次排序。

图2-12中战略风险编号为R01，政策法规及资质风险编号为R01.01，资质风险编号为R01.01.02。

其中，

一级风险：根据国资委《中央企业全面风险管理指引》中的五类风险进行划分；

二级风险：根据一级风险涉及的经营管理活动特点或流程进行划分；

三级风险：根据二级风险涉及的经营管理活动特点或流程进行划分，如二级风险无法细分，则三级风险名称与二级风险保持一致。

风险描述是基于被分析识别出的末级风险，揭示若对该风险控制不当，可能造成的影响和危害（末级风险通常为三级风险）。风险描述以"风险的表现＋风险一旦发生之后产生的直接后果"的格式表述。例如，关键岗位薪酬竞争力不足，导致关键岗位人员流失。

针对适用范围可能存在歧义的风险，统一在二级风险层面加以界定，例如，将运营风险（一级风险）范围内的二级风险——采购管理风险界定为：针对原材料、产品、服务、固定资产的采购问题。此类描述通常放在相关矩阵的上方。

控制编号由"C＋一级流程编号＋二级流程编号＋三级流程编号"组成，其中"C"为"控制"的缩写，例如：C01.01.01 与前面风险编号相对应，是对 R01.01.01 风险的控制。

内部控制点描述是基于风险因素，为实现控制目标，描述企业在业务流程中应该执行的控制活动，严格限定具体的执行步骤，从而确保控制的有效性。控制活动是控制矩阵的核心工作，也是构筑内部控制手册主体的内容来源。

内部控制点描述遵循 5W＋1H 基本原则，除了之前的四个 W 外，如果该控制活动涉及信息系统的还可以增加 where，即：在哪里做？意思是通过线上还是线下开展，如果是线上那么利用什么信息系统来实现。5W＋1H 即部门岗位＋时间＋系统＋做什么＋为什么＋怎么做。

例如，月度资金计划编制与审核的内部控制矩阵控制点描述：

（1）各职能部门经办人每月底，根据本部门下月的业务需求，编制下月资金计划，经本部门经理审核、公司分管副总审批通过后，递交公司财务部会计岗；

（2）财务部会计岗根据各部门上报的资金计划进行汇总平衡，同时考虑企业现有资金情况，对于收支不平衡的情况进行分析说明，编制完成"资金计划汇总表"，并将汇总表递交财务部经理；

（3）财务部经理审核"资金计划汇总表"，关注资金收支是否平衡，与年度资金计划是否一致，审核完成后交财务负责人；

（4）财务负责人审核"资金计划汇总表"，从整体财务状况角度出发，审核资金计划合理性，审核完成后递交总经理；

（5）总经理审核"资金计划汇总表"，关注资金计划收支的平衡情况以及大项资金支出的合理性。对总经理授权范围内的资金计划，总经理审批通过后即下发执行。

（6）若资金计划金额较大超过特定金额，还需上报董事长审批。

举一个不正确的控制点描述例子，如图 2－13 所示。控制点描述中只说了定期进行盘点并审批，没有明确由谁来开展此项工作，要盘点什么，工作成果又是什么，工作又该如何开展等。由于对控制点描述不够清晰，会导致无法指导相关部门开展该项工作，也会导致无法对该项工作开展情况进行判定和检查。

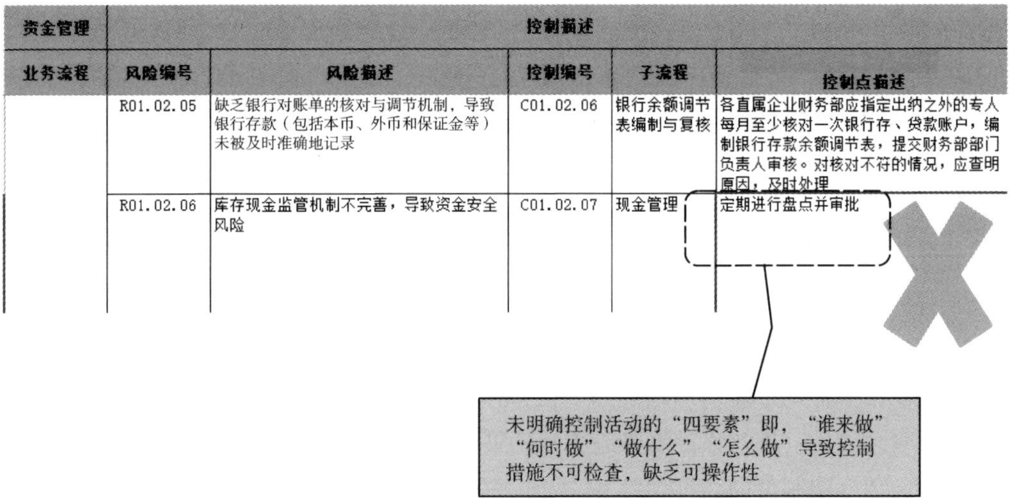

资金管理	控制描述				
业务流程	风险编号	风险描述	控制编号	子流程	控制点描述
	R01.02.05	缺乏银行对账单的核对与调节机制，导致银行存款（包括本币、外币和保证金等）未被及时准确地记录	C01.02.06	银行余额调节表编制与复核	各直属企业财务部应指定出纳之外的专人每月至少核对一次银行存、贷款账户，编制银行存款余额调节表，提交财务部部门负责人审核。对核对不符的情况，应查明原因，及时处理
	R01.02.06	库存现金监管机制不完善，导致资金安全风险	C01.02.07	现金管理	定期进行盘点并审批

未明确控制活动的"四要素"即，"谁来做""何时做""做什么""怎么做"导致控制措施不可检查，缺乏可操作性

图 2-13　不正确的控制点描述

资料来源：作者整理。

对于控制点描述的正确方法是：明确由谁来做——财务部门；何时做——定期；做什么——现金盘点，编制现金盘点表；怎么做——盘点差异及时上报财务部部门负责人进行账务处理。如图 2-14 所示。

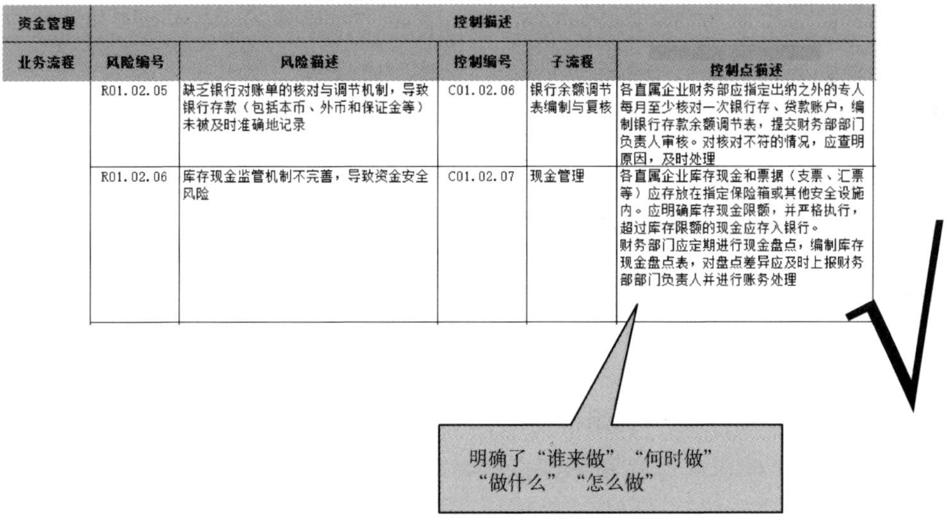

资金管理	控制描述				
业务流程	风险编号	风险描述	控制编号	子流程	控制点描述
	R01.02.05	缺乏银行对账单的核对与调节机制，导致银行存款（包括本币、外币和保证金等）未被及时准确地记录	C01.02.06	银行余额调节表编制与复核	各直属企业财务部应指定出纳之外的专人每月至少核对一次银行存、贷款账户，编制银行存款余额调节表，提交财务部部门负责人审核。对核对不符的情况，应查明原因，及时处理
	R01.02.06	库存现金监管机制不完善，导致资金安全风险	C01.02.07	现金管理	各直属企业库存现金和票据（支票、汇票等）应存放在指定保险箱或其他安全设施内。应明确库存现金限额，并严格执行，超过库存限额的现金应存入银行。财务部门应定期进行现金盘点，编制库存现金盘点表，对盘点差异应及时上报财务部部门负责人并进行账务处理

明确了"谁来做""何时做""做什么""怎么做"

图 2-14　正确的控制点描述

资料来源：作者整理。

针对每个业务流程，通过该种方法梳理各三级企业本地化控制后，对差异进行总结，并将需要优化的控制措施进行总结和完善，最终落实到控制矩阵中去，达到优化控制措施和优化控制责任的目的。

2. 控制属性

控制属性是对控制活动的再补充，包括控制频率、涉及管理制度、主责部门或岗位、控制文档，还包括权限指引、涉及信息系统、适用层级等。

控制频率：描述该项控制措施发生的频率，该部分也将用于内部控制评价阶段样本量的计算。控制频率可以是每天一次、每月一次、每季度一次这样准确的频率，也可以是业务发生时这样笼统的描述。

主责部门或岗位：描述该项控制措施的主要执行、管控的部门或岗位。

控制文档：是控制措施执行的依据，描述该项控制措施中需使用或生成的文档内容，可表现为表单或报告的形式。如工程项目初步设计、资金支付记账凭证等。

涉及管理制度：描述该控制措施中需依据的企业制度或管理规定，也是控制活动执行的依据。要标明制度的名称及编号文号，例如涉及制度《××公司建设项目后评价管理办法》，文号为（××〔2013〕317号）。

涉及信息系统：描述执行该项控制措施所使用的系统名称。例如OA系统、ERP系统等。

控制属性构成如图2-15所示。

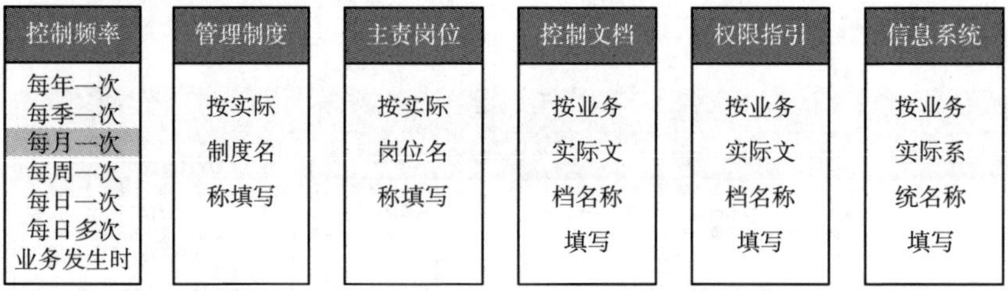

控制频率	管理制度	主责岗位	控制文档	权限指引	信息系统
每年一次 每季一次 每月一次 每周一次 每日一次 每日多次 业务发生时	按实际制度名称填写	按实际岗位名称填写	按业务实际文档名称填写	按业务实际文档名称填写	按业务实际系统名称填写

图2-15 控制属性构成

资料来源：作者整理。

（二）流程图

流程图是以可视的方式，运用特定符号展示某一流程的一种形式，描述一个过程中所有活动的顺序。流程图意义在于帮助了解业务发生、授权、记录、处理及报告的过程。

Visio软件是目前使用最广的绘制流程图的工具。启动Visio进入模板选择界面，在类别中选择"流程图"，在模板中选择"跨职能流程图"即可进入流程图编写界面。

流程图绘制应由上而下，由左而右。流程图横向、纵向主要框架包括：流程名称；职能带（列出流程图所涉及的所有部门）；完成流程目标进行的主要活动名称。

流程图主要流程元素如图2-16所示。

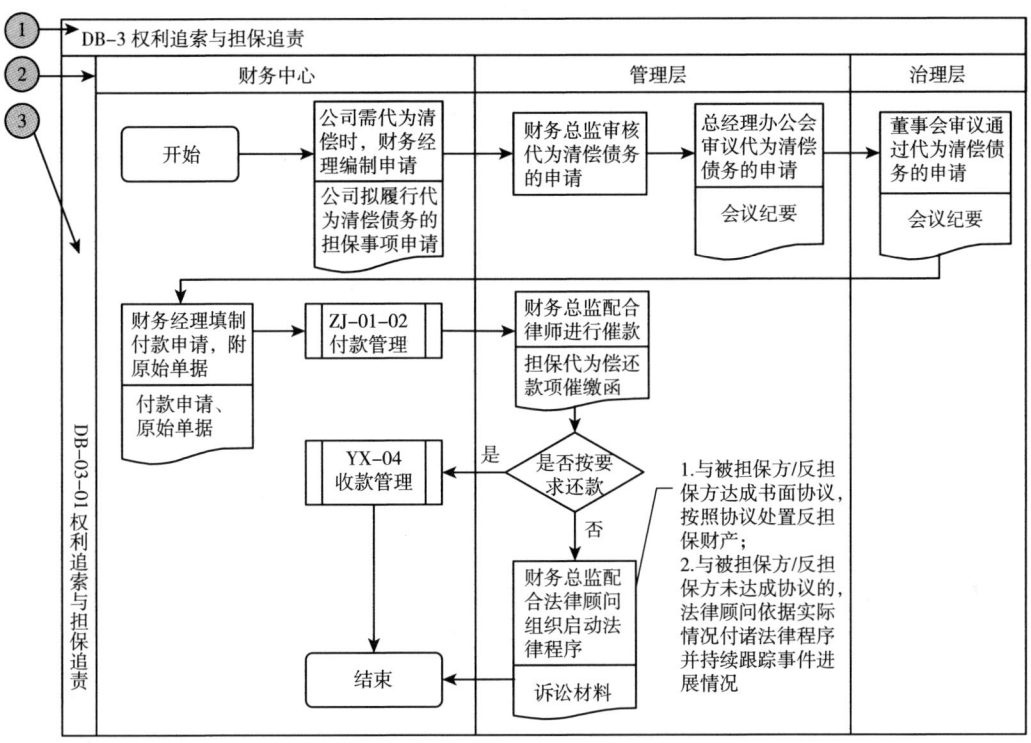

图 2-16　流程图主要流程元素

资料来源：作者整理。

1. 流程名称

流程名称为简要概括该业务内容的一个短语，如：筹资管理。需要注意的是流程图中的流程名称要与控制矩阵中业务流程保持一致。

2. 职能带

在流程名称下为职能带，职能带描述涉及该项流程的部门和岗位。在绘制某业务流程时，要将该流程的涉及部门内部细化到岗位，避免执行时出现责权不明晰。

横向职能带命名规则与控制矩阵中子流程名称保持一致。例如直属单位财务部要与控制矩阵中相应的控制描述相一致，矩阵里用直属单位的名称，流程图也要用直属单位，避免在名称上产生混淆。

3. 流程元素

流程图的业务环节由多种基本流程要素组成。不同的形状代表不同的含义，用途上也存在一定差异。

⬭表示一个完整业务流程的开始和结束，每个流程图只有一个开始和一个结束。

▱ 表示已发布的政策、规范等，表示该流程所参考的制度或文件，如某个流程依据的制度；框内的文字内容为该政策、规划的名称。

▭ 表示业务处理的一个环节，应执行的某项或某组行为。框内的文字内容为该业务环节的名称，通常为动宾短语，如"办理开户、变更、撤销手续"。

◇ 表示业务处理的一个环节，且该环节为决策、判断等；使用该符号，需附带表示决策、判断结果的连接符，如"是"/"否"，"通过"/"不通过"等，后继步骤也随之有所不同。

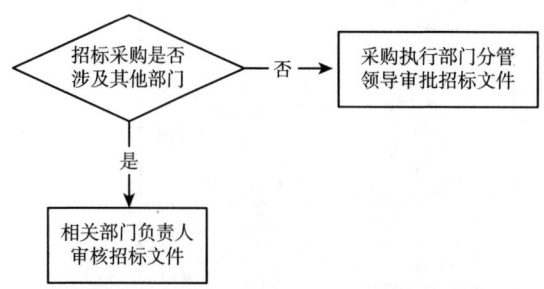

▭ 表示某一控制活动中需使用或生成的文档内容，包括生成的文件、拟定的方案、表格等。一般放在操作流程或控制活动的下方。

```
┌─────────────┐
│  各部门经办人  │
│  编制本部门预  │
│    算草案     │
├─────────────┤
│  部门预算草案  │
└─────────────┘
```

▭ 表示对其他流程的引用，且该流程在流程目录中已经存在；框内的文字内容为该流程的编号与名称。

```
┌─────────────┐
│    02-01     │
│   采购申请    │
│    与审批    │
└─────────────┘
```

△三角形即控制点标号，表示流程中相应的控制点。例如三角形的控制点编号为C01.01.02，即为内部控制矩阵中的控制点C01.01.02。

流程图绘制包括以下五个基本步骤：第一步，列出流程图所涉及的所有部门；第二步，确认流程的起点及终点；第三步，确认完成流程目标的主要活动；第四步，通过预先设定的图形，将各部门具体步骤列示出来；第五步，通过流程图连接线，将各步骤图形连接起来。

绘制流程图需要注意以下三条原则：第一，一个流程图只能有一个开始、一个结束；第二，流程图描述的业务程序是从左到右、从上到下；第三：流程图中的每项业务活动都要有输入和输出，不能出现孤立业务环节。

（三）不相容岗位分离

不相容岗位是指那些如果由一个人担任，既可能发生错误和舞弊行为，又可能掩盖其错误和弊端行为的职务。不相容岗位分离是通过对业务流程的梳理，识别出业务流程中不相容的岗位职责，对标分析并实施相应的分离措施。

不相容岗位分离的核心是内部牵制，要求每项经济业务都要经过两个或者两个以上部门或人员的处理，使得单个人或部门的工作，必须与其他人或部门的工作相一致，或者相联系，并受其监督和制约。不相容岗位分离示例如图2-17所示。

互相分离岗位职责	投资立项申请	投资立项决策	投资项目执行	投资项目	投资项目	审批投资	投资项目后评估	提出投资	审批投资
投资立项申请		×							
投资立项决策	×		×						
投资项目执行		×		×		×	×		
投资项目执行监督			×						
投资项目变更申请				×		×	×		
审批投资项目变更					×				
投资项目后评估			×						
提出投资处置申请									×
审批投资处置申请								×	

图2-17 不相容岗位分离示例

资料来源：作者整理。

从图2-17中我们可以看到，投资过程中的不同环节需要由不同的部门或岗位负责，在这个过程中为了实现各部门或岗位的相互牵制，在投资立项申请、投资项目执行、投资项目后评估等环节需要实现岗位分离。例如，岗位分离要求避免投资立项申请和决策由同一个岗位负责，如果申请人和审批人是一个人那么审批环节就失去了监督作用；如果投资项目执行与投资项目后评估由一个来做的话，也会使投资执行人自己来评价自己，出现"既是运动员也是裁判员"的现象。

从不相容岗位分离的原则来看，企业内部需要实现不相容的职务通常包括：业务申请发起职务、授权批准职务、业务经办职务、财产保管职务、会计记录职务和审核监督职务。这五种职务之间应实行如下分离：业务申请与授权批准分离；授权批准职务与业务经办职务分离；业务经办职务与审核监督职务分离；业务经办职务与会计记录职务分离；财产保管职务与会计记录职务分离；业务经办职务与财产保管职务分离。主要原则如图2-18所示。

风险管理和内部控制理论与实践

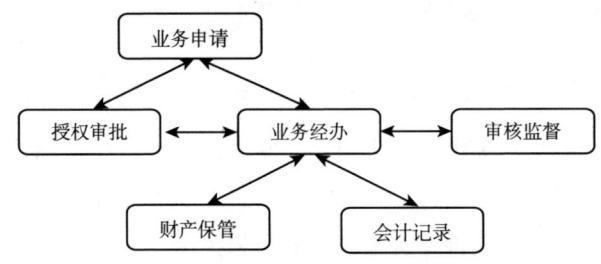

图 2-18 不相容岗位分离原则

资料来源：作者整理。

案例

R 公司不相容岗位分离的案例

R 公司是一家面向全美为客户提供可再生能源解决方案的供应商。2016 年公司总部财务部及资金管理部发现在美国的销售公司存在未经授权私自转款到雇员个人账户的情况。经调查发现，从 2015 年起一年多的时间里，该公司会计通过编制虚假的会计分录及利用兼任不相容岗位的机会，授权 QuickBooks（美国市场上一个商务财务处理软件）将公司资金转移到其个人账户，总计挪用金额为 30 多万美元。事发后，该雇员被公司开除，并移交司法部门。

R 公司美国销售公司挪用公款事项的根源在于其未将不相容职务进行有效分离。通常有效的内部控制需要分离的不相容岗位包括授权与执行、执行与审核、执行与记录、保管与记录等方面，基于美国销售公司规模较小及人员编制较少的现状，未能实行上述内部控制措施中不相容岗位的分离，导致雇员有机可乘。

发生此事件后，R 公司采取整改措施应对此类风险，并作出系列整改措施，通过增加总部人力资源及财务管理部门人员在销售公司层面资金支付环节的授权，对资本性支出、对外投资、采购申请、租赁、发票及付款审批、销售中授予客户信用额度等事项，按照不同类型及金额大小制定了不同管理级别的审批权限。同时对于海外子公司的资金管理，加强了定期（如月度）银行余额对账及调节的控制，并由总部资金部门主管及其他适当级别管理者进行审阅复核。

（资料来源：作者整理）

第三章 风险的识别、评估和应对

人们在生活和工作中，往往都一厢情愿地相信未来会更美好，会有更多的机遇，但未来真的会一定如我们所愿吗？事实上，明天和意外你永远不知道哪一个先来，从最好处努力从最坏处着想，要在思想上和行为上积极做好准备，应对各种可能出现的风险。对于个人如此，对于企业来说更是如此。导致企业失败的具体原因不尽相同，其中一项重要的教训就是："缺乏有效的风险管理"。

下面举个例子，来解释一下什么是风险管理。我们准备去自驾游，开车从甲地到乙地，在这个过程中我们会面临很多风险，影响我们是否能顺利到达目的地。如果到目的地要走一段山路，那么这段道路可能会发生塌方、山体滑坡等，当然这种事发生是有概率的，如果在南方的山区赶上雨季，又是事故的高发地段，那么这种事故概率就会非常高，风险就会比较大。这是外部的因素，同时内部也会有些因素，比如我们自身对于道路是否熟悉，身体状况是否能够受得了长期驾驶，汽车的状况是否正常，是否会有机械故障等。这些潜在的可能都会成为我们开车旅行中的一些安全隐患，会威胁到我们的生命财产安全。而我们所要做到的就是了解可能发生的危险，做出合理的判断和决策。比如先做下汽车保养，调整好状态，合理计划行程等；我们还可以选择坐火车或者坐飞机，规避从甲地到乙地这样道路交通的风险；我们可以考虑上保险来转移风险；我们可以选择把小车变成大车，或者选择有效的道路，避免山体滑坡，选择山体滑坡概率比较小的道路；或者采取有效措施对山体进行加固，有关部门密切关注道路的安全情况，并及时通报；等等。这些措施都是风险管理的措施。

风险管理是通过对各类业务活动以及重要的业务流程开展风险识别和评估，制定出适合企业实际情况的风险应对策略，在此基础上进行有效的监督和管控，增强全体人员的风险内控意识，防患于未然。同时在风险发生时积极采取措施加以应对，通过加强内部控制方面降低风险发生的可能性，降低风险对企业经营目标可能造成的影响，保证企业总体战略的实现。

风险管理始于对企业背景环境信息的获取，包括通过了解内外部环境因素所产生的影响，确定企业的风险偏好和风险承受度，将风险管理与企业战略和业务目标的制定和执行相互融合等（见图 3-1）。

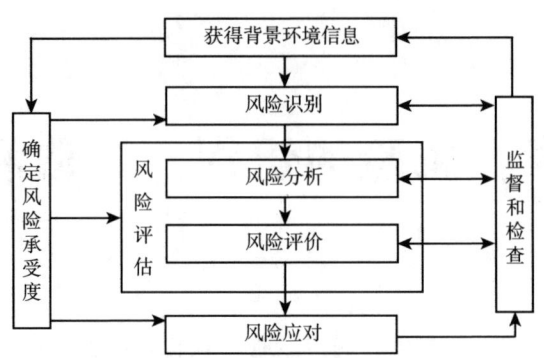

图 3-1　风险管理的主要流程

资料来源：作者整理。

而通常我们说的风险管理更主要的内容是接下来的风险识别、风险评估以及风险应对三个环节。风险评估是企业对了解和收集到的各类风险信息，针对企业各项业务管理及其重要业务流程进行的风险判断。加上前期的基础性工作，可以粗略地分为四个基本步骤，如图 3-2 所示。

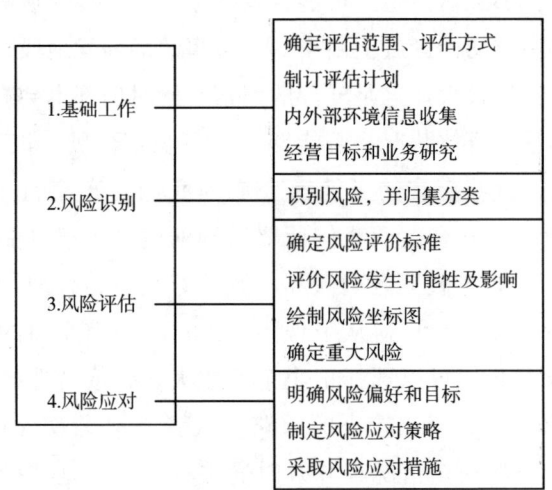

图 3-2　风险管理的主要内容

资料来源：作者整理。

（1）基础工作。基础研究与准备工作包括收集企业内外部基础信息、确定目标、研究企业业务/管理状况、系统梳理企业业务/管理流程等，并准备相应的评估工作。通过调研和访谈等方式，对照风险分类识别出风险和风险事件，收集所有风险信息，进行正确分类。

（2）风险识别。根据风险的特征和分类情况，深入分析风险产生的原因，涉及的业务流程、业务领域、部门和机构，确定风险的影响程度以及风险发生的频率，汇总各类风险进行综合评估。

（3）风险评估。风险评估针对已识别的各项风险进行分析，对风险的表现、来源、动因，以及影响企业目标实现的路径和方式等进行分析。采用定性与定量相结合的方式，按照风险发生的可能性和影响程度对各种风险评级，区别出重大风险、重要风险和一般风险，以帮助企业集中主要的资源和能力解决重大、重要风险，防范一般风险。

（4）风险应对。根据前期风险识别和评估的结果，结合企业的风险偏好和风险承受度，针对主要的风险确定应对策略，调动企业内外部资源对风险制定和采取相应的措施进行应对。

再用一个例子来说明风险识别、风险评估和风险应对，大家知道北京市停车是个大问题，很多小区停车位不足，公共停车场收费很高，经常是一个小时 8~10 元，同时每周还有一个工作日车辆要限行。我们按风险评估的方式算一笔账：每天车辆停到停车场产生的费用是 80 元，费用产生的概率是 100%，费用为固定的 $80 \times 100\% = 80$ 元；把车停在路边被贴罚单的可能性为 50%，每次罚款额度为 200 元，评估后的风险是 $200 \times 50\% = 100$ 元，两者相比较我们可以得出结论：还是将车停在停车场更合算。但如果是限行日呢？你开车出去被拍到或者被罚款的概率为 20%，而每次被罚款额度为 100 元，那么每次开车出去风险就是 $100 \times 20\% = 20$ 元，根据这个评估结果你又会做出另一种决策。当然这还要考虑你的风险偏好，要是你受不了那种限行被抓到罚款的心理刺激，你也可能选择停到停车场，为规避各种风险而承受 80 元的费用，这又是一种选择。如果有人共用这辆车所有发生的费用两人分摊，就是风险分担；或者本人不是车主，所有产生的费用由对方承担就是风险转移。或者你干脆放弃拥有一辆车的想法，选择步行或公共交通出行，那么就是一种风险规避策略。对所有这些危险因素的识别、分析、应对的措施就是风险管理。

对于风险管理的范围有着不同的观点，风险管理工作的重点是风险识别、风险评估和风险应对，也有人对风险管理范围往前、往后进行了进一步延展，将风险评估细分为风险分析和风险评估，风险分析是对风险的表现形式、根本原因等进行的分析，风险评估是对风险会产生的影响和发生频率等做出判断，最终对风险进行量化和排序；也有人认为风险管理包括最初设定风险标准和确定目标，经过风险识别、风险分析、风险评价和应对策略分析，最后到风险应对策略选择。从广义上说，对企业目标的分析是风险管理的起点，毕竟风险识别和评估的前提是先要确定企业的目标。国资委将风险定义为未来的不确定性对企业实现其经营目标的影响，这个定义具有一定的局限性，因为企业目标除了具体的经营目标外，还包括整体的战略目标。但无论是具体的经营目标还是战略目标，有一点是确定的，即企业风险是影响这些目标实现的不确定性，随着目标的改变而发生变化。因此，开展风险识别和评估前的第一项工作就是要明确企业的目标是什么，这是判断对目标影响程度和可能性的基础。不管持有哪种观点，大家所公认的是风险管理是一个多环节构成的持续改进的过程，而不是一个独立开展的项目。

如图3-3所示，可以将风险评估环节进行展开，细分为风险分析和风险评估两部分。风险识别阶段主要的成果是企业现有风险的汇总列表，仅对风险事件进行了分类但未进行分析、重要性排序等；风险评估阶段主要的成果是根据风险影响程度和可能性做出的风险排序，以及表现风险严重性的热力图。

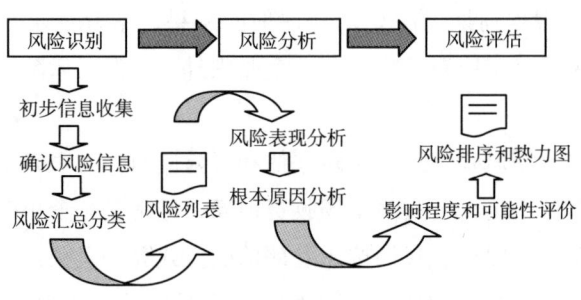

图3-3 风险识别、风险分析、风险评估步骤

资料来源：作者整理。

风险分析和风险评估是相辅相成的连续过程，都是针对风险识别出的各项风险的表现、成因、可能性、影响的分析。这里我们把两者合二为一统称为风险评估，与前面的风险识别相区分。

企业为了实现愿景和使命，需要有一个个阶段性可操作的目标，风险是企业实现这些目标时可能遇到的不利于目标实现的各种因素。在企业生存和发展过程中，内外部环境中复杂多变的风险因素往往交织在一起，所产生的影响也越来越复杂。各类风险出现的可能性不同，一旦发生造成的影响也不同，因此企业需要及时发现识别风险，对风险进行分析和归类，根据风险的特点、严重程度从而有区别地对待，对不同的风险采取不同的应对措施，这也就是上面所说的风险识别、风险评估和风险应对。

第一节　风险识别

一天动物园管理员发现袋鼠从围栏里跑出来了，于是管理员们开会进行讨论，一致认为是由于围栏的高度过低，袋鼠能够从围栏里跳出来。于是大家决定将围栏的高度由原来的5米加高到10米。但是第二天管理员发现袋鼠还是跑出来了，所以他们决定再将围栏高度加高到15米。出乎意料的是，没过两天大家看到袋鼠又跑到围栏外面了，所有人都大为惊讶。隔壁长颈鹿问袋鼠："这些人会不会再加高你们的围栏？"袋鼠说："这很难说，如果他们再继续忘记关门的话！"

由这则小故事我们可以看出，袋鼠跑出来是一种结果，是一种风险事件，但是导致这种结果出现的原因有很多。风险识别就是要找到问题的根源，发现可能出现风险的环节，只有有效识别风险和评估风险才能最终从根本上解决问题。如果风险识别的环节出现问题，就谈不到采取正确的风险应对措施，结果是浪费了很多资源而没有起到效果。

一、风险识别的概念

风险识别又称风险辨识，是在风险事故发生之前，人们运用各种方法系统地、连续地认识所面临的各种风险以及分析风险事故发生的潜在原因，风险识别是根据组织目标，对影响目标实现的风险进行充分、准确地识别，防止重大、重要风险的遗漏。如果对风险识别的内容进一步扩展的话，还包括各项风险的来源、动因、可能的表现、分布的状况，以及影响企业目标实现的路径和方式等主要特征。

简而言之，对企业来说风险识别就是知道企业面临的风险都有什么，找出可能导致问题发生的原因，不至有所遗漏。风险识别的依据往往是标准风险目录以及管理者对业务和环境的了解和经验。风险识别通过访谈调研发现企业所处内外部环境及生产经营过程中各种潜在的风险，包括风险因素和风险事件，并通过系统分析汇总，将风险事件归属到各风险类别的过程。

其中，风险因素是组成风险的各种各样的诱发条件，是引发风险事故或者在风险事件发生时造成损失的条件和原因。例如导致仓库设施物品损失的事件有很多，其中失火会对仓库库存物资造成损失，导致失火的因素又有很多，包括人为纵火、自燃、周边火灾蔓延等。风险因素有内在的和外在的，以及内外部因素交织的。风险事件是造成事故或损失的直接原因，是风险的某种状态、现象或行为等对企业目标影响的表现形式。风险事件将潜在可能转为现实的损失。例如失火、水灾都是风险的具体表现形式，都是直接导致仓库设施损失的事件。

风险损失是非故意、非计划、非预期的经济价值减少。

三者间的关系如图3-4所示，风险因素会诱发风险事故的发生，加大风险事故发生的概率；风险事件直接引发和导致风险损失的发生。

例如仓库设施受到损害，造成损失，这是风险损失；造成这种损失的原因可能是发生了火灾，这是具体的风险事件；而之所以发生火灾是因为存在诸多安全隐患，例如距离其他建筑过近，没有火灾隔离措施，或是因为安全设施不健全，没有消防设施等，这是风险因素。

在进行风险识别过程中，往往在访谈调研过程中，提供信息的人并不能对各种信息进行明确的风险分类，了解的信息往往是风险事件、风险因素和风险损失相互混杂。这

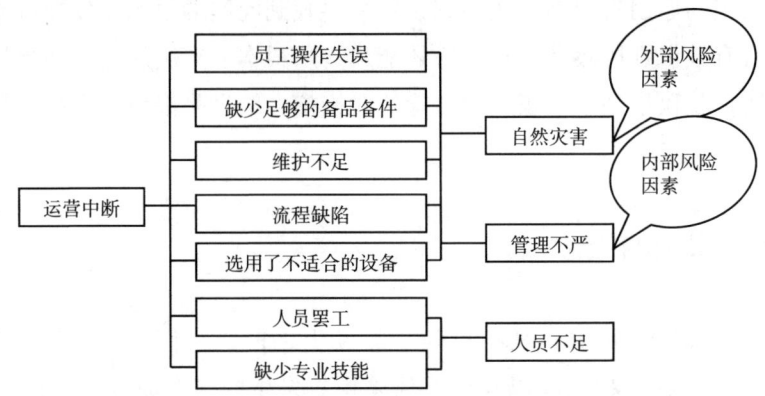

图3-4 风险因素、风险事件和风险损失的关系

资料来源：作者整理。

就要求通过系统的方法，对照企业的目标和风险目录或者风险库对各种风险事件、风险因素等进行有效分类。例如可能收集的信息是操作工操作失误、现金流中断、法律诉讼此类具体事件。需要将这些事件按照风险类别归为诸如运营风险、财务风险、法律风险等（见图3-5）。

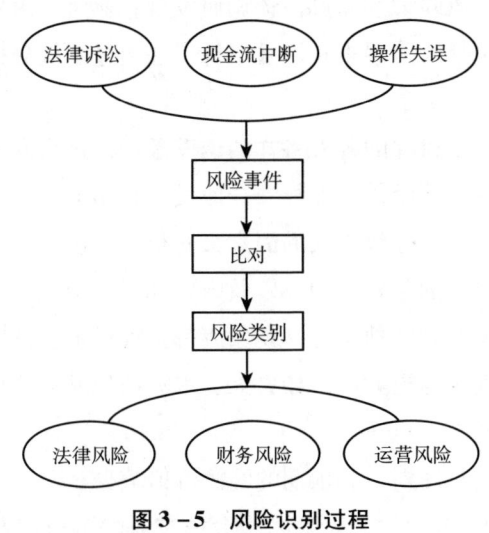

图3-5 风险识别过程

资料来源：作者整理。

在风险识别环节可能存在的问题包括：

（1）风险信息收集过程中要求不明确，收集的信息不全面或质量不高，导致无法全面识别潜在风险。

以袋鼠故事为例，也许第一次袋鼠跑出笼子的确是因为笼子太矮，但是如果只看到一次风险事件发生的原因，而忽视其他原因，仅仅加高笼子，而不对风险因素进行全面识别、及时更新，就会导致日后袋鼠因为笼子门没有关而再次逃跑。

事实上，一次风险事件背后可能隐藏着若干风险因素。海恩法则（Heinrich's Law）是德国飞机涡轮机发明人帕布斯·海恩提出的关于安全方面的法则。海恩法则认为，每一次严重事故的背后，必然有29次导致劳动时间损失的轻微事故、300次未遂事故、3000次未遂征兆以及1000个事故隐患（见图3-6）。按照海恩法则，当一件重大事故发生后，人们在处理事故本身的同时，还要及时对同类问题的根源，对"事故征兆"和"事故苗头"进行排查，从而避免同类事故的再次发生，消除再次发生重大事故的隐患，把问题解决在萌芽状态。海恩法则给人们的启示是只要存在发生事故的原因，事故早晚都会发生，并能造成最大可能的损失。海恩法则提示人们，重大事故是由若干小的疏忽造成的，防范风险的有效手段是将管理重点下移，通过杜绝事故隐患和未遂事故就能有效防止严重事故的发生。

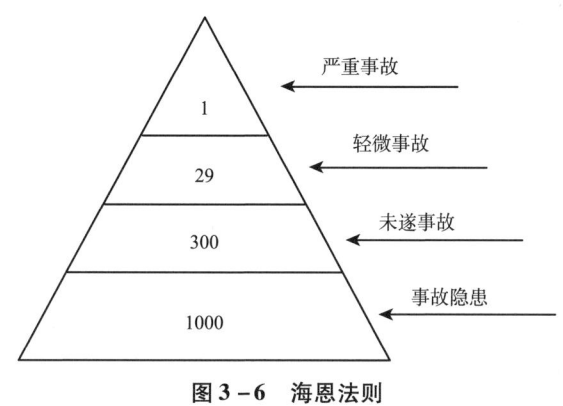

图3-6　海恩法则

资料来源：作者整理。

这个法则在日本被称为"冰山法则"，已经发生的事故就像是露出海面的冰山一角，其下面有更巨大的隐患。能为人们所察觉和识别出来的风险，以及已经暴露出来的风险称为显性风险；而因为人们认知水平能力等原因还没被识别和察觉的风险，以及还没有暴露出来的风险称为隐形风险。人们往往受自身经验和岗位因素影响，加上外部环境的复杂多变，以及风险本身的复杂性和相互交织，无法深入全面地认知风险，无法充分了解隐形风险。

在企业管理中，风险管理部门应全面收集各类风险信息，识别全部风险因素。在风险事件发生后，除导致风险事件本身的直接因素外，还应排查各类风险隐患，防止其他风险因素导致同样风险事件的发生。

对于风险管理来说，不仅仅要关注那些已经暴露出来的风险，还要对风险背后的成因进行排查。有些企业只是关注短期收益，企业管理粗放，凭经验凭感觉进行管理，操作层面更是"有章不循"，在实际工作中粗枝大叶、马马虎虎，怎么省事怎么做。有些基层企业从管理层面到操作层面都缺乏安全意识，不规范操作，对于安全事故隐患不注意、不敏感。从新闻上我们可以看到一次又一次的生产安全问题，煤矿发生矿难、化工厂失火、爆炸这样的事件接二连三地发生，造成了巨大的人员伤亡和财产损失。

相信很多人都曾在开车的时候打手机，其实这里面有很多潜在风险。对于大多数人来说开车的同时打个电话是很正常的，没有什么危险，更谈不到事关生死。这是因为大多数时候开车打电话不会产生严重后果，但如果此时恰恰有一辆大货车急转弯导致侧翻，或者恰恰有一个行人在过马路从你车前走过，你一时走神或者反应稍慢都可能导致灾难性的后果。了解海恩法则的人都知道，各种偶然的重合只是一个概率问题。当所有偶然都同时发生，其结果会是如何？有人会说，这些事情不可能同时发生，但实际情况是如果不能将这些隐患消除的话，这种种偶然终会导致必然的后果。

（2）风险的识别与分类不准确、更新不及时，导致风险分析和评价缺乏可靠基础。

在袋鼠的故事里，如果管理员认认真真地对所有可能导致袋鼠跑出来的原因进行彻底调查，检查每一个可能导致这种结果出现的原因，收集所有信息，围着笼子仔细看看，或者问问目击者，或者进行有效监控，就可以避免没有查明原因就采取错误举措的情况。

企业面临的风险有来自内部的也有来自外部的，按照《中央企业全面风险管理指引》风险可分为战略风险、市场风险、运营风险、财务风险、法律风险五类一级风险，如图3-7所示。

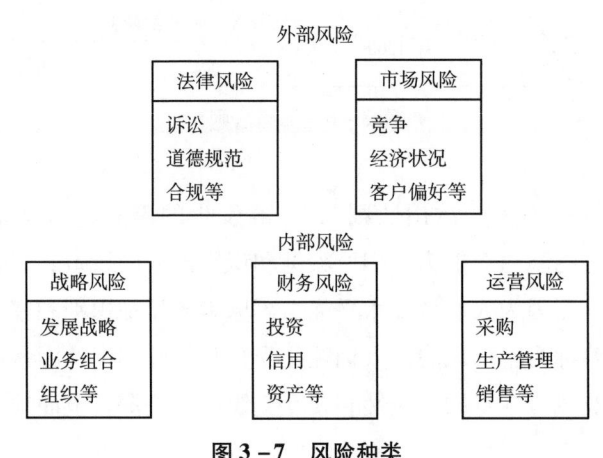

图3-7 风险种类

资料来源：作者整理。

部门角度通常从两个维度识别风险，一般是基于经营目标的辨识风险。例如企业的短期经营目标是销售收入增长，长期目标是未来五年内实现利润水平的增长，我们要根据短期目标和长期目标分别识别相应的风险。这是从经营目标的角度辨识风险。此外还可以从职能目标去识别风险，例如财务部的职能目标包括资金管理、资金成本、资金安全和资金流动性等方面，相应地可以从这些职能目标去识别风险，如借款规模逐年扩大，还本付息压力不断增加等。

还可以从历史损失数据识别风险。风险事件不一定曾经发生，历史损失事件不一定是现在的风险事件,但是从历史的角度是可以看到未来有可能发生的一些风险事件。历史损失事件的发生情况,可以作为识别和评价现有风险事件的依据。

二、风险识别的程序

风险识别的主要目的是基于评估对象,充分识别风险和风险事件,并建立风险分类框架和风险清单。风险识别过程包括两个维度,一是要考虑哪些风险事件会影响企业的经营管理流程,包括各种各样的潜在风险事件,如战争、法律诉讼、现金流中断、操作失误等。二是要把这些识别出来的风险事件归属到各个风险类别,即战略风险、运营风险、财务风险、法律风险等。这是在风险识别过程中的两个基本维度。风险识别的方法通常是从外部到内部,从上到下,或者从下到上,去整体地考虑。从外部来说,对于影响企业的外部环境要素,需要进行识别评估,包括政治经济社会环境、上下游市场变化、行业发展竞争、政策法规变化、利益相关者诉求、外部灾害性事件等。从内部来说,要从企业的整体战略,或者是子战略、子目标来考虑,对公司整体目标进行合理分析,确保对风险认识的一致性,注意目标的多重性,包括财务目标、合规目标和可持续发展等。

风险识别过程就像是一个分类器,将作为输入的各种零散的、不系统的描述性信息经过汇总、分析、加工,最终归类为规范的风险类别,如图3-8所示。

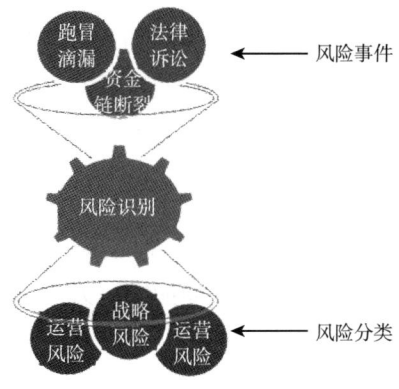

图3-8 风险识别过程

资料来源:作者整理。

(一)基础工作

开展风险识别的第一项工作就是基本准备工作。包括确定调研的对象和范围、因地制宜地确定评估风险识别的方式,确定调研方案和访谈提纲等。准备工作阶段要建立有效的信息收集机制,通过制度规范等明确风险信息收集的范围、内容,并指定专人持续收集与风险相关的内外部信息。

　　风险识别的基础工作非常重要，决定了评估的最终结果。需要制定风险调研工作计划，组建风险内控调研组，进行初步信息收集，准备调研工作底稿。风险识别涵盖的主要业务活动包括公司治理、发展战略、企业文化、社会责任、风险管理、内部监督、投资管理、工程项目、物资与采购、生产经营、市场与销售、存货管理、资产管理、综合管理、法律事务、财务管理、人力资源、信息化、科技创新等。作为全面风险管理的一个重要环节，需要确保对这些业务风险的全覆盖。

1. **确定风险识别对象和范围**

　　风险识别基础工作的第一项是确定风险识别对象和识别范围。按照全面风险管理的要求，风险识别应该涵盖企业的主要业务活动，包括公司治理、发展战略、企业文化、社会责任、风险管理、内部监督、投资管理、工程项目、物资与采购、生产经营、市场与销售、存货管理、资产管理、综合管理、法律事务、财务管理、人力资源、信息化、科技创新等各个方面。

　　不同目的进行的风险识别往往侧重点也会有所不同，有时候为特定目的进行的风险识别范围不需要非常全面，范围的确定也决定了风险识别的最终结果。例如集团公司层面、具体企业层面，还是职能领域或具体业务管理流程层面等。评估对象不同，其评估结果也是不同的。如果是企业整体层面的风险评估，需要以企业整体目标和主要业务管理目标为基础，如从企业定位和业务特征、管理基础、主要业务、所处产业链等内外部因素开展风险识别。如果关注的是职能和业务领域的风险评估，就从职能定位与职能目标出发，围绕业务目标、相关业务管理流程，以及流程各具体环节开展。

2. **信息收集**

　　基础工作阶段的另一项重要工作是信息收集。收集的信息内容包括：一些基础信息，例如组织架构、相关人员和部门的主要职能等；历史数据和未来预测，包括内部各职能部门的年度工作报告、总经理工作报告、下属单位的工作总结和风险管理报告等；外部的宏观经济形势、行业动态、行业分析和竞争环境分析等。收集信息的渠道包括：企业公开披露的信息专业机构的研究数据库；政府或其他公司发表的权威信息和报告；企业内部的历史数据，如财务报表，索赔记录等。还可以通过调查问卷、实地查看、访谈或研讨的方式收集信息。

　　通过信息收集，可以初步掌握企业实际情况以及被访谈部门业务情况，结合前期资料审查中发现的重点领域确定各部门的访谈内容，可以大大提升访谈的效率，节省访谈时间。例如，如果通过资料审阅了解到人力资源工作的主要内容，访谈时就可以直接回避已经获得准确信息的方面，直接问及不了解的或者需要更多获得信息的领域。

在日常工作中,应指定专人定期收集与风险和风险管理相关的内外部信息,包括历史数据和未来预测等。

3. 确定风险识别方法

风险识别常用的方法有以下五种:

(1)访谈法。访谈法,是通过访谈人与被访谈人面对面交谈的方式来了解被访谈人的心理和行为的心理学基本研究方法。访谈法目前被广泛运用在很多领域,能够简单而有效地收集多方面的工作分析资料,除了教育、求职之外,也广泛应用在咨询领域。

有时被访谈人谈的问题过于笼统,谈及的具体风险事件可能有的颗粒度过于粗糙,未提及解决方案和问题的根本原因,访谈者可以在此后在追加问题中继续提问,引导被访谈者深入讲解。

在访谈过程中,经常出现的问题是有的被访谈人在谈及市场价格波动因素对生产的影响时,下一秒突然就开始谈及美国对中国的反垄断措施,以及贸易保护主义和政治问题,这时候既要以适当的方式把话题转回来,同时还不能太过打断被访谈人的思路。这就需要在访谈过程中访谈人积极掌控访谈的内容和进度,既不能过多打断被访谈人的讲话,鼓励被访谈人讲出很多访谈提纲所没有涵盖的风险和隐患,又不能任由被访谈人把话题转到不相关方面,影响访谈整体效果。

(2)问卷调查法。问卷调查法也称书面调查法或填表法。调查者将需要了解的风险信息,编制成简明扼要的风险调查问卷,由被调查者根据风险调查问卷填写事例填写,从此来了解被调查者对经营管理中可能存在风险的认识或评价情况。

调查问卷虽然能较好地解决风险分类的问题,但实际上在一定程度上限制了被调研人员提供的信息范围,使很多没有被问卷囊括的信息被忽视掉。调查问卷具有一定不可靠性,信息的离散程度也较高,往往会因为被调研人员不理解问题本身或者缺乏耐心,又缺乏现场人员指导和交流导致填写质量下降。

(3)专题研讨法。通过现场或者在线的专题研讨会,对熟悉经营管理的管理人员和业务骨干,进行访谈。对经营管理中存在的风险进行识别和评价,就经营管理中的首要风险及影响达成共识。

(4)专家咨询法。定期或不定期组织熟悉本行业或本单位经营管理现状的内外部专家,运用专业方面的知识和经验,通过直观地归纳,对经营管理中的各项风险进行综合分析与研究,这是专家咨询法。

(5)流程分析法。将经营管理的关键环节系统化、顺序化,制成流程图,在此基础上,对各项业务管理过程进行全面分析,逐项分析其中关键环节可能遭遇的风险,并找出各种潜在的风险因素。

其中,最多使用的方法是访谈法、问卷调查法和专题研讨法。

4. 制订风险计划

风险识别计划需要基于识别的范围和识别方法来制定。计划应当明确和规范识别工作的步骤、时间、参与人员、阶段成果等，并根据各个企业的实际情况来进行编制。例如，在开展访谈之前要确定访谈计划，协调被访谈的管理层及各部门的访谈时间，制定现场访谈时间表，包括被访谈人、访谈人（至少两人，一个人负责提问，另一个人负责做记录）、时间地点。

5. 企业目标研究

根据企业的发展战略目标、经营计划和预算、组织职能配置等，分解研究企业目标，包括企业层面目标和流程层面目标，同时需要兼顾到企业的多种目标形式。风险识别就是要确定哪些风险会影响到这些目标的实现。

（二）风险识别

在通过多种手段获得有关风险的各种信息时，特别是进行访谈和研讨过程中，获得的信息往往是较为零散和不成体系的，管理人员和从事实际业务的人员提供的往往是具体的风险事件和对风险的具体描述，往往谈到的都是工作中出现的具体问题，停留在对问题表象的描述上，也经常会想到哪说到哪，即便有对风险的归类也不是非常可靠，因此对于各类信息的后期整理是很必要的。例如，在访谈中，有的被访谈者提及银行支票与公章一个人管理的风险；应收账款收不回来的风险；带电作业未在电开关处挂警示牌或无人看管；车间地面上有积水。这就需要访谈者准确识别出各项活动及业务流程中可能遇到的风险，确定风险源，按照其特性进行判断归类。

在收集到关于风险的足够信息后，有些风险可以直接进行归类，对于具体的风险事件，或者关于风险成因的信息，即风险因素，需要对其进行详细分析，才能归类为具体的风险。《中央企业全面风险管理指引》（以下简称《指引》）将风险分为战略风险、市场风险、运营风险、财务风险、法律风险五类一级风险。

战略风险，如宏观环境、体制风险、决策风险。

财务风险，如预算管理风险、资金风险、担保风险。

市场风险，如市场竞争风险、价格及供需波动风险、利率及汇率风险。

运营风险，如市场开发风险、产品涉及工艺风险、采购管理风险。

法律风险，如合规风险、知识产权风险、诉讼纠纷风险。

对比《指引》中的风险分类，企业需要对收集的风险信息进行筛选、提炼、对比、组合、分类。企业可以参照相关分类方式并基于自身经营管理现状和特点，综合分析影响企业战略目标的内外部环境因素，建立和完善符合自身要求的风险事件库，将风险进一步细分为对应的等级，以满足和适应企业风险管理要求。风险事件库通常包括一级风险、二级风险和三级风险，以及风险事件。风险事件是在三级风险以下，对直接导致风险损失的单个事件的描述。例如，对国家外汇管理政策变化会对公司的经营产生影响进行分析和分类，这是一个风险事件，可以将其分类为政策法规风险（三级风险），在风险框架中它属于战略风险（一级风险）中的宏观环境风险（二级风险）。对于库存货物的丢失或损坏可以被归类为运营风险（一级风险）中库存风险（二级风险）中的仓储管理风险（三级风险），对该风险的描述为存货保管、分类、抽检、盘点等过程中的不确定因素，可能给企业造成的损失。

在对风险进行有效评估的时候，首先要对风险进行有效的描述。国资委对风险的分类颗粒度较粗，企业要根据五个一级风险进一步划分为二级风险和三级风险。其中，三级风险应直接落实到企业和相关部门的主要工作内容中，描述也要更为精准，这有助于各业务部门对风险有正确了解（见图3-9）。

一级风险名称	二级风险名称	三级风险名称	风险事件
战略风险	宏观环境风险	政策法规风险	国家出台或修订国有资产管理/公司治理/会计核算/人员用工/合同管理/招投标/广告/安全等方面的法律法规，导致公司经营受影响
			国家出台或修订区域/产业/行业政策/意见，导致公司经营受影响或对细分行业的选择难度加大
			国家出台或修订国有股转持或减持政策，导致公司经营受影响
			国家税收政策变动，导致公司利润受影响
			国家环保政策变化，导致公司经营受影响
			国家外汇管理政策变化，导致公司经营受影响
			国家货币政策变化，导致经营受影响
			政府采购政策变化，导致公司招/投标业务受影响
			国家反垄断政策变化，导致业务开展或市场占有率受影响
			国家相关专项支持政策（专项进口业务/中小企业扶持基金/国家优惠贷款/外国政府和组织贷款/技改贴息）变化，导致业务受影响

图3-9 风险分类示例

资料来源：作者整理。

在风险识别的过程中，如果发现风险事件库中不存在的风险事件，相关单位和部门要对新增或减少的风险事件进行确认，并对风险事件库的调整提出意见。在对调整意见进行筛选、提炼和确认后，风险内控部门应将该风险事件补充进风险事件库。通常，需要每年对事件库中的风险事件进行补充、优化和更新。

在完成以上工作后，风险识别阶段的最后一项工作就是编制风险列表，它是此阶段的主要工作成果。在访谈和调研结束后，应对收集的各种风险因素进行详细整理，并进行风险归类，形成风险列表。风险列表是将所有识别出来的风险进行罗列，将受访部门与涉及风险一一对应，格式没有一定之规，可以只是列出风险信息，也可以对每项风险的提及次数做出标注等（见表3-1）。

表 3-1　　　　　　　　　　　风险列表示例

序号	受访部门及受访人	涉及风险				
		1	2	3	4	5
1						
2						
3						
4						

资料来源：作者整理。

第二节　风险评估

人类要生存，社会要发展，在这个过程中如何减少和避免各类悲剧的发生，如何把风险控制在一个人们可以接受的程度？如何衡量风险的大小再来确定是否能够接受？这就需要对风险进行评估。

企业经营中的风险是分散在各个业务部门、各项具体业务当中的。所谓"积土成丘，集腋成裘"，每项业务、每个部门看似不大的风险汇集一起其总量可能就是惊人的，产生的后果很有可能是致命的。以企业的信用管理为例，企业在一笔业务中给予一个客户一定的赊销额度看上去没有什么，但长此以往多笔业务所有的赊销额加起来可能就是一个天文数字，巨额的应收账款也就由此产生。一根稻草无足轻重，而无数根稻草集聚在一起完全可以压倒一头强壮的骆驼。在集团整体层面开展风险管理就是要对骆驼所能承受的合理压力进行评估，根据集团的整体发展战略将风险设定在一个健康的水平，确定总体的风险偏好。总体风险确定了，接下来要做的就是对战略目标和整体风险的适当分解，最终确定每家下属单位应有的赊销额度，合理的应收账款额度是多少。一旦设定，那么每家下属单位都不得超过这个限制，从而使集团总体的风险也得到了有效控制。

根据风险评估的目的、可获得的可靠数据以及组织的决策需要，风险评估方法可以是定性的、半定量的、定量的或以上方法的组合，并最终确定风险等级。定性方法包括集中研讨、专家意见等，定量方法主要是量化评分、统计，采取最大值方法计算每项风险的重要程度。多个风险评估人员可同时对同一风险进行评估打分，并由风险管理者设定每个不同评估人员的打分权重情况，从而得到最合理的风险评估结果。定量方法包括算术评价统计、权重统计等方法。通过给每项风险设置不同权重对公司面临整体风险总量进行估算。定量评估则根据风险的影响及可能性的实际数值，计算出划分风险等级的具体数值。由于相关信息不够全面、缺乏数据、人为因素影响等，或是因为定量分析工作无法确保或没有必要，进行全面的定量分析有时候是有难度的。在此情况下，由经验丰富的专家对风险进行半定量或者定性的分析可能已经足够有效。即使已实现全面的定量分析,还应注意到,此时所获得的风险等级值是估计值,应注意确保其精确度不会与所使用的原始数据及分析方法的精确度存在偏差。在进行风险评价的时候要从可能性和影响程度两方面进行评估。通常在测量风险等级的时候,采取五分制。比如说发生概率低于5%的风险可能性分值定为1,小于10%大于等于5%的风险可能性的分值为2,以此类推。有时标准很难量化,比如说这种事件可能发生的概率基本为零,就把它的分值确定为1。如果这个事件在多数的成员单位都有发生,可以通过主观判断把它的分值确定为5。通过这些打分方式可以把风险的可能性变成一个量化的考核指标。

在对风险进行分类并形成风险列表之后,对于面临的风险有了一个初步的了解,知道了这些风险都是什么。下一步需要进行的工作是对这些识别出来的风险进行分析和评估,风险评估过程中需要了解以下内容:整体的风险状况,包括风险的类别、影响等;风险的根本原因分析;风险的严重程度,包括影响程度以及发生的可能性。通常我们所说的"黑天鹅"事件和"灰犀牛"事件也都是从发生可能性和影响程度来判定的,"黑天鹅"事件是指发生概率低,但一旦发生影响重大的事件;而"灰犀牛"事件指的是发生概率较大,并且影响非常大的事件。

风险评估的程序一般有五个步骤,一是确定风险评估维度,按照风险的基本属性特征,主要从风险发生的可能性和影响程度两个维度评价风险。二是确定风险评估标准,结合风险评估维度,确定各个维度的等级划分,以及定性或者定量评价标准。三是风险评级,风险评级是按照风险评级标准,即风险影响程度和发生可能性确定风险等级的过程。按照风险评价标准通常采用评价问卷、专家意见、集中研讨等方法来统计和计算风险等级分数值。四是确定重大风险,在梳理完风险等级清单以后,按照重大风险、重要风险、一般风险的风险等级划分标准,结合前面确定的风险等级及风险的特征、历史案例、当前的工作重点、高管层的偏好等因素,将发生可能性极高、影响程度极大的风险确定为重大风险。五是绘制风险热力图,也叫风险图谱。在确定重大风险以后,以风险发生的可能性和影响程度两个维度为坐标轴绘制风险坐标图。风险坐标图中红色区域为"重大风险",黄色区域为"重要风险",绿色区域为"一般风险"。

通过风险评估,要得到以下七个方面的成果:

(1)企业整体风险状况(风险类型、数量、性质、影响程度、分布);

(2)企业当前风险管理的状况,已用政策和对策的效果;

(3)企业风险的类型分布、严重性分布,治理风险的优先次序;

(4)企业风险评估方法的有效性;

(5)企业面临的主要风险(前10位)及其发生后的损失估算;

(6)风险机会及其预期收益;

(7)可选择的全面风险管理战略(或者针对某一特定评估域的风险管理政策和措施)。

风险的根本原因分析、风险发生可能性及影响程度则是风险评估的主要内容。

一、根本原因分析

在访谈过程中，除了要被访谈者对风险本身进行描述之外，还需要对形成风险的根本原因进行深入探讨。所谓根本原因，就是导致所关注的问题发生的最基本的原因。通过根本原因分析有助于了解应对这些风险所采取的措施以及最终效果，评价出企业目标实现的重大风险和期间内应重点管理的重大风险，并明确管理风险的主要方向。根本原因分析（root cause analysis，RCA）是一项结构化的问题处理法，用以逐步找出问题的根本原因并加以解决，而不是仅仅关注问题的表征。根本原因分析法的目标是找出：问题（发生了什么）；原因（为什么发生）；措施（什么办法能够阻止问题再次发生）。

面对企业不同层次的风险管理需求，需要采用的根本原因分析方法（RCA）也有所不同，具体来说，拟采用的 RCA 方法包括鱼骨图、关联图、因果图、流程图、雷达图等。以下三种为常有的分析工具。

1. 鱼骨图法

将风险识别中发现的问题写在鱼头之上，主骨就是解决问题的所有步骤与影响因素。一般在主骨周围画若干条大骨（大要因），确定大骨时，操作类问题一般从"人、机、料、法、环、测"等方面着手。人，指制造产品的人员；机，指制造产品所用的设备；料，指制造产品所使用的原材料；法，指制造产品使用的方法；环，指产品制造过程所处的环境；测，指生产产品的品质检测。管理类问题一般从"人、事、时、地、物"等方面着手，即人物、事件、时间、地点、物品。

下面以产品质量风险为例，通过鱼骨图（见图 3-10）的方式整理出组成该风险的主要因素。

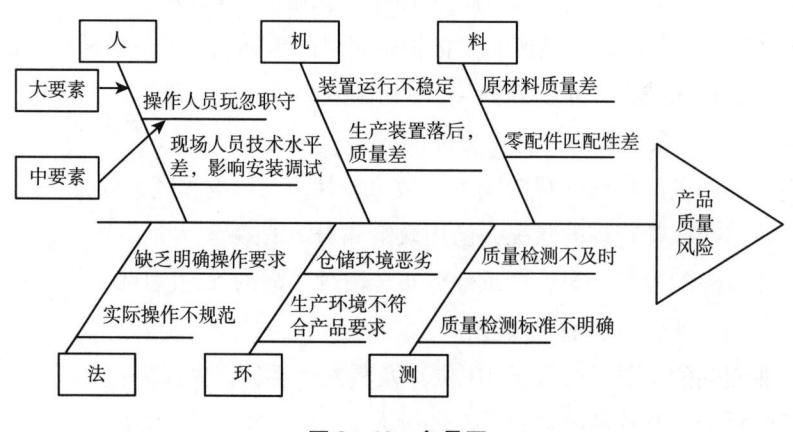

图 3-10 鱼骨图

资料来源：作者整理。

2. 关联图法

关联图法（见图3-11）是根据事物之间横向因果逻辑关系找出主要问题的最合适的方法。它适用于多因素交织在一起的复杂问题的分析和整理。它将众多的影响因素以一种较简单的图形来表示，易于抓住主要矛盾、找到核心问题。其最主要的用途是在复杂、混乱、不同层面的问题情境下识别出逻辑关系。

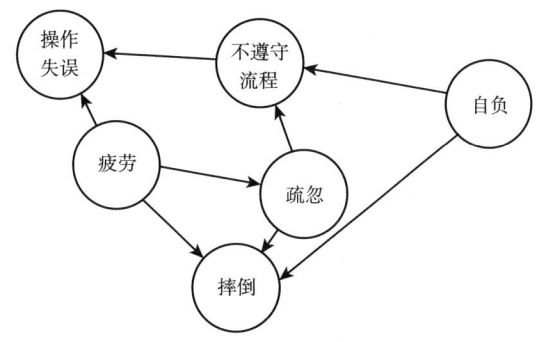

图3-11 关联图

资料来源：作者整理。

通过根本原因分析法（RCA），我们得以找出导致风险发生的根本原因，并结合企业组织架构、业务流程、经营目标寻找切实有效的解决方法。

下面以市场风险为例，对风险的成因进行分析。

风险类别：市场风险

风险成因：

（1）行业进入门槛降低或提高、市场无序或恶性竞争；

（2）市场竞争监测体系不健全、市场竞争环境变化的应对机制不完善；

（3）营销网络体系不完善，对销售渠道的控制力有限；

（4）产品研发能力弱、缺乏具有核心竞争力的产业或产品。

3. 因果图（蝴蝶结模型）

通过因果图（见图3-12）有助于确定关键潜在风险的驱动因素，对如何采取措施应对风险进行全面的了解。

针对因果图中各个要素，第一要清晰地描述潜在风险；第二要对风险发生的原因进行分析和说明，即风险为什么会发生；第三要对防止风险发生的预防措施进行说明，即为减少风险发生的可能性采取了什么样的措施；第四是分析风险发生所产生的结果；第五是应对（缓解）风险的措施，即如果风险发生采取什么样的措施能够减少风险产生的影响；第六是现有控制措施，即目前已经采取了什么样的控制措施来对风险进行管控；第七是新的控制措施，即需要采取什么新的控制措施来对风险进一步

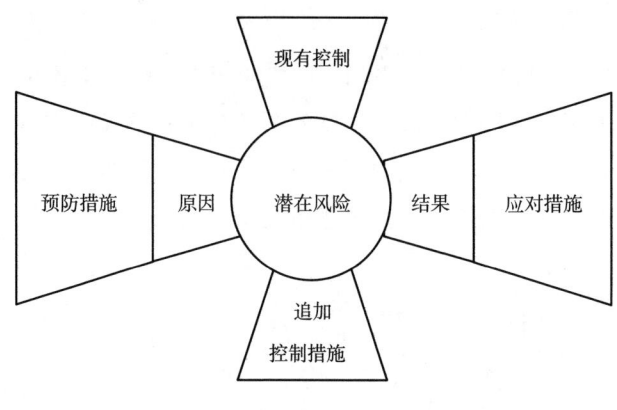

图 3-12 因果图

资料来源：作者整理。

加以管控。

需要将各项主要风险的原因结果分析进行记录，不仅记录下每个风险的起因、结果、预防、控制、发生可能性和产生影响，还要对重要过程文档进行有效记录，包括日期时间、分析人等信息。

二、风险发生的可能性

风险评估是按照风险评价标准分别评价风险发生的可能性和影响程度，风险评估就是根据风险发生的可能性和影响程度对各类风险进行评定，按风险水平的大小进行排序，确定风险管理的优先顺序的过程（见表 3-2）。风险评估为认识风险和管理风险而服务，评估结果应反映评估对象的基本风险特征，并且为后续如何管理风险，提供基础信息的输入。

表 3-2　　　　　　　　　　风险评估矩阵示例

一级风险	二级风险	风险事件	可能性	得分	影响程度	得分
采购物流风险	投标风险	—	2	2	4	4
		—	1		1	
		—	1		3	
	—					

资料来源：作者整理。

在对风险发生可能性进行评估时，通常采取的是最大值法，就是取大不取小，从表 3-2 中可以看到招投标风险中具体三个风险事件的可能性程度不同，为严格执行招投标制度和相关规定可能性最大为 2，而另两项可能性为 1，最终可能性一项的分值采用最大的分值2。

风险概念本身就包含两个维度：影响和可能性。进行风险评估首先是要评估风险发生的可能性，即概率。可以采用定量或者定性的方式去描述风险发生的可能性，当采用定量的标准时，一般是用发生的概率来作为评价的标准，如10%以下，10%～30%等；当采用定性的标准时，通常用极低、中等，或者一般情况下不会发生、极少情况下再发生，或者今后十年内发生的可能少于一次，今后5～10年可能发生一次等描述，如表3-3所示。

表3-3　　　　　　　　　　　　　　风险发生的可能性评估

事项	评估分值				
	1	2	3	4	5
评估说明	几乎不会发生	可能性很小	有可能发生	很可能发生	极可能发生
参照标准1	X＜5%	5%≤X＜10%	10%≤X＜25%	25%≤X＜50%	X＞50%
参照标准2	10年内发生可能小于1次	5年内可能发生1次	3年内可能发生1次	1年内可能发生1次	1年内只发生1次

资料来源：作者整理。

在进行风险评估的过程中，按通常评估标准，风险可能性被分为5个等级。其中，1级为风险发生的可能性非常小，几乎不会发生，或者发生的可能小于5%；2级为风险发生的可能性很小，或者发生的可能性在5%～10%；3级为风险有可能发生，或者发生的可能性在10%～25%；4级为风险很有可能发生，或者发生可能性在25%～50%；5级为风险极有可能发生，或者发生的可能性在50%以上，如表3-3所示。

国资委风险管理指引针对风险发生概率大小，按照以往经验做出相应的判断（见表3-4），供企业作为参考标准。

表3-4　　　　　　　　　　　　　　国资委风险发生概率标准

	评分	1	2	3	4	5
定量方法	一定时期发生的概率	10%以下	10%～30%	30%～70%	70%～90%	90%以上
定性方法	文字描述一	极低	低	中等	高	极高
	文字描述二	一般情况下不会发生	极少情况下才发生	某些情况下发生	较多情况下发生	常常会发生
	文字描述三	今后10年内发生的可能少于1次	今后5～10年内可能发生1次	今后2～5年内可能发生1次	今后1年内可能发生1次	今后1年内至少发生1次

资料来源：国务院国有资产监督管理委员会．中央企业全面风险管理指引．2006．

在进行风险发生可能性评分时,通过对照评估标准,基于历史数据或者经验判断,在风险发生可能性1~5中选择一项作为风险发生可能性的评分。对于风险发生可能性的判断没有一定之规,需要根据企业所处环境、具体行业和企业特点,包括管理层的风险偏好等方面进行综合考虑,设定适合的可能性评价标准。

三、风险影响程度

产品合规率达到99.9%应该是比较高的一个标准,意味着每1000个产品中只有1个是瑕疵品,说明风险发生的可能性很低,这是衡量风险的一个重要标准。但是仅此一项标准是否能够有效衡量风险呢?答案是否定的。除了风险发生可能性外,风险的影响程度也是一项重要指标。根据风险的影响程度大小不同对风险发生可能性的要求也会有所不同。

在第二次世界大战中,巴顿将军听说牺牲的盟军中有一半是跳伞死的,十分恼火,质问降落伞制造商,生产商的说法是降落伞合格率已经达到99.9%,这个水平已经很高了,几乎接近完美,没有改进的必要,并且一再强调任何产品不可能达到绝对的100%合格。但是,1‰的次品率对于伞兵来说是致命的,这就意味着每1000个伞兵中会有1个人会因为降落伞的质量问题在跳伞中丧生。为了迫使生产商进一步提高降落伞的合格率,巴顿制定了新的产品质量检查方法,他要求降落伞生产商老板亲自试跳。具体办法是,从生产商前一周交货的降落伞中随机抽取一个,由该老板装备上身,亲自从飞机上往下跳。新的质检方法实施后,奇迹出现了,降落伞的合格率立刻变成了100%。

这个例子除了涉及风险发生可能性之外还涉及风险衡量的另一个维度——风险产生的损失,即风险产生影响的大小。在这个故事中,由于风险发生的影响程度非常大,直接会威胁到士兵的生命,这种情况下即便是小概率的可能性也是不可容忍的。新闻出版总署规定出版物容许的差错率上限为万分之一,对于很多编辑来说这已经是很严苛的标准了,但同样的概率如果发生在飞机旅行时估计敢坐飞机的人就很少了。因此,对于风险的衡量和对风险的容忍程度与风险所能造成影响、后果的严重程度密切相关。对于危害较小的风险,人们容忍度较高,对于像飞机失事这样会导致巨大的生命财产损失的危害性很大的风险,人们的容忍度就会更低。

对于风险影响程度的评分标准,通常是从定量和定性两个维度去考虑。对于定量方法,我们通常会以企业财务损失占税前利润的百分比,如1%以下等量化指标评价风险损失程度。对于定性评估标准,可以从企业日常运行是否受影响的角度,使用"极轻微的""极低的""低"等进行文字描述,或者从企业声誉是否受影响的角度,使用"负面信息在企业内部流转""负面信息在当地局部流转"等文字描述风险的严重程度。

对风险影响程度的评估是对企业面临的风险可能对目标实现产生的影响程度的判断，就是说各种潜在的因素会在多大程度上影响企业目标的实现，例如是否会对企业的销售收入、市场份额、商誉等产生不良影响，进而影响企业的生存和发展。

结合以往相关行业风险经验，主要风险领域及潜在风险对公司产生的有形和无形影响，风险影响程度的评估标准可以分为有形和无形，进而划分为人、财、物、声誉、合规几个方面（见图3－13）。

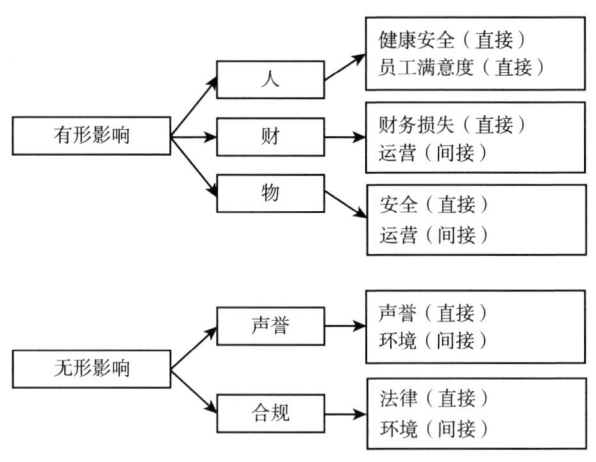

图3－13　风险产生的影响

资料来源：作者整理。

以下我们从"目标与运营""财务影响""集团声誉"三个方面举例说明风险影响程度的评估标准。实际上也包含了上述人、财、物、声誉、合规各方面的所有内容。对风险影响程度评估的具体标准体系可以是定性的。如表3－5和表3－6所示。

表3－5　　　　　　　　　风险评估标准——目标与运营

事项	评估分值				
	1	2	3	4	5
评估说明	对经营目标和日常经营有轻微影响	对经营目标和日常经营有较小影响	对经营目标和日常经营有中等影响	对经营目标和日常经营有较大影响	对经营目标和日常经营有重大影响
参照标准	影响某一个非重要管理目标	影响某几个非重要管理目标	影响某一个重要管理目标	影响某几个重要管理目标	影响部分重要管理目标
	轻微影响，短期可自行消除	较小影响，短期小代价解决	中等影响，一定时间内一定代价解决	较大影响，较长时间一定代价解决	重大影响，较长时间较大代价解决

资料来源：国务院国有资产监督管理委员会. 中央企业全面风险管理指引. 2006.

表3-6　　　　　　　　　　　风险评估标准——声誉

事项	评估分值				
	1	2	3	4	5
评估说明	造成轻微影响，短期可自行解决	造成较小影响，短期付出一定代价可解决	造成中等影响，一定时间付出一定代价可解决	造成较大影响，较长时间付出一定代价可解决	造成重大影响，较长时间付出较大代价可解决
参照标准	负面消息在基层内部流传 不会引起监管部门注意	负面消息在公司内部流传 引起监管部门注意，收紧合作条件	负面消息在地区流传 监管部门要求整改	负面消息在多个地区流传 监管部门通报批评	负面消息国内外内部流传 监管部门勒令停业整顿

资料来源：国务院国有资产监督管理委员会．中央企业全面风险管理指引．2006．

对风险影响程度的评价标准也可以是定量的，如表3-7所示。

表3-7　　　　　　　　　　　风险评估标准——财务影响

事项	评估分值				
	1	2	3	4	5
评估说明	轻微财务影响	较小财务影响	中等财务影响	较大财务影响	重大财务影响
企业A	不超过1000万元	1000万~4000万元	4000万~10000万元	10000万~20000万元	20000万元以上

资料来源：作者整理。

不同规模的企业由于规模不同对于风险的承受度存在差异，以上是一般性的风险影响程度评估标准，在设计相关指标体系时可作为参考。

影响程度评估分值采用"从高不从低原则"最终确定，即选择影响程度最高/大的一项作为该项风险的最终评估分值。例如，如果某一风险对财务方面造成的影响较为轻微，评分为1分，但是对企业声誉造成了重大影响，需要付出很多时间成本和资金成本才能恢复，那么对风险的影响程度进行评分的时候应采用的最大分值法，将影响程度确定为5。

四、风险评级

在完成对风险影响程度和发生可能性的分析后，下一步是进行风险评级。风险评级是按照风险评估标准分别确定风险发生的可能性与影响程度，并确定风险等级的过程。风险评级按照一定规则，经统计或最大值方法逐级确定风险等级（见图3-14）。

通常对风险的评级是通过"风险程度＝可能性×影响程度"等计算方法对风险等级进行确认（见图3-15），以高、中、低或者重大、重要、一般，以及序号等方式对

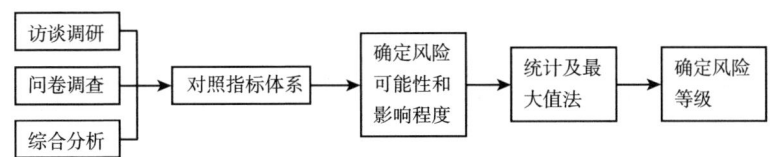

图 3-14　风险评级方法

资料来源：作者整理。

风险进行排序。也有少数企业在计算风险等级时采用的是可能性与影响程度相加的方式来得出最终的风险等级分数值。

图 3-15　风险等级评价方法

资料来源：作者整理。

一般来说，企业要将识别出来的风险分为三大类，即重大风险、重要风险和一般风险。这是风险评价的一个重要的工作成果。以中国化工集团有限公司风险评估程序为例，根据调研访谈分析的结果，对识别出的风险发生可能性可以判断，在1~5分中选择适合的数值作为该项风险发生可能性评分，1分为发生可能性最小，5分为发生可能性最大；同样在风险影响程度一项，选择适合的数值作为该项风险影响程度的分值。再根据风险发生可能性分值和风险影响程度分值计算出风险的数值，即风险评估结果，通过专家讨论和管理层确认，根据风险评估结果最终确定风险等级，完成风险评估过程，如图3-16所示。

在风险评级阶段，主要的工作成果之一是风险等级清单，包括：风险名称、风险发生可能性数值、风险影响程度数值、风险等级分数值以及风险等级（见表3-8）。

表 3-8　　　　　　　　　　　　　风险评级示例

风险等级清单				
风险名称	可能性分数值	影响程度分数值	风险等级分数值	风险等级
资金风险	4.29	4.66	20.01	高风险
担保风险	3.01	4.59	13.80	中风险
税务风险	1.76	2.18	3.82	低风险

资料来源：作者整理。

高风险通常用红色标注，中风险用黄色标注，低风险用绿色标注。将前期风险识别时进行的风险分类与风险评级结合的风险评估表，能够更清晰有效地将每项风险的内容

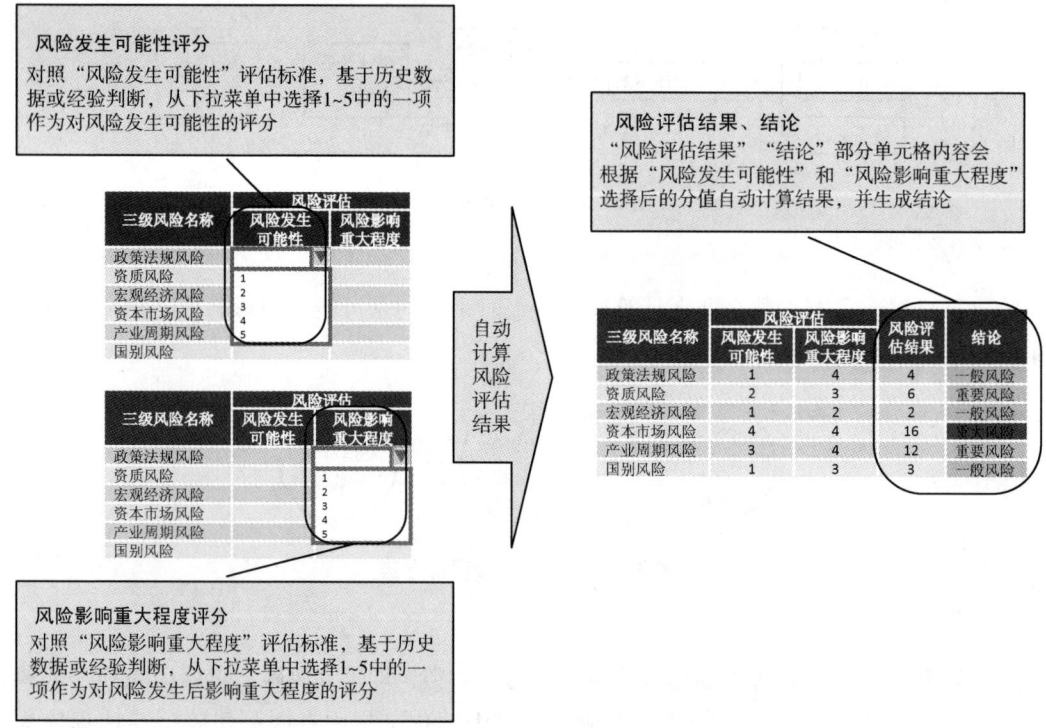

图 3-16 风险评估全过程示例

资料来源：作者整理。

和评估结果结合在一起进行展示。风险评级有利于确定风险的水平是否与战略相符，也有利于确定对各类风险控制和应对措施的先后顺序，根据风险评级的结果，企业需要落实风险的责任部门，明确和落实风险所有者（risk owner）对风险所应承担的责任。

五、风险热力图

风险评估的最终成果之一是风险坐标图，也叫风险热力图。风险热力图是展示风险评估结果的重要工具，可以直观地展示企业各项风险的严重程度和风险整合情况。风险热力图通过将不同等级的风险用红、黄、绿三种颜色加以标识，实现了风险的可视化，以直观反映风险的分布情况和属性状态。若风险等级分数值大于16，则该风险处于高风险区域，用红色标识；若风险等级分数值小于16且大于4，则该风险处于中风险区域，用黄色标识；若风险等级分数小于4，则该风险处于低风险区域，用绿色标识。

风险热力图（见图3-17）中，红色部分表示重大风险，黄色部分表示重要风险，绿色部分表示一般风险。通过风险坐标图对风险的等级、风险的严重程度、发生频率都能够一目了然。其中，重大风险具有高优先级，需要制定风险应对方案；对于中级的风险需要考虑现有的风险应对措施是否有效，再确定是否需要进行进一步的风险分析，对其起因和后果深入分析；对于低风险如果现有控制措施已经有效实施则不需要再进行分析。

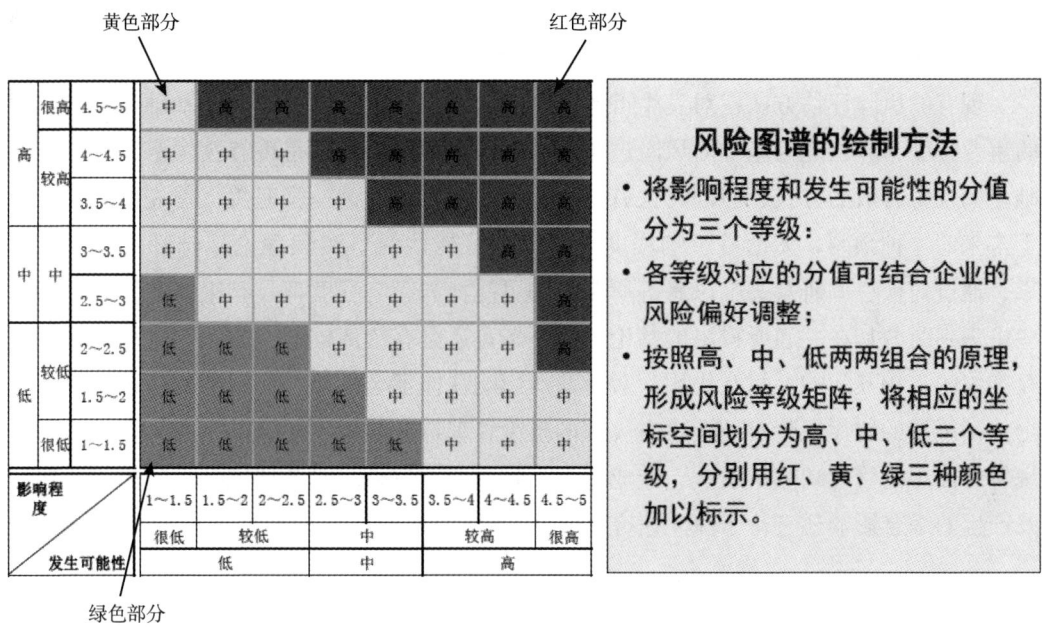

图 3-17 风险图谱

资料来源：作者整理。

如某公司对 7 项风险进行定量评估，其中：风险 1 发生的可能性为 83%，发生后对企业造成的损失为 2100 万元；风险 2 发生的可能性为 40%，发生后对企业造成的损失为 3800 万元；而风险 3 发生的可能性在 55%～62%，发生后对企业造成的损失在 7500 万～9100 万元，在风险坐标图上用一个区域来表示。那么以上三个风险在风险坐标图中展示情况如图 3-18 所示。

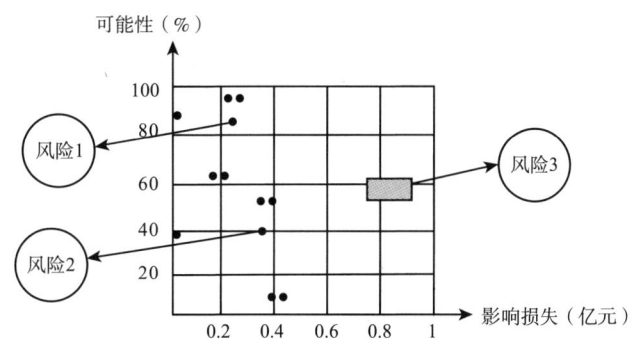

图 3-18 风险坐标图

资料来源：作者整理。

绘制风险坐标图的目的在于对多项风险进行直观比较，从而确定各风险管理的优先顺序和策略。例如根据上面的风险坐标图，企业决定承担风险2且不再增加控制措施；严格控制风险1中的各项风险且专门补充制定各项控制措施，来降低风险可能性；确保规避和转移风险3且优先安排实施各项防范措施。

现有的风险评估方法在对发生可能性和对企业目标影响程度的判断基础上评估风险的重要程度，并以此为基础对风险进行了排序。这种风险评估是现有技术水平、资源基础上的较为有效的方式，但同时也有着一些局限性有待于进一步完善。首先，风险是基于未来的一种预判，无论是影响程度还是发生可能性的事实和理论基础都不是非常牢靠，通过访谈、调研及头脑风暴等所判断的可能性和影响程度都具有很强的主观性，这些主观判断叠加在一起所得出的结论可靠性毕竟还是有待商榷的；其次，各种风险是相互交织的，相互影响、相互作用，对企业的影响往往不会是单一作用那么简单，也许一个并不严重的法律风险对一个略有欠缺的政策管理造成的影响却是巨大的，会被政策法规等方面小的管理缺陷所放大，造成意想不到的严重后果。对各种风险之间的相互作用及产生的综合影响还有待于深入研究。

第三节　风险应对

风险应对是企业风险管理过程中不可缺少的环节，风险识别、评估最重要的目的是为了应对和控制风险的发生。风险应对是根据风险识别的结果，在风险评估的基础上，根据自身条件和外部环境，选择应对风险策略，对不同的风险采取不同的应对措施的过程。风险管理部门在确定了决策主体经营活动中存在的风险，并分析出风险概率及其风险影响程度的基础上，应根据风险性质和决策主体对风险的承受能力而制定回避、承受、降低或者分担风险等相应的防范计划。

蝴蝶结模型（见图3-19）作为风险分析和风险应对的有效工具，全面展示风险发生的原因和产生的后果，有助于对风险事件进行详细分析和确定采取的应对措施。

风险应对的程序，通常有三大步，第一步是制定风险管理策略，要根据风险评估结果，围绕总体发展战略，结合风险偏好、风险承受度，组织相关部门制定适合的风险管理总体策略。第二步是制定风险管理解决方案，依照相关规定，并基于选定的风险管理策略，组织相关部门，制定各项风险的解决方案。第三步是组织实施风险管理解决方案，将风险控制责任落实到具体职能部门、具体岗位，并制定可实行的实施计划。

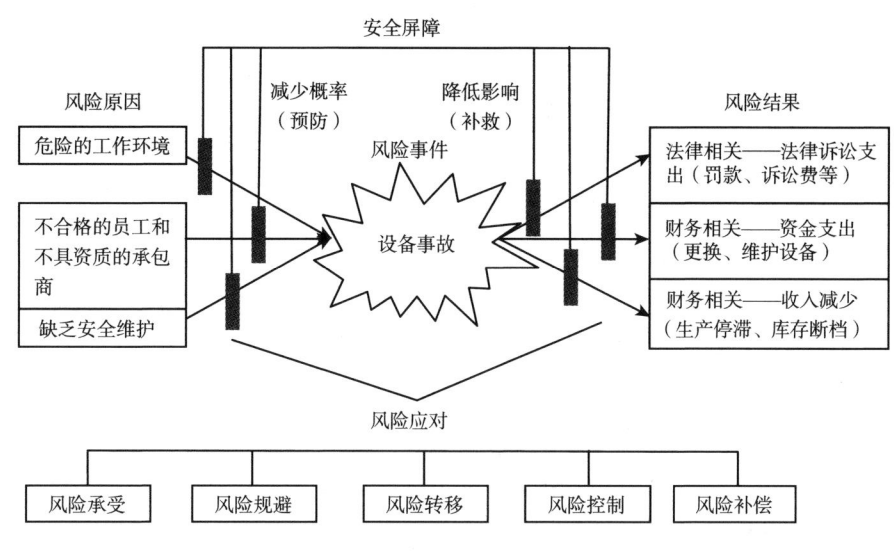

图3-19 风险应对（蝴蝶结模型）

资料来源：作者整理。

一、风险偏好和风险承受度

在确定风险应对策略之前，首先要清楚地了解企业的风险偏好和风险承受度。按照新版风险管理框架的定义，风险偏好是主体在追求战略和业务目标的过程中愿意承受的风险量，是主体在承担风险的类型、数量方面的基本态度。风险偏好涉及企业整体战略，是由企业治理结构、管理层及企业整体文化决定的，与企业的盈利能力、市场地位、规模、管理风格以及行业等综合因素相关。不同的企业对待风险的态度是存在差异的，有的企业追求高风险高收益，有的企业则是希望"稳中求进"。根据主体对风险的偏好不同可以将其分为风险回避者、风险追求者和风险中立者。即便同一家企业也存在风险偏好的差异，一般来说对于新业务、新技术和新市场，企业的风险偏好较高，对于常规业务、成熟市场风险偏好较低。风险承受度是可接受的绩效变动区间，是主体愿意承受的量化的风险限度。风险承受度可以被看作是风险偏好的最高边界，即主体在给定绩效目标下可以承受的风险极限。以开车走山路为例，同样的山路同样的风险，有的人会选择铤而走险，觉得没有什么潜在危险，有的人会比较谨慎，如果雨天路滑就会选择其他的出行方式。每个人对于风险的感受，风险的接受程度，就是我们所说的风险承受度是不同的。企业也是一样，由于风险偏好不同、风险承受度不同，对于相似的风险也会采取截然不同的应对策略。

对于总体可能造成的损失和范围在风险承受度以内的风险，通常采取的风险承受或者通过管控措施将风险适当降低，遵循的是成本效益原则，实现经济利益最大化是风险应对的原则。如果总体风险超过了企业所能承受的范围和程度，企业首先应该保证自身的存续和发展，采取风险规避和转移等风险应对措施，而不能适用成本效益原则。不管选择什么样的策略，风险应对的最终目的是将剩余风险降低到与期望的风险承受度相协调，通过识别和评估固有风险的大小，并采取相应的风险应对措施将剩余风险控制在可接受范围，也就是要明确在采取了相应的风险控制措施后多少风险得到有效控制，从而确保控制措施的有效程度。

其中，固有风险是指在没有采取任何风险控制措施前所面临的风险程度；剩余风险是对固有风险通过风险控制措施后依然存在的风险。两者之间的联系就是对风险采取的控制措施，需要分析的是这些防范措施是否足够应对风险，又是否按预定的方式开展。对剩余风险的分析要与企业的风险偏好相结合，剩余风险是否在企业可接受的范围内，如果超出企业的风险承受度，就需要对风险控制措施在设计和执行上进行优化，对风险管理进行改进，从而将风险控制在可以接受的程度，如图3-20所示。

图3-20　风险管理逻辑模式

资料来源：作者整理。

二、风险应对策略

风险应对策略是在前期风险识别、风险分析和评估基础上，根据风险偏好和风险承受度，围绕风险对目标实现的影响程度，针对不同的业务类型甚至是不同时期采取的一种或者组合的处理风险的方式。

风险应对的策略主要包括以下七种：

第一，风险承担。如果企业遇到了不可避免的风险，在权衡成本效益之后，认为自身有足够能力承担风险的话，则不采取控制措施来降低风险。这种风险应对策略称为风险承担。实际上就是企业进行风险识别与评估程序后认为该风险是在企业可承受范围之内的。当然，做出这一决定的大前提是企业已经明确了可以接受风险的风险承受度，并且确定企业所面对的风险符合本企业所制定的风险承受度。

风险承担并不是一种无为和放任风险的做法，而是基于对风险的评估和成本效益原则做出的决策，不对风险进行过多的控制，容忍一定量风险的存在，对风险产生的后果有着充分估计的主动行为。例如，在进行销售时，建立授信机制，根据客户各方面情况确定授信额度，给予一定程度的授信。

第二，风险规避。所谓风险规避就是避险，也可以说回避。对于超过风险承受度的风险，对于风险重要程度包括风险发生可能和影响超出可接受水平，或者无法通过其他应对方法来有效降低风险，风险造成的损失不能被可以获得的收益予以抵销，这种情况下企业通常会采取风险规避策略，通过放弃或者停止与该风险有关的业务活动以避免和减轻损失。风险规避是最可行的简单方法，是企业通过将风险发生概率降低到近于零的风险应对策略，例如退出可能会给企业带来风险的业务，终止开展有风险的交易，放弃高风险的经营活动。但规避风险并不意味着就不产生任何损失，终止业务本身就是机会的失去，在业务已经有进展的情况下更会导致一些损失，但风险规避策略可以避免未来遭受到更大的损失。在企业管理实务中，当企业拟开展国际并购时，如果业务部门和风险管理部门在对并购中产生的法律风险、环境风险等有效评估之后，发现风险超出企业的风险承受能力，企业最终可以选择放弃这项并购业务，从源头上避免风险发生的可能性，这就叫作风险规避。但之前为了解被并购企业的情况所做的分析评估、尽职调查等都会因为企业采取风险规避策略放弃该交易而成为沉没成本，这也就是风险规避所必须付出的代价。风险规避措施还包括建立客户/供应商黑名单制度，避免和不合格、不具有相关资质的合作方发生业务往来等。

第三，风险转移。风险转移是将一个主体的风险转移给另一方，是为了避免承担风险对经营活动造成的不利结果。风险转移可以采取保险、股份化、风险证券化等方式，将原本自身需要承担的风险以契约、合同等形式转嫁给他人。其中，保险是规定保险公司为预订的风险损失支付赔偿，作为交换，投标人要向保险公司支付保险费，保险公司在风险发生之后则有义务对风险造成的影响做出赔偿。风险转移会产生相应的成本，转移成本需要从战略、业务活动特点、风险严重性、风险承受度等综合考虑确定。

比如某个工程项目企业依靠自身力量施工或者建设所要承受的风险过大，可能是投资过大，也可能本身不具备所需的人力、物力或技术水平，导致项目存在不能保质保量按计划完成的风险。那么这种情况可以考虑业务外包，通过和其他的企业建立一种合作伙伴关系，充分利用外部资源和技术能力，通过签署共同协议，支付一定费用与其他合作方共同承担这个风险，实现风险的转移。签订外包协议以分担风险的方式虽然将收益分成给其他合作伙伴，但是同时也将风险承担的责任分给其他人，不用企业单独去承担所有风险。风险转移包括通过保险合同转移至第三方（如财产损失险、职业责任险、员工人身健康险等）和非保险合同转移至第三方（如租赁、反担保、投资回购条款等）等。

第四，风险转换。通过战略调整或利用衍生产品，企业将面临的风险转换成另一个可控的风险，在低成本或者无成本的情况下，达到控制风险的目的。例如企业为了促进销售，避免产品积压采取让利销售，或者放宽信用标准，那么产品积压的风险就转换成利润率较低的风险，或者应收账款收不回来的风险。

第五，风险对冲。风险对冲是通过分担多个风险使相关风险能够相互抵销的风险管理方法，使用该方法必须进行风险组合，而不是对单一风险进行规避控制。在投资领域，风险对冲主要是通过投资或购买标的资产收益波动负相关的某种资产或衍生品，来冲销标的资产潜在风险损失的一种风险应对策略。

以投资股票为例说明风险对冲。比如，你花100元购买了一只股票，因为担心股票暴跌到70元以下，你购买了10元的认沽权证，实际上就是一个未来可以实施的权利，比如说认沽权规定你有一个月后以90元价格卖出的权利，那么如果一个月后股市跌到70元了，你仍可以将股票以90元价格卖出，结果是 -100（购买股票支出）-10（认沽成本）+ 90（卖出所得）= -20（元），但要优于不做对冲的结果，即 -100 + 70 = -30（元），损失要少。但如果股票价格涨了呢？比如现在股票价格是130元，你就会放弃认沽权证，而直接按市场价卖掉股票实际获利 130 - 100（购买股票支出）- 10（认沽成本）= 20（元）。的确在这个过程中你确实要付出一定的成本购买认沽权证，但也换来了对风险的规避，即便股票跌得一文不值，你的损失也不会超过20元；如果股票价格暴涨你依旧可以从中获利。对冲手段包括期货合约、期权合约、远期合约、互换合约等。

第六，风险补偿。对于那些无法通过风险分散、风险对冲或者风险转移但又不得不承受，不能规避的风险通常要采取风险补偿的方式应对。投资者通过在交易价格上附加风险溢价，即通过提高风险回报的方式，来获得承担风险的价格补偿。在政治风险、战争风险地区进行投资时，投资回报率较高往往就是因为这个原因。在一定程度上服务行业各种享受优惠的会员卡也具有风险补偿的意味，毕竟提前将钱打到对方账户上也承担着一定风险，例如服务质量的下降和店面倒闭的风险。银行的定存利率较高的原因也是考虑到客户定期存款要承担货币贬值和不能随时提现的风险而给予的风险补偿。

第七，风险控制。当企业从事某项经营活动时，不可避免地要面对某些风险，这种情况下企业需要考虑采取措施进行风险控制。风险控制是指企业本着成本效益原则采取适当的控制措施来降低风险，将风险控制在风险承受度之内。它是企业为了避免损失发生，在风险发生之前消除风险可能产生的根源，竭力减少风险发生的概率或者努力降低风险发生所产生的影响程度而采取的措施，是一种积极主动地避免风险的策略。风险控制可以是事前对风险根源的消除，降低风险发生的概率，也可以是事中或事后对风险影响程度的降低。企业通过风险控制，通过采取多样化经营，采取有效的业务管理流程等，通过对决策、监督过程进行有效管理，避免舞弊，避免人为出错等，从而通过内部管理的手段把风险有效降低。

值得注意的是风险应对并不是要把所有风险都消灭，这也是不可能和不经济的，总会有些风险处于风险承受度之内，其影响程度和发生频率是在容忍范围内的，企业的运营必然要面临一定程度上的剩余风险，承受一定程度的风险也就意味着具有获得经济利益的机会，因此需要对风险承受和风险应对之间实现一种平衡。

风险严重程度的计算是通过风险发生可能性得分乘以风险影响程度得分。同样这个公式可以帮助确定如何采取措施将风险降低到最小水平。

从风险发生概率来看,可以采取措施降低风险发生的概率。下雨天由于能见度不好,有的司机会打开雾灯,让远处的行人和车辆更早发现自己,如果雨更大的话,有的司机出于安全考虑打开双闪,通过双闪灯来提醒别人,以降低出事故的概率。同样在企业中为了避免招投标过程中出现舞弊,往往对招投标过程有严格的规定,对整个招投标进行严格监控,组织相对独立的内外部专家组成评标组。虽然这些措施并不能降低风险发生时造成的损失,但在很大程度上降低了风险发生的概率。

从风险的影响程度来说,人们也采取了很多措施,例如开车时要求驾驶员和乘客系上安全带,骑摩托的人要求带上头盔,可行措施不会降低事件发生的概率但却让这种风险发生时造成的损失最小化,也起到了降低风险的作用。对企业来说,设有各种安全生产的规定和应急预案,比如车间人员必须戴安全帽,配有各种个人防护设备等,以及售后环节的售后服务、投诉处理等也都是为了使风险的损失减少到最小的程度。

风险应对策略图（Marci Chart）将风险应对策略与对固有风险影响和内部控制薄弱性（剩余风险）结合进行分析,将风险应对措施分为四类（见图 3 – 21）。

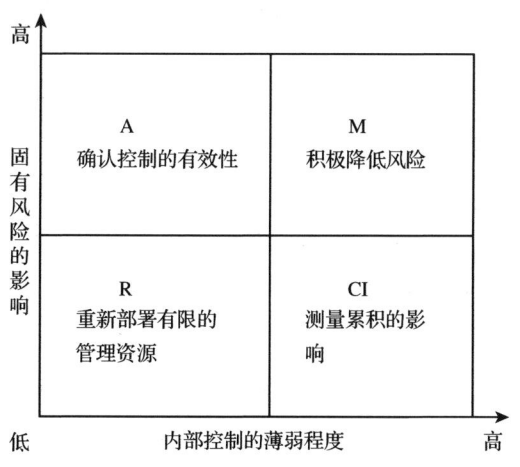

图 3 – 21 风险应对策略

资料来源:德勤永华会计师事务所. 风险应对策略图（Marci Chart）. 2009.

第一个象限为 A（assurance）,即确认控制的有效性。此象限固有风险很高,但内部控制较为有效。需要对风险控制的有效性进行监控、确认。

第二个象限为 M（mitigation）,即积极降低风险。在这个象限固有风险高并且内部控制薄弱,也就是说这部分风险发生可能性很大,采取控制措施之后剩余风险仍很高,这个象限除了内部控制措施外还需要采取其他措施来降低风险,例如采取内部审计的方式对风险情况进行监控并落实整改。

第三个象限为 R（redeployment），即重新部署有效的管理资源。此象限风险点的固有风险与剩余风险水平较低。对此象限的风险点可以考虑对有限的管理资源进行重新部署。

第四个象限为 CI（cumulative impact），即持续监督累积的影响。此象限风险点的固有风险较低，但影响可能累积而造成剩余风险较高，需测量风险的累积影响，追踪改进进程，确认控制措施的有效性。

通过风险应对策略图可以形象地展示风险诊断结果，对重大风险进行详细阐述，提示高管层给予关注。

三、风险应对有效性评估

风险应对就是在已确定的风险偏好和风险承受度的情况下，通过对风险的了解并采取措施进行管理来降低企业所面对的风险。风险应对措施并不能完全消除所有的风险，它的目标是将风险降低到可接受的程度。那么什么程度才是可接受的呢？这就涉及前面提到的固有风险和剩余风险，风险应对措施包括内部控制将固有风险适当降低成为剩余风险，即对固有风险进行风险控制后依然存在的风险。企业既要在固有风险的基础上，对风险进行评估，又要在剩余风险的基础上，对风险进行评估，实现对风险的全闭环管理（见图 3-22）。

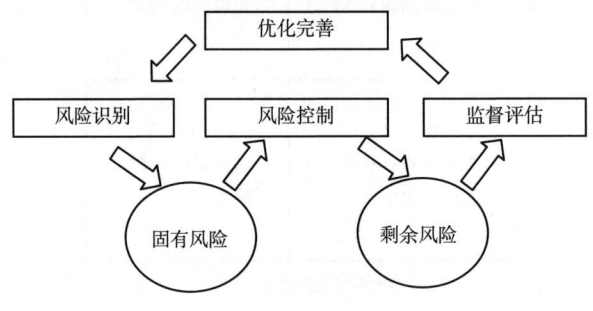

图 3-22　风险闭环管理

资料来源：作者整理。

1. 固有风险评估

固定风险评估是在不考虑采取缓解措施的情况下，根据风险发生的可能性和产生影响的程度来衡量和判断风险的严重程度。针对面临的风险企业会采取相应的措施，通常是减少风险发生的可能性或将风险的影响从高等或中等水平降到低水平。通常这些措施包括：

➢ 规避（退出一项业务）

➤ 忽略（发生概率和影响力都较小）

➤ 接受（缓解风险成本过高）

➤ 转移（保险）

➤ 管理（内部控制）

2. 剩余风险评估

在采取缓解措施之后，还需根据风险发生的可能性和产生影响的程度来再次衡量或判断风险的严重程度，监督检查风险控制措施是否得到有效执行，是否取得了预期效果，确保风险管理能够被有效执行并随企业和业务环境的变化不断更新。

应对风险的最首要的任务并不是一劳永逸地选择风险应对策略，而是要确定需要承担什么样的风险，承担多少，这些都需要对企业的总体目标和战略有个清晰的了解，分析各个风险对企业整体目标实现所能产生的影响，在实际风险管理工作中需要通过一系列的指标和方法来有效识别和评估风险。接下来针对企业面临的重大风险，调动人力、财力、物资、外部资源等风险管理资源，结合风险偏好所确定的风险承受度来制定策略性措施和流程化的应对措施。

风险应对过程实际上是一个将固有风险降低为可接受的剩余风险的过程，需要确定可接受的风险程度，通过补充性控制措施将不可承受的风险降低为可以承受的风险（见图3-23）。

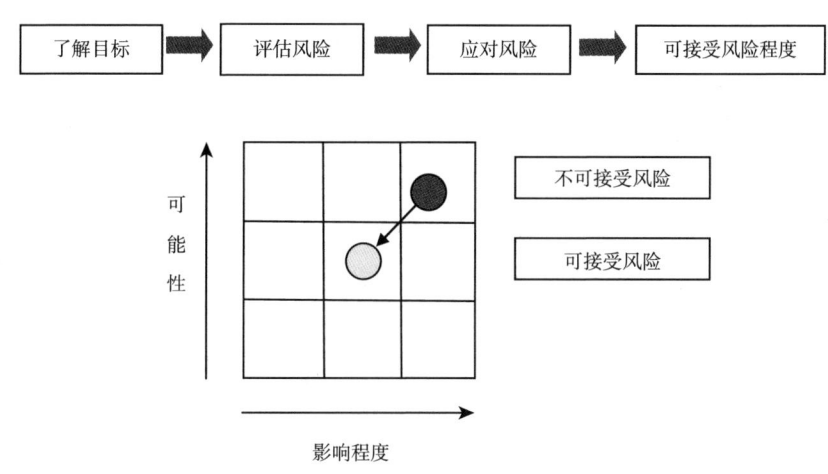

图3-23 风险应对路径

资料来源：作者整理。

四、风险与创新

管理大师德鲁克曾经说过："风险是商业的本质，追逐和承担风险是企业的最高职能"。随着企业风险管理能力的增强,企业对风险的态度也会随之发生变化,由最初的谈风险色变、恐惧风险、躲避风险到逐渐对风险接受和更好地理解,并采取有效措施管控业务过程中的各项风险。

小米的创始人雷军曾经说过:"站在风口上猪都能飞。"想说明的就是企业识别和抓住机遇的重要性,企业要识别出风险,同样也需要抓住机遇,充分利用外部的有利形势,抓住机遇实现自身快速的发展,做一只站在风口上的"猪"。但企业对待风险的态度绝不仅是如此简单的被动应对,如果企业没有一个持续的发展战略,不具备风险管理能力,不能持续地把握风向,或是企业不具备与之匹配的风险管理能力,即便暂时能"飞起来"风过后也会被摔死。当市场行情好的时候,管理能力强的企业和管理水平差的企业都能获得很好的收益,但这种状况不可能永远持续,由于资本的逐利性,高利润必然吸引更多的竞争者进入行业,导致行业供应量增加利润降低。特别是当前企业所处的环境不确定性非常高,互联网、大数据、人工智能、技术创新等使企业进入一个风险时代,对环境的及时有效分析和判断,对风险的及时有效识别,并积极采取有效措施,不仅仅止步于克服风险得以生存,更应将风险变成企业实现和提升价值的机会,使企业永远处于风浪的最高端,不断实现飞跃。企业需要建立与自身资源和所处环境相匹配的长期战略,并不断识别分析风险和机遇,通过创新保证企业能够始终乘势而为。

创新是企业发展的源泉,企业要想获得发展必须不断进行创新。创新不仅仅是采用新的技术,同时还可能是管理方式、运营模式、股权治理结构等方面的创新。海底捞火锅就是成功创新的例子,从商业模式、经营范围等方面海底捞并没有太多新意,但却通过优秀的服务意识和对员工的授权硬是在火锅行业的"红海"中杀出一条血路,海底捞通过为等餐的顾客提供饮料、小食品、棋牌,甚至擦鞋、美甲服务提高了客户的满意度;通过为员工租住环境良好的小区提高了员工的归属感等。由此可见,企业的创新方式无处不在,各种创新方式只要能够为企业创造价值都是可以采取的。但创新不是盲目的,需要建立在风险管理基础上,通过企业所处环境的综合分析,充分利用外部机遇和企业的优势,即看准创新机遇,对创新机会进行综合分析和评估,不能只看到收益而不考虑创新带来的风险;同时采取有效措施把控创新的风险,制定风险预案,对风险进行实时监控,及时提示风险和进行风险预警。

综上所述,风险管理和把握机遇目标一致,都是为了实现企业价值,通过有效的风险管理更好地识别外部环境存在的机遇和威胁,对风险进行很多的评估判断,结合企业内部的实际情况作出正确的决策,保障企业能够持续生存和发展,为企业创造价值,寻找实现创新的机会,将风险管理变成企业的核心竞争力。

第四节　风险预警和关键风险指标

一、风险监控和风险预警概述

风险管理的根本目的是保证业务的健康和可持续发展，通过适当的措施控制和应对风险。风险管理和内部控制贯穿企业各项业务的整个过程，包括事前、事中和事后，越早发现风险、越早采取措施，则风险管理的成本就越低，给企业带来的效益也就越大。因此，风险管理的计划性和预测性一直是该领域最受关注和重点强调的部分。对风险的监控和预警是企业有效开展风险管理工作的重要抓手，也是企业风险管理工作落到实处的重要保证。企业能够有效设计出关键风险监控指标体系，并开展对企业整体风险状况进行监控、展示、分析和预警是风险内控工作不再限于合规性要求，实现质的"飞跃"的一个重要标志。

（一）风险预警的概念

企业的风险会随着内外部环境的变化而变化的，随着企业的不断发展，企业经营管理活动中的各项风险可能会增大或者衰退乃至消失，也可能由于环境的变化而出现新的风险。风险监控就是要对风险的发展与变化情况进行全程监督，以便根据实际需要进行相应的策略调整。风险预警是指企业根据外部环境与内部条件的变化，在风险监控的基础上，对企业未来的风险进行预测和报警。风险监控是风险预警的前提基础，风险预警是对风险管理工作的进一步深化。

风险预警系统是根据企业的实际情况，结合外部因素的特点而设置的指标体系，风险监控系统依据选取关键风险指标进行统计分析，通过收集相关的信息识别可能影响风险发生频率和影响程度的主要风险因素，用以监控企业面临的风险因素的变动趋势，评价各种风险状态偏离预警线的强弱程度，预判风险发生概率及分布情况，向决策层及相关部门发出预警信号以便提前确定风险应对措施的信息化系统。风险预警系统是对风险进行提前预知，并有针对性地分析和应对风险，化解风险的发生，将风险造成的损失降至最低程度的有效手段。

（二）风险监控和预警的特点

风险监控和预警系统具有以下三方面的特点：

1. 及时性

风险监控和风险预警系统要能够及时发现风险，一旦监控过程中发现风险，应及时发出预警信号提示相关部门和管理层，对可能出现的风险进行提前防范；同时风险监控和预警有助于及时将风险状况通报适当管理层及相关部门，提前采取有效措施控制风险，在风险尚未造成巨大损失时就能消除风险或者将风险控制在可以接受的范围内，最大限度地避免风险给企业造成损失。

2. 持续性

风险监控和预警要贯穿企业各项业务活动的整个生命周期，是对业务活动全生命周期的监控。随着时间的推移，潜在的风险会不断发生变化，原有风险可能会减弱或消失，新的风险可能会出现，次要风险也可能会上升为主要风险，为了及时了解风险现状，及时调整风险应对策略，需要对内外部环境进行持续的跟踪并进行动态调整。

3. 可操作性

对企业业务活动的风险监控和预警需要遵循可操作原则，即具体的风险监控指标要较易获得，风险监控预警要符合企业实际情况，符合企业现有的资源和能力。监控和预警指标需要具有代表性，过于复杂的监控和预警指标会增加收集信息的难度和成本。

（三）风险预警的作用

《史记·鹖冠子》中有一则小故事能够说明风险预警的重要性。从前，魏文王问扁鹊："你们兄弟三人都精于医术，到底哪一位最高明呢？"扁鹊脱口而出："长兄最善，中兄次之，扁鹊最为下。"文王再问："那么为什么你最出名呢？"扁鹊回答："我长兄治病，是治于病情发作之前。由于一般人不知道他事先能铲除病因，所以他的名气无法传出去，只有我们家的人才知道；我中兄治病，是治于病情初起之时，一般人以为他只能治轻微的小病，所以他的名气只及于本乡里；而我是治于病情严重之时。一般人都看到我在经脉上扎针、在皮肤上敷药等大手术，所以都以为我的医术高明，名气因此响遍全国。"

通过这个小故事我们可以看到对风险提前预知，采取积极主动的应对措施能够有效地节约成本，并取得"事半功倍"的管理成效，同时也对风险管理能力和水平提出了更高的要求。按照1∶10∶100的原则理论，如果在第一个阶段控制风险的成本是1，那么到了第二个阶段才采取措施，它的成本可能就会是10，到了第三个阶段时的成本就将是100。例如，在生产安全方面，安全设计和安全教育等方面前期投入的1块钱，所取得的效果与生产过程中发现问题隐患花10元钱进行整改可能取得的效果相同，而在问题发生后才采取弥补措施则可能要花费100元甚至付出更高的代价。显而易见，未雨绸缪永远好过亡羊补牢，提前做好风险预警防范，将风险隐患消灭在萌芽状态，对企业来说是成本最低、效果最好的风险应对方式。

风险预警体系能够在风险内控管理体系健全完备的基础上，实现与企业生产经营活动密切结合，实现风险内控制度和措施落地。同时作为一种创新的风险内控工作模式，风险预警体系有助于保证风险管理与企业战略的一致性，为企业整体战略和经营目标的实现保驾护航，并最终实现为企业创造价值的目标。

二、风险预警体系的建立

风险预警体系的构建是一项系统性工程，从全面风险管理的视角进行顶层设计，通过重大风险识别、关键风险指标体系建设、信息收集与分析、预警事项发布、预警事项应对处理等风险管理流程实现有效运行。

风险预警管理的关键环节在于以下四个方面。

1. **重大风险识别**

企业应当构建适应自身发展的全面风险管理体系，突出重要性原则科学地识别、分析和确认经营管理中存在的重大风险，重点关注识别出的企业重大风险领域，实现对企业重大风险的有效防范，从而保证全面风险管理工作的持续改进和企业持续、健康、稳定、高效发展。

2. **关键风险指标体系建设**

针对识别出的重大风险，企业应当结合管理层、各业务部门及下属各级单位的实际管控要求，建立关键风险指标体系，并随着内外部环境的变化持续加以完善，以便有效对重大风险进行及时监控与预警。关键风险指标体系建设需要确定关键风险指标、预警阈值、监控预警频率、仪表盘分析模板、风险预警提示机制等内容。

3. **数据收集与分析**

构建风险预警体系必须先构建风险指标，对照指标类别确定所需数据的来源，确保通过有效的数据收集途径获取所需的信息，并及时加以分析处理。风险管理部门负责从各风险事项的主责业务部门收集关于风险指标的即时数据，并且保证数据信息的准确性，以便下一步开展相关分析。

需要说明的是，风险监控和预警需要对大量的数据信息进行收集、分析和处理，仅靠人工收集和管理的方式已经无法满足要求，应当通过有效的信息技术手段，提高信息收集、分析和处理的自动化水平和处理能力，才能进一步提高风险监控和预警的准确性和及时性。因此，为了保证信息收集的高效不仅需要建立高度自动化的风险预警信息系统，还要与其他系统密切配合，通过信息化手段打通与各业务信息系统数据的链接，及时准确地获取各项所需信息，帮助企业将其所关注的关键风险指标，整合到风险管理平台上，以协助管理层及时获得预警信息，及时了解企业整体风险状况和风险变化，提高风险动态监控和实时分析能力。

4. 预警事项发布和应对处理

风险事项对应的主责业务部门，应对关键风险指标提前设置预警阈值与预警区间。在设置过程中，要充分结合其实际管理经验，并基于数据分析结果，选取恰当的风险临界值，进而确定对应的风险预警触发点（即"阈值"）。一旦风险事项的实时监控结果超过风险临界值，系统就会根据其所在预警区间，自动判断对应的风险等级，并触发相应的风险预警机制，向相关人员发出风险提示，进行风险报警。风险事项主责业务部门负责汇总风险监控结果，及时进行风险发布，同时与风险管理部门协商采取相应对策，制定并采取综合风险应对措施。

企业可以通过风险预警信息系统实现自动发布与处理。风险预警信息系统对于每个关键风险指标都会设定阈值，如果指标突破阈值，就意味着该项指标对应的风险敞口已经发展到了企业需要关注的程度，系统将会主动进行风险提示，便于企业及时采取相应的应对措施。

风险预警体系能够利用量化的指标体系反映风险的现状和变化，加强对风险的事前和事中的监控和预警，实现风险管理方式由事后被动进行风险应对转变为前瞻性的指标性监控、风险预警，进而能够及时采取措施处理和应对各类潜在的风险。

三、关键风险指标体系概述

关键风险指标（key risk indicator，KRI）是将抽象的风险现象转变为直观的数字，反映企业业务的当前状态，反映风险敞口变化情况，并能够便捷地实现监控的一系列统计指标。关键风险指标概念最早是由巴塞尔银行监管委员会在2002年7月发布的《操作性风险管理和监控最佳实践》（*Sound Practices for the Management and Supervision of Operational Risk*）中提出的，该文件明确指出：风险指标是财务方面的统计数据指标，用以监测银行的风险状况变化，作为对操作风险进行识别和监测的重要工具。2007年中国银监会在《商业银行操作风险管理指引》中将关键风险指标定义为代表某一风险领域变化情况并可定期监控的统计指标。此后关键风险指标应用范围不断扩大，特别是在风险管理领域得到了广泛应用，被用来监测可能造成损失事件的各项风险及制定相应的控制措施。

（一）关键风险指标体系设立的作用

关键风险指标能够通过建立统计指标与风险敞口之间的联系，通过分析这些指标的潜在变化趋势帮助企业实现对于风险敞口的及时监测和分析，帮助企业风险负责人全面了解企业当前承担的风险，是衡量企业未来发展和能否实现战略目标的不确定性的指标。建立完善的关键风险指标体系可以为全面风险管理实施提供切实的支持，并可以在如下两方面实现显著提升。

一是提高风险监控的及时性。关键风险指标的首要用途是可以帮助企业在不需要进行全面、复杂的数据收集、整理、运算的前提下，通过有代表性的信息及时了解企业重要风险敞口的变化状况。这种及时性可以显著提升企业对于风险趋势的把握能力。

二是提高经营决策的前瞻性。对关键风险指标的持续监测和分析可以帮助企业有效把握各类风险发展的态势，实现对于企业整体经营环境、关键经营要素、重要管理环节等方面动态的及时、准确的把握，从而真正实现防患于未然。通过对于关键风险指标的变化趋势进行分析和预测，可以更为有效地帮助企业管理层和董事会及时掌握企业整体的风险状况和风险动态，并及时采取有效的风险应对措施。

综上所述，企业通过建立能够反映各类风险敞口变化情况的指标体系，通过设计统一规范且行之有效的监控预警机制，能够将抽象的风险现象转变为直观的数字，实现事前预警和预控，主动进行风险管理，提高风险动态监控和实时分析能力，确保企业面临风险的可控、在控。

（二）关键风险指标体系设立的原则

1. 全面性原则

关键风险指标体系应当能够全面反映企业整体真实的风险状况，不仅要体现目前的企业整体风险现状，还要体现出企业风险的发展趋势。因此，指标体系要包括战略、财务、生产经营、健康安全环保、法律合规等方面的运营指标，还应包括宏观环境、行业状况等，同时还要参照战略地图、平衡计分卡等管理工具涉及的内容，关注市场份额、客户满意度、科技投入等各类成长型指标。

2. 重要性原则

关键风险监控指标的设置应当尽量简化，选取具有较强代表性的指标。指标体系的作用就是通过有代表性的信息及时了解企业重要风险的现状和变化情况，避免收集的信息过于冗余、复杂，其本身意义就在于利用尽可能少的有效指标反映出尽可能全面的重大风险状况。

3. 适用性原则

关键风险监控指标建立不是一个一劳永逸的工作，而是一个持续改进、不断完善的过程，需要根据实际情况不断进行调整。随着企业所处内外部环境的变化，企业面临主要风险以及企业风险偏好的不断变化，原有的一些风险指标可能会不符合企业实际需要，而新的一些指标需要补充到体系当中来，因此相关部门需要对风险预警指标进行定期评估，不断对指标体系进行更新和完善，保证预警事项的完整性和适用性。

（三）关键风险指标体系设立的依据

企业在设计关键风险监控指标体系时，应当参照国资委《中央企业全面风险管理指引》要求及风险分类框架，结合企业现行监控指标、标杆企业风险指标设计的经验、国资委央企负责人经营业绩考核、企业战略规划重点工作任务等，能够真实反映企业财务、资产、运营等方面风险的真实状况和发展变化趋势。

四、关键风险指标体系建设路径

关键风险指标体系是风险监控与预警管理的关键因素，能够通过指标定向进行信息采集，帮助企业完成风险监控和预警所需信息，从而完整准确地描述企业风险的状况。一般而言，关键风险指标体系建设路径主要包括指标设定、阈值设定、实现系统监控、建立预警和评级机制四大环节（见图3-24）。

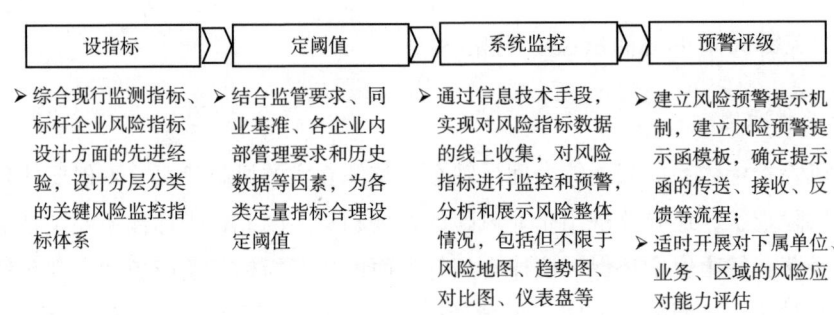

图 3-24　风险预警流程

资料来源：作者整理。

（一）设指标：设计关键风险指标

关键风险指标具有很大的灵活性，需要根据具体情况进行"量身定做"，不同行业、不同企业、不同的业务板块、不同的管理层级，不同的管控方式，其关注的重大风险不同，对应的关键风险指标也会有很大的不同。

1. 关键风险指标体系架构

在设计指标体系过程中，需要考虑企业实际情况，通常必须要将战略、财务、生产经营、采购、销售、健康安全环保等，以及重大风险应对和风险内控基础工作等包含在内。

（1）风险视角下的关键风险指标体系。

风险视角下的关键风险指标体系如图3-25所示。

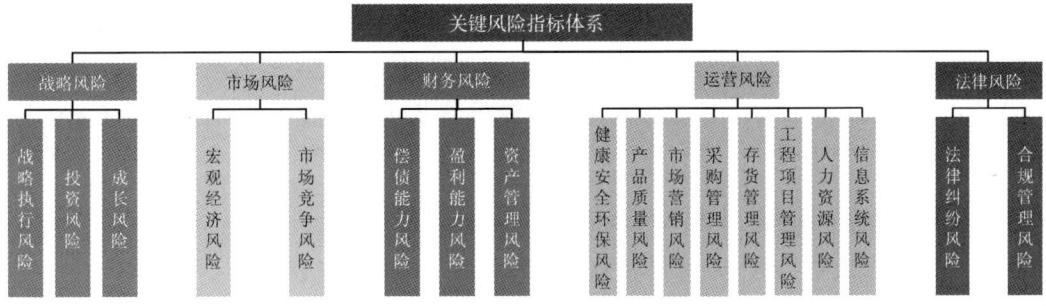

图 3-25 关键风险指标体系架构（示例）

资料来源：作者整理。

在进行关键风险指标设计时，可以从风险角度出发，即按照企业的风险库和风险分类设计指标体系。例如可将战略风险、财务风险、市场风险、运营风险、法律风险设计为一级风险，其下，再将财务风险细分为偿债能力风险、盈利能力风险、资产管理风险等各类二级风险，偿债能力风险项下可进一步细分资产负债率、带息负债比率、速动比率、盈余现金保障倍数、利息折旧及摊销前利润（EBITDA）利息支出等关键风险指标。

（2）价值视角下的关键风险指标体系。

企业在设计关键风险指标时也可以从对企业产生的价值角度出发设计关键风险指标，例如可以将收入增长、减少成本、提高资产效率及预期管理提升等作为一级指标。其下，再将收入增长分为市场和营销风险、产品和服务风险、客户管理风险等二级指标；将减少成本分为物流风险、品质风险、信息风险、采购风险、人力资源风险等二级指标；将资产效率分为信用风险、存货风险、固定资产风险、现金风险等二级指标。

企业究竟应当采用上述何种关键风险指标体系架构为宜，需结合企业自身发展需求、管理层理念思维、现有已建成的管理体系等因素，综合考量确定。

2. 关键风险指标的特点

尽管企业关键风险指标体系建设需要根据具体情况量体裁衣，但企业在选取关键风险指标时，应当注意有所取舍，最终所选取的关键风险指标应具备如下共性特点：

一是代表性。关键风险指标设置需要尽量简化，避免收集的信息冗余、重复，指标需要能够反映出重大风险的整体情况，要具有很强的代表性。

二是迭代性。关键风险指标体系建立是一个持续改进、不断完善的过程，需要根据实际情况不断进行调整，保证对不断变化的风险能够及时有效地预测。相关部门需要对风险预警指标进行定期评估，保证预警事项的完整性和适用性，确保所收集数据信息的真实性，确保风险预警系统能够准确、有效地预测企业的风险。

三是可量化。风险预警指标需要是量化指标，有利于进一步的统计分析，便于通过数据分析将指标观测值与阈值进行比对，超过阈值的则可以通过预警信号的形式输出。

3. 构建关键风险指标库

确定需要进行监控预警的关键风险指标后，企业还应构建关键风险指标库，明确各项指标的定义、计算口径、数据收集来源、预警涉及业务系统及统计跟踪责任单位等信息。

4. 关键风险指标设计的常见误区解读

企业在关键风险指标设计中，往往可能存在以下三个常见误区。

误区一：关键风险指标越多越好。

很多企业在建立关键风险指标体系时担心考虑不周，存在风险漏项的情况，对于各专业领域所提出的关键风险指标建议全盘接受，往往会遇到关键风险指标存在冗余、重叠的问题。有一些指标确实是从不同视角去监控同一项风险，例如营业收入既是衡量战略目标是否达成的指标，也是财务管理的重要指标。这种情况下企业在设定指标时需要再和各专业部门讨论挑选或者替换、新增相应的合适指标，应当从企业的实际需要出发，对于存在重复的指标或是进行简化避免重复，或是出于实际监控需要保留这些重复的指标，以求能够实现对某一领域有整体的判断。

误区二：关键风险指标要包含全部 KPI 指标。

企业在做 KRI（关键风险指标）设计时可以考虑纳入部分 KPI（关键绩效指标），但需要注意的一点是 KPI 衡量的是过去业绩和工作任务等的完成情况，而 KRI 衡量的是未来不确定性对组织绩效和战略目标产生的影响。

误区三：关键风险指标要计算加权得分。

关于指标的权重方面，通常很多企业还有一套 KPI 指标体系作为考核标准，因此在企业实践中，关键风险指标一般不再形成一个总体的加权得分，多数企业不会设置指标的权重，而是针对单一指标设置预警阈值，实现对单一指标独立的监控、分析与预警。

（二）定阈值：划定指标预警阈值

划定指标预警阈值一般包括划分警区和确定警限。关键风险指标预警一般可分为五个预警区，即 I 区（低风险区）、II 区（较低风险区）、III 区（中等风险区）、IV 区（较高风险区）、V 区（高风险区）。对于风险评判等级一般采用 5 分制，即："很好""好""一般""差""很差"，评判得分为 5、4、3、2、1。于是得到评判向量 $C = [5, 4, 3, 2, 1]^T$。因此，若 $4 < C \leq 5$，则项目风险处于低风险区；若 $3 < C \leq 4$，则处于较低风险区；若 $2 < C \leq 3$，则处于中等风险区，需要关注；若 $1 < C \leq 2$，则处于较高风险区，需要监控；若 $0 < C \leq 1$，则处于高风险区，考虑采取相关措施。企业在实际划定预警阈值时，也可以根据企业实际情况采取定性和定量相结合的方式，如表 3-9 所示。

表 3-9　　　　　　　　　　　　风险预警参考标准

风险类别	预警指标	赋值标准		
		绿色	黄色	红色
投资风险	回收款按期支付率	≥50%	<50%且≥35%	<35%
健康安全环保风险	事故隐患整改率	=100%	<100%且≥90%	<90%
工程项目风险	成本预算超额比率	<5%	≥5%且≤10%	>10%
财务风险	带息负债占总资产比率	<40%	≥40%且≤50%	>50%
利率汇率风险	美元汇率	偏差≥0	-5%<偏差<0	偏差≤-5%
运营风险	营业收入增长率	>8%	≤8%且≥5%	<5%

资料来源：作者整理。

在企业实践中，关键风险指标预警通常采取类似交通管制信号灯的灯号显示法，即预警指标信号。根据预警区间的设置情况，可设计五灯显示系统（即"蓝灯""绿灯""黄灯""橙灯""红灯"五种标识）或三灯显示系统（即"绿灯""黄灯""红灯"三种标识）进行单项预警。针对不同的预警区间，灯号显示所表现的警情也会有所不同。例如绿灯表示指标处于低风险或无风险区间，说明各项指标处于正常水平，重大风险发生可能性较小，只需保持持续监控即可；黄灯表示某些预警指标已经偏离正常水平，相关部门应该根据其性质、趋势、偏离程度和风险承受度确定所要采取的应对措施，并对风险处理情况进行跟踪；红灯表示指标已经超过风险阈值，相关指标已经严重偏离正常水平，或是已经发生风险事件，需要立刻组织风险排查小组，采取紧急措施应对风险，风险处理情况也须及时上报企业管理层。

预警输出成果通常有风险提示函、风险事项表和风险预警报告等，内容主要包括风险类别、关键风险指标名称、指标统计值、预警指标信号等，通过预警输出将重大风险情况及时、准确、直观地展示给企业管理层，帮助管理层了解企业所面临的重大风险情况，并通知相关单位和部门风险责任人，开展后期的风险应对整改处理。

（三）上系统：设定指标预警阈值

目前越来越多的企业通过信息系统手段和大数据分析技术，实现对关键风险指标数据的线上收集，并对关键风险指标进行实时监控和预警，自动分析和展示风险整体情况，包括但不限于风险地图、趋势图、出险统计报表对比图、仪表盘、控制活动评分明细表等，以此实现风险预警相关的内外部数据全面整合和共享，将覆盖全业务板块的风险预警管理模块固化至风险管理信息系统（见图 3-26）。

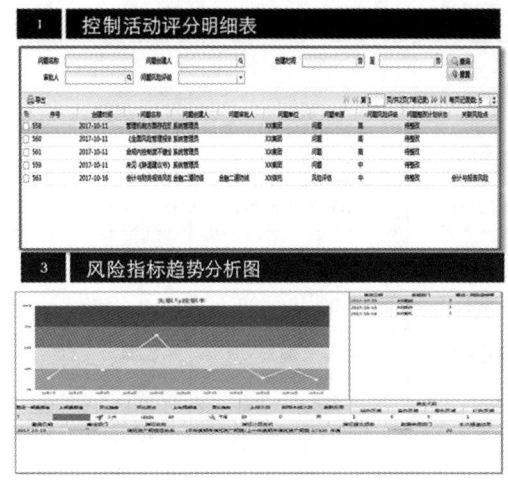
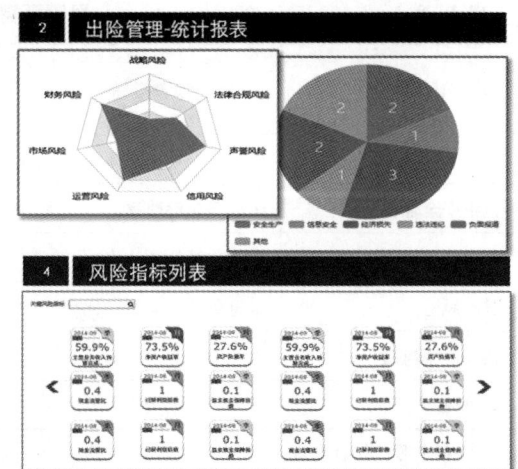

图 3-26　某企业关键风险指标预警模块（示例）

资料来源：作者整理。

（四）建机制：建立风险预警机制

建立风险预警机制的主要工作内容包括：构建完整的预警治理、管理、执行、支持及应用组织架构；完善风险预警管理制度、流程体系；建立专业胜任的预警团队与健全的培训机制。

1. 建立风险预警提示机制

企业应当针对各类关键风险指标，设置其监控预警提示机制，明确监测周期、数据收集程序、预警状态、预警阈值、管理触发流程，建立风险预警提示函模板，确定提示函的传送、接收、反馈等流程，确保预警后采取及时有效的应对措施。

2. 建立风险预警止损机制

关键风险指标通过对风险阈值（限额）的确定，规定了企业可以承受的最大预期损失限额，是企业承担风险的底线。比如，一旦某类投资资产市值超过阈值或者损失跌破某一临界点，应立即进行风险提示，并采取措施，以防止损失进一步扩大。

3. 建立 KRI 体系闭环管理机制

KRI 体系的建立不是一蹴而就的，而是循序渐进、不断优化、逐步完善的过程。企业应当综合考量各关键风险指标的有效预警率、误警率、漏警率、触警率，定期监控 KRI 监控预警执行情况，建立预警事后评价机制，通过评价结果对关键风险指标进行定期维护。

4. 建立 KRI 组织流程管理机制

在风险预警管理组织架构设计方面，企业应当完善横向层面各业务条线与风险管理条线之间的信息沟通与协作,并完善纵向层面各所属企业层级的预警联动机制。

在风险预警管理制度与管理流程设计方面,企业应当开展预警制度建设,建立并持续优化风险预警管理办法及配套实施细则;同时,开展预警流程建设,建立预警的分级管理流程、指标和模型维护流程、作业流程和应用流程。

在风险预警专业团队建设方案方面,一要制定预警岗位说明书,明确预警岗位人员需求;二要将预警专业人员纳入专业技术序列体系;三要建立预警激励考核机制;四要建立风险预警培训机制;五要建立风险预警知识体系。

五、关键风险指标体系的拓展应用

企业可将关键风险指标体系拓展应用于各种管理措施的制定中,进而影响集团管控模式调整、各项资源配置、投资组合设计、绩效考核等,最大限度发挥风险监控预警在经营管理与风险决策方面的作用。

(一) 应用于集团管控领域

集团型企业往往需要对下属企业的风险管控能力进行评级,不同企业往往对风险管控能力评级冠以不同的名称,有的将其称为风险成熟度,有的称为风控系统评估,也有的将其称为风险体系认证,尽管称谓不同,但所进行工作却高度相似,即通过对现有风险管理系统及内部控制能力的高低对企业进行评级打分,为未来不同风险控制级别的企业采取不同的管控和检查审计对策提供依据。目的是为了加强集团的集中化风险管控,推动和提高各经营单位的风险管理能力的不断完善,形成持续认证、检察和改进机制,促进风险管理水平的提升,推进全面风险管理体系的升级。

企业可基于关键风险指标体系成果,进一步建立下属单位风控能力评级模型,通过关键风险指标的评估,可以根据企业风险敞口大小及风控管理能力对下属单位及部门进行风险分级,即按照风险内控体系设计和运行有效性对企业实施分级管理。不同风险分级的企业所得到的决策授权不同,对企业的风险分级管理也有助于指导后期审计、纪检工作。对于符合总体风险内控管理要求的企业仅进行适当的抽查即可,而对于风险敞口较大、风险控制措施不力的企业则需开展颗粒度更细、频率更高的监督检查,如图3-27所示。

如果涉及对下属单位风控能力评级,则需要建立风控能力评级整体方案(见图3-28),其中,建立风控能力评估模型是最关键的一项工作。企业可在关键风险指标的基础上,进一步考量指标之间的关系,设置相关的指标权重。关于指标权重的设置方法,可采用定性、定量相结合的方法进行确定。定性方面要结合企业的战略,并开展问卷调查或内部访谈来确定各项指标的重要程度;定量方面就是要结合历史数据,建立量化模型,对指标之间的相关性进行分析，最后还应调取历史数据，进一步验证模型的准确性。

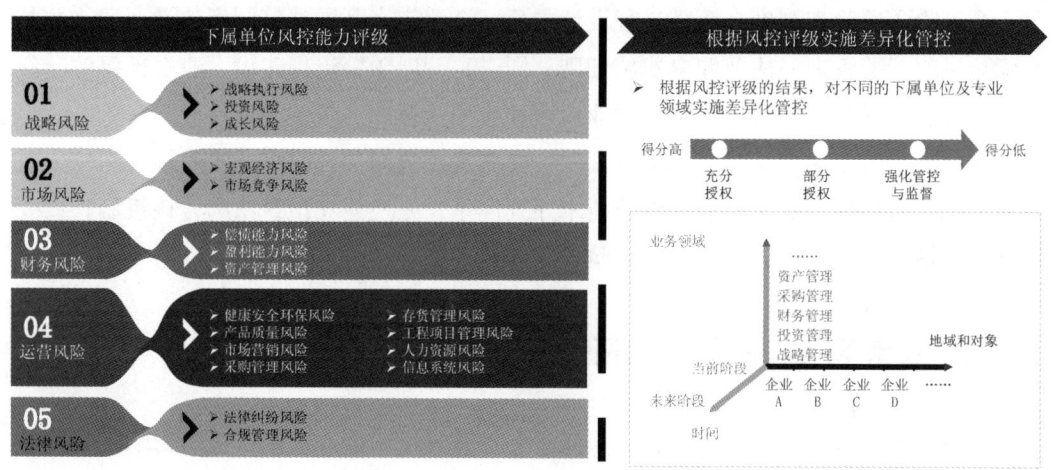

图 3-27　风控能力评级模型（示例）

资料来源：作者整理。

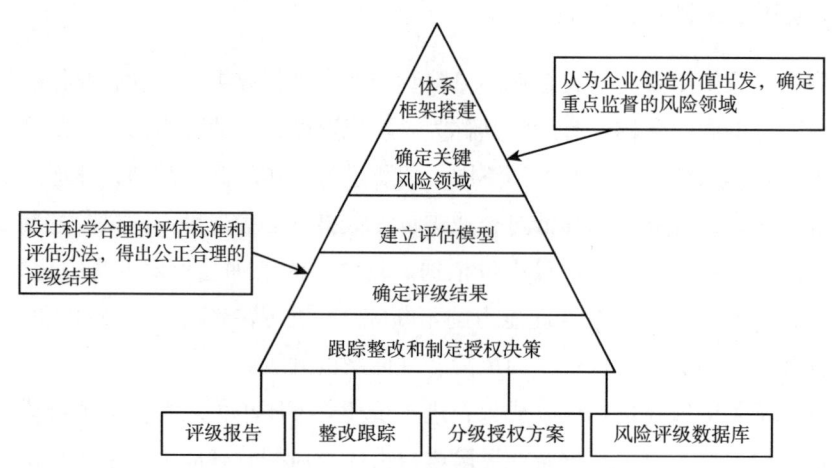

图 3-28　风控能力评级整体方案

资料来源：作者整理。

需要说明的是，风控能力评级量化模型是随着企业风险管理体系不断优化过程而不断完善的持续过程，伴随着企业风险监控预警的开展实施、评价和不断改善的持续过程，随着数据和经验的不断积累、方法模型的不断完善，对风控能力评级准确度也将不断提升。

企业通过建立风控能力评级，将关键风险指标体系有效地运用到集团管控领域，提升风险管理体系的实际运行效果，风控能力评级方案的实施、跟踪和后评价，对各经营单位实现风险定级和分级授权，更能体现执行效果和监控力度。

（二）应用于专业管理领域

除了对各下属企业进行风险能力的评级外，还可以针对企业某一领域或某一项业务活动进行评级。通过对某一领域或某一项业务活动的风险评级，直观、有效地识别和评估各项风险，发现风险管控的薄弱环节。例如针对应收账款周转率进行判断时，应收账款周转率高则说明企业收账速度快、平均收账期短、坏账损失少、资产流动快、偿债能力强，该项评级为优秀。企业可以根据行业水平和自身实际情况设定评级标准。例如若应收账款周转率大于等于 12.8，则为优秀；如果应收账款周转率小于 12.8 且大于等于 8.3，则为达标；低于 8.3，则为不达标（见表 3-10）。

表 3-10　　　　　　　　　　风险评级标准（示例）

关键风险领域	评估标准	定量评级标准
应收账款周转率	应收账款≥12.8，优秀； 8.3≤应收账款周转率＜12.8，达标； 应收账款周转率＜8.3，不达标	优秀
存货周转率	存货周转率≥12.0，优秀； 5.3≤存货周转率＜12.0，达标； 存货周转率＜5.3，不达标	不达标

资料来源：作者整理。

第四章 公司层面控制

第一节 组织架构的内部控制

组织架构是指企业按照国家有关法律法规、企业章程,结合本企业实际,明确董事会、总经理办公会、监事会和企业内部各层级机构设置、职责权限、人员编制、工作程序和相关要求的制度安排。

建立健全组织架构对于风险管理和内部控制工作的重要性体现在两个方面:

第一,建立完善的组织架构本身就能够有效地防范各类风险,特别是通过建立有效合理的法人治理结构,对管理层的权力进行有效约束,能够有效防止岗位职责没有分离所带来的舞弊风险,避免管理层滥用职权,凌驾于内部控制之上。

第二,完善的组织架构能够为企业有效开展风险内控工作提供保障。组织架构能够有助于企业开展风险评估、实施内部控制、实现信息收集和有效传递、强化内部监督机制,是风险内控工作开展的基础,确保企业能够有效识别风险,确保内部控制措施能够得到有效执行。

一、治理结构和内部机构

组织架构分为治理结构和内部机构两个层面。

(一)治理结构

按照五部委联合发布的《企业内部控制应用指引》的规定,企业要根据国家法律法规的规定,明确董事会、监事会和经理层的职责权限、任职条件、议事规则和工作程序,确保决策、执行和监督相互分离,形成制约。

股东大会是企业的最高权力机构,它是由全体股东组成,享有对企业重大事项进行决策,选举和更换董事等权力。股东大会是股东作为企业财产的所有者,对企业行使财产管理权的组织。企业一切重大的人事任免和经营决策需要股东大会认可和批准方可有效。

董事会作为企业的经营决策机构，是股东大会的常设权力机构，向股东大会负责。董事会负责制定企业的战略规划、经营目标、重大方针和管理原则；负责选聘和监督管理层，确定管理层的报酬和奖惩；协调企业管理层和部门与股东间关系；提出盈利分配方案供股东大会审议。董事会对股东大会负责，依法行使企业的经营决策权。按照监管要求与企业治理规则，董事会要下设战略、提名、薪酬与考核、审计、全面风险管理等专业委员会，明确各专业委员会的职责权限、任职资格、议事规则和工作程序，为董事会科学决策提供支持。在风险内控方面，董事会要明确最大的风险承受能力，建立健全内部控制体系，了解重大风险情况并确定风险内控工作方案。

监事会是负责监督和检查的法定必设和常设机构，对股东大会负责，监督企业董事、经理和其他高级管理人员依法履行职责。通常是由股东大会选举产生，有权要求执行企业业务的董事和总经理报告企业的业务和财务情况；对董事、经理执行企业职务，对违反法律、法规或企业章程的行为进行监督；负责对企业重大事项及方案的检查、监督等。股东大会、董事会和监事会属于企业体制层面，是所有权和经营权的分权协调模式，侧重于企业的重大决策。

管理层是股东大会、董事会决策的执行者，对董事会负责，主持企业的生产经营和日常管理工作。管理层要明确主要职能部门的岗位职责，对各部门工作进行指导和监督，对各部门风险管理情况进行核查。总经理办公会会议、监事会会议应按照企业章程规定的时间、频率与程序召开，并对会议所决议事项形成会议记录。《企业内部控制基本规范》规定管理层负责组织领导企业内部控制工作，对内部控制的有效执行担当责任。

（二）内部机构

企业内部机构是指企业内部分别设置不同层次的管理人员及其由各专业人员组成的管理团队，针对各项业务职能行使决策、计划、执行、控制和监督评价的权力并承担相应的义务和责任，从而保证业务的顺利开展并为战略目标的实现提供组织机构方面的保障。内部机构是企业经营管理的具体模式，规定了工作任务如何分工、分组和协调合作，侧重于业务的开展和各部门职责的分配。

综上所述，如果治理结构解决的是企业所有者、董事会和经理层之间的制衡关系，是用来约束、激励和监督经营者的控制制度，那么企业内部的各级管理层和下属间的控制关系就是通过内部机构设置来实现的。

二、组织架构的责权分配

责权分配是指企业根据其经营战略、生产经营的特点、组织结构的设置和内部控制的要求等，在工作分析的基础上，明确各部门或岗位的工作内容、工作职责和工作权限的过程。组织架构的责权分配是为了明确职责权限，落实工作责任，避免出现职能交叉或缺失，形成各司其职、各负其责、相互制约、相互协调的工作机制。

企业在设计组织架构的责权分配时首先要明确横向的管理幅度和纵向的管理层级。管理幅度是一名管理者能够直接领导的下级人员个数。影响管理幅度的因素有很多，包括人员素质、计划与控制的完善程度、职权合理和明确的程度、工作任务的复杂性、信息沟通的效率和效果等。在一个组织严密、工作任务明确、人员专业素质强且能各司其职的组织机构内，管理者并不需要花费很多时间去指导和纠错，在这种情况下管理幅度可以合理放大，管理人员管理的范围和人员就可能很多。按照国外的管理学研究结果，大型企业的管理幅度中位数为 15~20 人，中型企业管理幅度为 6~7 人。

管理层级是指组织内部的纵向分工，各层级的权力划分和协调沟通是管理层级的中心内容，在管理层级间要明确的是责权分配、指令下达和监督关系，集权和分权是纵向管理层级设计的中心问题。对于集团型企业来说，管理层级涉及企业决策权，包括战略决策、人事任免、重点投资、生产、采购、销售等职能是集中在总部，下级企业仅保留生产经营具体决策权，还是采取高度分权的方式将相应的权力高度下放。同样，在企业以及部门内部也同样存在着集权和分权的问题，存在上级和下级间的协作和分工。在做出这样的选择时，需要考虑决策的性质、实际业务情况、行业和产品特点、经营规模等，对于重大的战略决策，对企业发展目标实现影响较大的决策需要由高层来做决策。对于生产经营日常决策，产品生产销售灵活度较大的，基层更了解情况且需要快速做出反应的，需要加大分权力度，从而保证业务活动顺利进行。中国古代就有"将在外，君命有所不受"的说法，战场和商场一样，环境瞬息万变，最高决策层负责制定总体战略，但具体的行动决策、具体的战术要靠处于第一线的基层管理人员因地制宜地决定，如何将集权和分权最佳结合是企业管理的关键。

"二战"中著名的"沙漠之狐"隆美尔就曾经根据战场的实际情况，在战机出现时率领少量部队进行突袭，给盟军造成重创，对于隆美尔直接撇开上司指挥擅自行动，不同的人有不同的看法，但从实际效果来说隆美尔不拘一格的指挥的确取得了很好的效果。

同样是"二战"时的德国，欧洲战场情况却完全相反。希特勒对军事行动的简单粗暴干预导致了德国一系列失败。敦刻尔克战役中，希特勒急命德国坦克部队停止前进，改由德国空军完成对撤离英军和法军的袭击任务，而实际情况是德国空军并不具备这样的能力完成对被围部队的全歼任务。在轰炸中盟军损失轻微，而德国空军战机却在英国皇家空军的攻击中频频被击落，更重要的是错失了大好机会，导致英国、法国利用各种船只撤出了大量部队，总撤离人数达到 33.8 万人，是原先估计值的七倍，这些精锐部队的撤离为盟军日后的反攻留下了宝贵的力量。

由以上案例我们可以看出，集权有利于战略方面做出符合整体大局的决策，必要的分权有利于调动基层主动性、积极性和创造性。

在明确了管理层级和管理幅度后，企业要建立权限指引和授权机制，权限指引能够使不同层级的员工和管理层清晰知晓该如何行使权力并承担相应的责任；授权机制则有助于确保企业各项决策和业务由具备适当权限的人员办理。那么，怎么样确定权力应该是集中还是分散，集中到什么程度，权力分散又到什么程度才是最优的呢？每家企业有每家企业自己的历史背景、风险偏好和行业特点等，不能"一刀切"地确定分权和集权的程度，即便同一个企业在不同的发展阶段，集权和分权选择也会有很大差别。但从内部控制角度，企业在一定时间内应当建立明确权责分配的制度，一旦确定下来除非发生一些重大变化，否则在这个时期内企业各层级人员都必须贯彻执行，不能因人而异，不能朝令夕改，即便特殊授权也要履行特定的程序才能生效。

三、组织架构的内部控制

1. 组织架构的主要风险

企业要关注组织架构在设计和运行方面存在的风险包括：

（1）组织结构设置方面。组织架构不合理，形同虚设；内部机构设置不合理、不科学，决策和业务未经适当的授权，导致机构重叠或缺失，出现权力交叉、冲突、越权或权力真空的现象，导致运营效率低下、决策失误、串通舞弊等；各类委员会的设立不完善、职能的缺失，导致公司难以实现发展战略或经营失败；组织结构设置与战略发展不完全匹配或未根据公司发展战略及时调整，导致战略执行力不强。

（2）重大决策方面。未建立对"三重一大"的集体决策制度，即重大问题决策、重要干部任免、重大项目投资决策、大额资金使用方面，管理层未在授权范围内按照相关制度实行集体决策；缺乏科学决策机制导致企业战略决策失误；缺乏良性运行机制和执行力，导致公司难以实现发展战略或重大决策，导致经营失败，企业利益受损。

2. 组织架构的主要控制措施

（1）治理机构设置。企业要根据国家有关法律法规的要求，建立企业制度，划分党委会、董事会、监事会和管理层的权力、责任、义务，明确党委会、董事会、监事会、管理层的任职条件、议事规则、工作程序等，建立和完善集体决策的机制，确保企业按照正确的程序做出重大决策，确保企业战略得到切实有效实施。

党委会要确保企业贯彻执行国家法律法规和上级重要决定的重大举措，保证党的路线、方针、政策在企业得到贯彻落实，把控企业内党的思想建设、组织建设、作风建设、反腐倡廉建设、制度建设等方面的事项。在涉及企业发展战略、生产经营方针、资产重组、产权转让、资本运作等问题要在董事会或管理层决策前进行审核把关。

（2）内部机构设置。企业应当综合考虑企业性质、发展战略、文化理念和管理要求等因素，按照科学、精简、高效、制衡的原则，重点关注内部机构设置的合理性和运行的高效性等，通过合理设置内部职能机构，明确内部机构的职责权限，建立科学的权责分配体系，保证企业高效运行，避免职责权限的重复或职能缺失，避免权力的过度集中和缺乏监管，形成责权明确、相互制约、有效监督的工作机制。

企业应当对职能部门的职责进行科学合理的分解，对于具体的岗位职能要有明确的岗位职责描述，确定具体岗位的名称、职责和工作要求等。对各机构、各岗位的职责权限进行明确界定，建立权限指引明确责权划分，对业务活动中各机构、各部门、各职能岗位的权限和作用做出规定。

权限指引通常以矩阵表格形式描述，由横向、纵向两个指标体系构成，横向主要是管理层级，纵向是业务类别，即设置权限的各类型业务和事项（见表4-1）。

表4-1　　　　　　　　　　　权限指引

编号	业务类型	主办部门	董事会	总经理	主管领导	部门主任
A1.1	企业章程	办公室	审批	审核	审核	审核
A1.3	战略规划	规划部		审批	审核	审核

资料来源：作者整理。

例如，在企业章程的制定过程中，办公室是主办部门，负责企业章程的起草，部门领导、主管领导、总经理负责对章程进行审核，董事会负责最终的审批。根据权限指引享有审批/审核权力的人员应严格按照权限指引规范行使权力，不得越级审批/审核或不履行审批/审核责任，也不得违反规定将权力授予他人。未经授权的部门和人员，不得行使审批/审核权限。

（3）不相容岗位分离。在组织架构设计过程中，应当体现不相容岗位分离的原则。首先要通过对标不相容岗位分离的规定，识别不相容岗位，实现业务活动发起与决策审批、决策审批与执行、业务执行与监督检查评估的分离。对因机构人员较少且业务简单而无法分离处理某些不相容职务，企业应当制定切实可行的替代控制措施。

（4）组织架构评估。企业应当根据组织架构的设计规范，对现有治理结构和内部机构进行全面梳理和评估，重点关注董事、监事、管理层的任职资格和履职情况，以及董事会、监事会和管理层的运行效果，以保证企业治理机构设置满足国家法律法规和监管机构要求，确保企业治理结构、内部机构设置和运行机制等符合现代企业制度要求。在对组织架构进行评估中，如果发现组织架构设计与运行中存在缺陷的，应当进行优化调整。组织架构调整应当充分征求管理层、相关职能部门负责人及其他员工的意见，按照规定的权限和程序进行决策审批。

第二节 企业战略的内部控制

一、战略的概述

战略是组织长期的发展方向和范围，组织通过在不断变化的环境中调整资源配置来取得竞争优势，实现利益相关方的期望。企业战略决定企业的未来发展方向，如同在大海上行船，如果发展方向错了，再多的努力也会徒劳无益甚至会事与愿违。在复杂多变的商业环境中，如果企业只重视目前所面临的利益，缺乏长远眼光，总抱着"车到山前必有路"的想法，就不能对面临的机会和威胁进行综合分析，就不能对企业的整体、长期发展进行谋划。

洛克菲勒在发现大批人涌向美国西北部宾夕法尼亚开发油井时，到石油产地进行细致考察并对石油行业的未来得出判断：未来最能获利的将是炼油行业而不是钻油。在这个战略思维引导下，洛克菲勒充分利用了工业发展所带来的石油需求大幅增加的契机，与克拉克共同创立了克拉克洛克菲勒公司，将战略方向转为石油炼制，并最终垄断了美国80%的炼油工业和90%的石油管道运输。洛克菲勒在商业上的成功取决于他具有战略思维，能够敏锐地分析、识别并能够把握机遇。

在互联网时代，不同的战略思维和战略定位也决定了企业的生存和死亡。电子商务行业的拍拍网就曾经是腾讯开展多元化经营的重要领域，从其诞生到关闭业务历时十年，这十年却正是阿里巴巴迅猛发展的十年。两个企业不同的命运不能不说也是战略决策和执行的差异造成的，腾讯从战略上并未将拍拍网作为主要战略方向，未投入足够的资源来抓住电商发展的难得机遇，等到2014年腾讯认识到电商的重要性时，一切已经为时过晚。反观阿里巴巴一直将战略作为成功的前提条件，认为没有清晰的战略，便没有明确的方向。阿里巴巴围绕做中国乃至世界最好的电子商务网站规划远期目标和近期目标以及具体可行的方案，创新性地定位于服务中小企业，不直接参与网上交易，而是做信息发布的代理商。具有长远的战略规划是阿里巴巴能够保持持久创新能力的关键所在。

"战略"一词最早源于希腊语"strategos"，指的是指挥军队的艺术和科学。从20世纪60年代开始，西方掀起战略研究的热潮，对于战略的定义不同学者和企业家也给出不同的观点，其中，最具主导地位的战略定义包括以下几种：安索夫认为，战略是一种关于企业经营性质的决策；明兹伯格认为，战略是计划、计策、模式、定位、观念等的某种适当组合；波特认为，战略是一种选择，企业战略目标是为了获取成功，成功取决于企业是否拥有一个有价值的竞争地位，有价值的竞争地位来源于企业相对于竞争对手的持续竞争优势,而选择何种竞争优势是企业战略的中心内容。目前为人们所广泛接受的战略定义是企业在对现实情况和未来趋势进行综合分析和科学预测的基础上,制定并实施的长远发展目标与规划。

战略对企业来说具有重要意义,能够为企业各层级人员指明发展方向、目标与实现目标的途径,是企业发展的蓝图,直接关系着企业的生存和发展。企业要想在激烈的竞争环境中求得可持续发展,必须制定科学合理的战略。首先要确定正确的市场定位,明确生产什么样的产品以满足社会和人类的需要,然后以什么方式扩大市场份额和与竞争对手开展竞争,如何充分利用内外部的资源保持核心竞争力,以及如何实现企业的平稳、健康发展。企业战略的风险是对企业影响最大的风险,决定着企业进入什么领域,在什么时候与什么竞争对手进行怎样的竞争等,涉及企业的总体方向,涉及企业的决策和判断,企业的战略失误所导致的结果通常是后期再多业务层面努力也无法弥补的。目前,战略风险方面的研究重点集中在战略风险的内涵界定、风险构成要素、战略风险度量评价、风险与收益的关系以及并购等具体战略行为风险方面。

战略方面的风险有时候是由外部环境因素引发的,有一些外部环境因素是客观存在的,对企业来说不是完全可控的;另一些战略风险则是企业可以应对的,对于这部分风险企业需要了解其类型和成因,将注意力聚焦于内部的有效应对措施方面,制定和实施具有针对性的战略。同时,企业不仅要从内外部环境角度研究战略风险,还要从内部的战略管理过程进行研究,事实上,企业战略管理的全过程,即企业战略的制定、实施和控制过程中,充满了不确定性,都会形成企业战略风险,直接影响着企业的生存和发展。企业的战略管理要建立在对内外部环境的分析基础上,涉及企业战略的制定、执行、分析评价、调整等多个环节(见图4-1)。

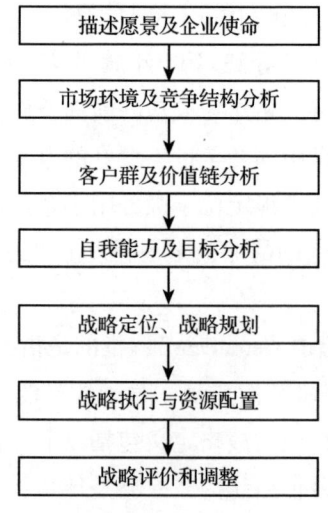

图4-1 战略管理主要步骤

资料来源:作者整理。

战略可以按照不同的管理层级分为企业战略、竞争战略和职能战略（见图4-2），不同层级战略由不同的人负责制定和实施。企业层面战略是方向性的、涉及全局的，企业战略要明确企业的愿景和使命，明确长远的发展方向，确定企业的成长方式是通过密集性成长进行市场和产品开发、市场渗透，还是通过并购、战略联盟等形式实现一体化发展，还是实现多样化发展等；对于各业务部层面来说，要基于本行业的发展战略，在本行业与哪些企业开展怎样的竞争，如何提高竞争地位、提升竞争实力，是通过成本领先还是实现差异化等；对于职能部门来说所要负责的是如何贯彻执行上级单位制定的战略，如何对战略进行有效分解，变成可执行的具体目标并保证其得以实现，各部门需要制定具体的生产策略、营销策略、财务策略、研发策略等。

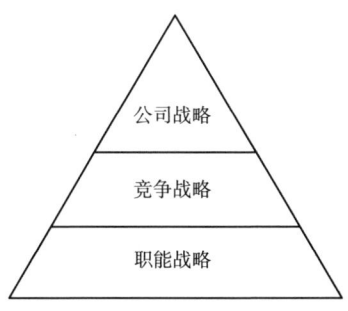

图4-2 战略分级

资料来源：作者整理。

2017年版风险管理框架为企业开展风险管理提供了一个新的视野，将风险管理与企业价值增长相互联系，在风险与回报间建立起联系，风险管理成为企业战略管理的组成部分和实施方式之一，成为帮助企业管理者和决策者实现整体战略目标，即实现利润和企业价值增长的有效手段。

风险内控为企业发展战略的实现提供了保障，企业在制定、实施、监督和更改发展战略时需要按照严格的职责划分和程序来实施，确保企业战略目标和战略规划具备可行性和适当性，增强企业的竞争力，实现企业的可持续发展。

二、战略管理的理论研究

战略管理包括战略的制定、执行和评估等过程，其中战略制定环节的研究和方法最为全面，目前应用最为广泛的方法有PESTLE分析模型、波特五力模型、SWOT模型、波士顿矩阵等。

（一）PESTLE分析模型

PESTLE是对企业所处宏观环境进行分析的模型，其中，P代表政治因素（political)、E 代表经济因素（economic）、S 代表社会因素（social）、T 代表技术因素（technological）、L 代表法律因素（legal）和 E 代表环境因素（environmental）。PESTEL 是在 PEST 分析基础上加上环境因素（environmental）和法律因素（legal）形成的，这六个因素构成企业存在的外部环境，通常不受企业的控制。通过 PESTLE 分析能够将企业内部优劣势分析和外部总体环境因素相互结合，分析出其中存在的机会和威胁，形成了 SWOT 分析的基础。

政治环境对企业监管、消费能力以及其他与企业有关的活动产生十分重大的影响力。一个国家或地区的政治制度、体制、方针政策、法律法规等因素常常制约、影响着企业的经营行为。对政治环境进行分析要关注以下几点：

（1）政治环境、政府的稳定性；

（2）国家政策、法律规定；

（3）国家的补贴和税收情况；

（4）国家间、政府间关系；

（5）国家和政府间签署的贸易协定，例如欧盟（EU）。

经济环境是指国民经济发展的总概况，包括国际和国内经济形势及经济发展趋势、企业所面临的产业环境和竞争环境等。企业的经济环境主要组成因素包括：

（1）社会经济结构，包括产业结构、分配结构、交换结构、消费结构和技术结构等；

（2）经济发展水平，包括国内生产总值、人均国民收入、经济增长速度等；

（3）经济体制，即国家经济组织的形式，包括国家与企业、企业与企业间、企业与各经济部门之间的关系；

（4）宏观经济政策，是国家经济发展目标的战略与策略，它包括综合性的全国发展战略和产业政策、国民收入分配政策、价格政策、物资流通政策等；

（5）当前经济状况，例如汇率、利率、通货膨胀率等。

社会环境是一定时期整个社会发展的一般状况。主要包括社会道德风尚、文化传统、人口变动趋势、文化教育、价值观念、社会结构等。各国的社会与文化对于企业的影响不尽相同。社会与文化要素十分重要，主要包括：

（1）人口因素，包括企业所在地居民的地理分布及密度、年龄、教育水平、国籍等；

（2）社会流动性，涉及社会的分层情况、各阶层之间的差异以及人们是否可在各阶层之间转换，以及不同区域的人口分布等；

（3）消费心理，企业应有不同的产品类型以满足不同顾客的需求；

（4）生活方式变化，主要包括当前及新兴的生活方式与时尚；

（5）文化传统，是国家或地区在较长历史时期内形成的社会习惯；

（6）价值观，是指社会公众评价各种行为的观念标准。

技术环境是指社会技术总水平及变化趋势、技术变迁、技术突破对企业的影响，以及技术对政治、经济社会环境之间的相互作用的表现等（具有变化快、变化大、影响面大等特点）。科技不仅是全球化的驱动力，也是企业的竞争优势所在。

环境的因素主要包括：

（1）企业概况（数量、规模、结构、分布等）；

（2）该行业与相关行业发展趋势（起步、摸索、领先、落后等）；

（3）该行业对相关行业的影响；

（4）对非产业环境影响（自然环境、道德标准）；

（5）媒体关注程度；

（6）全球相关行业发展（模式、趋势、影响）；

（7）所处地区和具体位置。

法律的因素主要包括：

（1）世界性公约、条款；

（2）基本法（宪法、民法）；

（3）劳动保护法；

（4）公司法和合同法；

（5）行业竞争法；

（6）环境保护法；

（7）消费者权益保护法；

（8）行业公约。

（二）波特五力模型

美国哈佛商学院的迈克尔·波特教授认为，在任何行业中，无论是国内还是国际，无论是提供产品还是提供服务，五种竞争力量决定了企业的盈利能力和水平。波特的五力模型确定了竞争的五种主要来源：供应商和客户的议价能力、潜在进入者的威胁、替代品的威胁，以及来自同一行业的企业间的竞争。波特的五力模型（见图4-3）是企业经常使用的战略分析工具，被广泛应用于很多行业的战略制定过程中。

波特五力模型可以有效地分析企业所处的竞争环境和行业的基本竞争态势，可以全面展现出一个产业的盈利能力和吸引力，揭示本企业在本产业或行业中具有何种盈利空间。

1. 供应商的议价能力

供应商会通过提高投入要素（商品和服务）的价格与降低投入要素（商品和服务）质量的能力，来影响行业中现有企业的盈利能力与产品竞争力。供应商力量的强弱主要取决于他们提供的投入要素的重要性程度，当所提供的投入要素价值构成了产品总成本

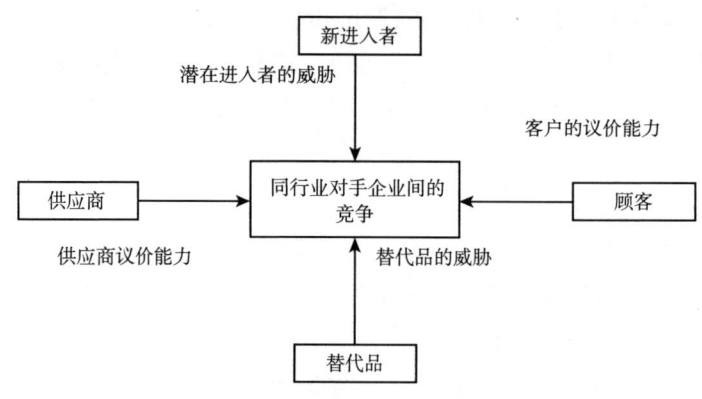

图 4-3 波特的五力分析模型

资料来源：金占明. 战略管理：超竞争环境下的选择 [M]. 清华大学出版社，2000.

的较大比例、对买方产品生产过程产生重要影响，或者严重影响买方产品的质量时，供应商对于买方的潜在讨价还价力量就会大大增强。很多企业在与供应商进行采购谈判时经常会处于不利地位，特别是当对方垄断着重要能源、原材料和专项技术，或者寻找新的合作伙伴和替代商品难度较大、转换成本过高时，供应商就会具有比较强的讨价还价能力。具体情况包括：

（1）所处行业为一些具有比较稳固市场地位而不受市场激烈竞争影响的供应商所控制，提供的产品和服务的买方很多，以至于每一单个买方都不可能成为供应商的重要客户；

（2）各供应商的产品具有一定特色，以至于买方难以转换或转换成本太高，或者很难找到可与供应商产品相竞争的替代品；

（3）供应商能够轻易实现前向联合或一体化，而买方难以进行后向联合或一体化。换句话说，这些情况就是"店大欺客""皇帝的女儿不愁嫁"。以共享单车为例，国内自行车生产企业产能过剩，所以作为供应商这些自行车生产企业在与共享单车平台企业讨价还价过程中必然处于不利地位，而共享单车所需 GPS 和智能锁等方面技术含量较高，这些产品和技术的供应商则会具有较高的议价能力。

2. 客户的议价能力

客户即购买者主要通过压低价格与要求卖方提供更好的产品或服务的能力，来影响行业中现有企业的盈利能力。客户议价能力影响主要有以下原因：（1）购买者的总数较少，而每个购买者的购买量较大，占了卖方销售量的很大比例。（2）卖方行业由大量相对来说规模较小的企业所组成。（3）购买者所购买的基本上是一种标准化产品，同时向多个卖主购买产品在经济上也完全可行。（4）购买者有能力实现后向一体化，而卖主不可能前向一体化。换句话说，这些情况就是"客大欺主"。叶圣陶的名著《多收了三五斗》关于粜米一段的描写就体现出这种情形：农民丰收后去粜米，虽然米价跌了，但米行被少数资本家所垄断，而农民数量众多且都是散户，产品差异化不明显，因此对于农民来说处于不利的议价地位，最后为形势所迫不粜米不行，只能忍痛贱卖。

3. 新进入者的威胁

新进入者对于一个行业来说，会带来创新和活力，也会带来新的资源，同时新进入者也会要求在现有市场占有一席之地，甚至要求对现有市场进行重新瓜分，这就会导致与现有企业发生竞争，最终影响到行业中现有企业的盈利水平，甚至改变游戏规则，危及行业原有企业的生存。新进入者所产生威胁的严重程度取决于两方面的因素，即进入新领域的障碍大小与现有企业对于进入者的反应情况。对于新进入者来说进入障碍主要包括规模经济、产品差异、资本需要、转换成本、销售渠道开拓、政府行为与政策等。现有企业对进入者的反应情况即行业内现有企业采取报复行动的可能性大小，这取决于有关企业的财力情况、报复记录、固定资产规模、行业增长速度等。新进入者不仅会带来市场份额的变化，甚至会彻底改变一个行业，改变企业间竞争的游戏规则，例如20世纪80~90年代国内很多大的国营商店在激烈的竞争中陆续退出历史舞台，被国际大型超市抢占了市场，丧失了主导地位。现在很多服装、小商品实体店也逐渐受到来自各类网店的压力，生存空间不断受到挤压。当然新进入者要抢占市场也并不是一件容易的事情，市场原有企业具有"先行者优势"，往往在品牌形象、资金和技术投入等方面都处于领先位置。

4. 替代品的威胁

波特五力模型中的另一个要素是替代品的威胁。两个处于同行业或不同行业中的企业，很有可能会由于所生产的产品互为替代品，而产生相互之间的竞争。这种源自于替代品的竞争会以各种形式对行业中现有企业产生影响。具体体现在：（1）现有企业的产品售价以及获利能力，会受到被用户所接受的替代品的影响。（2）由于替代品生产企业的存在，促使现有企业必须提高产品质量，或者通过降低成本来降低售价，或者使其产品具有特色，才能保持其销量与利润增长。简而言之，替代品价格越低、质量越好、用户转换成本越低，其所能产生的竞争压力就越大，对行业内原有产品的替代性就越强。

随着手机功能的不断完善，越来越多的人选择使用手机拍照，手机不但像素越来越高，还带有美图功能，而且可以直接上传到网络，既方便又快捷。现在虽然不能说手机完全替代了相机，且有些摄影爱好者仍倾向于使用相机拍照，但对于大多数人来说已经越来越少使用相机来拍照，整体发展趋势是：胶卷相机越来越多地被数码相机所取代，数码相机被手机逐渐取代。然而最初在手机刚问世时，是与摄影摄像完全不相关的行业，很少有人意识到手机未来会对摄影摄像行业产生什么样的影响。

5. 同业竞争者的竞争程度

传统企业竞争战略的目标是使本企业获得相对于竞争对手的优势，因此各企业在战略实施过程中就必然会发生利益冲突，这就构成了企业之间的相互竞争，这些竞争往往体现在价格、广告、产品介绍、售后服务等方面，其竞争强度与许多因素息息相关。一般来说，行业中现有企业之间竞争强度取决于以下因素：

（1）行业进入障碍较低，竞争对手较多且势均力敌，竞争参与者范围广泛；

（2）市场趋于成熟，产品需求增长缓慢；

（3）竞争者企图采用降价等手段促销；

（4）竞争者提供几乎相同的产品或服务，用户转换成本很低；

（5）行业内竞争对手采取进攻性行动；

（6）退出障碍较高，即退出竞争要比继续参与竞争代价更高。

退出障碍涉及经济、战略、感情以及社会政治关系等各方面的影响，包括资产的专用性、退出的固定费用、战略上的相互牵制、情绪上的难以接受、政府和社会的各种限制等。例如，成立于1984年的健力宝曾是我国最大的饮料品牌，作为联合国指定饮料而辉煌一时，但在此后随着碳酸饮料"可口可乐"和"百事可乐"进军中国体育赞助市场以及果汁饮料、茶饮料的兴起，健力宝在饮料行业竞争中不断遭遇挫折，甚至一度处于破产边缘。

（三）SWOT分析模型

SWOT分析模型（见图4-4）是20世纪80年代初由美国旧金山大学的管理学教授韦里克提出的，SWOT是strength、weakness、opportunity、threat四个英文单词的首字母缩写。SWOT分析模型主要是通过分析企业内部和外部存在的优势和劣势、机会和威胁来概括企业内外部研究结果的一种方法，在企业战略制定、竞争对手分析等过程中得到了广泛运用。

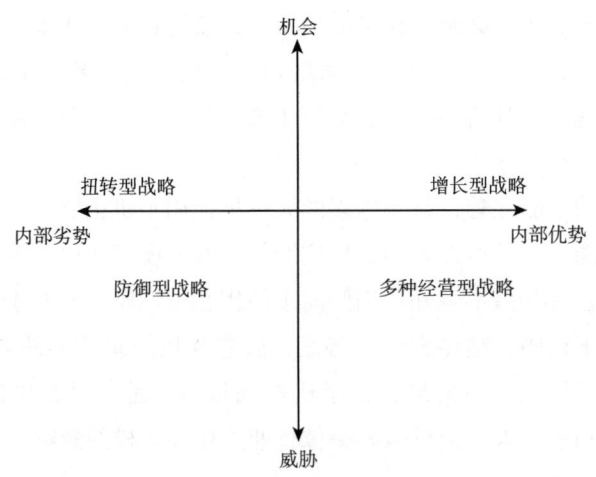

图4-4 SWOT分析模型

资料来源：金占明. 战略管理：超竞争环境下的选择［M］. 北京：清华大学出版社，2000.

S——优势：比较分析企业在外部市场环境、内部经营方面相对于其他竞争对手的优势；

W——劣势：比较分析企业在外部市场环境、内部经营方面相对于其他竞争对手的劣势；

O——机会：分析在目前的市场竞争态势下企业存在的发展机会；

T——威胁：分析在目前的市场竞争态势下企业存在的威胁和挑战。

优劣势分析主要是着眼于企业自身的实力及其与竞争对手的比较，机会和威胁分析主要将注意力放在外部环境的变化及对企业可能产生的影响上。环境发展趋势分为两大类：一类表示环境威胁；另一类表示环境机会。在进行分析时，应把企业所有的内部因素（优势和劣势）集中在一起考虑，然后结合外部环境的力量来对这些因素进行综合评估（见表4–2）。

表4–2　　　　　　　　　　　　基于SWOT的战略选择

外部分析＼内部分析	优势	劣势
机会	增长型战略 发挥优势 利用机会	扭转型战略 利用机会 克服劣势
威胁	多种经营型战略 利用优势 回避威胁	防御型战略 减少劣势 回避威胁

资料来源：金占明. 战略管理：超竞争环境下的选择［M］. 北京：清华大学出版社，2000.

1. 增长型（优势＋机会）

当内部优势与外部机会相互一致和适应时，企业可以用自身内部优势撬起外部机会，使机会与优势充分结合发挥出来。然而，机会往往是稍纵即逝的，因此企业必须敏锐地捕捉机会，把握时机，以寻求更大的发展，相应地应该采取增长型战略。

2. 扭转型（机会＋劣势）

当环境提供的机会与企业内部资源不相适合时，企业应该采取扭转型战略，需要提供和追加某种资源，以促进内部资源劣势向优势方面转化，从而迎合或适应外部机会。

3. 多种经营型（优势＋威胁）

当环境状况对企业优势构成威胁时，优势得不到充分发挥，出现优势不优的脆弱局面。在这种情形下，企业必须克服威胁，以发挥优势。企业可以考虑多种经营型战略，寻求合适的领域发挥自身优势。

4. 防御型（劣势＋威胁）

当企业内部劣势与企业外部威胁相遇时，企业就面临着严峻挑战，如果处理不当，可能直接威胁到企业的生死存亡。在这种情况下，企业应该采取防御型战略。

(四) 波士顿矩阵

波士顿矩阵（BCG Matrix）（见表4-3），又称市场增长率—相对市场份额矩阵、波士顿咨询集团法、四象限分析法、产品系列结构管理法等。波士顿矩阵由美国著名的管理学家、波士顿咨询公司创始人布鲁斯·亨德森于1970年首创。波士顿矩阵认为，决定产品结构的基本因素有两个，即市场引力与企业实力。市场引力包括整个市场的销售量（额）增长率、竞争对手强弱及利润高低等，其中最主要的是反映市场引力的综合指标——销售增长率，这是决定企业产品结构是否合理的外在因素。企业实力包括市场占有率、技术、设备、资金利用能力等，其中，市场占有率是决定企业产品结构的内在要素，它直接显示出企业竞争实力。销售增长率与市场占有率既相互影响，又互为条件。市场引力大，市场占有率高，可以显示产品发展的良好前景，企业也具备相应的适应能力，实力较强；如果仅有市场引力大，而没有相应的高市场占有率，说明企业尚无足够实力，则该种产品也无法顺利发展。相反，企业实力强，而市场引力小的产品也预示了该产品的市场前景不佳。通过以上两个因素相互作用，会出现四种不同性质的产品类型，形成不同的产品发展前景。

表4-3　　　　　　　　　　　　　波士顿矩阵

		相对市场占有率	
		高	低
销售增长率	高	☆明星类 需要继续投入资源以稳固市场份额	？问题类 尚未打开市场但发展潜力较大，需加大投入获取市场或出售
	低	¥现金牛类 资源投入较少 企业的主要经济来源	X瘦狗类 衰退类业务 撤退战略 可将此类业务单元合并，统一管理

资料来源：金占明. 战略管理：超竞争环境下的选择 [M]. 北京：清华大学出版社，2000.

波士顿矩阵的目的在于通过产品在坐标图上所处不同象限的划分，使企业采取不同决策，以保证其不断地淘汰无发展前景的产品，保持问题、明星、现金牛产品的合理组合，实现产品及资源分配结构的良性循环。

波士顿矩阵基本计算公式为：

本企业某种产品绝对市场占有率 = 该产品本企业销售量/该产品市场销售总量；

本企业某种产品相对市场占有率 = 该产品本企业市场占有率/该产品市场占有份额最大者（或特定的竞争对手）的市场占有率。

明星产品（stars）。它是指处于高增长率、高市场占有率象限内的产品群，这类产品可能成为企业的现金牛产品，需要加大投资以支持其迅速发展。

现金牛产品（cash cow）。它是指处于低增长率、高市场占有率象限内的产品群，已进入成熟期。其财务特点是销售量大、产品利润率高、负债比率低，可以为企业提供资金，而且由于增长率低，也无须增大投资。

问题产品（question marks）。它是处于高增长率、低市场占有率象限内的产品群。前者说明市场机会大、前景好，而后者则说明在市场营销上存在问题。

瘦狗产品（dogs），也称衰退类产品。它是处在低增长率、低市场占有率象限内的产品群。其财务特点是利润率低、处于保本或亏损状态，负债比率高，无法为企业带来收益。对这类产品应采用撤退战略。

企业经营者的任务，是通过四象限法的分析，掌握产品结构的现状及预测未来市场的变化，进而有效地、合理地分配企业经营资源。在产品结构调整中，企业的经营者不是在产品到了"瘦狗"阶段才考虑如何撤退，而应在"现金牛"阶段时就考虑如何使产品造成的损失最小而收益最大。波士顿矩阵法的应用不但提高了管理人员的分析和战略决策能力，同时还帮助他们以前瞻性的眼光看问题，更深刻地理解企业各项业务活动之间的联系，加强了业务单位和企业管理人员之间的沟通，及时调整企业的业务投资组合，收获或放弃萎缩业务，加大在更有发展前景的业务中的投资，紧缩那些在没有发展前景的业务中的投资。

（五）平衡计分卡与战略地图

企业战略的制定、选择、实施执行和评估过程需要充分利用各种管理工具。除了之前介绍的在战略制定环节中的 PESTLE 模型、波特五力模型、SWOT 分析模型和波士顿矩阵之外，在战略执行环节还可以通过平衡计分卡、战略地图等管理工具对战略执行的任务分解和效率进行监督和评估。平衡计分卡由罗伯特·卡普兰（Robert S. Kaplan）和戴维·诺顿（David P. Norton）提出，通过图、卡、表来实现战略规划，从财务、客户、内部运营、学习与成长四个角度，将组织的战略落实为可操作的衡量指标和目标值的一种新型绩效管理体系。企业可以利用平衡计分卡等手段对战略进行准确描述，使管理体系与平衡计分卡挂钩，与战略挂钩。平衡计分卡涉及股东、客户、员工三类利益相关者，能够将战略转化为组织各层级的绩效和行为，并使组织行为能够服从于整体战略，从而保证企业战略得到有效执行，如图 4-5 所示。

然而，平衡计分卡也有其局限性，平衡计分卡只是建立了一个战略框架，而缺乏对战略进行具体而系统、全面的描述。在此基础上罗伯特·卡普兰和戴维·诺顿又提出了战略地图的概念（见图 4-6），作为平衡计分卡的延伸。

战略地图实质上是阐述如何将组织的战略可视化，描述了实现组织战略的逻辑路径

风险管理和内部控制理论与实践

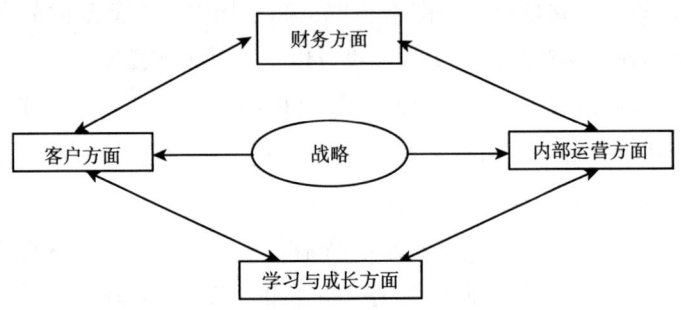

图 4-5　平衡计分卡

资料来源：金占明．战略管理：超竞争环境下的选择［M］．北京：清华大学出版社，2000.

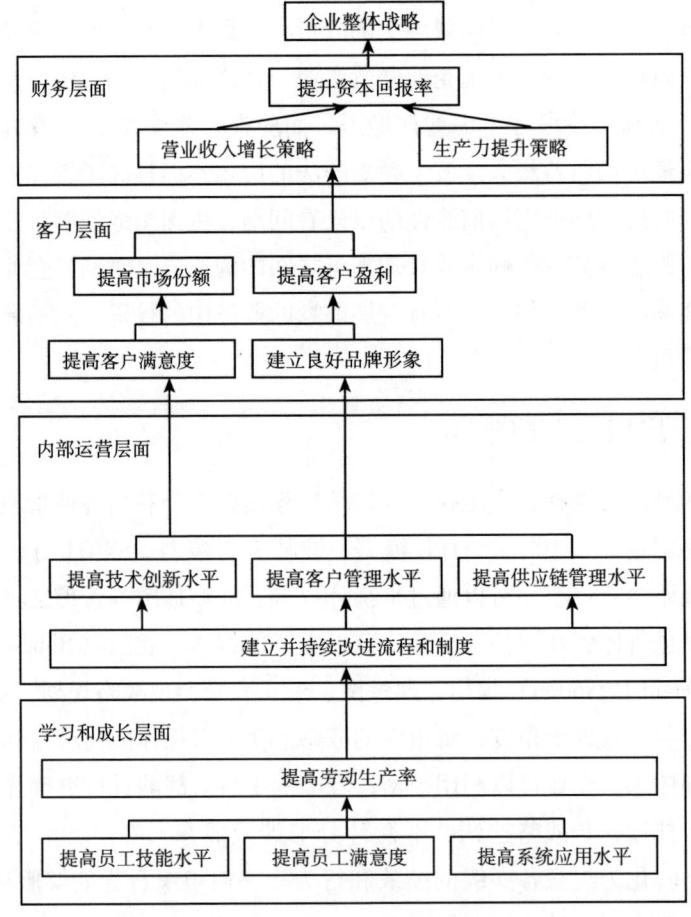

图 4-6　战略地图示意

资料来源：作者整理。

图，是以平衡计分卡的四个层面目标（财务层面、客户层面、内部运营层面、学习和成长层面）为核心，通过分析这四个层面目标的相互关系而绘制的企业战略因果关系图。

战略地图将期望结果与其驱动因素联系起来，将员工个人的工作和公司战略联系起来，把员工的个人努力集合在一起从而实现公司战略。为企业量身定做的战略地图等工具能够对战略进行详细描述，清晰描述了战略的构成要素及相互关系，同时对四个层面的目标和具体指标进行有效管理。通过与具体目标对标将战略进一步分解成各部门的实际工作任务。

三、战略管理的内部控制

战略管理是一个具有复杂性、系统性和动态性的过程，在这个过程中充满了不确定性因素，因此需要企业战略的管理者能够科学地划分战略阶段，有步骤地进行战略管理。理论界和企业界通常都将战略管理过程分为战略制定、战略实施和战略评价三个阶段。其中，战略制定是指确定企业任务，认定企业的外部机会与威胁以及企业内部的优势和劣势，建立长期目标，制定可供选择之战略，并最终选择合适的实施战略。战略实施是指企业设定具体目标、制定政策、调动和配置资源，以确保所制定的战略得以贯彻执行。战略评价是指重新审视外部与内部因素，度量企业的业绩，评估战略实施的效果和采取纠正措施。

（一）企业战略的制定

企业战略制定是保证企业健康、稳定发展的根本，企业制定的战略需要与企业的使命、愿景相一致，与企业所处环境和自身实力相匹配，战略制定和执行决定着企业能否实现预定的目标。战略制定过程中需要对企业所处内外部环境进行综合分析，充分了解和利用自身优势，抓住发展机遇，有效规避各类风险，促进企业实现预期的发展目标。

1. *战略制定的主要风险*

缺乏明确的战略或战略选择不合理，不适应企业外部环境和内部资源能力的现状，或因战略管理机构设置不健全和人员不能胜任工作，导致制定出的战略发生失误，导致企业经营失败，影响到企业的生存和发展。

2. *战略制定的控制措施*

在制定战略目标过程中，企业要充分调查研究、科学分析预测和广泛征求意见，应当综合考虑宏观经济政策、国内外市场需求变化、技术发展趋势、行业及竞争对手状况、可利用资源水平和自身优势与劣势等影响因素。企业应当明确战略委员会的职责和议事规划，对战略委员会会议的召开程序、表决方式、提案审议、保密要求和会议记录等做出规定，确保议事过程规范透明、决策程序科学民主。战略委员会应当组织有关部门对发展目标和战略规划进行可行性研究和科学论证，形成发展战略建议方案。

在进行战略制定过程中，企业要做到充分调研，科学分析。企业应当组织相关机构和人员对发展目标和战略规划进行可行性研究和科学论证，广泛收集国内外宏观政治经济形势、本行业状况、国家产业政策、科技进步、技术创新等信息，对与本企业有关的重要信息也要及时获得和分析，包括市场需求、主要客户、供应商及竞争对手的有关情况等。根据内外部因素的对比分析，制定既符合自身实际情况又符合市场经济发展规律的发展战略，如表4-4所示。

表4-4　　　　　　　　　　战略的制定与选择

战略分类	战略名称	战略描述	相关性
拓展战略	市场渗透	谋求现有产品或服务在现有市场上的市场份额增加	与核心能力相关的战略
	市场开发	将现有产品或服务导入新的地区市场	
	产品开发	通过改进现有产品或服务开发新的产品或服务，谋求销售额增加	
一体化战略	前向一体化	获得对分销商或零售商的所有权或控制力	与价值链相关的战略
	后向一体化	获得对供应商的所有权或控制力	
	水平一体化	获得对竞争对手的所有权或控制力	
多元化战略	同心多元化	增加新的相关产品或服务	集团层面战略
	不相关多元化	增加新的不相关产品或服务	
	水平多元化	为现有顾客增加新的不相关产品或服务	
防御战略	收缩	通过减少成本或资产对企业进行重组，聚焦主业	与多元化相反的战略
	剥离	出售或转让企业的部分业务	
	清算	出售企业的全部或部分资产，获取现金收入	
并购战略	收购	通过产权交易获得别家企业资产或业务的控制权	资本运作战略
	合并	两家企业归并为一家企业	
合作战略	合资	两家或多家企业投资建立新企业	合作伙伴战略
	联盟	两家或多家企业通过契约成为合作伙伴	

资料来源：作者整理。

按照风险内控工作要求，在战略制定之后是发展战略的审批，董事会负责审议战略委员会提交的发展战略方案，重点关注其全局性、长期性和可行性。董事会在审议方案中如果发现重大问题，应当责成战略委员会对方案作出调整。企业的发展战略方案经董事会审议通过后，报经股东大会批准实施。

（二）企业战略的实施

在制定了战略规划后，很多企业却不能成功实施其战略。毕竟再好的战略还是需要在实际工作中得到践行，所谓"千里之行，始于足下"，仅有一个好的战略仅是成功的第一步，再好的战略和计划如果没有进行有效的分解，没有得到实际的贯彻执行都毫无意义。

1. 企业战略实施的主要风险

企业的战略没有有效分解落实到实际工作中，战略目标没有有效地在组织内传递，各级管理层或员工没有了解战略和需要实现的具体目标，无法使战略协调一致，导致战略未能得到有效的实施。

2. 企业战略实施的主要控制措施

（1）企业应当根据发展战略确定中长期发展规划、五年发展规划、三年滚动发展规划等，明确发展的阶段性和发展程度，确定每个发展阶段的具体目标、工作任务和实施路径；企业应当根据发展战略，制定年度工作计划，编制全面预算，将年度目标分解、落实。

（2）企业应当完善发展战略管理制度，确保发展战略有效实施。企业应当确保各项业务运行与企业总体战略相符，确保企业各项战略决策在经营活动中得到有效贯彻实施。

此外，企业应当重视发展战略的宣传工作，通过内部各层级会议和教育培训等有效方式，将发展战略及其分解落实情况传递到内部各管理层级和全体员工，确保战略能够得到有效执行。

（三）企业战略的监控和调整

1. 战略监控和调整的主要风险

（1）企业战略在执行过程中由于宏观经济形势、国家产业政策、行业变化等因素导致战略不适用，未及时对战略做出调整，影响企业总体目标的实现。

（2）企业战略实施没有得到有效监控，执行过程中发生偏离战略目标的情况，并没有给予相应调整。

2. 企业战略监控的主要控制措施

战略实施后企业应当对企业战略实施情况进行监控，由战略委员会定期收集和分析相关信息，对于明显偏离企业战略的情况，应当及时报告。

企业战略和规划作为重大投资、资产重组和体制改革等工作的审核依据，在经济形势、产业政策、技术进步、行业状况以及不可抗力等因素发生重大变化，确需对发展战略做出调整的,应当按照规定权限和程序调整发展战略。

企业要以总体规划和实施方案的贯彻落实为目标,通过规划反馈和评价、考核等方式保证战略规划能够得到顺利执行,保证战略目标的实现。通过年度的自我评价和独立评价对战略实施情况进行总体评价,并将其作为重要的绩效考核指标纳入对相关负责人的业绩考核中,如图4-7所示。

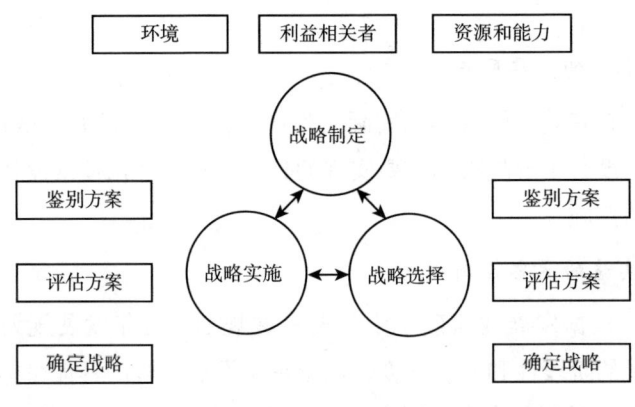

图4-7 战略管理过程

资料来源:作者整理。

第三节 人力资源的内部控制

企业的基本资源包括人、财、物等,其中人的因素是企业发展各种要素中起到决定作用的根本因素。"现代企业的竞争,说到底是人才的竞争",这种观点已经被广泛认同。人力资源是增强企业活力的内在源泉,是提升企业核心竞争力的重要基础,是实现企业发展目标的根本动力。人力资源的内部控制对于企业来说至关重要,人力资源一方面是企业最大的资产,是企业核心竞争力的源泉,另一方面,如果使用不当也可能给企业发展带来巨大的负面影响,或成为企业最大的负担。

《企业内部控制基本规范》将人力资源定义为企业组织生产经营活动而录(任)用的各种人员,包括董事、监事、高级管理人员和全体员工。人力资源管理包括聘用、培训、薪酬、考核、晋升、奖惩、辞退与离职等业务。人力资源的控制目标是优化人力资源整体布局,使人力资源的质量、数量和结构符合企业行业特点和生产经营实际情况,并与企业发展动态相适应。

总体上说,企业应当围绕整体战略,结合人力资源现状和未来需求预测,建立人力资源发展目标,制定人力资源总体规划和能力框架体系,优化人力资源整体布局,明确人力资源的引进、开发、使用、培养、考核、激励、退出等管理要求,实现人力资源的合理配置。同时以加强人力资源能力建设为核心，以优化人才结构为主线，以强化人才激励约束机制为突破口，抓住发现、引进、培养、使用等环节，培养和造就各类优秀人才，为增强企业核心竞争力提供强有力的人才保证和智力支撑，人力资源管理的工作流程如图4-8所示。

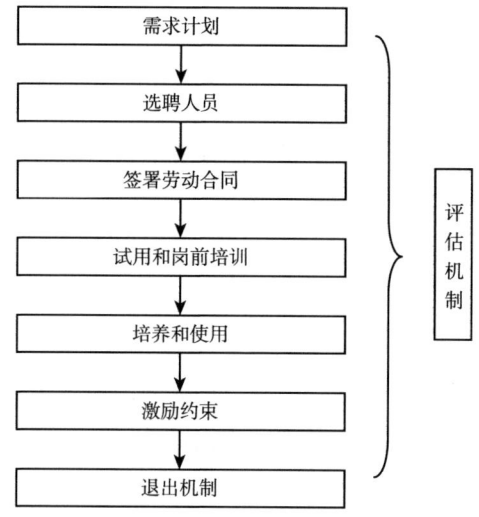

图4-8　人力资源管理的简要工作流程

资料来源：作者整理。

一、人力资源的引进与开发

企业为了实现其发展目标需要根据人力资源总体规划，结合生产经营实际需要，制定年度人力资源需求计划，完善人力资源引进制度，规范工作流程，按照计划、制度和程序组织人力资源引进工作。

1. 人力资源引进与开发面临的主要风险

（1）人才战略不符合整体企业战略，人力资源规划评估不当；人力资源规划不科学、不合理，不能有效支持各项业务的开展，影响企业战略的实现。

人员编制设置不能适应业务发展需要，导致人员配置不足或过剩，或人力资源的数量、技能、结构不合理，导致企业战略的实现受到影响。

人力资源缺乏或过剩、结构不合理、开发机制不健全，可能导致企业战略难以实现。高技能/专业技术人才匮乏或储备不足，导致业务持续发展能力弱。关键人员选用不当，导致对整个企业生产经营、持续发展、员工队伍稳定造成影响。

（2）岗位描述、岗位要求、任职资格、责权范围界定不清晰，导致岗位职责不明，权限不清。

(3) 未按照国家相关法律法规签订劳动合同，导致不必要的人事劳务纠纷。

(4) 员工晋升、降级、调动等管理不规范，培养计划、发展规划、晋升机制不够完善或未得到有效执行，导致劳资纠纷，影响员工积极性。

(5) 人员培训时间、内容与业务需求不相匹配，导致无法有力支持业务发展。

2. 人力资源引进与开发的主要控制措施

(1) 企业应该根据整体战略需要，结合人力资源现状和未来需求预测，建立人力资源发展目标，制定人力资源总体规划，对未来人力资源数量、结构和素质等进行分析，用以指导制定人力资源管理相关政策，确保人力资源的数量、结构配置等方面满足企业战略的需要，全面提升企业核心竞争力。

(2) 企业应定期（至少每年一次）对年度人力资源规划执行情况进行评估，总结人力资源管理经验，分析存在的主要缺陷和不足，完善人力资源政策，促进企业整体团队充满生机和活力。

针对关键岗位的聘任，人力资源部门根据用人部门或企业的用人需求进行招聘，招聘结果报相关管理层审核通过后确定最终录用人选。

(3) 依法与所有的员工及时签订正式的劳动合同，对于工作岗位性质有竞业限制和保密义务的员工，应当根据有关保密规定与员工签订保密协议，并应符合相应的法律法规要求。

(4) 企业应当建立选聘人员试用期和岗前培训制度，对试用人员进行严格考察，促进选聘员工全面了解岗位职责，掌握岗位基本技能，适应工作要求。试用期满考核合格后，方可正式上岗；试用期满考核不合格者，应当及时解除劳动关系。

(5) 按照培训计划组织开展培训任务，形成培训记录，并通过各种方式收集信息对培训效果进行书面评价。

(6) 根据人力资源能力框架要求，明确各岗位的职责权限、任职条件和工作要求，遵循德才兼备和公开、公平、公正的原则，通过公开招聘、竞争上岗等多种方式选聘优秀人才，重点关注选聘对象的价值取向和责任意识。企业选拔高级管理人员和聘用中层及以下员工，应当切实做到因事设岗、以岗选人，避免因人设事或设岗，确保选聘人员能够胜任岗位职责要求。

(7) 企业选聘人员应当实行岗位回避制度。岗位回避制度是指政府、事业或企业等单位中的某岗位，其工作内容涉及审察、评价、选拔等决策环节，如果该岗位的工作人员与被审察人员、被评价人员、被选拔人员等有夫妻、直系血亲、旁系血亲、近姻亲以及可能影响公正决策的其他利害关系的都应当回避。

(8) 企业确定选聘人员后，应当依法签订劳动合同，建立劳动用工关系。

(9) 企业对于在产品技术、市场、管理等方面掌握或涉及关键技术、知识产权、商业秘密或国家机密的工作岗位，应当与该岗位员工签订有关岗位的保密协议，明确保密义务。

（10）企业应当重视人力资源开发工作，建立员工培训长效机制，营造尊重知识、尊重人才和关心员工职业发展的文化氛围，加强后备人才队伍建设，促进全体员工的知识、技能持续更新，不断提升员工的服务效能。

二、人力资源的约束与激励

企业之间的竞争关键是人才的竞争。在近几年，国有企业人力资源约束与激励机制不合理，经营效率低下，关键技术和国家机密、商业机密泄密风险显得尤为突出。在现代企业中各项工作已经不再是流水线上的简单操作，员工的主动性和创造力已经成为企业发展的源泉，缺乏有效的约束与激励机制会导致人浮于事、出工不出力。没有了对落后员工的鞭策和对优秀员工的激励，缺乏公平合理的评价考核机制，会对广大员工的工作积极性和热情产生极大的负面影响。

1. 人力资源约束与激励的主要风险

（1）人力资源激励约束制度不合理、关键岗位人员管理不完善，可能导致人才流失、经营效率低下或关键技术、商业秘密和国家机密泄露。

（2）考核体系不够科学或指标设计不合理，导致达不到考核目的。

（3）绩效考核运作机制不完善或未得到有效执行，导致考核效率或效果不佳。

（4）绩效考核结果不能及时、正确应用，导致员工积极性受挫或人才流失。

2. 人力资源约束与激励的主要控制措施

（1）企业应当建立和完善人力资源的激励约束机制，设置科学的考核指标体系，对各级管理人员和全体员工进行严格考核与评价，确保员工队伍处于持续优化状态。

（2）绩效考核文件应在考核年度前公布，其内容应包含考核指标名称、任务目标、考核标准、分值权重、数据来源、考核结果等项目。按照公司规定进行考核指标修订和调整，并按照规定程序审批。

（3）被考核对象岗位发生变动时，考核组织部门应对被考核对象及考核文件及时进行修订或调整。

（4）考核结果应当经适当管理层审核。绩效考核结果确定后，考核组织部门应将考核结果告知被考核人。被考核人如对绩效考核结果存有异议，有权按规定的程序进行申诉，经考核组织部门调查确认属实，则应调整申诉人的绩效考核结果。

（5）绩效考核结果应与末位淘汰、晋升、工资调整挂钩，作为员工薪酬、职级调整和解除劳动合同等的重要依据。

（6）建立绩效考核档案管理规定，绩效考核文件和考核结果由指定部门进行存档，并按照档案管理规定进行保管。

人力资源绩效考核管理流程如图4-9所示。

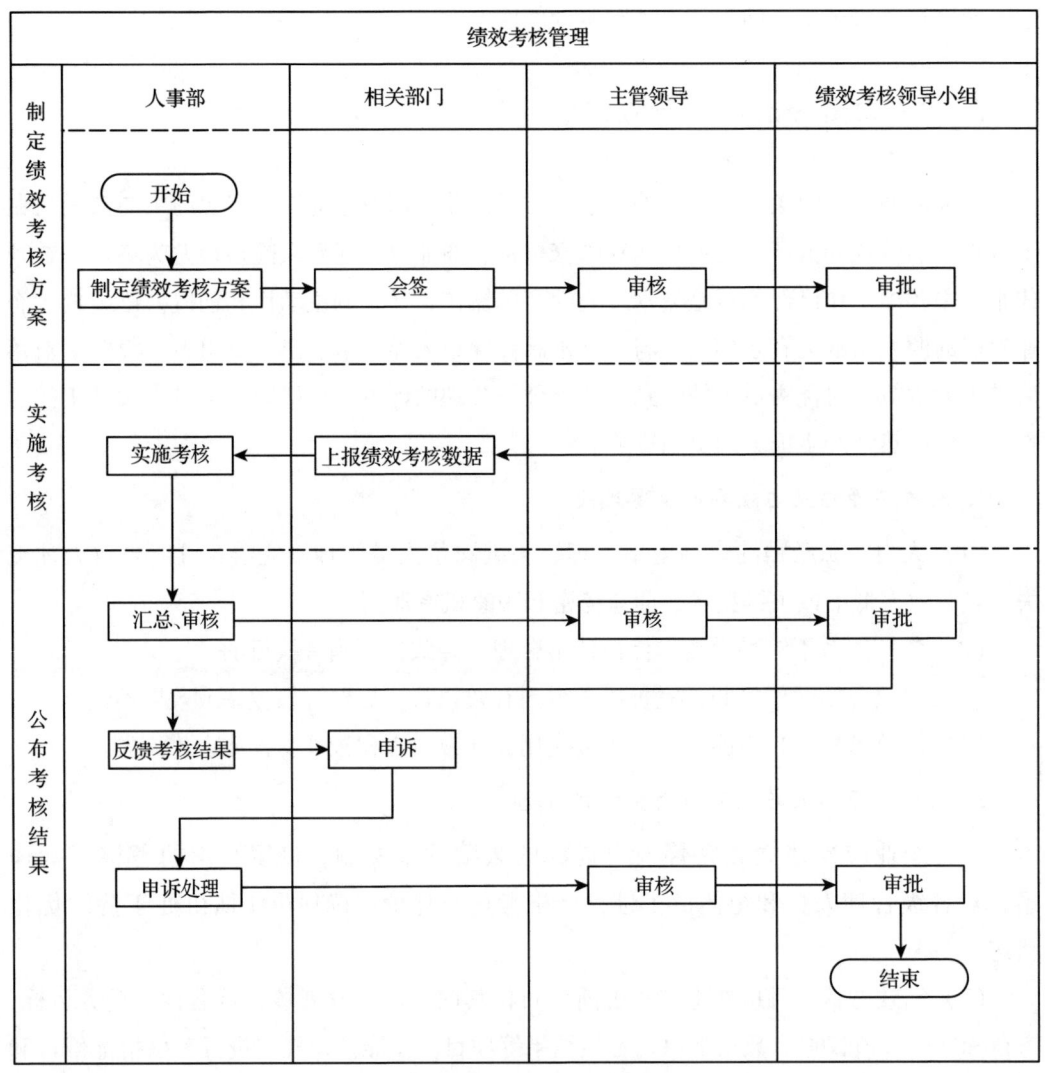

图4-9　绩效考核管理流程

资料来源：作者整理。

三、薪酬福利管理

1. 薪酬福利的主要风险

（1）薪酬总额控制不当，导致企业人力成本增加，不利于企业的长久发展。

（2）未建立同工同酬的薪酬制度，影响员工工作热情。

（3）员工的工作时间记录或处理有误，导致工资金额不正确。

（4）关键岗位未进行强制休假，可能导致错误或舞弊不能及时被发现。

（5）工资计算不准确或账务处理错误，导致财务报告的准确性受到影响。

（6）员工工资发放错误、虚发、冒领等，导致员工不满或企业利益受损。

（7）奖金计算不准确或账务处理错误，影响财务报告准确性。

2. *薪酬福利的主要控制措施*

（1）对工资总额进行控制，按照上级管理部门核定的工资总额提取并发放。在工资总额范围内，对本企业权限内薪酬事项进行管理，并接受当地劳动行政部门的监督管理。

（2）企业应当与员工签订并履行劳动合同，遵循按劳分配、同工同酬的原则，建立科学的员工薪酬制度和激励机制，不得克扣或无故拖欠员工薪酬。

企业应当建立高级人员与员工薪酬的正常增长机制，切实保持合理水平，维护社会公平。

（3）应当指定专人负责考勤工作，考勤情况应当定期（如每月一次）通过考勤汇总表等形式汇报给适当管理层进行审核后提交人力资源部门作为工资计算的依据。

（4）员工休假、加班等符合劳动法等相关规定的，经适当管理层批准后，作为计算工资或者调休的依据。针对个别重要岗位（包括业务流程及管理流程中容易产生舞弊风险的重要岗位），应进行轮岗或不定期强制休假。

（5）及时编制月度工资明细表，员工工资计算应当基于以下信息：员工岗位变动；员工新增与减少；员工考勤和加班；员工职称变化；员工考核结果。

通过编制员工工资变动情况表等方式及时统计员工工资变动，并反映到员工信息文档中，同时应保证员工工资明细表与员工信息文档核对一致。

（6）工资明细表（包括各项福利及个人所得税）应当由人力资源部门领导及主管领导审核，审核发现错误应当及时予以更正。

工资的支付申请应当经人力资源部门、财务部门及主管管理层的审核。财务部门对工资的计提和支付及时进行账务处理，记账凭证须经不相容岗位人员稽核。

（7）奖金计算明细及发放申请应当经过主管领导审核，确认奖金计算正确无误。财务部门对奖金的计提和支付及时进行账务处理，记账凭证须经不相容岗位人员稽核。不得私自发放限额规定以外的奖金、福利。

四、人力资源的使用与退出

1. *人力资源使用与退出的主要风险*

（1）人力资源退出机制不当，造成人才流失，商业秘密泄露，导致企业业务受到影响、法律诉讼或企业声誉受损。

（2）岗位变动未进行必要的业务交接，导致日常工作受影响。

2. 人力资源使用与退出的主要控制措施

（1）应当按照有关法律法规规定，结合企业实际，建立健全员工退出（辞职、解除劳动合同、退休等）机制，明确退出的条件和程序，确保员工退出机制得到有效实施。

企业对考核不能胜任岗位要求的员工，应当及时暂停其工作，安排再培训，或调整工作岗位，安排转岗培训；仍不能满足岗位职责要求的，应当按照规定的权限和程序解除劳动合同。

企业应当与员工依法约定保守关键技术、商业秘密、国家机密和竞业限制（企业员工离职后的特定时间不能从事与原企业业务存在竞争关系的营业活动）的期限，确保知识产权、商业秘密和国家机密的安全。

企业关键岗位人员离职前，应当根据有关法律法规的规定进行工作交接或离任审计。

（2）员工主动提出辞职的，辞职申请须经过所在部门及人事部门领导、主管领导审核同意后，办理离职手续，并将辞职申请、劳动合同解除证明文件等进行备案。

因违纪、决策失误、考核结果不合格等原因需辞退或进行调岗时，应经所在部门及人事部门领导、主管领导审核，并按照国家有关法律法规及企业相关规定办理。

（3）员工离职时应当提前30日以书面形式向所在部门提出申请，经所在部门及人事部门领导、主管领导批准后方可办理离职手续。离职前应履行工作交接手续，需交接的事项应至少包括：业务事项；文书档案的归还；预借款结清；信息系统账户注销；企业财产如钥匙、电脑、手机等退还。

如此前劳动合同规定有保密和竞业限制的，应及时进行提醒和必要的跟进。

（4）建立人才储备机制。企业应当加强后备人才队伍建设，建立人才储备制度，通过人才培养和轮岗等制度，建立关键岗位的人才备用方案，防止员工离职造成的岗位无人接替，避免因人员离职造成工作无法正常开展而给企业带来损失。

人力资源管理的员工退出与解聘流程如图4-10所示。

五、员工档案管理

员工档案管理是企业人力资源管理的一项重要内容。员工档案记录了员工的基本情况，包括在企业工作期间的培训情况、岗位变动情况、薪酬情况、考核情况等。员工档案的综合分析对制定人力资源计划或规划起着至关重要的作用。

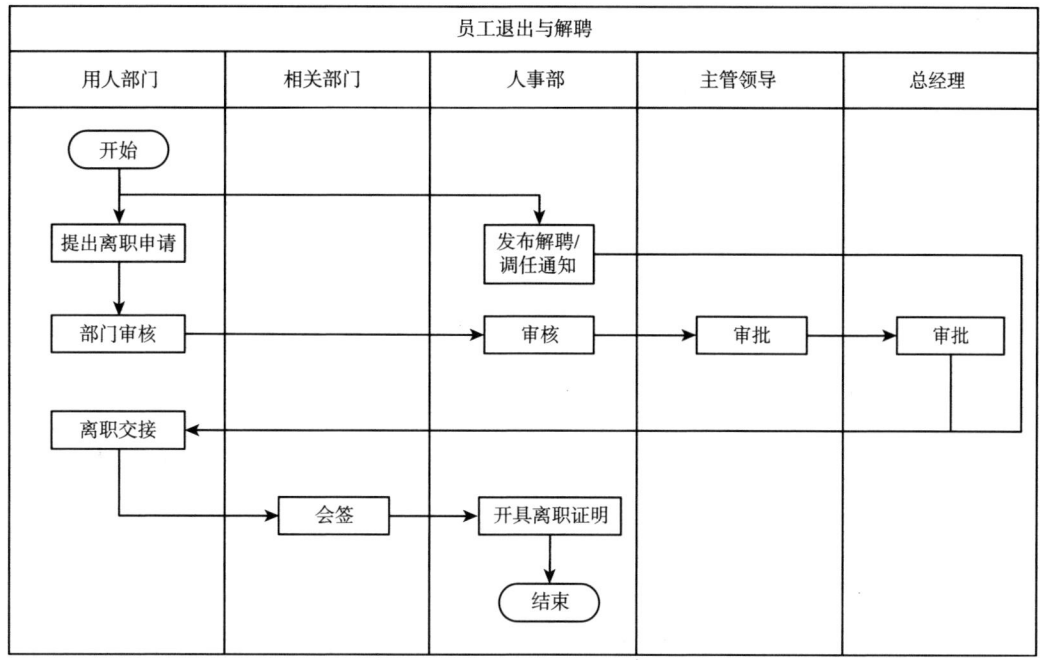

图 4-10　员工退出与解聘流程

资料来源：作者整理。

1. **员工档案管理的主要风险**

（1）未建立系统的方式管理员工信息文档，导致员工信息不完整、不准确。

（2）未经授权变更或查阅员工信息文档，可能导致档案材料涂改、圈划、抽取、撤换、伪造档案内容，或泄露员工人事档案信息。

（3）员工人事档案材料收集不全，不能客观、准确、全面反映员工真实情况。

2. **员工档案管理的主要控制措施**

（1）建立涵盖全部员工的员工信息文档，保证员工信息文档的准确性和及时性，至少包括：履历材料；自传材料；鉴定、考核、考察材料；学历和评聘专业；技术职务材料；录用、任免、聘用、转业、工资、待遇、出国、退（离）休、退职材料及各种代表会代表登记表等材料。

（2）指定专人负责员工信息文档的维护，根据相关授权文件方可对员工信息文档进行新增、删减、变更和查阅。建立员工电子信息档案，任何部门和个人不得将档案文件资料以任何理由据为己有或由个人保存，不得任意转移、转让、拆分、损毁。

（3）人事档案管理人员应定期与组织、人事管理人员核对所管人员和所管档案是否一致。员工及薪酬的变动信息，员工信息文档应当定期或不定期经人力资源部门及主管领导审核。

案例

B 企业市场化人员聘用的失误

B 企业为一家大型国有企业，以往总部员工主要由原部委下属企业人员和应届毕业生组成，B 企业长期以来实行的是高福利、低薪资，人才培养模式也是通过内部培养为主。从 2012 年开始 B 企业在总部层面引入"职业经理人"——具备相关工作经验，不纳入编制，享受市场化薪资。本意是通过引进市场化人才带来新的管理理念，创新现有管理模式，给企业带来新的活力。由于原有职员待遇远低于行业平均薪资，要招到履历背景合适的人员，薪资必须为现有同职能人员的 2~3 倍。而人事部门在市场化人员的选择聘用、提拔、使用、考核方面没有做好事先的平衡，在集团内部原有职员和新进"职业经理人"之间出现了同工不同酬的问题。由于原有员工更了解企业的文化和具体业务，实际工作主要还是依赖原有员工来维持；新进市场化人员对于企业历史、业务、人员等都需要相当长的时间来适应，一定时间内没有明显贡献，但级别、待遇又远高于现有员工，造成了企业内部实质上的不合理。形成这一局面的主要原因包括以下三个方面：

第一，无公开、公信的招聘标准。B 企业制订的人员招聘计划，是由上层领导和人事部门来判断和确定的，没有对业务部门的实际需求进行调研。招聘前甚至没有公开的岗位描述和任职背景要求，部分新进人员并没有让原有员工信服的能力和资历，新招职位与部门现有人员岗位职责有所重叠，而各部门亟需的专业人员，却得不到补充。因为没有明确和公开的选拔标准，一些"职业经理人"在原单位仅为普通工作人员，经猎头公司包装推荐后在职级上有很大提升，甚至直接担任重要的管理岗位。一些原有员工要求能竞聘这些岗位，却得不到人事部门的回应。

第二，薪酬体系不健全，无明确标准，新旧标准差距大。市场化人员的工资待遇没有固定标准，也不是按照岗位、级别、工作任务绩效等确定，薪酬待遇制定过程为"黑箱操作"——为应聘人与人事部门谈判，同一级别、类似岗位的工资待遇因谈判结果的不同而存在很大差异。不仅原有员工不满，市场化人员当中也存在严重的不满情绪。

第三，缺乏考核。市场化人才入职后，因为没有明确的岗位描述和考核标准，也就没有与工作绩效挂钩的考核机制。新进市场化人才是否合格，最初是通过大家综合测评来打分，打分结果是市场化人员评分普遍偏低，此后人事部门干脆取消了全体测评，评分结果也不再公开。市场化人才的提拔和续聘更是缺乏业务支撑，完全不按实际工作成果来考核，几乎完成依赖于相关主管领导的主观判断，变成了一门"玄学"。

B企业欲通过引进市场化人员，提升企业管理水平，但却因为人事选聘和薪酬方面设计和执行不合理，不但没有起到激励先进、鞭策落后的作用，反而因为阻塞了原有职员的上升通道，致使原有员工情绪抵触，导致整体士气低落和企业严重的内耗。

（资料来源：作者整理）

第四节　社会责任的内部控制

社会责任是指企业在经营发展过程中应当履行的社会职责和义务，主要包括安全生产、产品和服务质量、环境保护、资源节约、促进就业、员工权益保护、慈善事业等。

社会责任包含的内容非常宽泛，一般来说包含以下四方面内容：一是投资者和债权人利益；二是员工的安全和利益；三是产品和服务要满足和保护消费者及相关方利益；四是环境保护和节能，促进就业等，以及保护社区、大众的利益。

企业应当重视履行社会责任，切实做到经济效益与社会效益、短期利益与长远利益、自身发展与社会发展相互协调，实现企业与员工、企业与社会、企业与环境的健康和谐发展。要重点关注生产安全、产品和服务质量、节能环保以及社会公益方面的各类风险。

在履行社会责任方面企业要实现的目标包括：遵守国家和地方政府有关的法律、法规和标准；贯彻落实"以人为本、安全第一、健康环保、持续发展"方针，最大限度保证不发生事故、不损害人身健康、不破坏环境，促进企业全面、协调、可持续发展；优化资源配置，减少能源的损失和浪费，更加科学、合理、高效地利用能源；建立健全并严格执行产品质量标准体系，在生产中实现全过程质量控制，提升职工质量意识，走质量效益型发展道路；积极履行社会公益方面的责任和义务，提升企业市场形象和公众认可度。

一、安全生产

安全生产控制的目的是保证企业的生产活动顺利进行，保证生产过程符合国家相关安全法律法规，确保员工人身安全、企业财产安全。

1. 安全生产方面的主要风险

（1）安全生产管理体制不规范或制度执行不力。安全生产责任制不完善、不健全，未建立与岗位相匹配的全员安全生产责任制。

（2）未建立安全生产监督部门，或企业安全生产管理体系建设处于基础阶段，缺少持续改进机制，监督职能未得到有效发挥，对生产安全监督不到位。

（3）安全生产管理基础薄弱，投入不足，员工生产工作环境恶劣，基础设施落后，个体防护用品配备不规范等，导致生产安全事故的发生。

（4）管理层缺乏对安全生产的正确认识，安全管理团队缺乏专业工艺风险管理能力和相应人才，各级人员安全生产意识薄弱，缺乏必要的安全培训，导致有意或无意的违规操作，造成人员伤害和财产损失事故。

（5）未建立安全生产监督考核机制，缺少过程性安全绩效指标，没有形成对生产过程的有效监督考核，导致安全隐患发现、报告或治理不及时，迟报、谎报和瞒报安全事故的现象发生。违反生产安全的行为没有得到及时制止和纠正，形成习惯性违章。未落实安全生产责任追究制度，导致违反安全生产的行为没有受到应有的惩处，安全生产管理失去威慑作用。

（6）未结合企业风险特点制定有效的安全生产应急预案，未组织预案演练或预案演练实效性不强，员工应急操作掌握不熟练，应对处置能力不高。

2. 安全生产方面的主要控制措施

（1）企业应当根据国家有关安全生产的各项法律、法规、条例和标准规定，建立安全生产保障体系和管理体系，结合企业实际，进一步完善安全生产责任制和岗位说明书，明确业务条线和属地安全生产，建立健全全员安全生产责任制、各项安全生产管理制度，严格落实安全责任。

（2）企业应当设立安全生产监督管理部门，负责安全生产的日常监督管理工作。安全生产监督管理部门应跟踪国家对安全生产方面的法律、法规、政策，加快推进安全生产体系建设，不断完善监督职能，及时将相关法律和政策的变更传达给相关部门和岗位。

（3）企业应当以工艺危害和风险分析、控制为切入点，在人力、物力、资金、技术等方面提供必要的保障，推动运营、工艺、设备管理提升，重视在基本设施、个人防护等方面的安全生产投入，确保符合安全生产要求。企业应当严格执行生产车间管理规定，包括听从现场安全管理人员的指挥和劝阻；进入生产车间参观应由安全人员全程陪同并按照指定的路线行走，危险地段禁止停留；生产车间内必须佩戴安全帽等个人防护品；没有得到许可，请勿靠近、触摸任何机械、设备；注意生产车间内的地面和空中轨道上运输和吊装的货物；注意生产车间内有装卸货物的机动车辆出入；等等。

（4）企业应当建立管理层安全领导力提升的长效机制，制定和公开领导个人安全生产行动计划及安全承诺，加强专业安全管理人员的培养使用，加大复合型专业人才引进力度，研究激励机制，发挥内部安全监督和专业团队作用。企业应当贯彻预防为主的原则，采用各种形式增强员工安全意识，鼓励员工汇报安全隐患和小事件。企业应当对本公司全体职工进行安全教育，组织全体职工开展标准规范教育培训，培训内容包括《安全生产法》《职业病防治法》《危险化学品安全管理条例》《安全生产许可证条例》等国家颁布的各种有关安全生产的法律、法规、条例和标准，事故案例学习和分析，安全行为观察和安全分享。企业应当重视岗位培训，对于特殊岗位实行资格认证制度。企业的主要负责人、安全管理人员、从业人员及特种作业人员必须经过安全生产知识和生产技术培训，并经考核合格方可上岗。

（5）企业应当健全安全生产监督机制。配备合格的专职安全生产管理人员，坚持安全工作定期分析检查制度，确保各项安全措施落实到位，切实减少"重复性隐患"和"习惯性违章"，提高隐患排查体系化能力和专业化水平。企业领导应当定期分析安全生产形势，定期组织并参与安全生产检查，并对查出的隐患进行记录，跟踪整改情况，实行闭环管理。

对发生的重大伤亡事故、重大工艺或设备事故、重大污染事故、重大火灾事故，应立即采取措施，科学处置和应对，并按照相关规定上报事故信息，不得隐瞒不报、谎报或拖延报告。

企业应当严格实行事故处理和责任追究制度，对相关的责任人员，按照国家有关规定对主要责任人予以相应的行政处分；对造成严重后果，构成犯罪的，要依法追究刑事责任。

（6）企业应当根据国家有关安全生产的规定，结合本企业实际情况，建立有效的安全生产应急预案，明确应急预案的组织和责任分工，做好宣传培训，组织预案演练等，在重大安全生产事故发生时应当启动应急预案。

案例

A 企业的安全黄金法则

A 企业一直坚持安全第一和对安全事故零容忍的原则，其对于安全生产的理念是：

➤ 所有事故都是可以避免的；

➤ 每个人都要对自己和周边人的安全负责；

➤ 安全涉及每个人，管理层首先要发挥带头作用。

A 企业根据对过去八年发生的所有事故的统计和分析，得出以下结论：40%的安全事故都与交通、跌倒有关，包括滑倒、绊倒和高处跌落等；30%的安全事故与姿势、姿态和使用工具有关；20%的安全事故是由与能源、产品的接触引起；10%的安全事故与高空操作有关。综合所有的安全事故，A 企业确定如果遵循六大安全法则至少40%的事故是可以预防的。

六大安全法则包括：

（1）遵守个人防护品（PPE）佩戴要求，可以避免10%的安全事故。

企业应当规定何时和如何穿戴PPE，确保相关人员已经受训会正确使用PPE；

在使用 PPE 前要检查，如有损坏或不合适，立即更换；使用后将 PPE 放在合适的地方等。

（2）遵守高处作业要求，可以避免 8% 的安全事故。

A 企业规定在任何时间、任何地点工作进行高处作业时，都需要使用所有适宜的预防和防护措施防止坠落。人员应当知道有哪些防坠落保护设备并知道如何使用它们；在使用这些设备前要先检查（全面检查、由有相关能力的人检查、周期性测试等）；高处作业要经过授权并要使用特殊的设备（使用安全带的培训，机动升降平台的特殊许可证等）；在使用防坠落设备工作时，不要分散人员的注意力（主管要约定紧急状态下的联络和行动方法）；只有得到授权方可使用脚手架，脚手架必须由具备相关能力的人员检查和确认（脚手架要挂红牌或绿牌）；采取措施预防坠物风险（使用警示标识等）。

（3）规范厂内交通规则，能够避免 7% 的安全事故。

A 企业规定遵守交通法规并在操作车辆前做好检查；经过授权后才能驾驶使用的车辆（如叉车司机证等）；遵守交通法规（遵守道路限速规定和交通标志的要求、系好安全带、驾车时不打电话或使用车载免提电话设施等）；只在检查后并确认状况良好方可操作车辆；和移动的车辆保持安全距离，当要接近时，要与驾驶员确认并得到许可；不论在工作场所内外，都要关注自身和周围人员的安全；上下楼梯时要手扶栏杆，并且走路时不要奔跑；及时报告任何在路上或楼梯上的绊倒或滑倒的危险。

（4）规范的现场标志，能够避免 7% 的安全事故。

清晰地标示出危险区域并遵守禁止进入不安全区域的要求；在高处作业的下方用隔离设施设立警戒区域，以防止坠落的风险（工作前、工作中和工作后）；注意在起重作业时货物可能坠落的风险；使用刚性安全维护栏替代隔离带；任何工作场所的围挡都标示着危险，必须遵守其要求；在任何临时开放的区域周围放置围挡。

（5）工作现场严格的禁入和封闭能够避免 6% 的安全事故。

A 企业规定在开始工作前，要确认电气、工艺和机械风险已隔离；除非是本人挂牌和上锁，或得到授权，否则绝不移除标牌和开锁；开展工作前与主管确认所有的隔离措施已经完成并且没有其他残留的风险；在废弃/移除安全关键设备时，必须从相关负责人处获得授权；检查安全隔离的有效性或确保隔离是由具备相关能力的人执行的；在跨班、跨工作组和一个工作班次结束时，确认隔离是持续有效的；隔离程序总是遵守下述四个步骤：切断、锁定和挂牌、解锁、检查。

（6）现场的整洁、干净，能够避免 4% 的安全事故。

A 企业要求保持工作场所整洁干净，防止滑倒和绊倒事故；保持道路、紧急出口和消防设施不被阻挡；定期清洁工作场所并移走废物；安排合适的地方放置工具、设备和其他东西；不要在储物柜顶部存放东西，不要使存放的东西处于不平衡的状态；对上述内容进行检查，以确保上述内容得以有效实现。

A 企业的安全黄金法则在组织内通过安全活动、团队会议等形式广泛地宣传介绍，确定组织内每一个员工包括新员工都能够了解和掌握，并采取指标监控的方式评估法则的实施。A 企业通过规范和调整管理人员与操作人员的现场行为，提高人员的安全意识，有效避免了各类安全事故的发生。

（资料来源：作者整理）

二、质量管理

企业的产品和服务是为了满足市场需要而提供的，生产过程是否合规，提供的产品和服务是否能符合市场需求和行业标准，在多大程度上实现客户的满意度，就是我们所说的产品和服务质量。

产品和服务质量管理是为了实现质量目标而进行的所有管理性质的活动。产品和服务质量要靠工作质量来保证，说到底最根本还是人的因素，如何发掘人的积极性，规范工作流程，确保好的工作质量，最终保证产品和服务质量是质量管理的关键。

1. 质量管理的主要风险

（1）企业生产的产品和提供的服务不符合市场需求，质量标准体系不健全，质量控制执行不当，没有达到行业标准要求，不能满足社会需要或不符合社会价值观，导致企业产品销售困难，甚至违反国家质量标准，对消费者权益造成损害，面临经济赔偿、法律诉讼等，导致企业巨额赔偿、形象受损，甚至破产。

（2）发生质量事故时未及时上报有关部门、处理不妥当；质量纠纷处理不当，导致被监管机构处罚，利益受损。

2. 质量管理的主要控制措施

（1）企业应当根据国家和行业相关质量的要求，实施全面质量控制（TQC），切实提高产品质量和服务水平，努力为社会提供优质安全健康的产品和服务，最大限度地满足消费者的需求，对社会和公众负责，接受社会监督，承担社会责任。

（2）企业人员在设计、生产和销售过程中应当根据国家法律法规规定，结合企业过产品特点，制定完善的产品质量标准体系。

（3）企业应当规范生产流程，建立严格的产品质量控制和检验制度，严把质量关，未经检验合格的产品严禁出售，禁止缺乏质量保障、危害人民生命健康的产品流向社会。

（4）企业应当加强产品的售后服务。售后发现存在严重质量缺陷、隐患的产品，应当及时召回或采取其他有效措施，最大限度地降低或消除缺陷、隐患产品的社会危害。

（5）企业应当妥善处理消费者提出的投诉和建议，切实保护消费者权益。

三、节能环保

1. 节能环保的主要风险

（1）企业面临市场竞争与环境保护双重压力，节能环保投入大，国家对于资源和环境保护要求不断提升。

（2）企业未能有效对废水、废气、废渣回收、利用和处理，企业资源耗费大，能耗和污染物排放水平不能达标，造成环境污染或资源枯竭，导致企业生产不能顺利进行，受到国家有关监管部门的处罚，使企业遭受巨大的财务损失和声誉受损，甚至造成企业倒闭。

2. 节能环保的主要控制措施

（1）企业应当根据国家有关环境保护与资源节约的规定，结合企业实际情况，制定环境保护与资源节约制度。跟踪国家节能环保相关法律、法规、政策，并将相关法律和政策的变更信息向有关部门及下属企业传达。

（2）企业应当建立健全节能减排组织体系，成立节能减排领导小组，负责本企业节能减排总体工作，研究决定节能减排重大事项。设置负责节能减排协调、监督管理的职能部门，或者在有关职能部门中配备专职管理人员，负责节能减排日常管理和监督工作。

各级企业主要负责人对本企业节能减排工作负主要领导责任。分管节能减排工作的负责人统筹组织各项节能减排制度和措施的落实，对节能减排工作负分管责任。

（3）企业应当重视生态保护，加大对环保工作的人力、物力、财力的投入和技术支持。企业应当推广先进的生产方式，大力推进"零排放"管理，从制度、技术、管理等方面提高资源利用效率，通过技术创新、工艺流程改进、装置升级、"脱瓶颈"改造等途径，提高资源综合利用效率，实现废弃物减量化和资源化，加强对废气、废水、废渣的综合治理，控制污染物达标排放，完成各项节能减排预定目标。

（4）企业应当重视国家产业结构相关政策，特别关注产业结构调整的发展要求，加快高新技术开发和传统产业改造，推广新型、高效、低碳的产品与服务，实现清洁发展、低碳发展和可持续发展。

（5）企业应当建立环境保护和资源节约的监控制度，企业节能减排主责部门组织实施定期或不定期监督检查，对发现的问题，及时采取措施予以纠正。可以通过自我检查、第三方检测、内部审计、外部审计等多种形式对节能减排效果进行评估和核定。企业要建立健全节能减排统计监测体系，加强对生产过程中能源消耗和污染物排放的统计监测。

（6）要建立和完善内部节能减排考核奖罚体系，层层分解落实节能减排责任。安全环保绩效考核内容通过安全环保责任书的方式进行约定，企业主要负责人每年年初签订安全环保责任书。发生紧急、重大环境污染事件时，应当启动应急机制，及时报告和处理，并依法追究相关责任人的责任。

（7）要加强节能减排计量、定额、统计等基础管理工作，建立能源消耗统计及污染物排放统计台账，严格按照国家规定的口径、范围、折算标准和方法对能源消耗和污染物排放指标进行统计、分析。

（8）企业应当通过宣传教育等有效形式，不断提高员工的环境保护和资源节约意识。

四、促进就业与员工权益保护

员工是企业生存和发展的基础和内在动力，企业应当依法保障员工基本权益，保护员工依法享有劳动权利和履行劳动义务，鼓励职业化教育，保持工作岗位相对稳定，积极促进充分就业，切实履行社会责任。

1. 促进就业与员工权益保护的主要风险

企业未履行促进就业和员工权益保护的职责，可能导致员工合法权益和工作积极性、创造性受挫，对企业的声誉造成不好的影响，也会影响企业发展和社会稳定。

2. 促进就业与员工权益保护的主要控制措施

（1）企业应当规范劳动合同管理，保护员工依法享有劳动权利和履行劳动义务，保持工作岗位相对稳定，积极促进充分就业，尊重和维护员工各项合法权益。

（2）企业应当建立和完善科学的员工培训体系，大力培养、锻炼社会需要的应用型人才，重视产学研用相结合，加快科技成果的转化和利用，确保企业发展中所需人才能够得到不断补充。企业应当积极创建实习基地，拓宽职业发展路径，实现员工职业能力、职业素质、职业精神的全面提升，提高员工终生学习和终身就业的能力。

（3）企业应当完善职业发展通道设计，建立晋升机制保证晋升对每个人的公平和公正，通过建立公平的竞争机会和提供良好的个人发展机会以吸引人才。

（4）企业应当遵守法定的劳动时间和休息休假制度，确保员工的休息休假权利，维护员工身心健康。

（5）企业应当及时办理员工社会保险，足额缴纳社会保险费，保障员工依法享受社会保险待遇。

（6）企业应当按照有关规定做好健康管理工作，预防、控制和消除职业危害。按期对员工进行非职业性健康监护，对从事有职业危害作业的员工进行职业性健康监护。企业应当为劳动者提供符合国家有关要求的职业健康防护设施及职业危害防护用品，并建立职业健康防护设施及个体防护用品管理台账。

第五节 企业文化的内部控制

"三大纪律八项注意"一直是中国人民解放军的光荣传统，最早源于红军时期，后经过不断完善成为我军战斗力的重要保证。内容包括：一切行动听指挥、不拿群众一针一线、一切缴获要归公三大纪律，以及说话和气、买卖公平、借东西要还、不虐待俘虏等八项注意。制定"三大纪律八项注意"的目的就是要建立一种统一的价值观，营造一种良好氛围，创造一种大家共同遵守并为组织内每个人所认同的内部环境。在这种大环境下，我军实现了在思想和行为上的高度统一，提高了人民军队的战斗力，也增进了军民关系，对最终的革命胜利起到了至关重要的作用。从规定的内容上，"三大纪律八项注意"作为我军的行为准则，体现了人民军队的本质和宗旨，创造了一个全军上下统一的共同遵守的文化。

对于企业也是一样，好的企业文化能够规范企业内部各级管理者和员工的行为，有效提升企业的竞争力，推动企业战略目标的实现。

企业文化是指企业在生产经营实践中逐步形成的、为整体团队所认同并遵守的价值观、经营理念和企业精神，以及在此基础上形成的行为规范的总称。人们对于文化的理解影响人们对风险的识别、评估和反应，影响人们的思想和行为，最终影响到组织所作出的各项决策。在知识主导的时代，很多企业最重要的竞争优势是员工的智慧、经验和创造力，这些都成为企业的财富源泉。企业价值的创造越来越依赖于脑力劳动，而不是有形的体力劳动，与工业时代不同的是企业管理的重点已经不是外部强制的监督和约束，而变成通过企业文化建设，发挥员工的主动性和能动性，鼓励员工的创新精神，与员工在价值观方面达成共识。

企业文化的控制目标包括：

➢ 培育积极向上的价值观和社会责任感，提升员工对企业的信心和认同感，提高企业凝聚力和竞争力。

➢ 倡导爱岗敬业、开拓创新、团队协作精神和风险意识，建立诚实守信的经营理念，提升企业可持续发展能力。

➢ 树立良好企业形象，提高品牌影响力。

➢ 打造优秀的企业文化，为内部控制有效性提供有力保证。

1. 企业文化方面的主要风险

（1）缺乏积极向上的企业文化或未建立起符合企业核心价值理念的企业文化，导致各层级员工的工作行为规范不统一，导致员工丧失对企业的信心和认同感，企业缺乏凝聚力和竞争力。

（2）高级管理层未在企业文化建设中发挥应有作用，导致企业文化建设难以有效展开。

（3）对企业文化的培育与再造不够重视，导致员工对企业理念、文化认同度不高，导致员工思想不够稳定或工作热情不高，缺乏开拓创新、团队协作和风险意识，对企业的方针政策理解不透或执行不力，从而阻碍企业的发展或造成企业损失。

（4）缺乏诚实守信的经营理念，可能导致舞弊事件的发生，造成企业损失，影响企业信誉。

（5）未对企业文化进行定期评估，并进行必要的调整，导致企业文化可能不适应总体形势的发展。

（6）忽视企业间的文化差异和理念冲突，可能导致并购重组失败。

2. 企业文化方面的主要控制措施

（1）企业应该在总结以往的传统的基础上，提炼核心价值，总结形成企业文化规范，建设和形成具有本企业特色、共性突出、个性明显的企业文化。在建设企业文化时包含如下要素：

符合自身特点的发展愿景；

积极向上的价值观；

诚实守信的经营理念；

履行相应的社会责任；

开拓创新的企业精神；

团队的协作精神和风险防范意识。

（2）董事、监事、总经理和其他高级管理人员应当在企业文化建设中发挥主导和规范作用，约束领导行为，言行与企业文化理念一致，带动和影响整个团队，共同营造积极向上的企业文化环境。

（3）企业文化建设应当融入生产经营全过程，切实做到文化建设与企业战略的有机结合，增强员工的责任感和使命感，规范员工行为方式，使员工自身价值随着企业的发展得到充分体现。

（4）企业应当建立企业文化评估制度，明确评估的内容、程序和方法，落实评估责任制，避免企业文化建设流于形式。企业文化评估应当重点关注董事、监事、总经理和其他高级管理人员在企业文化建设中的责任履行情况、全体员工对企业核心价值观的认同感、企业经营管理行为与企业文化的一致性、企业品牌的社会影响力、参与企业并购重组各方文化的融合度，以及员工对企业未来发展的信心。

企业应当重视企业文化的评估结果，巩固和发扬文化建设成果，针对评估过程中发现的问题，研究影响企业文化建设的不利因素，分析深层次的原因，及时采取措施加以改进。

（5）企业应通过多种渠道（包括领导带头、组织培训和讲座、网络宣传、组织文化活动等），加强内部的文化网络建设，通过编辑内部报刊、员工培训等各种正式与非正式的信息传递渠道，促进企业文化在内部各层级的有效沟通，加强企业文化的宣传贯彻，确保全体员工共同遵守。企业应当加强对员工的文化教育和熏陶，全面提升员工的文化修养和内在素质。

（6）企业应重视和加强并购重组后的企业文化建设，评估所面临文化差异的基本特征和风险，制定企业文化融合方案，平等对待被收购方的员工，促进并购双方的文化融合。

第五章　业务层面控制

在开展对各项具体业务活动的控制之前，首先需要针对该项业务活动面临的主要风险进行识别，有针对性地采取相应的控制措施防范各类风险。一方面，要按照业务开展的顺序在相应的各个环节实施控制，例如投资内部控制方面，要在投资前立项与决策、投资项目执行、投资企业管理、投资后评价等环节分别采取相应的控制措施；另一方面，对于每个控制环节、每个控制措施，通过采用4W+1H方法，对控制活动的具体内容进行详细的描述和规定，即：

Who：哪个部门，哪个岗位执行控制活动？

When：该控制活动发生的时间或频率？

What：根据什么进行控制？如制度、单据、报告、电子邮件、系统数据等。

Why：该控制的目的是什么？

How：控制活动的具体内容如何操作？

以投资的内部控制为例，为了确保投资决策的正确（Why），根据项目投资管理规定（What），在项目投资决策前（When），负责投资项目的相关部门（Who），要制定投资计划，做好可研性分析，应当履行相应的报批程序（How），确认投资计划，编制可研性报告（What）。

对各项业务流程中主要风险的识别，对流程中关键环节、关键控制点如何有效控制，以及控制目标和方式等的详细描述构成业务层面控制的重点工作。下面我们将参照《企业内部控制应用指引》中的业务类型划分结合制造行业集体型企业的业务特点对业务层面的控制进行详细介绍。

第一节　资金管理的内部控制

资金指的是货币资金，包括企业所拥有的现金、银行存款和其他货币资金及有价债券。资金是企业生存和发展的基础，是企业生产经营的命脉，加强资金管理，防范各类资金风险，提高资金使用效率，是保证企业能够实现健康稳定发展的基础。从资金活动内容和范围来看资金活动主要包括筹资、投资和资金营运等活动。

一、筹资

筹资活动指的是企业为了满足生产经营发展的需要，通过贷款、融资租赁、银行承兑汇票、发行债券、股票等进行筹资的业务。

1. 筹资活动的主要风险

（1）缺乏筹资计划，或筹资计划审批、决策不当，可能导致盲目筹资，使企业资本结构、资金来源结构、利率结构等处于频繁变动中，引发资本结构不合理或无效融资；或者筹资计划与生产经营计划和预算不相匹配，可能导致企业筹资成本过高或债务危机，引发财务风险。

（2）筹资方案缺乏可行性研究，或可行性研究不充分，导致无法为筹资决策提供充分、可靠的依据，甚至造成决策失误。

（3）筹资活动未经适当审批或超越授权审批，导致决策失误或发生差错、舞弊、欺诈。

（4）在筹资过程中未按批准的方案筹集资金，可能导致资本结构不合理或无效融资或筹资项目严重违规。

（5）缺乏对债务筹资状态的全面掌握和管理，或由于经营不善而现金流断裂，未能按规定偿还股息或支付股利等，导致企业经营受到影响，导致利息没有及时支付或发生债务危机而面临处罚等。

（6）擅自改变筹集资金用途，导致企业遭受监管机构或资金提供方的处罚。

（7）筹资借款和债务偿还的金额计算及会计处理不正确，或债务偿付未经恰当审批，导致财务报表准确性受到影响。

2. 筹资活动的主要控制措施

（1）企业应当根据筹资目标和规划，重大筹资方案应当形成可行性研究报告，全面反映风险评估情况。财务部门根据企业发展战略和经营预算、计划，进行所需资金分析，拟订筹资方案，明确筹资用途、规模、结构和方式等相关内容；根据成本效益原则，全面综合地衡量筹资环境、筹资规模、财务状况、收益情况、筹资成本、风险因素、偿还能力等，对筹资成本和潜在风险作出充分估计。境外筹资还应考虑所在地的政治、经济、法律、市场等因素。

（2）企业应当对筹资方案进行科学认证，不得依据未经认证的方案开展筹资活动。企业筹集资金时，应拟订筹资方案，由财务部门发起筹资申请，对筹资规模、筹资用途、筹资方式、偿债计划等进行说明。重大筹资方案应当形成可行性研究报告，全面反映风险评估情况。企业可以根据实际需要，聘请具有相应资质的专业机构进行可行性研究。

（3）企业应当对筹资方案进行严格审批，重点关注筹资用途的可行性和相应的偿债能力，筹资方案需经有关部门批准的，应当履行相应的报批程序。筹资决策过程应有完整的书面记录。重大筹资方案，应当按照规定的权限和程序实行集体决策或者联签制度。筹资方案发生重大变更的，应当重新进行可行性研究并履行相应审批程序。

（4）企业应当根据批准的筹资方案，严格按照规定权限和程序筹集资金。银行贷款或发行债券，应当重点关注利率风险、筹资成本、偿还能力以及流动性风险等；发行股票应当重点关注发行风险、市场风险、政策风险以及公司控制权风险等。

企业通过银行贷款方式筹资的，应当与有关金融机构进行洽谈，明确借款规模、利率、期限、担保、还款安排、相关的权利义务和违约责任等内容。双方达成一致意见后签署借款合同，据此办理相关借款业务。

企业通过发行债券方式筹资的，应当合理选择债券种类，对还本付息方案作出系统安排，确保按期、足额偿还到期本金和利息。

企业通过发行股票方式筹资的，应当按照《中华人民共和国证券法》等有关法律法规和证券监管部门的规定，优化企业组织架构，进行业务整合，并选择具备相应资质的事务所协助，确保符合股票发行条件和要求。

（5）企业应当全面掌握债务筹资的状况，加强债务偿还环节的管理，对偿还本息等作出适当安排。企业应当按照筹资方案或合同约定的成本、利率、期限、汇率及币种，准确计算应付利息，与债权人核对无误后按期支付。

（6）应严格按照资金预算确定的用途使用资金，做到专款专用，不得随意改变资金用途。由于市场环境变化等特殊情况造成资金用途更改时，应当形成书面申请，履行相应的审批程序。严禁擅自改变资金用途。

（7）企业应当加强筹资业务的会计系统控制，建立筹资业务的记录、凭证和账簿。企业应当按照国家统一的会计准则制度，正确核算和监督资金筹集、本金偿还、股利支付等相关业务。财务部门建立并妥善保管筹资合同或协议、收款凭证、入库凭证等资料，建立并维护筹资管理台账，列示企业目前所有银行贷款的本金、利率、贷款起止日期、担保方式等。定期与资金提供方进行账务核对，确保筹资活动符合筹资方案的要求。

筹资管理流程如图 5-1 所示。

二、资金营运

资金营运是企业日常生产运营过程中发生的一系列资金收付行为。资金营运管理是对企业流动资产及流动负债的管理，包括从资金流入形成货币资金，到采购、生产、销售、还本付息、利润分配以及税收等环节。与筹资或投资行为不同，资金营运是一个不断循环的连续过程。

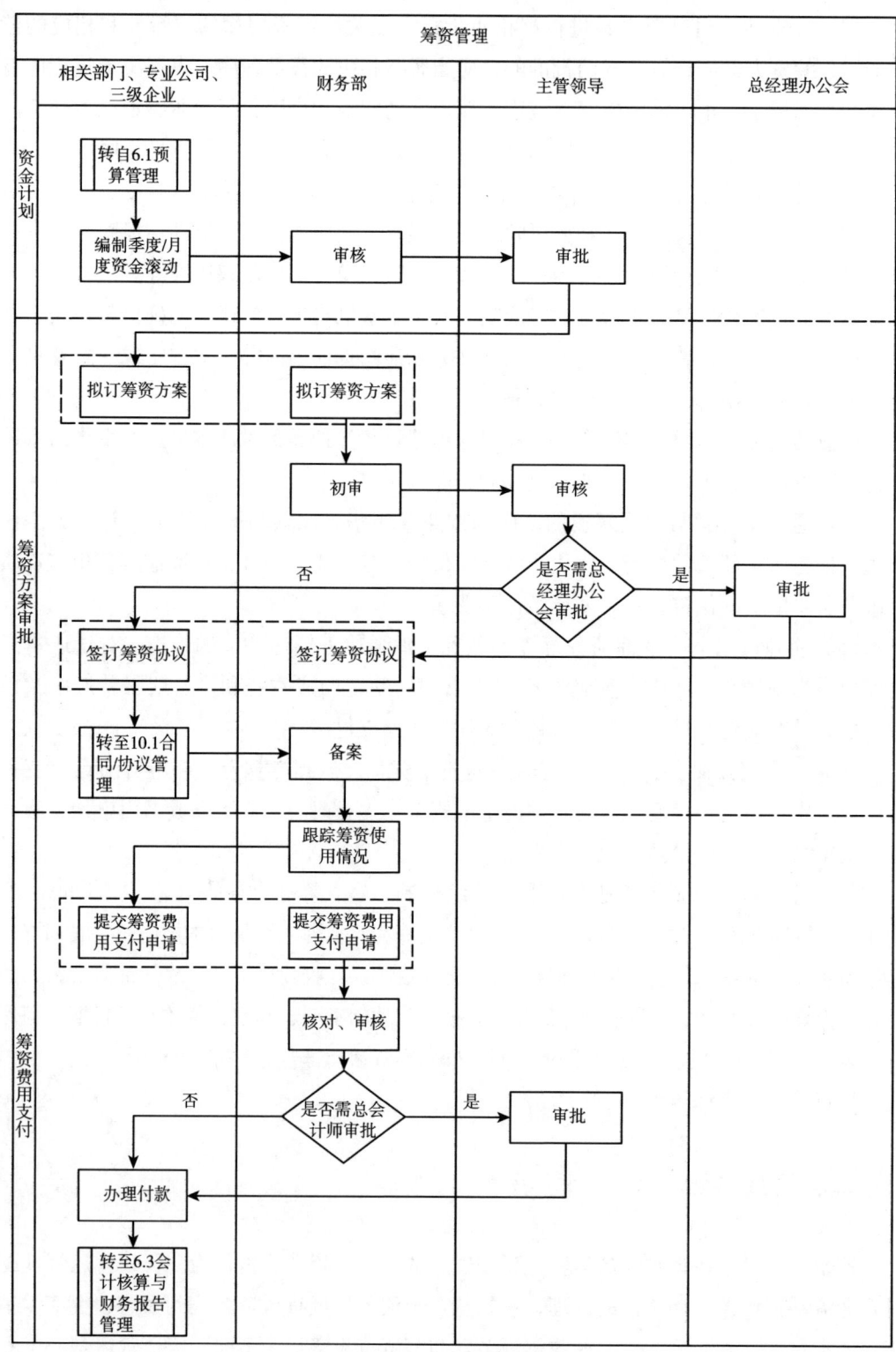

图 5−1 筹资管理流程

资料来源：作者整理。

企业应当加强资金营运全过程的管理，统筹协调内部各机构在生产经营过程中的资金需求，切实做好资金在采购、生产、销售等各环节的综合平衡，全面提升资金营运效率。

1. 资金营运的主要风险

（1）资金管理制度不健全、不完善，导致相关工作无章可依。

（2）资金活动管控不严，资金支付未经适当审批或超越授权审批，可能导致资金被挪用、侵占、抽逃或遭受欺诈，从而使企业遭受损失。

（3）未对资金计划执行情况进行分析评价，导致资金计划执行力度不足、资金计划管理流于形式。

（4）账户的开立、变更和撤销未经适当审批或缺乏定期检查机制，导致账户管理缺乏控制而造成资金损失。

（5）缺乏银行对账单的核对与调节机制，导致银行存款（包括本币、外币和保证金等）未被及时准确地记录。

（6）库存现金监管机制不完善，导致资金安全风险。

（7）印鉴管理职责未能有效分离，导致印鉴未经授权擅自使用，使公司面临资金损失的风险。

（8）票据登记内容不完整或记录错误，可能导致不能及时、准确、有效地跟踪票据使用情况。票据收取或使用未经适当审批，可能导致重大差错、舞弊、欺诈，影响公司资金安全。票据的盘点未被有效执行，可能导致账实不符。

（9）网银支付、密钥及口令保管不当，造成资金被挪用或流失，导致企业资金结算安全风险。

2. 资金营运的主要控制措施

（1）企业建立资金管理制度，并根据相关法律法规的要求，加强资金管理员和银行出纳对银行账户、现金、票据、财务印鉴等的管理。

（2）加强对营运资金的会计系统控制，严格规范资金的收支条件、程序和审批权限。企业办理资金支付业务，应当明确支出款项的用途、金额、预算、限额、支付方式等内容，并附原始单据或相关证明，履行严格的授权审批程序后，方可安排资金支出。

（3）企业应当做好资金运营分析工作。广泛收集国内外企业财务风险失控导致危机的案例，并至少收集本企业的以下重要信息：负债、或有负债、负债率、偿债能力；现金流、应收账款及其占销售收入的比重、资金周转率；产品存货及其占销售成本的比重、应付账款及其占购货额的比重；制造成本和管理费用、财务费用、营业费用；盈利能力；成本核算、资金结算和现金管理业务中曾发生或易发生错误的业务流程或环节。财务部资金管理员每月对资金计划的执行情况进行汇总、分析，编制资金计划执行情况报告，掌握资金计划执行情况的动态和差异，对资金计划执行中的异常情况进行重点分析，并及时进行上报。

充分发挥全面预算管理在资金综合平衡中的作用，严格按照预算要求组织协调资金调度，确保资金及时收付，实现资金的合理占用和营运良性循环。严禁资金的体外循环，切实防范资金营运中的风险。定期组织召开资金调度会或资金安全检查，对资金预算执行情况进行综合分析，发现异常情况，及时采取措施妥善处理，避免资金冗余或资金链断裂。

（4）开立银行账户时，财务部银行出纳发起银行账户开立/变更申请，履行相应审批程序。撤销银行账户时，财务部银行出纳提出银行账户撤销申请，报财务部部门负责人审核，财务总监审批，在对该账户发生的一切经济账务核对无误后办理销户手续。

（5）财务部银行出纳每月与开户银行进行对账，将银行存款日记账与银行对账单逐笔核对，资金管理员编制银行存款余额调节表，报财务部部门负责人审核。对核对不符的情况，应查明原因，及时处理。

（6）财务部现金出纳严格执行核定的库存现金管理并存放在保险箱，超过库存限额的现金及时存入银行。财务部现金出纳每日盘点库存现金，每月编制库存现金盘点表，做到日清月结。月末盘点表由现金出纳、资金管理员复核签字确认，对盘点差异应及时上报财务部部门负责人并进行账务处理。企业在生产经营及其他业务活动中取得的资金收入应当及时入账，不得账外设账，严禁收款不入账、严禁坐支现金、严禁设立"小金库"。

（7）企业应当遵守现金和银行存款管理的有关规定，不得由一人办理货币资金全过程业务，严禁将办理资金支付业务的相关印章和票据集中一人保管，严禁一人保管支付款项所需的全部印章。财务专用章由银行出纳保管，法人代表章由现金出纳员保管。财务部相关人员使用财务印鉴时，需提出使用申请，经财务部部门负责人同意后方可用印。需外带或其他部门使用财务印鉴时，应在办公自动化（OA）系统中提出用印申请，经使用部门负责人、分管领导、财务部部门负责人审核，财务总监审批后方可用印。财务部建立印章使用登记簿，对财务印鉴的使用情况进行登记。

（8）财务部资金管理员根据合同价格和支付方式，选择票据的种类和期限，并按规定程序和授权审批权限开立票据。财务部银行出纳负责审核业务部门提交的票据，审核无误后，双方签字登记，办理移交手续。对记载事项不全、没有连续背书以及印鉴不清的票据，做退回处理。

企业将承兑汇票背书用于对外支付，承兑汇票的背书转让须比照资金支付权限进行审批。在办理承兑汇票背书转让时，必须在"被背书人"栏注明被背书人全称，并对背书转让情况（包括承兑汇票号、背书批准人、背书转付企业、申请付款业务部门等）进行登记。票据需兑付或贴现时应按规定程序和权限履行审批手续。财务部银行出纳建立票据管理台账并进行登记，详细记录票据的购买、保管、领用、背书转让等环节。财务部银行出纳每月对票据进行一次盘点，编制票据盘点表，由资金管理员进行账实、账账核对，防止票据的遗失和被盗用，核对完成后在票据盘点表上签字确认。

（9）严格规范网银支付权限管理，将网银支付权限分配给不相容岗位人员保管并使用，网银 U 盾和密码由银行出纳和资金管理员分别管理。

资金运营业务流程如图 5-2 所示。

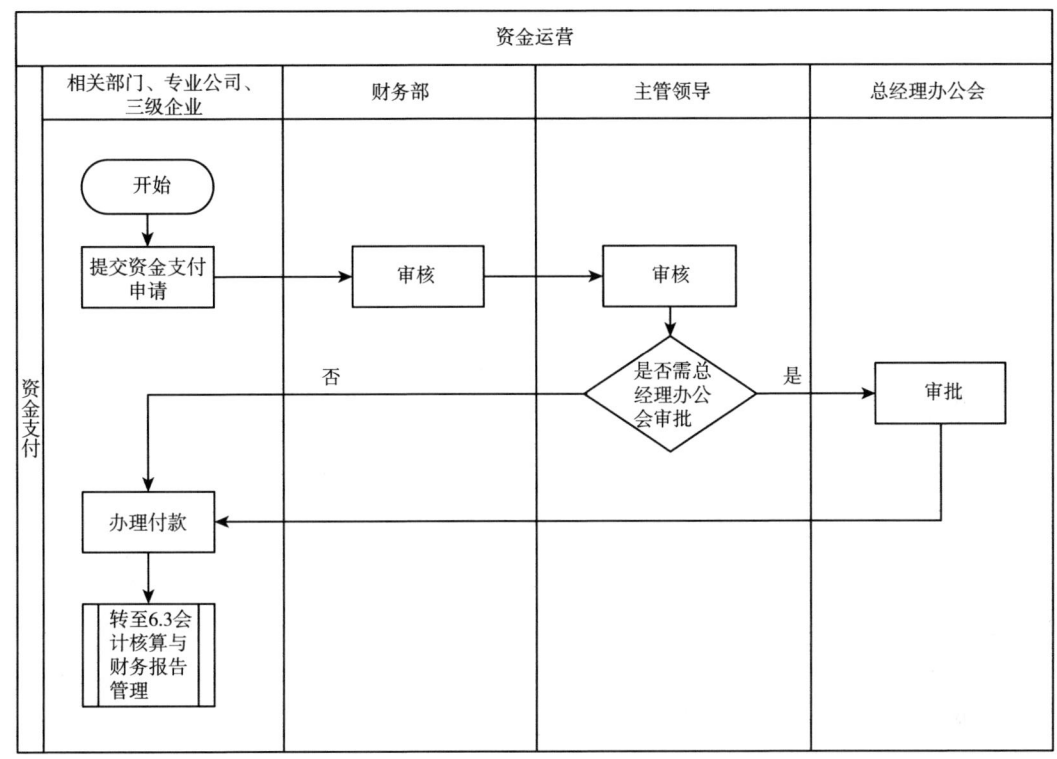

图 5-2　资金营运业务流程

资料来源：作者整理。

三、金融衍生业务

金融衍生业务是涉及远期、期货、期权和掉期（互换）等业务。其中，期货合约是指由期货交易所统一制定的、规定在将来某一特定时间和地点交割一定数量和质量实物商品或金融商品的标准化合约。

期权合约是指合同的买方支付一定金额的款项后即可获得的一种选择权合同。证券市场上推出的认购权证，属于看涨期权，认沽权证则属于看跌期权。

远期合同是指合同双方约定在未来某一日期以约定价值，由买方向卖方购买某一数量的标的项目的合同。

互换合同是指合同双方在未来某一期间内交换一系列现金流量的合同。按合同标的项目不同，互换可以分为利率互换、货币互换、商品互换、权益互换等。其中，利率互换和货币互换比较常见。

1. 金融衍生业务的主要风险

(1) 管理制度不健全、不完善，导致相关工作无章可依。

(2) 金融衍生工具交易方案制定不合理，交易决策失误或未按规定审批，导致达不到预期目标或可能造成交易损失。

(3) 金融衍生工具交易方案未经相关监管部门审批和备案，导致公司经济利益受损或遭受监管机构处罚。

(4) 委托未经批准的经纪公司或交易对手进行交易，可能导致发生经济损失。

(5) 未按金融衍生工具交易方案和交易指令进行交易，可能造成交易损失。

(6) 未对金融衍生工具交易账户进行监控，导致不能及时规避交易风险、降低潜在损失。

(7) 金融衍生工具交易保证金及清算资金的收支未按照规定程序进行，导致资金损失。

2. 金融衍生业务的主要控制措施

(1) 制定有效防范和监控信用风险、法规风险、价格风险、流动性风险、现金流风险、会计风险、操作风险等的金融衍生业务管理制度。

(2) 在开展金融衍生业务前须按制度要求提交相关部门及适当管理层进行审核，获得批准后财务部门方可根据阶段性计划开展金融衍生工具交易活动。

(3) 对于国家规定必须经有关部门批准许可的金融衍生业务，应及时报送相关监管部门，并得到有关部门批准后方可开展。

(4) 对经纪公司或交易对手的知名度、信誉度、业务开展规范程度、实力背景等进行调查，提交相应管理层进行审核，批准后方可选择经纪公司或交易对手。

(5) 单笔金融衍生工具交易按程序及权限完成审批后，由财务部门相关人员遵照经审批的方案和交易指令执行交易。

会计核算人员按照会计准则根据审批的方案、协议、交易确认书、资金交割单等资料进行财务处理。

交易人员及会计核算人员应定期与经纪公司或交易对手核对交易履行情况，并对持有头寸的价值进行分析。

(6) 财务部门定期向管理层提供金融衍生工具交易的基本信息或分析报告，并在发生重大交易事项时，启动重大事项报告机制，以便消除、处理或缓解交易风险带来的损害。财务部门至少每月对账，发现差异后按要求查找原因并处理。

(7) 加强对期货保证金的管理，对期货交易保证金划拨和使用执行严格审批。业务部门定期（至少每月一次）核对头寸、盈亏和保证金的变化情况，并将对账结果传递至财务部门。

四、担保业务

担保是指企业作为担保人按照公平、自愿、互利的原则与债权人约定,当债务人不履行职责时,依照法律规定和合同协议承担相应法律责任的行为。

1. 担保业务的主要风险

(1) 管理制度不健全、不完善,导致相关工作无章可依。

(2) 担保审批不严或越权审批,导致出现舞弊和造假行为。

(3) 对担保申请人的资信等状况调查不彻底,担保事项风险评估不全面,导致企业担保决策失误或遭受欺诈。

(4) 担保合同订立或履行不当,导致诉讼风险,使企业声誉或经济利益受损。

(5) 对被担保人出现财务困难或经营陷入困境等状况监控不力,导致企业承担连带经济责任。

(6) 担保业务的会计处理不当,导致财务报表准确性受到影响。

当担保申请人出现以下情形的,企业不得提供担保:担保项目不符合国家法律法规和本企业担保政策的;已进入重组、托管、兼并或破产清算程序的;财务状况恶化、资不抵债、管理混乱、经营风险较大的;与其他企业存在较大经济纠纷,面临法律诉讼且可能承担较大赔偿责任的;与本企业已经发生过担保纠纷且仍未妥善解决的,或不能及时足额交纳担保费用的。

2. 担保业务的主要控制措施

(1) 建立健全担保业务管理制度,对担保业务政策、授权和审批、担保责任追究等内容进行规范,明确担保的对象、范围、方式、条件、程序、担保限额和禁止担保等事项;规范调查评估、审核批准、担保执行等环节的工作流程;定期检查担保政策的执行情况及效果,切实防范担保业务风险。

(2) 企业应当建立担保授权和审批机制,规定担保业务的授权批准方式、权限、程序、责任和相关控制措施,在授权范围内进行审批,不得超越权限审批。提出担保时应按规定提交书面担保申请,应当包括融资原因、融资方式、融资金额、融资用途、经济效益预测、还款资金来源、贷款期限、利息率及计算方法等内容,以及担保人要求提供的其他资料。重大担保业务,应当报经董事会或类似权力机构批准。

对下属企业或下属企业间互相担保时,需经上级单位批准。各下属企业之间的相互担保,由上级单位负责协调。

对所属非全资公司提出担保申请时,该非全资公司的其他股东须按持股比例提供有效的反担保。如果不能提供有效反担保,需进行说明,按照规定审批权限审批后方可执行。

企业为关联方提供担保的，与关联方存在经济利益或近亲属关系的有关人员在评估与审批环节应当回避。

（3）企业在对担保申请人进行资信调查和风险评估时，应当重点关注以下事项：

第一，担保业务是否符合国家法律法规和本企业担保政策等相关要求。

第二，担保申请人的资信情况，一般包括基本情况、资产质量、经营情况、偿债能力、盈利水平、信用程度、行业前景。

第三，担保申请人用于担保和第三方担保的资产状况及其权利归属。

第四，企业要求担保申请人提供反担保的，还应当对与反担保有关的资产状况进行评估。

第五，企业应当指定相关部门负责办理担保业务，对担保申请人进行资信调查和风险评估，评估结果应出具书面报告。企业也可委托事务所对担保业务进行资信调查和风险评估工作。

第六，对境外企业进行担保的，应当遵守外汇管理规定，并关注被担保人所在国家的政治、经济、法律等因素。

（4）担保合同和反担保合同签订前，要根据审批标准的担保业务订立担保合同，担保合同应明确被担保人的权利、义务、违约责任等相关内容，要按照规定履行合同审批手续。担保合同的变更、修改、展期，应按规定重新办理审批手续。

担保合同履行过程中，企业担保经办部门应当加强担保合同的日常管理，定期监测被担保人的经验情况和财务状况，对被担保人进行跟踪和监督，了解担保项目的执行、资金的使用、贷款的归还、财务运行及风险等情况，确保担保合同有效履行。

在担保合同到期时，全面清查用于担保的财产、权利凭证，按照合同约定办理担保合同撤销手续，终止担保关系。

对于被担保人未按有法律效力的合同条款偿付债务或履行相关合同项下的义务的，企业应当按照担保合同履行义务，同时主张对被担保人的追索权。

（5）被担保人要定期提供财务报告与有关资料，及时通报担保事项的实施情况。对于被担保人出现财务状况恶化、资不抵债、破产清算等情形的，要根据会计制度要求，确认和披露因担保事项产生的预计负债和损失。

（6）企业应当加强对担保业务的会计系统控制，及时足额收取担保费用，财务部门应当指定专人负责担保业务管理，负责担保信息的收集、整理与分析。建立担保业务跟踪和监控制度，监测和持续关注被担保人的经营情况、财务状况、现金流量以及担保合同的履行情况。定期形成担保情况报告，经管理层审阅后按要求提交上级公司。建立担保事项台账，详细记录担保对象、金额、期限、用于抵押和质押的物品或权利以及其他有关事项。妥善保管担保合同、与担保合同有关的主合同、反担保函或反担保合同，以及抵押、质押的权利凭证和有关原始资料，切实做到担保业务档案完整无缺。定期核实财产的存续状况和价值,发现问题应及时上报和处理。

对于被担保人出现财务状况恶化、资不抵债、破产清算等情形的,企业应当根据国家统一的会计准则制度规定,合理确认预计负债和损失。

(7)企业应当建立担保业务责任追究制度,对在担保中出现重大决策失误、未履行集体审批程序或不按规定管理担保业务的部门及人员,应当严格追究相应的责任。

担保管理流程如图 5-3 所示。

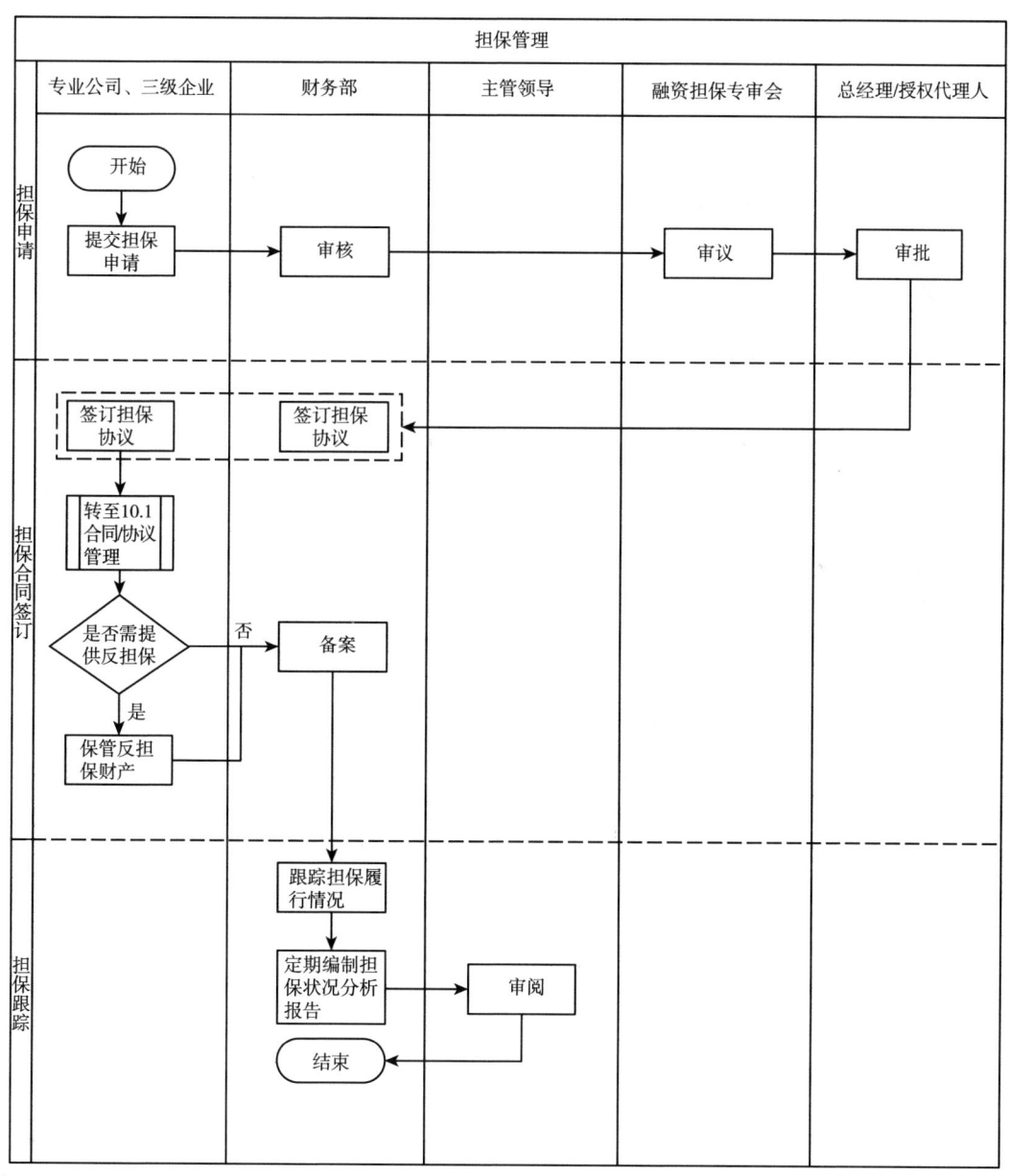

图 5-3 担保管理流程

资料来源:作者整理。

案例

E集团的资金池管理

E集团公司成立于1904年，总部设在挪威奥斯陆，在全球拥有十多家生产工厂，是全球环保产品材料的领军企业之一，主要业务分为太阳能、硅、碳素、铸造四大领域，业务遍及欧洲、亚洲、美洲和非洲。

由于E集团对一些子公司并不是100%控股，同时受到一些国家的法律法规或外汇管制的影响，导致目前E集团的资金池主要包括的还是位于欧洲地区的子公司。E集团资金池现金余额占集团货币资金余额的比例接近50%。其余不属于资金池的现金中，约有10%是分散于全球各地的现金余额不重大的实体，这些实体出于成本效益的考虑没有纳入资金池中，但可随时获取其现金余额。另外40%或受限于当地法律，或基于控制权的考虑没有加入E集团的资金池。一些被收购的企业在加入E集团资金池后，获得E集团提供的低利率内部贷款，并将高利率外部借款提前偿还。例如一家被重组合并的法国企业就充分利用了E集团提供的欧元借款偿还了原有90%以上的银行借款，并在此后基本停止使用外部融资手段，而改为利用E集团的内部融资渠道，以满足融资需求。E集团提供的内部借款利率低于银行借款利率，随着借款余额的下降，该法国企业的利息费用逐年大幅减少，且由于基本不再使用外币借款，也将汇率波动对财务报表的影响大幅降低。

E集团的资金池管理实现了以下目标：

(1) 实现了多币种、多实体的全球货币调配。

资金池可以汇总整个集团层面不同币种的现金余额，可透支使用额度范围内的集团现金余额，即使单家企业资金账面余额为负，只要整个集团层面现金余额满足银行要求，该子公司亦可进行现金支取。同时，在资金池币种允许的范围内，可以使用多币种资金。E集团通过建立集团层面的资金池使其下属实体在可能的范围内达到了由集团层面资金的统一调配。

(2) 实现集团层面的融资优势。

E集团统一进行银行借款，利用集团层面的信用能力筹措资本并有效调动，降低了整个E集团的外部借款金额；使得原本无法独立取得外部借款的子公司，能够通过集团内部进行再融资。

(3) 实现了集团层面流动性的统筹筹划。

E集团通过集团层面生成包含5家银行、150个账户、17个币种的每日流动性报告，并每周进行流动性的预测。同时，E集团会每月进行次月月度流动性预测，以及每个财年开始前进行年度财务预算。这些都使集团层面能够更好地了解整体的现金状况以及可能需要应对的任何流动性风险。

（资料来源：作者整理）

第二节 投资管理的内部控制

投资是指企业的货币转化为资本的过程，是为了增加财富或谋求其他利益，将一种资产过渡给其他单位来获得另一项资产的活动，投资活动作为筹资活动的延伸，对于企业来说是一种盈利活动，是发展生产所采取的必要手段，对于筹资成本补偿和企业利润创造都发挥着重要的作用。

一、投资方案与决策

投资方案是资本支出过程中有关资本支出时间及资金投入量的具体安排。投资决策是指投资主体在调查、分析、论证的基础上，对投资活动所做出的最后决断。

投资业务活动的风险主要包括投融资决策失误，引发盲目扩张或丧失发展机遇，导致资金链断裂或资金使用效益低下。

1. 投资前立项与决策的主要风险

（1）投资前没有进行可行性研究，或可行性研究的深度达不到质量标准和实际要求，导致无法为项目决策提供充分、可靠的依据。

（2）投资前期准备不充分，投资方案与企业战略不相符，缺乏科学论证，导致投资决策失误，引发盲目扩张或丧失发展机遇，可能导致资金链断裂或资金使用效益低下。

投资项目建议书内容不合规、不完整、深度不够，或与国家产业政策或企业发展战略脱节，导致无法为项目决策提供充分、可靠的依据。

（3）项目评审程序不规范、评审人员缺乏胜任能力或独立性，可能导致项目评审流于形式，甚至造成决策失误。

投资方案未经适当审批或超越授权审批，导致决策失误或发生差错、舞弊、欺诈。

未根据国家相关规定及时报批并取得有效批文，导致项目受阻或终止风险。

（4）以并购形式开展投资活动时尽职调查未发现潜在风险，对并购对象的隐性债务、承诺事项、可持续发展能力，对双方协同效应和总体投资环境分析不足，导致投资收益未达到预期，甚至遭受投资损失。

2. 投资前立项与决策的主要控制措施

（1）企业相关部门应当加强对投资方案的可行性研究，要进行投资方案的战略性评估，确保与企业发展战略相符合，同时进行技术、市场、财务可行性研究，重点对投资目标、规模、方式、资金来源、风险与收益等作出客观评价，确保正确的投资规模、方向和时机。企业根据实际需要，可以委托具备相应资质的专业机构进行可行性研究，提供独立的可行性研究报告。

（2）企业应当根据投资目标和规划，合理安排资金投放结构，科学确定投资项目，拟订投资方案，重点关注投资项目的收益和风险。企业选择投资项目应当突出主业，谨慎从事股票投资或衍生金融产品等高风险投资。

（3）企业应当按照规定的权限和程序对投资项目进行决策审批，重点审查投资方案是否可行、投资项目是否符合国家产业政策及相关法律法规的规定，是否符合企业投资战略目标和规划、是否具有相应的资金能力、投入资金能否按时收回、预期收益能否实现，以及投资和并购风险是否可控等。重大投资项目，应当按照规定的权限和程度实行集体决策或者联签制度。

投资方案需经有关管理部门批准的，应当履行相应的报批程序。投资方案发生重大变更的，应当重新进行可行性研究并履行相应的审批程序。

（4）企业采用并购方式进行投资的，应当严格控制并购风险，重点关注并购对象的隐性债务、承诺事项、可持续发展能力等，合理确定支付对价，确保实现并购目标。

境外投资还应特别考虑政治、经济、法律、市场等因素的影响。

投资业务整体流程如图5-4所示。

二、投资执行

投资执行指的是按照投资计划进度，严格分期、按进度适时投放资金，控制资金流量和时间，对投资项目执行过程中相关业务进行管理（包括海外并购业务）。

1. 投资执行的主要风险

（1）投资执行未遵循有关法律、法规的要求及合同的约定，导致遭受处罚或面临法律纠纷，经济利益或信誉受损。

（2）投资过程中未按批准的投资方案进行投资，导致项目不能按照原定计划实施或偏离实施计划，可能引发盲目扩张或丧失发展机遇。投资项目未签署合同或合同内容不完善，对合同审核不严等，导致项目实施面临重大法律风险。例如投资方案实施者的责任义务界定不够清晰，导致项目实施过程中怠于履行职责。

（3）未对被投资项目实施有效的跟踪管理，导致投资资金使用不合理或擅自改变用途，导致资金链断裂或资金使用效益低下，造成投资损失。

（4）项目实施过程中，项目实施的假设发生重大变化，实施方案未及时根据外部环境变化进行必要的调整，导致项目实施受阻或项目继续实施的经济性受到影响。

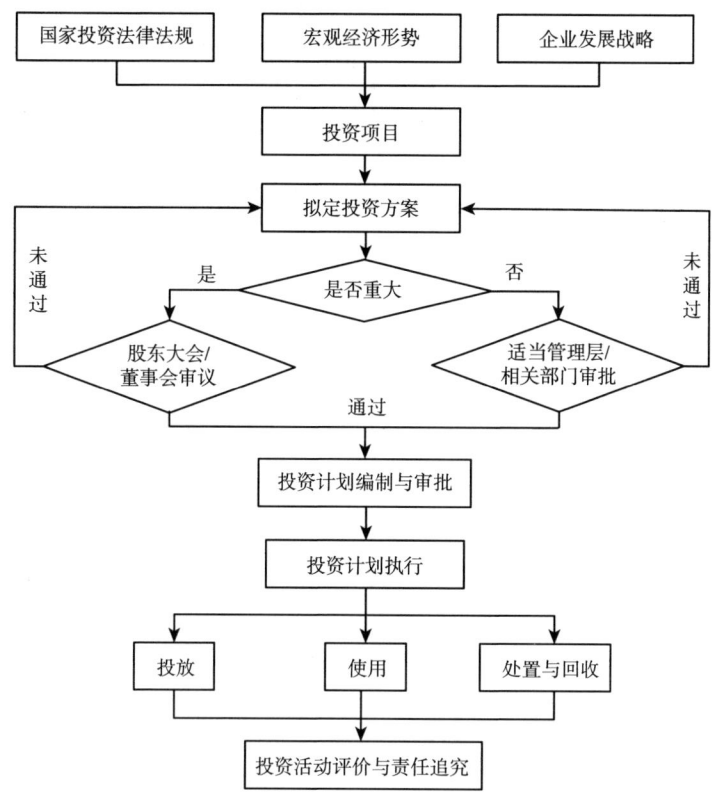

图 5-4 投资业务整体流程

资料来源：作者整理。

（5）未对投资进行有效资产保管与会计记录，导致投资资产损坏、遗失、被盗等，造成资产损失。

（6）投资最终的处置和回收不利，可能导致投资主体权益受损。

2. 投资执行的主要控制措施

（1）投资主体按照相关规定和办法办理工商、产权登记手续，并将相关材料进行报备。确保投资项目符合相关法律、法规及合同的要求。

境外投资需报请总部并向商务部等相关部门备案。如根据商务部出具的备案函，向外汇管理局等部门办理相关手续，按照投资地当地法律办理注销手续等。

（2）投资主体应当根据批准的投资方案，与被投资方签订投资合同或协议，明确出资时间、金额、方式、双方权利义务和违约责任等内容，按规定的权限和程序审批后履行投资合同或协议。合同或协议上报并得到正式批复后方可正式签订。

投资合同或协议具体内容应包括：投资项目各方的名称和地址；投资范围、投资方式及投资价格；标的企业涉及的债权、债务处理方案；价款支付时间和方式及付款条件；产权交割事项；争议的解决方式；各方的违约责任等。

以有价证券、实物、知识产权或技术、股权等资产权益出资的，需要选聘有相应资质的事务所对拟出资资产进行审计、资产评估，形成审计、资产评估报告，上报备案，按出资资产的评估价值或公允价值核定出资额。

(3) 投资主体负责对项目的实施进行管理和监督。投资主体要以投资计划为依据，遵循职责分离制度和授权审批制度，各环节相关负责人应当正确履行其审批监督的职责，保证项目的质量和进度符合要求，避免各种舞弊行为的发生。

各投资主体定期对所属投资项目的实施及管理情况形成汇总分析报告，报告主要内容包括本期所属投资项目的实施进展情况、与实施计划的重大差异或变化情况、对所属项目所采取的主要管理措施情况等。

(4) 原产权投资项目发生重大变更时，投资主体应按投资项目审批程序申请办理变更审批。重大变更事项包括：投资方案、投资标的发生变化；投资价格发生变化；其他重大变更事项。

投资主体应当指定专门机构或人员对投资项目进行跟踪管理，及时收集被投资方经审计的财务报告等相关资料，定期组织投资效益分析。投资主体应当关注被投资方的财务状况、经营成果、现金流量以及投资合同履行情况，发现异常情况应当及时报告，以便及时调整投资策略或指定投资退出策略。

(5) 投资主体需要做好严密的会计记录，发挥会计控制的作用。需要建立投资管理台账，详细记录投资对象、金额、期限等情况，作为重要的档案资料以备查用。财会部门对于被投资方出现财务状况恶化、市价当期大幅下跌等情形的，应当根据国家统一的会计准则制度规定，合理计提减值准备、确认减值损失。

(6) 投资主体应当加强投资收回和处置环节的控制，对投资收回、转让、核销等决策和审批程序作出明确规定。转让投资应当由相关机构或人员合理确定转让价格，报授权批准部门批准，必要时可委托具有相应资质的专门机构进行评估。核销投资应当取得不能收回投资的法律文书和相关证明文件。

投资项目执行流程如图 5-5 所示。

三、投资企业管理

在完成投资后，投资主体应当关注对被投资企业相关业务的管理。对被投资企业的管理作为整个投资周期中一个重要组成部分，是投资基金"募、投、管、退"四要点之一，通俗地说就是"买得来，管得了，退得出，卖得高"中的"管得了"环节。因为当今企业所处经营环境处于不断变化过程中，企业的经营和发展受到各种因素影响，这都增加了投资的风险，包括市场风险、政策风险、技术风险、管理风险、法律诉讼风险等，投资后对被投资企业的管理正是为了有效降低以上这些投资风险而采取的必要控

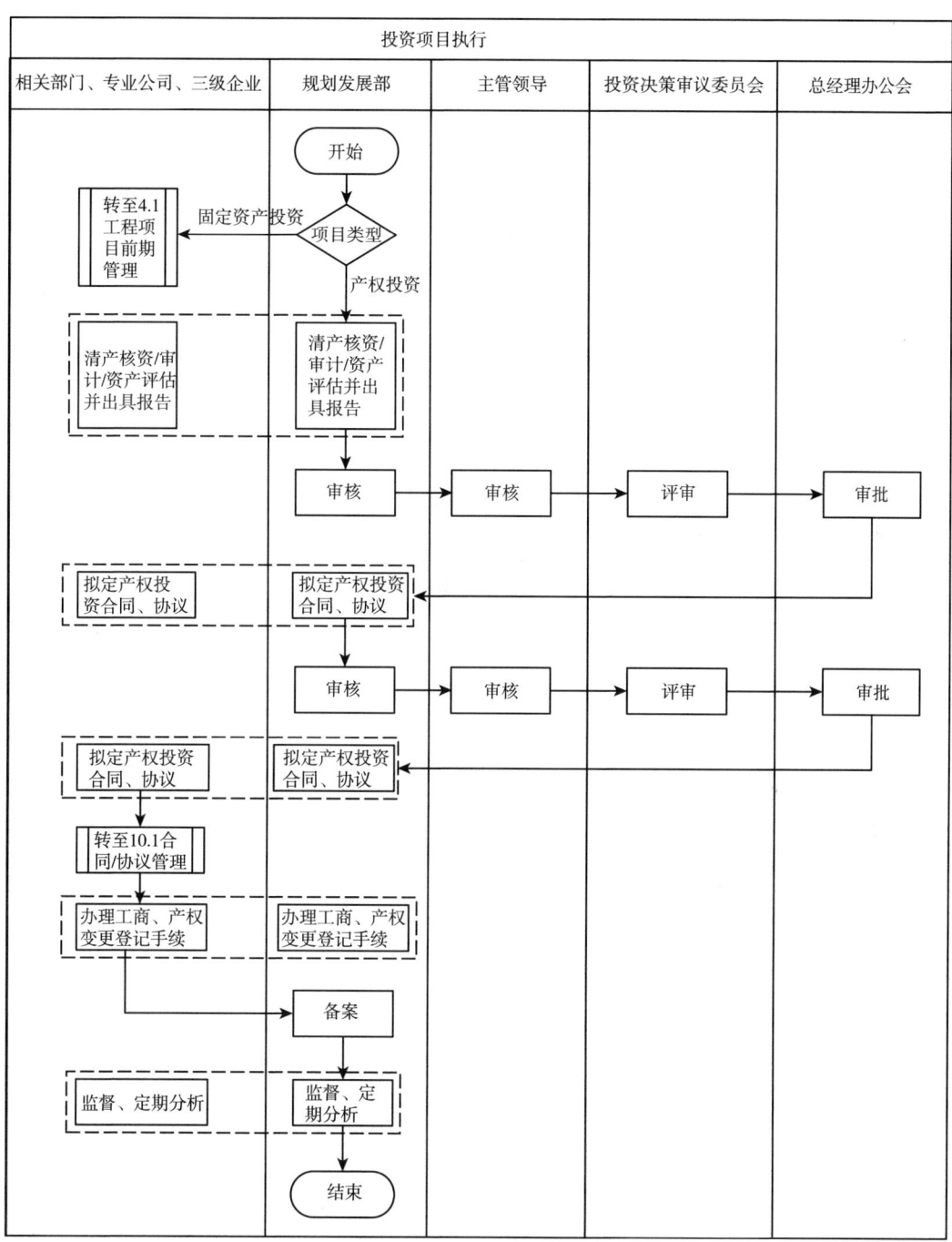

图 5-5 投资项目执行流程

资料来源：作者整理。

制措施。对被投资企业的有效管理关系到是否能够有效退出，决定企业能否消除存在的投资风险，是否能够实现投资的保值和增值。

很多实践证明，投资并购项目的效果并不尽如人意，并购重组的成功率甚至低于

50%，从程序上完成投资并不意味着后期的并购重组能够顺利实现，往往在完成并购重组后企业会面临生产经营效率降低、成本费用不降反升、协同效应不明显、双方文化冲突尖锐等问题。

1. 投资企业管理的主要风险

（1）投资主体不能对被投资企业进行有效管控，不能获知被投资企业的生产经营和重大事项信息，导致不能及时获知投资损失信息，无法及时采取应对措施。

（2）企业在完成投资并购后，现有经营业务管理未得到有效整合，企业整体竞争能力未得到有效提升，影响协同效应的发挥。

（3）企业在完成投资并购后，对于人员安置、人事重组处理不当，导致被投资企业团队士气降低，直接影响企业的经营效率，影响总体战略目标的实现。

（4）文化差异在投资并购过程中被忽视，投资主体与被投资方由于国家、地域、行业等方面存在的差异，决定了企业间存在很大的文化差异。如果处理不当，可能导致企业间的相互排斥，造成激烈的文化冲突，影响双方的密切融合，制约协同效应的发挥。

（5）投资权益证书保管不善，导致遗失、伪造等。

（6）投资业务记录不真实、不准确、不完整或会计处理不当，导致财务报表真实性、准确性受到影响。

2. 投资企业管理的主要控制措施

（1）投资主体应建立健全投资企业管理的相关制度，根据需要和协议向投资企业派出董事、监事和直接参加经营管理的人员，并对派出人员的工作业绩和尽职尽责情况进行考核。如派出董事、监事和直接参加经营管理的人员，未尽职尽责履行投资主体意志，造成投资主体利益损失的，应追究其责任。

投资主体应采取必要的措施及时了解投资企业发生的经营计划、重大的生产经营决策、重大技改措施和项目投资、大额固定资产的购置和处置、贷款、拆借、担保情况、诉讼案件情况。

（2）投资主体要根据投资并购的目标，针对投资并购在完善产业链、实现规模经济、成本降低等因素给企业带来的新优势，通过对宏观环境、市场地位和竞争对手等方面的分析，制定和采取正确的战略方针，深入挖掘投资所带来的潜在收益，充分与现有业务整合，充分发挥协同效应，实现企业价值的最大化。

（3）投资主体在完成投资并购后，人力资源首先应当进行合理整合和有效管理。首先要选派合适的整合主管，以确保充分发挥整合效果。其次，应当重视整合后员工的教育和培训，宣传企业的历史和文化，同时也是吸引、激励和留住人才的有效手段。再次，建立合作协同的基础和氛围，建立相互信任、开放包容、相互学习的整体氛围。在此基础上，实现双方人员的整合，实现人力资源运营管理体系的维稳和提升。最后，应当建立科学合理的考核和激励机制，可以采取薪酬、奖金、职务、机会、股权以及荣誉等多种方式设计奖酬机制。

（4）在投资并购后，投资主体要制定长期的整合计划，按部就班推进文化融合。文化的融合具有很高的艺术性，需要投资主体针对投资并购方式、类型及双方的具体情况确定文化整合的手段。通过文化交流和宣传，促进双方文化的相互了解和彼此适应，寻找文化中价值观的相同之处和最佳切入点，逐步形成相互渗透的、彼此兼容的企业文化主体。

（5）投资主体应加强投资权益证书的管理，指定专门部门或人员保管权益证书，未经授权人员不得接触权益证书。财务部门人员应当定期与相关管理部门对权益证书进行盘点。

投资主体对通过投资形成的各种权益以转让、清算和破产等方式进行处置的，需按规定上报经审议过的处置方案，按照规定程序获得审批，并按照监管要求报国家监管部门批复。

（6）企业应当加强对投资项目的会计系统控制，投资主体财务部门至少每年年末与被投资企业核对相关的投资账目，对于参股企业，投资主体财务部门至少每年年末取得被投资企业经审计的财务报告，核对相关投资账目的准确性，保证投资的安全、可靠。

根据对被投资方的影响程度，投资主体应当合理确定投资会计政策，建立投资管理台账，详细记录投资对象、金额、持股比例、期限、收益等事项，妥善保管投资合同或协议、出资证明等资料。

被投资企业股权结构等发生变化的，应当取得相关文件，及时办理产权变更手续。

四、投资后评价

投资后评价是对投资项目完成并运行一段时间后，对投资项目的目的、执行过程、效益、作用和影响进行系统、客观分析和总结。通过投资后评价对投资资产的价值进行确认，对资产增值减值情况进行的评估。

1. *投资后评价的主要风险*

（1）管理制度不健全、不完善，导致相关工作无章可依。

（2）未按照相关要求开展投资后评价工作或投资后评价工作流于形式，可能导致无法对投资效果进行准确评价，无法对出现的问题提出改进建议，无法为未来投资提供参考。

2. *投资后评价的主要控制措施*

（1）建立投资后评价相关管理制度，对职责划分、评价内容、指标、方法和实施程序、评价结果运用、投资损失责任追究等内容进行规范。

（2）项目竣工验收并运行一定时间后，应进行全面总结和后评价。投资主体应当组织投资后评价工作组或委托专业机构开展投资项目后评价。聘请有关专家或委托有资质的咨询机构进行后评价时，应确保评价组或专业机构的独立性。

投资后评价通常采用逻辑框架法、对比法等方法，其中，逻辑框架法是通过投入、产出、直接目的、宏观影响四个层面对项目进行分析和总结；对比法是根据后评价调查的项目实际情况，对照项目立项时的直接目标和宏观目标等，找出偏差和变化，得出结论和经验教训。

具体项目后评价的指标和方案，由后评价工作组或根据项目情况与业主单位共同制定，通常包括财务指标、经济指标、环境和社会影响指标、工程技术指标、管理效能指标等。

投资管理部门针对项目后评价发现的问题，提出改进和加强投资项目管理的措施或整改意见，并督促整改落实。

项目后评价报告经适当管理层审定后，作为绩效考核和责任追究的依据。

投资后评价流程如图5-6所示。

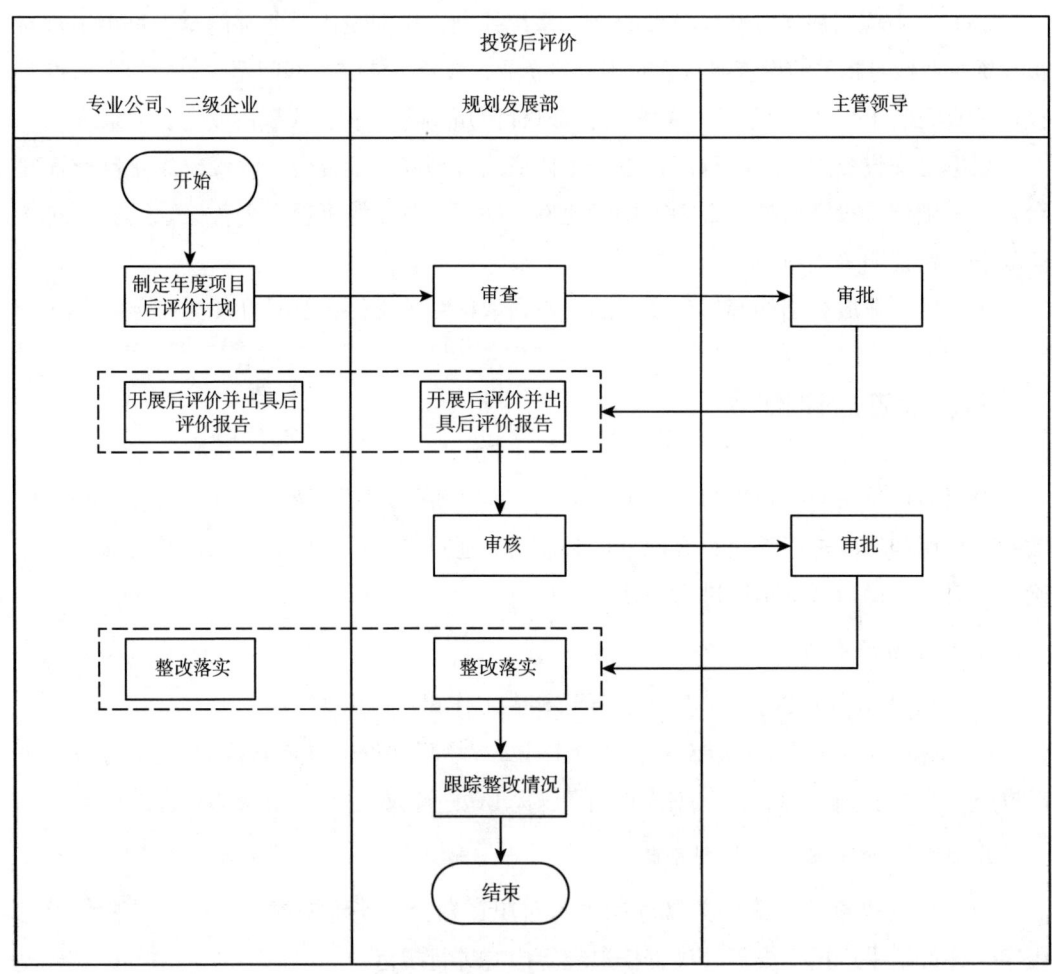

图5-6 投资后评价流程

资料来源：作者整理。

案例

Z 企业磁铁矿收购陷阱

Z企业业务重点以基建为主，包括投资物业、基础设施、能源项目、环保项目、航空以及电信业务。2006年Z企业斥巨资分两次买下西澳大利亚60亿吨铁矿山的开采权。

该项目如果在2009年顺利投产，不仅会带动中国在澳投资的其他磁铁矿项目开发，还会打破一些国外公司对铁矿石的垄断，但是由于Z企业前期尽职调查不全面，对项目难度没有认真评估，对环保、能源、海水淡化等一系列问题上的准备不充分，导致项目成本已经严重超过预算，并且不断攀升。第一，最初的设计方案没有考虑当地实际的施工环境，由于澳大利亚的就业限制，所有合同都要外包给西澳本地企业，不但劳工资源短缺并且费用高昂；第二，澳洲磁铁矿的结晶颗粒小于国内磁铁矿，磁铁矿需经过研磨后才能选矿，结晶颗粒小意味着研磨难度大，成本高并且耗能；第三，为解决磁铁矿能源问题，Z企业2007年建了一家天然气发电厂，依靠当地的天然气田，缺乏廉价的天然气来源，但扩大输电线的计划被澳洲政府否决，存在电力供应不足问题；第四，西澳大利亚对于环保要求很高，审批进度慢，而西澳常见的大风天气导致尾矿处理很难达到环评要求，治理成本非常高；第五，Z企业为了解决磁铁矿生产所需淡水资源，还必须为项目专门建立了一个510亿立升的海水淡化厂。

除了成本超支外，Z企业最初投入这个项目的时候是基于铁矿石价格将不断上涨的假设，而实际情况是铁矿石价格已经和Z企业当初设想的截然相反，非但不上涨反而大幅下跌，这些都最终导致了Z企业收购的失败。

（资料来源：作者整理）

第三节　采购业务的内部控制

采购活动是通过对外支付价款来获得商品或接受劳务等相关活动，包括请购、订购、验收、储存、退货和折让、付款凭证、记录负债、付款等诸多环节。

企业组织生产和实现销售的前提是要通过采购获得原材料、备品备件、能源或劳务，这是企业正常开展生产经营活动的基础。企业通过科学采购降低采购成本，保证采购质量，实现采购经济效益最大化。

采购业务的内部控制主要目标是规范采购行为，防范采购风险，进行合理采购，满足企业经营需要。采购流程的环节虽不是很复杂,但蕴藏的风险却是巨大的。采购业务管理不当会造成库存短缺、生产停滞、资源浪费、采购的商品质次价高、同时容易滋生舞弊等,影响企业正常生产运营,导致企业的经济收益和信用受损。例如,采购人员为了私人利益在采购中不进行比价,而是选择有回扣的供应商,哪怕价格高于市场平均价格,或是不考虑采购材料质量是否能保证。说到底,采购业务最经常出现的就是内外勾结,内部相关人员吃里爬外,收受回扣和贿赂,置企业利益于不顾。因此,企业应当结合实际情况,全面梳理采购业务流程,完善采购业务相关管理制度;统筹安排采购计划,明确采购、审批、购买、验收、付款、采购后评估等环节的职责和审批权限,按照规定的审批权限和程序办理采购业务;建立价格监督机制,定期检查和评价采购过程中的薄弱环节,采取有效控制措施,确保采购业务满足企业生产经营需要。

采购业务活动包括:采购计划制定—采购方式的选择—采购申请—供应商选择—签订采购合同—货品验收—货品储运—编制付款凭证—支付款项—会计处理等。涉及的部门主要有:采购部、生产计划部、仓储部和财务部等(见图5-7)。

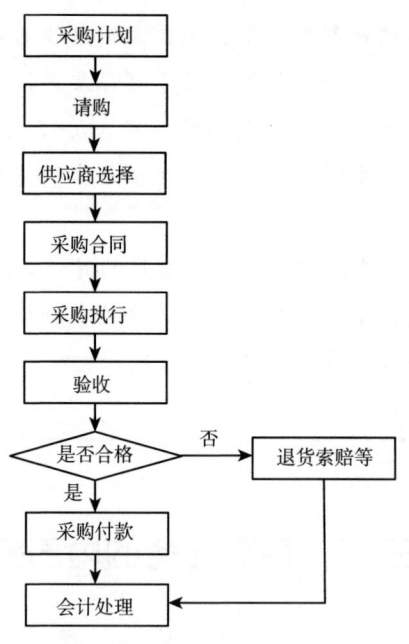

图5-7 采购业务的主要流程

资料来源:作者整理。

依据《企业内部控制基本规范》及配套指引我们从风险内控角度将采购活动的各个环节总结为采购计划、供应商管理、采购执行与验收、采购付款、业务外包五个方面。

第五章　业务层面控制

一、采购计划

采购计划是指企业管理人员在了解市场供求情况，认识企业生产经营活动过程和掌握物料消耗规律基础上对计划期内物料采购管理活动所做的预见性安排和部署。采购计划是为维持正常的经营管理活动，在某一特定期间内，应在何时采购何种工程/服务/物资及采购量的估计作业。

通常采购需求部门首先按生产经营需要向采购部门提出物资需求计划，采购部门归类汇总需求计划和平衡现有库存物资后，统筹安排采购计划，并按规定的权限和程序审批后执行（见图5-8）。

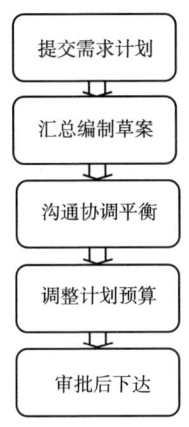

图5-8　采购计划管理流程

资料来源：作者整理。

采购计划应达到下列目的：

➢ 预估商品/物料采购需用的数量与时间，防止供应中断，影响产销活动。

➢ 避免采购商品/物料储存过多，积压资金，占用堆积的空间。

➢ 确立商品及物料合理耗用标准，选择有利时机购入商品和物料，以便控制采购商品和物料的成本。

采购计划在制定过程中需要考虑的因素包括：物资请购类别、数量等是否在预算范围内？是否出现了计划外请购？如有，理由是什么？对于紧急采购，请购的申请和审批流程是否合理？审批权限是否正确？

1. 采购计划的主要风险

（1）需求或采购计划不合理。市场变化趋势预测不准确，物资需求计划不明确、不及时，采购计划变更频繁，可能导致采购物资过量或不足、库存短缺或积压。如果未及时采购到满足需求的物资，会导致企业生产停滞或资源浪费；如果采购数量超过实际需求数量，会导致企业资金的浪费和仓储成本的增加。以上都会导致采购业务不能有效满足企业运营发展需求，影响企业的正常生产经营。

（2）采购职能过于分散。负责采购工作的部门众多，各部门的采购物资、服务范围未进行清晰界定，可能导致采购工作较为混乱，甚至出现重复采购，整体采购成本较高，且存在舞弊风险。

（3）缺少采购申请，采购计划/预算未经适当审批（合理性、可行性等），计划/预算外采购未按照制度经过相应层级审批，未纳入采购预算或超预算采购。采购事项不在采购计划/预算内，或采购合同金额超过采购预算。采购方以化整为零等方式规避招标。所谓化整为零，是指在一定时间内，采购人将一个预算项目下的同一品目或者类别的物资、服务采用公开招标以外的方式多次采购，累计资金数额超过公开招标额度标准的，但项目预算调整或者经批准采用公开招标以外方式采购除外。

（4）未对采购计划和执行情况进行考核，可能导致采购效率无法提高，不利于提高采购计划的准确性，不能对日后采购的降本增效起到作用。

2. 采购计划的主要控制措施

（1）采购计划是企业年度生产经营计划的一部分，在制订年度生产经营计划的过程中企业应当按照发展目标的实际需要，结合库存和在途情况，科学安排采购计划，防止采购过量或采购不足。企业应当编制统一规范的采购计划表格，其构成要素至少要包括产品/服务种类及范围、采购数量、预估价格/历史价格、供给能力评估、拟采取的采购策略等。

在表5-1采购项目合理性案例中，可以看到相对于2016年第二季度，2017年第二季度维修计划同比增长幅度较大，需要确定是否有可靠依据显示维修量的相应增长或专业工程量标准单价的升高，以验证采购计划的合理性。

表5-1 采购项目合理性案例

项目名称	计划金额（万元）
2016年第二季度建筑设施整修	29.20
2017年第二季度建筑设施整修	46.54

资料来源：作者整理。

（2）企业应当建立采购管理制度，成立采购部门统一负责企业范围内的采购工作，避免多头采购或分散采购；对采购流程管理权限进行梳理并合理界定，形成清晰的权限表；依据购买物资或接受劳务的类型，对运营所需的主要物资和服务进行分类，对需求部门提出的采购需要进行审核，统筹安排企业的采购计划。

（3）严格请购申请和预算管理。要明确相关部门或人员的职责权限及相应的请购和审批程序，授予相应的请购权。具有请购权的部门对于预算内采购项目，应该根据市场变化和实际需求准确、及时地编制需求计划，经需求部门或需求人员所在部门相关权限负责人审核后及时报送采购部门（或采购负责人），具备相应审批权限的部门或人员审批采购申请时，应重点关注采购申请内容是否准确、完整，是否符合生产经营需要，是否符合采购计划，是否在采购预算范围内等。对于超预算和预算外采购项目，应先履行预算调整程序，对不符合规定的采购申请，应要求请购部门调整请购内容或拒绝批准。

通过获取审计期间采购项目台账，按照抽样规则抽取若干同类型采购项目（如低耗品采购），获取项目所对应的采购计划。对相同类别的采购总金额进行核对，避免出现化整为零、拆分项目的情况。

在表5-2案例中，第一、第二季度都有茶叶采购计划和预算，但随后采购没有计划，采购总金额（26+29.19+4.2）大于50万元的限额，可能涉及化整为零、拆分项目、规避审批层级的问题。

表5-2　　　　　　　　　　　采购项目拆分案例

项目名称	计划金额（万元）
2017年第一季度茶叶采购	26.00
2017年第二季度茶叶采购	29.19
茶叶采购	4.2

资料来源：作者整理。

应定期（至少每月一次）编制采购计划及预算，包括采购价格、时间、进度安排等，经相关负责人审批后严格执行。应当定期（至少每季度一次）对物资需求计划、采购计划、采购渠道、采购价格、采购质量、采购成本或合同签约与履行情况等物资采购供应活动进行专项评估和综合分析，及时发现采购业务薄弱环节并采取相应的改进措施。

（4）企业应当将物资需求计划管理、库存资金占用和周转、新产生积压物资等方面的关键指标纳入考核范围。因需求计划不合理产生的物资积压，由需求计划提报单位和审核单位承担积压责任；因设计不准和设计变更产生的积压，由设计单位承担积压责任；因无计划或超计划采购产生的积压，由采购部门承担积压责任。

二、供应商管理

供应商管理是建立科学的供应商准入和评估制度、确立评价标准，对供应商合作过程中的表现进行考核等一系列管理控制活动。主要包括供应商准入管理、供应商使用和供应商评价管理。供应商准入管理就是采购方在实际采购寻源前,首先,对可能发生合作关系的供应商资质、信誉情况进行审查,确定合格的供应商清单,建立合格供应商数据库,健全企业统一的供应商网络。其次,要明确相应的定量、定性入库标准和甄选程序,只有符合甄选标准并通过甄选程序的供应商才能进入合格供应商数据库成为备选供应商,对评价不合格的供应商要从供应商库中删除。合格供应商数据库的数据录入、维护与管理由采购部门之外的其他部门负责。

供应商管理包括供应商准入、采购执行、供应商评价三个主要环节(见图5-9),其中对最主要的把控环节体现在供应商准入、采购供应商评价两个阶段。

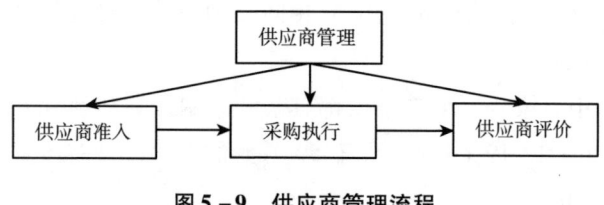

图 5-9 供应商管理流程

资料来源:作者整理。

第一阶段供应商的准入管理。这一阶段应当参照以下步骤:第一步是初步筛选,根据所采购产品和服务的类型、供应商的规模及相关资质、质量保证体系完善程度等确定合适的供应商清单,这一步骤是确定供应商是否能提供相关产品,能否基本上保证采购需要;第二步是报价筛选,即根据供应商所报产品和服务的价格、质量、供应商的财务状况及交货周期等对第一步的供应商再进行筛选,将价格过高、财务状况不好的供应商排除在外;第三步是谈判筛选,双方就具体采购细节进行谈判或沟通,就产品或服务价格、具体交货时间、质量要求、售后服务等进行讨论,确定能满足要求的供应商名单,作为下一步议价、招投标的依据。

第二阶段供应商评价环节。企业要建立供应商评价考核机制,定期由采购、技术、质量、生产等部门对现有供应商进行考核评分,根据评分结果对供应商进行分级,并针对不同级别的供应商采取相应的管理策略。对供应商评估可以从以下几个方面进行:能力、时间、品质、合作/服务、成本,以及其他综合因素。具体评价标准及要素如图5-10所示。

1. 供应商管理的主要风险

(1) 未建立供应商管理制度或相关制度与实际操作不符。供应商选择不当,供应商引入未经背景调查或未经规定的权限审批。招投标或定价机制不科学,授权审批不规范,可能导致采购物资质次价高,出现舞弊或遭受欺诈。

(2) 未建立合格供应商名录或供应商黑名单。未依据制度要求对供应商进行年度评价,或未依据评价结果对供应商名录进行维护更新,导致供应商清单和采购目录不能

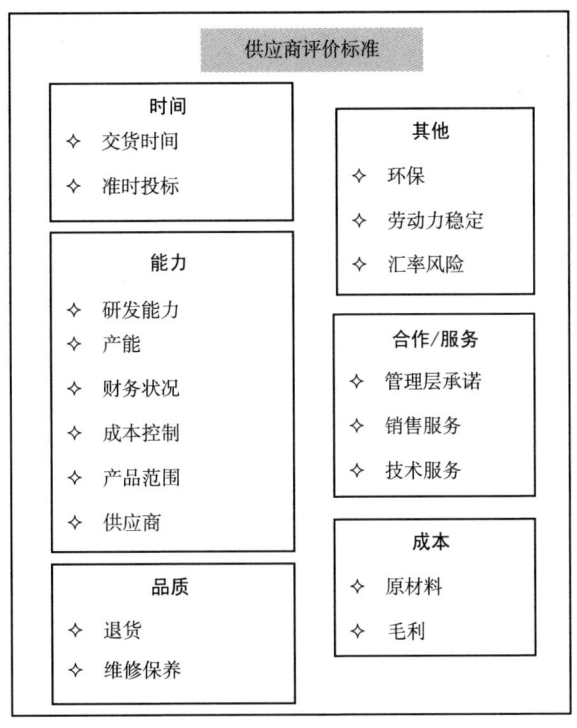

图 5-10 供应商评价标准

资料来源：作者整理。

涵盖所需产品、服务，采购成本得不到有效控制。对供应商信息文档的变更未经授权审批或授权审批不规范。

（3）未建立供应商授信清单，授信额度不合理或未经适当管理层审批，供应商授信额度与其资信信息、交易金额不匹配，如对资信较差的企业高额授信，导致超额授信，损害企业利益，还可能导致采购的产品、服务与采购需求不符或存在违规舞弊。未根据供应商评价结果对授信额度进行适当调整，或授信额度的调整未经适当层级审批。

（4）仅向单一货源采购，缺乏必要的询比价，导致采购价格偏好，或发生供货中断，难以及时取得所需物资，影响生产经营，增加企业采购成本，损害企业利益。

2. 供应商管理的主要控制措施

（1）企业应当建立科学的供应商评估和准入制度，确保对供应商的管理方法和程序符合国家法律法规及企业内部规范和制度的要求。企业应当按照制定的供应商管理制度和程序，对供应商资质、信誉情况的真实性和合法性进行审查，确保供应商具备履约能力，在此基础上确定最后的合格供应商清单。企业应当及时将评估列入黑名单的供应商从合格供应商清单中剔除。

合理设置供应商审核程序与审核权限。企业仅允许与合格供应商进行交易，对于黑名单供应商不得进行任何交易。新增供应商的市场准入、供应商新增服务关系以及调整供应商物资目录,都应由采购部门根据需要提出申请,并按规定的权限和程序审核批准后,上报审批后在系统中增加供应商信息。需求部门或人员提出需求计划时,不能指定或变相指定供应商。对独家代理、专有、专利等特殊产品应提供相应的独家、专有资料,需经专业技术部门研讨后,报具备相应审批权限的部门或人员审批。

(2) 建立供应商的监控评价体系。企业应当对供应商提供物资或劳务的质量、价格、交货及时性、供货条件及其资信、经营状况等进行实时管理和综合评价,定期对供应商进行审核与更新(至少每年一次)。原则上评审人员不能由采购经办人员单独担任。根据评价结果,对供应商重新打分并划分等级,提出供应商淘汰和更换名单,经审批后对供应商进行合理选择和调整。将评估不合格的供应商按照风险等级及时列入黑名单,并按适当权限报告相关负责人。由授权人员进行供应商信息文档的创建和修改,同时必须由独立人员进行复核。

(3) 所有需要进行预付的供应商必须按照相关的制度规定进行评估和信用条件的设定,并且预付的期限及金额需在经批准的信用期限及剩余信用额度之内,否则需经过特例信用额度审核。供应商的资信情况应统一管理,及时提供给相关审批人员作为决策支持。

在表5-3案例中,2017年度×××装修公司作为供应商,实际发生的交易金额为150万元,其中预付部分达到了135万元,超出授信清单中的授信额度25万元,需确认是否存在合理调整授信额度的情况,是否经过了适当的审批。

表5-3　　　　　　　　　　　　超额授信案例

供应商名称		授信金额(万元)	
×××装修公司		25	
项目名称	供应商名称	交易金额(万元)	预付比例
2017年第三季度建筑整修	×××装修公司	150	90%

资料来源:作者整理。

(4) 对于仅有独家供应商作为货物提供来源的,应尽量寻找备用货源并对备用供应商进行维护;如难以寻找备用货源,应对该供应商的资信及经营情况进行密切跟踪,并在所签署协议中添加保护条款,制定相应的风险预案。

三、采购执行与验收

在采购执行与验收环节,为落实和执行采购计划,企业通过招投标或竞价等方式确定供应商,应当与供应商签订采购合同,并按照规定程序确定最佳的供应来源。采购验收部门要参照采购合同的规定对供应商发运的商品进行验收,保证所收货物与采购合同规定的商品在品名、规格、数量、质量、供货日期、运输方式等方面相一致。企业应当做好采购业务各环节的记录，实行全过程的采购登记制度或信息化管理，确保采购过程的可追溯性。采购的执行与验收环节涉及采购部门、验收部门、仓储部门和财务部门等。

采购方式主要分为招标采购和非招标采购两种形式。招标采购又分为公开招标采购和邀请招标采购。非招标采购包括询比价、竞争性谈判、单一来源采购等多种形式（见图 5-11）。

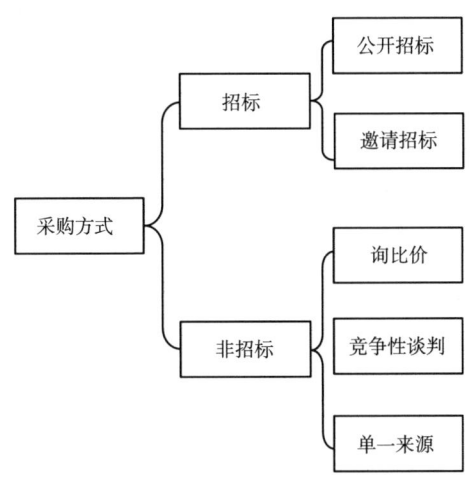

图 5-11 采购方式分类

资料来源：作者整理。

公开招标是招标人通过依法指定的媒介发布招标公告的方式邀请所有不特定的潜在投标人参加投标，并按照法律规定程序和招标文件规定的评标标准和方法确定中标人的一种竞争交易方式。

邀请招标是招标人以投标邀请书的方式直接邀请特定的潜在投标人参加投标，并按照法律程序和招标文件规定的评标标准和方法确定中标人的一种竞争交易方式。

询比价采购是指采购人邀请特定的或潜在供应商一次性询价，通过比质比价并与供应商进行谈判性磋商，从而确定最终供应商的采购方式。

竞争性谈判采购是指采购人邀请特定的对象谈判，并允许谈判对象二次报价确定签约人的采购方式。

单一来源采购是指采购人与供应商直接谈判确定合同实质性内容的采购方式。

1. 采购执行与验收的主要风险

（1）采购部门不按实际需求、不根据已批准的采购计划或请购单进行采购，而是盲目采购。采购价格远远偏离市场价格，以次充好，通过虚高的价格套取个人不当得利。

（2）采购方式与项目类别或制度规定不一致，施工、设计类采购和业务外包等应招标项目未进行招标，或采购方式不合理，如将应公开招标项目更改为邀请招标；或将应邀请招标项目更改为竞争性谈判与单一来源、直接指定的采购方式。响应单位数量未达到招标文件要求的应标单位数量，而未重新组织招标等。

（3）定价机制和采购方式不合理，未采取有效措施降低采购价格，未对市场价格进行及时跟踪。

（4）招标方案不合理，缺失制度规定的方案内容（如未说明招标采购模式、招标范围、招标人员构成等）；招投标过程不合理；招标公告/资质审核公告/投标邀请未通过规定渠道或方式发布，招投标缺乏监督。

（5）未对投标人资质进行审查，投标方资格、履约能力等未达要求。招标文件以不合理条件限制或排斥潜在投标人。

（6）合同签订不当，未经授权对外订立采购合同或合同条款未经审核，合同内容存在重大疏漏和欺诈，为拆分项目、规避招标，短期内与同一供应商针对同一类别物资签订多份采购合同，可能导致企业合法权益受到侵害。

（7）缺乏对采购合同履行情况的有效跟踪。未及时跟踪采购合同履行情况，导致企业收货滞后，对生产、建设进度造成影响。

（8）合同与订单不一致，订单的生成和删除不规范。

（9）采购物资或服务未进行验收确认或验收确认流于形式（如验收单据未经适当权限审批），例如采购验收标准不明确、验收程序不规范，物料未进行质检，出现物资规格、数量不符现象，或对验收中存在的异常情况不做处理，可能导致账实不符、采购物资损失。

（10）不合格物资管理或退货程序不规范，导致产品、服务质量不合格，却未及时进行退货，导致企业利益和声誉受损或引发诉讼风险。

2. 采购执行与验收的主要控制措施

（1）企业应该做好采购计划管理。生产部门要根据顾客订单或者对销售预测和存货需求分析来决定生产授权，签发预先编号的生产通知单和材料需求报告，列出所需材料和零备件清单；仓储部门负责进行平库，检查清单上罗列物品的库存数量，根据需要填制请购单；预算部门负责编制采购预算，计划部门负责编制采购计划。

（2）企业应当按性价比最优的原则根据市场情况和采购计划选择合理的采购方式，如公开招标、邀请招标、询比价等。针对技术性较强的采购业务，应当组织相关专家进行技术交流；针对重要的采购业务，应由具有相应审批权限的部门审批；对标准化程度高、需求计划性强、价格相对稳定的物资采购，应当通过招标的方式签订框架协议。

（3）企业应当建立采购物资定价机制，采取协议采购、招标采购、谈判采购、询比价采购等多种方式合理确定采购价格，最大限度地减小市场变化对企业采购价格的影响。大宗采购等应当采用招投标方式确定采购价格，对于未采用招标方式采购的商品或劳务，应根据市场行情制定最高采购限价，并对最高采购限价适时调整。采购部门应当定期研究大宗通用重要物资的成本构成与市场价格变动趋势，确定重要物资品种的采购执行价格或参考价格。定期开展重要物资的市场供求形势及价格走势商情分析并加以合理利用。

（4）制订合理的招标方案，包括对评标内容、范围、标准、评标人员构成等做出规定。评标委员会的组成应当符合制度规定（如人员数量与项目规模和技术复杂程度相符，及不同背景成员的占比等符合规定）；相关标准设定合理，并与制度相符（如客观标准所占的评分比例不低于60%）等。公开招标的中标结果应当按照法律法规及规章制度规定在规定渠道进行公示，公示期限也需符合要求。招投标必须由独立于采购的部门或者人员进行监督，监督内容包括开标前的监督、开标监督、评标监督、定标监督等。

（5）企业应当对投标人提供的基础性资质文件进行审核。企业不得以不合理的方式限制潜在投标人；企业不得就同一招标项目向潜在投标人或者投标人提供有差别的项目信息；不能设定与招标项目的具体特点和实际需要不相适应或者与合同履行无关的资格、技术、商务条件；不得以与招标项目不相关的特定地区或者特定行业的业绩、奖项作为中标条件；不得对潜在投标人或者投标人采取不同的资格审查或者评标标准；不得限定或者指定特定的专利、商标、品牌、原产地或者供应商；不得限定潜在投标人或者投标人的所有制形式或者组织形式；不得以其他不合理条件限制、排斥潜在投标人或者投标人。

（6）企业应当根据确定的供应商、采购方式、采购价格等情况，拟定采购合同，准确描述合同条款，明确双方权利、义务和违约责任，按照规定权限签订和审批采购合同。对于影响重大、涉及较高专业技术或法律关系复杂的合同，应当组织技术、法律、财务等专业人员参与谈判，必要时可聘请外部专家参与相关工作。采购合同签订后应及时传递至相关部门，并按合同保管制度进行管理。

（7）企业应当加强物资采购过程管理，依据采购合同中确定的主要条款跟踪合同履行情况，确保合同得到有效履行，对合同执行过程中有可能影响供货周期、影响业务运营的异常情况，应出具书面报告并及时提出解决方案，采取必要措施，保证需求物资的及时供应。

（8）采购订单必须由指定人员依据采购合同、自动平库生成的采购申请进行创建，采购申请需经相关人员审批，确保采购订单的准确性、完整性。采购订单创建后应及时传递至相关部门，且其数量不能超过采购申请的数量。不允许私自删除采购订单，因业务特殊需要进行标记删除的情况，经过采购部门相关权限负责人审批后，由经授权的采购订单维护人员进行标记删除；月结前，采购订单清理人员审阅未清的采购订单，对未清且不继续执行的采购订单进行适当清理。

（9）企业应当建立严格的采购验收制度，确定检验方式和验收人员，由专门的验收机构或验收人员对采购项目的品种、规格、数量、质量等相关内容进行验收，出具验收证明。涉及大宗和新、特物资采购的，还应进行专业测试，测试结果由各部门参与测试人员签字确认。

仓库根据采购部门的收货通知才能对货物验收入库，如使用外部仓储服务，货物验收入库时必须有企业人员（含货代）在场参与验收。企业应当按照规定的采购验收标准，结合物资特性确定必检物资目录，规定此类物资出具质量检验报告后方可入库，经采购双方确认后出具验收合格的《采购验收单》。对于验收过程中发现的异常情况，比如无采购合同或大宗采购合同、超出采购预算采购的物资、毁损的物资等，验收机构或人员应当立即向相应管理者进行情况汇报，相关机构应当查明原因并及时处理。

（10）企业应当明确不合格物资的相关管理程序，对不合格物资，须依据相关规定办理让步接收、退货、索赔等事宜。仓储部门保管员根据经相关负责人审批的退货申请单及时处理供应商退货，并由独立人员进行复核后签字确认。不合格物资应与其他物资作适当区分，且定期监督以确保及时退回给供应商。采购验收流程如图5-12所示。

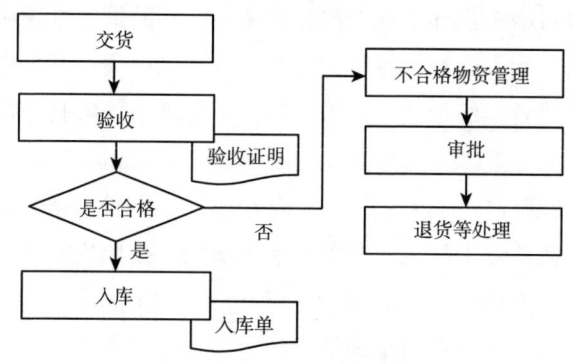

图5-12 采购验收流程

资料来源：作者整理。

四、采购付款

企业在完成对商品的验收后，需对采购合同约定的付款条件以及采购发票、结算凭证、验收证明等进行审核，并按照相关规定办理采购付款业务。

采购付款环节要保证：计划预算≥合同金额≥发票金额=付款金额=凭证金额。

1. 采购付款的主要风险

（1）采购付款审批不符合制度或合同规定。采购项目付款没有严格履行付款控制程序，或未按照合同条款执行（如未达到付款条件提前付款，付款金额或付款方式与合同约定不符)、付款不及时等,可能导致企业资金损失或信用受损。

(2) 招投标及采购档案是否及时完整归档,或与采购相关的会计核算不规范,未能与供应商定期对账,导致不能及时发现往来款差异,导致财务报表准确性受到影响。

(3) 预付账款缺乏分析检查机制,未能及时发现不合理或存在收回风险的预付款项,可能导致企业资金损失。

(4) 缺乏有效的退货管理措施,导致退货不及时,未对不合格物资做退货等处理,可能导致企业名誉或利益受损。

2. 采购付款的主要控制措施

(1) 企业应当加强采购付款的管理,完善付款流程,明确付款审核人的责任和权力,付款申请应按照企业授权审批权限的规定经适当管理层审批。企业应当严格审核采购预算、合同、相关单据凭证、审批程序等相关内容,严格审查采购发票等票据的合规性、合法性和有效性,审核无误后按照合同规定及时办理付款。财务部门发票校验人员应当对有关采购订单、入库单、供应商发票进行三单匹配,如审查发票填制的内容是否与发票种类相符合、发票加盖的印章是否与票据的种类相符合等,正确、及时地按规定进行发票校验过账,生成应付款项。如果发现异常情况,应当拒绝向供应商付款,避免出现资金损失。记账凭证须经不相容岗位人员稽核。

合同规定有质保期的,需在物资质保期满后,采购部门依据使用部门、质量管理部门意见,提出质保金支付申请,财务部门依据合同约定及相关审核意见,按规定权限审批后,按程序支付。

在表5-4示例中,第一季度账期合同的付款日期早于收货日期,出现预付的情况,可能导致大笔的资金占用,损害企业利益;第二季度计算机采购合同中规定的"货到付款"条款未能得到按时履行,付款日期晚于收获日期,可能出现合同履约风险。

表5-4　　　　　　　　　　采购付款与合同不相符示例

合同名称	约定付款方式	收货日期	付款日期
2017年第一季度空调设备采购合同	货到票到,7天账期	3月26日	3月20日
2017年第二季度计算机采购合同	货到付款	9月22日	11月25日

资料来源:作者整理。

(2) 企业应当加强对采购、验收、付款业务的会计系统控制,详细记录供应商情况、采购申请、采购合同、采购通知、验收证明、入库凭证、商业票据、款项支付等情况,确保会计记录、采购记录与仓储记录核对一致。财务部门应当复核付款申请是否经适当审批后进行付款处理,并将付款准确、完整地记录于恰当的会计期间,应定期与采购部门核对供应商的往来款项,每年向供应商发询证函核对往来账。财务会计应当根据审核无误的原始凭证及时登记应付账款明细账,并会同采购部门定期与供应商核对应付账款明细账或未付凭单明细表、应付票据、预付账款等往来款项,发现差异应及时查明原因并纠正,重大问题应向适当管理层报告。

(3)企业应当重视采购付款的过程控制和跟踪管理,加强预付款项和定金的管理,发现异常情况的,应当拒绝付款,避免出现资金流失和信用受损。涉及大额或长期的预付款项,应当定期进行追踪核查,综合分析预付账款的期限、占用款项的合理性、不可收回风险等情况,发现有疑问的预付款项,应当及时采取措施,尽快收回款项。

(4)企业应当建立退货管理制度,对退货条件、退货手续、货物出库、退货货款回收等做出明确规定,并在与供应商的合同中明确退货事宜,及时对不合格物资进行退货,预付货款的应当及时收回退货货款。涉及符合索赔条件的退货,应在索赔期内及时办理索赔。

下面通过一个小案例说明采购执行与验收环节的潜在风险。

小明家没酱油了,爸爸让他去买酱油,向妈妈要钱(爸爸是需求部门,提出请购计划;小明是采购部门;妈妈是财务部门加审批职责)。小明:买什么样的酱油?爸爸:你看着办吧(采购需求不明确)。妈妈给了小明一张50元钱钞票后,小明到门口杂货商店,支付30元买了一瓶酱油(定向采购,未经过询比价),付完钱后拿着酱油回家交差了(采购完成),交还给妈妈15元,爸爸看都没看就让他把酱油放在橱柜里(未执行采购验收)。结果可能是,小明在家里发现了一瓶酱油,不用买酱油,直接贪污了50元;其他杂货店还有规格完全相同但价格更低的酱油;爸爸需要的是生抽,而买回来的是老抽,或买回来的酱油已经过期;小明回家后向妈妈虚报采购费用5元。以上例子中暴露出以下采购方面的问题:

(1)请购需求不明确。爸爸没有明确说明买什么品类、什么品牌、什么价位的酱油,酱油的用途也没有明确说明。

(2)采购执行与采购决策没有分离。小明负责采购的执行,包括寻源、议价、决策和支付,整个过程没有监督。

(3)采购执行与采购验收没有分离。酱油的采购和验收都是由小明执行的,爸爸没有进行采购验收,直接让小明把酱油买回来放在橱柜了,可能导致最后使用的时候发现质量和品类出现问题。

(4)采购执行与采购付款没有分离。买酱油和支付货款都是小明一个人执行的,没有别人监督,可以虚报价格。

(5)采购需求与预算没有挂钩。小明去买酱油前没有预算控制,没有规定买多少钱的酱油,可能家里用的只是一般的酱油,由于没有预算控制,小明买了瓶进口酱油,或是一个超大瓶酱油。

（6）信息不对称。爸爸和妈妈不知道酱油的市场价格是多少，只有小明掌握市场价格，几家杂货店酱油价格不同，小明找了家最便宜的店买的酱油，回家按最贵店的价格报销。

五、业务外包

业务外包是指企业利用专业化分工优势，将日常经营中的部分业务委托给本企业以外的专业服务机构或其他经济组织（以下简称承包方）完成的一种经营行为。适用于企业业务外包的活动包括研发、资信调查、可行性研究、委托加工、物业管理、客户服务、IT服务、管理咨询、人力资源等业务的外包。

1. 业务外包的主要风险

（1）外包管理制度缺失或不健全，业务外包方案未经恰当审批，或审查评价不到位，导致企业业务外包战略失败或经营效率低下。

（2）外包范围和价格确定不合理，承包方选择不当；未及时签订业务外包合同、业务外包保密措施不力，导致企业利益受损。

（3）业务外包监控不严、未及时对业务外包进行持续评估，导致企业选择的业务外包服务质量低劣。

（4）外包成果交付后未及时进行验收，导致外包业务未达到企业标准，对企业经济利益造成不利影响。

（5）业务外包会计处理不当或披露不充分，导致财务报表准确性受到影响。

（6）未对业务外包的执行进行相关的分析和考核，导致企业未能准确考察业务外包的执行情况，且无法对日后的业务外包提供参考。

2. 业务外包的主要控制措施

（1）企业应当建立和完善业务外包管理制度，按照相关管理规定制定具体业务外包实施方案，规定业务外包的范围、方式、条件、程序和实施等相关内容；在对业务外包实施方案进行审查和评价时，应当重点分析该业务项目在自营与外包情况下的成本，确定外包的合理性和可行性，必要时征询外部专家的意见；对于核心业务企业应当权衡利弊，避免核心业务外包；明确相关部门和岗位的职责权限，业务外包方案需按规定权限审批后方可实施，总会计师或分管会计工作的负责人应当参与重大业务外包的决策。对于重大业务外包方案，应当提交董事会或类似的权力机构审批。

（2）企业应当按照批准的业务外包实施方案选择承包方。承包方至少应当具备下列条件：

第一，承包方是依法成立和合法经营的专业服务机构或企业经济组织，具有相应的经营范围和固定的办公场所。

第二，承包方应当具备相应的专业资质，其从业人员符合岗位要求和任职条件，并具有相应的专业技术资格。

第三，承包方的技术和经验水平符合本企业业务外包的要求。

企业应当引入竞争机制，遵循公开、公平、公正的原则，采用适当方式，择优选择外包业务的承包方。企业应当综合考虑内外部因素，合理确定外包价格，严格控制业务外包成本，切实做到符合成本效益原则。企业应当按照规定的权限和程序从候选承包方中确定最终承包方并签订业务外包合同。业务外包合同内容主要包括：外包业务的内容和范围，双方权利和义务，服务和质量标准，保密事项，费用结算标准和违约责任等事项。

企业外包业务需要保密的，应当在业务外包合同或者另行签订的保密协议中明确规定承包方的保密义务和责任，要求承包方向其从业人员提示保密要求和应承担的责任。

（3）企业应当加强业务外包实施的管理，严格按照业务外包制度、工作流程和相关要求，采取有效的控制措施，加强与承包方的沟通与协调，及时搜集相关信息，确保承包方严格履行义务外包合同；企业应当对承包方的履约能力进行持续评估，建立相应的应急机制，对承包方开展日常绩效评价和定期（至少每年一次）考核，避免业务外包失败造成本企业生产经营活动中断。一旦发现偏离合同目标等情况，应及时要求承包方调整改进；有确凿证据表明承包方存在重大违约行为，导致业务外包合同无法履行的，应当及时终止合同。

（4）业务外包合同执行完成后需要验收的，企业应当根据承包方业务特点、外包成果及交付方式的特点制定不同的验收方式，组织有关职能部门，包括财务部门、质量控制部门等的相关人员，严格按照验收标准对承包方交付的产品或服务进行审查和全面测试，确保产品或服务符合需求，并出具验收证明。验收过程中发现异常情况的，应当立即报告，查明原因。承包方违约并造成企业损失的，企业应当按照合同对承包方进行索赔，并追究责任人责任。

（5）企业应当根据国家统一的会计准则制度，加强对外包业务的核算与监督，做好业务外包费用结算工作。业务外包主管部门必须严格按照合同约定的结算条件、分包业务标准和验收证明进行结算申请。财务部门应审核相应的结算申请单、发票等原始凭证，审核无误后进行账务处理，记账凭证须经不相容岗位人员稽核。

财务部门必须对业务外包过程中交由承包方使用的资产、涉及资产负债变动的事项以及外包合同诉讼等加强核算与监控，并在财务报告中进行必要、充分的披露。

（6）相关业务部门定期（至少每季度一次）对业务外包的合理性、合同执行、绩效以及对承包商管理等情况进行分析，对业务外包管理情况进行考核，并向相关权限负责人报告，更好地支持未来的管理决策。

案例

S 企业的采购管理

S 企业为一家聚乙烯生产商,主要生产三种聚乙烯产品:高密度聚乙烯(HDPE)、低密度聚乙烯(LDPE)和线性低密度聚乙烯(LLDPE)。

S 企业根据业务特点,将采购工作分为原材料采购、备品备件采购、服务采购三种类型。

原材料采购

S 企业长期存在原材料供应不足的状态,为了保证原材料的稳定供应,企业与原材料供应方签订了长期战略合作协议,以确保原材料供应量充足,供应合同将为企业获得价值超过 20 亿美元的为期 15 年的原料供应,在很大程度上保证了相当长时间的生产运营稳定,较为有效地对大宗原材料采购进行了成本控制。

备品备件采购

S 企业运用备品备件优化系统(SOS-tool)来确定安全库存量(最低和最高库存水平),当达到最低水平时,系统自动触发重新订购流程的申请订单。备品备件的采购根据在 ERP 系统中维护的安全库存量自动生成采购订单,无须审批。

服务采购

S 企业需要适用服务采购的领域包括废品废物管理、维修管理等,服务期一般为 3 年,3 年后需要进行招投标程序。招投标程序由需求提出部门在 ERP 系统中发起,采购部门询价比选后根据审批授权矩阵进行审批后确定供应商。

S 企业不会对所有的采购启动招投标程序,只对战略性的采购采用招投标。超过一定采购金额的采购须董事会批准。S 企业的战略采购流程如图 5-13 所示。

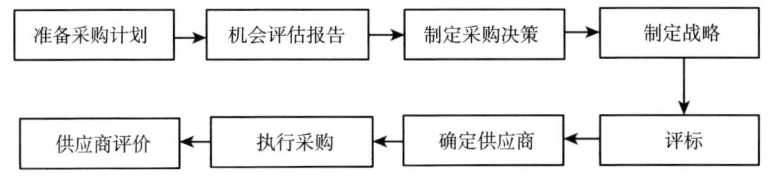

图 5-13　S 企业的战略采购流程

资料来源:作者整理。

S 企业在进行战略采购前首先会根据项目需要出具机会评估报告,以确定对于企业来说是否有机会从中获利,例如多个供应商竞争投标,企业最终能够取得更低的采购价格。机会评估报告将各种类型的采购计划根据机会评估结果按照优先顺序排列,再根据人员及资金是否能满足项目需求进行审核。

> 通过对机会评估，S企业在这个阶段确定是否进入市场进行战略采购，由适当管理层做出采购决策。如果需要进行战略采购，则组织评标小组负责战略采购的评标工作，内容包括成本明细表（物流费用、运营资本等），评标小组使用评标矩阵，综合考虑供应商提供产品的质量、物流、产品设计和公司管理等因素，对各因素进行独立的风险评价，并在矩阵中标明汇总，最终确定战略采购的供应商，接下来由战略采购部门执行采购任务。在采购完成后，由采购需求部门、质量检测部门、财务部门等相关部门对采购商品或服务的质量、价格、物流、交货时间等因素进行综合评价，对供应商给予相应的评价，以更好地指导未来的采购活动。
>
> （资料来源：作者整理）

第四节　生产管理的内部控制

企业的生产环节是将购入的原材料经过生产或加工形成企业的在产品或产成品的过程。在制造行业，生产活动包括生产计划、生产运行、生产监督、生产成本管理等环节。下面我们首先从生产计划开始介绍。

一、生产计划

生产计划是企业根据客户订单或者需求情况来分析决定生产授权，对生产任务作出统筹安排。生产计划是企业进行生产管理的重要依据，生产计划部门应当根据对市场和销售情况的预测，结合存货需求来分析生产计划。

1. 生产计划管理的主要风险

（1）企业生产计划和生产指标制定不合理，脱离实际，难以在实践中贯彻执行，可能导致生产产量过高或库存不足。

（2）生产计划未经相应的审批。

（3）生产计划未及时调整或更新，导致生产任务完不成或产品积压或脱销。

2. 生产计划管理的主要控制措施

（1）集团型企业生产指标通常由企业上级单位下达，下属企业根据相关指标，结合企业产能、装置情况，综合市场预判，综合考虑上一年生产任务的完成情况等制定年度生产计划。企业层面在制定生产计划环节应当通过汇总产品订单，收集订单中产品数量、规格等，确定产能，包括人员、设备能力、运营情况，结合市场预判等信息方法编制生产计划。

（2）企业生产计划应当经相关权限负责人审批后提交上级单位生产经营部门，经相关部门和管理层对年度生产计划进行整体优化并审批后，下属企业按照最终审批的计划执行。

（3）企业应当对生产计划执行情况、生产任务落实情况进行及时跟踪，及时发现实际执行与计划的差异。生产计划需要变动时，企业应对生产经营的变化情况及时分析评估，并经过相关权限负责人审批后及时调整下发。

二、生产运行

生产运行是根据客户需求和生产计划的安排，充分利用各种资源，明确和细分生产任务，组织和执行生产任务，以尽量少的投入，产出符合市场和客户需求的产品的过程。

1. **生产运行的主要风险**

（1）生产计划或生产任务未合理分解，导致在实际生产中不能得到有效执行。

（2）未制订计划停工管理制度，未按权限和程序要求进行计划停工。

（3）未建立处理紧急状态、生产事故和非计划停工机制，一旦出现紧急状况、生产事故和非计划停工，导致无法及时启动应急预案，造成经济损失。

（4）未建立有效的质量管理制度和体系，质量管理不完善，检查不到位，可能引起质量投诉事件或法律纠纷，增加质量成本支出。

2. **生产运行的主要控制措施**

（1）企业应当根据自身情况将年度生产计划进行分解，形成月度生产计划，并经适当权限人员审批后，作为生产任务下达执行，企业需将生产计划分解到车间、班组以确保计划得到有效执行。

（2）企业停工计划通常要作为年度生产计划的一部分上报上级单位审批。发生计划停工时，由生产运行部技术人员提出停工申请，提交停工方案，运行部部门负责人审核后，由生产部负责人、技术质量部负责人、安全环保部负责人、机动部部门负责人会签，分管领导、企业负责人审批后由计划部按要求上报和备案。

（3）在发生紧急状态、生产事故和非计划停工时，调度部门负责信息传递、参与组织、调遣各专业部门的力量，及时、妥善地处理生产事故，并参与事故调查工作。同时，应制定和执行相应的应急预案。需要按具体规定，由运行部主操作员将停工情况上报生产部门，上报《非计划停工报告》给相关领导及上级单位。

（4）建立质量信息反馈机制，对原材料、中间产品以及产成品的检验指标进行统一规定，明确质量标准和检验分析计划，明确分析检验方法。质量管理部门应对采购验收环节、关键工序的生产环节和形成的待售产品进行检验，同时对发现的上一环节和上道工序的不良因素,以及用户反馈的各种质量问题进行收集、分析、分类、传递和处理,定期编制质量管理报告,并上报适当管理层。

质检部门成品检验员应当到指定地点采样检验。检验结果经主管人员审核,对比产品质量标准作出合格与否的判定,并出具《产品检验报告》,有权放行的检验人、复核人和批准人应在《产品检验报告》上签字,在签发的合格证上盖章生效,作为产品放行的依据。对半成品、成品检验出现的不合格,质检部门质检员填写《不合格品上报申请单》,质检部门负责人审核,生产部门组织分析不合格原因,提出不合格品处理意见,并上报企业相关领导。

三、生产监督

生产监督是对企业生产步骤和顺序的管理,是对生产过程中劳动力、劳动对象、劳动手段等的组织和协调。

1. 生产监督的主要风险

生产过程未建立有效的监督机制,生产过程记录或分析不及时、不准确、不完整,难以确保生产信息的准确性及完整性,可能导致无法及时发现和解决生产过程中的问题,生产资源未被及时调度和分配,影响生产的顺利进行。

2. 生产监督的主要控制措施

(1)企业应当规范生产调度管理工作,包括定期或不定期召开车间调度例会,传达上级单位对生产计划和生产情况的指示,汇报生产进度,对存在问题进行解决、协调等。

(2)生产管理部门负责跟踪检查企业的生产经营活动进度完成情况,对生产管理进行定期考核及评价,落实生产经营运行计划。每月不定期、不定时、不定点进行抽查,对生产环节出现的非正常运行及时进行分析、纠正及维护,对相关分析评价进行记录,并及时督促落实相应的整改措施。

(3)生产管理部门应编制生产调度日报和生产完成旬报(周报)等调度快报,经调度部门负责人审阅后,在生产经营例会上进行讨论和协调,并根据生产月度统计数据进行月度生产运行完成情况分析,准确反映生产进度、产品质量、财务等状况,编写月度经营分析报告,为企业生产经营管理、决策等提供参考。

四、生产成本

生产成本是企业为生产产品或提供劳务而发生的各项生产费用。生产成本管理是企业为了降低成本,对各种生产消耗和费用进行引导、限制及监督,将成本维持在预定的标准成本之内的一系列管理行为，包括成本核算、成本分析、成本决策和成本控制等。企业应当建立健全成本会计制度，将产品生产与成本核算有机结合，进行成本分析和对比，对生产过程进行监督和核算，作为优化管理、降低成本和实施持续改进的依据和基础。

1. 生产成本管理的主要风险

（1）成本核算方法不合理，成本核算不准确，导致定价依据不够精确或影响精细化管理。

（2）未及时进行生产成本的分析，导致不能有效监控生产执行情况、发现问题，无法及时对异常情况做出调整。

（3）营业成本结转不及时、不准确，导致财务报表可能有误，影响企业的经营决策。

2. 生产成本管理的主要控制措施

（1）采用标准成本方法核算的，必须制定存货成本标准，生产、采购和财务部门的人员至少每年要共同对存货成本标准进行一次修改。因工程或经济原因对标准成本进行修改时，须经适当管理层的审批。

（2）定期（至少每月一次）对实际生产成本与计划/标准/预算等的差异进行分析，监控生产执行情况，编制成本分析报告，如发现问题应当及时向相关人员进行汇报，并采取必要的补救措施。

（3）根据使用的成本核算方法，确保及时准确地进行成本归集和分摊，并与适当管理层审批的原始单据保持一致，由独立人员对其真实性、准确性进行复核，发现问题，及时将相关单据退回具体的业务部门。

案例

N 企业的生产管理

N 企业是一家外商独资企业。主要业务包括电极糊以及稀土镁硅铁合金（球化剂）。N 企业是一个装备极其普通的工厂，最新的装置也有约 10 年的使用历史，人员人数仅有一百多人，但销售收入表现始终稳定而收益率逐步提高，在 2009 年大部分行业受到金融危机影响业绩下滑的时候，其依然达到约 3 亿元的收入和约 5000 万元的利润。

N 企业的成功关键在于应用了 E 业务系统（EBS），这是企业参考丰田管理思路设计的管理体系，以提高生产的精细化水平以及运营的高效。

EBS 业务系统遵循四个基本原则：满足客户需求，员工授权，避免浪费，流程控制。如图 5-14 所示。

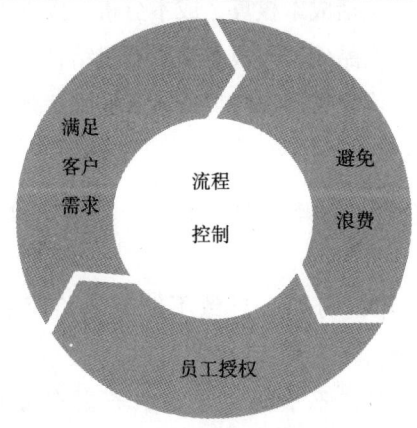

图 5-14 N 企业的业务管理系统

资料来源：作者整理。

1. 满足客户需求（make to use）

N 企业追求的是客户化生产的目标。N 企业内部每个员工都要与客户和供应商保持密切的联系，所有工作以满足客户需求为出发点。N 企业积极鼓励各级员工发现问题，寻找最佳的解决方案。

2. 员工授权（empowered people）

N 企业建立了"谁负责—谁决策"的机制：让负责实际操作的一线员工对日常的工作做决定；中层领导和工程师则负责对日常的工作进行分析和改进等高价值工作；工厂厂长则负责运营管理系统的整体分析和长期改进等更高价值的工作。为了与这种信任和承诺式的领导相适应，N 企业鼓励和推动员工深度学习，发挥个人智慧解决问题和实现持续改进，最终所有人的努力都会被引导归集为一个方向即企业的整体战略目标。例如，操作工会及时收集数据并做简单分析，操作室每周都会有主要生产数据分析表，用于找出改善自己生产绩效的方法。

3. 避免浪费（eliminating waste）

N 企业鼓励所有员工持续参与生产流程的简化和提升，并根据对生产周期分析，分析导致工时增加和消耗增加的原因，提出解决方案，避免过量生产、过度加工、超量库存、窝工、不必要行为、纠错等方面造成的浪费。

4. 流程控制（process in control）

N 企业力求所有流程的稳定，通过有效组织人力、设备，合理安排生产流程，实现可预测的、连续的生产，突出强调操作工作流程控制，根据数据和实际情况做出决策，实施有效控制，减少生产流程中不确定的因素。

（资料来源：作者整理）

第五节 存货管理的内部控制

存货是指企业在日常活动中持有以备出售的产成品或商品、在生产过程中的在产品、在生产过程或提供劳务过程中耗用的材料、物料等。包括各类材料、在产品、半成品、产成品或库存商品，以及包装物、低值易耗品、委托加工物资等。企业应当建立和完善存货管理制度，结合企业生产经营特点，针对主要的风险点采取有效的内部控制措施加以管控。本书将存货环节的内部控制分为入库管理、库存管理、出库管理、存货处置和物流运输五个方面进行介绍。

一、入库管理

入库管理是根据入库凭证，在接受入库商品时所进行的卸货、查点、验收、办理入库手续等业务活动。

1. 入库管理的主要风险

（1）入库管理程序不规范，标准不明确，或未对收到的物资进行适当检验与验收，可能导致数量、规格和质量与合同不相符，损害企业经济利益。

（2）使用第三方仓储服务时，未向仓储方取得有效书面到货确认，导致仓储保管权责不清。

（3）入库信息更新不及时、不准确，无法真实反映库存信息。保管人员、财务人员未及时入账或缺乏定期核对，导致账实不符。

2. 入库管理的主要控制措施

（1）企业应当重视存货的验收工作，规范存货验收程序和方法，对入库存货的数量、质量、技术规格等方面进行查验，验收无误方可入库。

采购货物到货后，需要质量检验的要由质检部门化验员抽样进行分析化验，经化验员签字审核和录入检验结果后方可入库。需要计量部门进行过磅的，需由计量部门出具地磅单与地磅明细，经签字确认后方可入库。其他货物由技术质量部门质量验收组按照检验要求对需进行检验的物资进行检验后方可入库。仓库保管员依据采购订单所列物资名称、规格、数量进行数量清点与外观检查，检查无误后签字确认。《采购收货凭证》需经送货方或采购部商务代表、仓库保管员签字确认，仓库部门负责人审核签字确认。

采购的原辅料进厂后，接到供应或仓储部门通知后，质检部门化验员进行采样检验，出具《原辅料检验报告》和《原辅料入库验收单》，检验人员在检验报告上签字确认。

自制存货的验收,应当重点关注产品质量,通过检验合格的半成品、产成品才能办理入库手续。在接到生产和成品车间的通知后,质检部门成品检验员到指定地点采样检验。检验结果经主管人员审核,对比产品质量标准作出合格与否的判定,并出具《产品检验报告》。有权放行的检验人、复核人和批准人应在《产品检验报告》上签字,在签发的合格证上盖章生效。对半成品、成品检验出现的不合格,质检部门质检员填写《不合格品上报申请单》,由质检部门负责人审核。不合格品应及时查明原因、落实责任、报告处理。

外购存货的验收,应当重点关注合同、发票等原始单据与存货的数量、质量、规格等核对一致。涉及技术含量较高的货物,必要时可委托具有检验资质的机构或聘请外部专家协助验收。

其他方式取得存货的验收,应当重点关注存货来源、质量状况、实际价值是否符合有关合同或协议的约定。

(2)使用第三方仓储服务时,提前将提货委托书以传真或扫描件方式发送至合作方物流部。发货后与外部仓库管理部门人员进行数量核实,双方确认计划数量无异议后对入库单签字盖章确认。

(3)对出库后未使用的原材料、产成品或商品,可以再次利用的周转材料等应填写红字领料单或入库单,核对无误后办理退库或入库手续。

(4)对验收合格的存货,应及时将单据交给相关部门进行处理。应及时依据入库单等单据进行账务处理,正确登记入库存货的数量与金额,并检查单据真实性和不同单据之间信息一致性。

对财务结账时货物已到、发票未到的收货,应暂停入账。待发票到来时,如果出现误差,按审批权限经相关领导审核同意后,再进行账务调整。

仓库应依据实际出入库信息记录库存实物账,应设立库存台账并与仓库实物账保持一致,并由财务部定期(至少每月一次)对存货入库进行核对,保证财务账与库存台账及实物账的一致性。

二、库存管理

库存管理是价值链的重要环节,是对仓储货物的收发、结存等活动的有效控制,其目的是为企业保证仓储货物的完好无损,确保生产经营活动的正常进行,并在此基础上对各类货物的活动状况进行分类记录。企业应当采用先进的存货管理技术和方法,规范存货管理流程,明确存货取得、验收入库、原料加工、仓储保管、领用发出、盘点处置等环节的管理要求,充分利用信息系统,强化会计、出入库等相关记录,确保存货管理全过程的风险得到有效控制。

1. 库存管理的主要风险

（1）库存计划制定不合理，存货不足，影响生产正常进行，或盲目采购，导致存货积压浪费。

（2）存货管理混乱，存货的验收、保管、发货等环节职责不清，不相容岗位未分离。

（3）存货保管方式不适当，可能导致存货损坏变质、价值贬损。

（4）监管不严，未对存货进行有效的清点排查，可能造成账实不符。

2. 库存管理的主要控制措施

（1）企业应该根据销售计划、生产计划和执行情况、采购需求等合理确定存货的数量和结构。企业应当根据各种存货采购间隔期和当前库存，综合考虑企业生产经营计划、市场供求等因素，充分利用信息系统，合理确定存货采购日期和数量，确保存货处于最佳库存状态。

（2）企业应当建立库存管理岗位责任制，明确内部相关部门和岗位的职责权限，切实做到不相容岗位相互分离、制约和监督。

企业内部除存货管理、监督部门及仓储人员外，其他部门和人员接触存货，应当经过相关部门特别授权。

（3）企业应当建立存货保管制度。应当按仓储物资所要求的储存条件贮存，并健全防火、防洪、防盗、防潮、防病虫害和防变质等管理规范。加强生产现场的材料、周转材料、半成品等物资的管理，防止浪费、被盗和流失。

对代管、代销、暂存、受托加工的存货，应单独存放和记录，避免与本单位存货混淆。

（4）企业应当建立存货盘点清查制度，结合本企业实际情况确定盘点周期、盘点流程等相关内容，核查存货数量，及时发现存货减值迹象。企业至少应当于每年年度终了时开展全面盘点清查，盘点清查结果应当形成书面报告。

盘点清查中发现的存货盘盈、盘亏、毁损、闲置以及需要报废的存货，应当查明原因、落实并追究责任，按照规定权限批准后处置。

（5）结合企业实际情况，加强存货的保险投保，保证存货安全，合理降低存货意外损失风险。

三、出库管理

出库管理包括：生产部门领取原材料、辅料、燃料和零部件等用于生产加工；仓储部门根据销售部门给出的发货单向经销商或客户发出产成品；批发商根据合同或订单等向下游经销商或零售商发出商品等。存货出库需要履行规定的流程，存货领取需要获得适当的授权，须经仓储保管部门检查无误后方可办理存货领取。

1. *出库管理的主要风险*

存货领用发出环节审核不严格、手续不全，导致货物流失。

2. *出库管理的主要控制措施*

（1）企业应当按照自身的业务特点，确定使用的存货发出管理模式，制定严格的存货准出制度和领用流程，健全存货出库手续，加强存货领用记录。

（2）明确存货发出和领用的审批权限，大批存货、贵重商品或危险品的发出应当实行特别授权。

（3）仓储部门应当根据经审批的销售（出库）通知单发出货物。

（4）企业仓储部门应当详细记录存货入库、出库及库存情况，做到存货记录与实际库存相符，并定期与财会部门、存货管理部门进行核对。

四、存货处置

存货处置是存货退出企业生产经营活动的环节，包括存货因变质、毁损等进行的处置。

1. *存货处置的主要风险*

存货报废处置责任不明确、审批不到位，可能导致其企业利益受损。

2. *存货处置的主要控制措施*

企业应当定期对存货进行检查，对于存货变质、毁损、报废或流失的处理要分清责任、分析原因，填写变质存货处置单，获得报警批准后予以处置。

五、物流运输

物流运输是将原材料或产品按照规定时间、成本等约定条件送到规定地点的过程。

1. *物流运输的主要风险*

（1）仓储和货代选择不当，可能导致货物丢失，无法保障货物的安全和完整。

仓储或货代合同权责不清，导致无法保障货物的品质和安全。未按发货指令及合同约定将货物发往指定仓库，导致货权不清晰，给后续货物管理埋下隐患。

（2）未对在途物资进行有效监控，或未采取适当投保等保护性措施，导致对在途货物控制力较弱，出现损毁丢失或脱离控制的情况。

（3）仓储物流相关部门未按时做好准备，导致已到货物无人验收，造成货物丢失。

2. 物流运输的主要控制措施

（1）企业使用的任何外部仓储公司均必须经资质认证合格，不得使用未经认证或认证不合格的外部仓储公司。仓储物流相关部门应根据搜集备选仓库和货代方的基本情况对其进行风险评估和评级，并按有关要求备案或上报主管部门。

严格按照规定的程序和标准选择外部仓储公司和新增货代，尽量避免选择兼营贸易或从事质押等业务，及客户指定、自有或有实质控制权的仓库等。

对仓库和货代的审核通过后，应按照相关规定与外部仓储公司和货代签订权利和义务明确的仓储货代协议。原则上应使用范本合同或协议，如使用非范本协议的，须经法律事务部审核。

对货代和仓库建立动态评价和年审机制，定期进行综合评价，按照评价结果进行分类管理。对于第三方货代及仓库，仓储物流相关部门应将评价结果作为是否继续合作的重要依据，对仓库和货代方不规范的行为及时提出整改意见，限期改正，对整改意见不予配合的应予以重点关注，直至取消合作关系。对于自有仓库，仓储物流相关部门应将评价结果作为绩效评价及奖惩措施的重要依据，依据评价结果对其提出整改意见并及时跟进，且适时采取适当的惩罚措施。

（2）针对直发货业务，供应商应按照合同约定或发货指令的要求将货物发往指定仓库，准确填写收货单位及收货联系人，不得填写客户人员为收货联系人。

对于未实际控制的在途货物，应根据合同约定安排运输和保障事宜，如需要自行负责运输和保险的，应妥善办理运输和保险事宜，保障在途物资安全。应选择实力强、信誉好的保险公司对在途货物进行承保。委托代理公司安排保险的，应签订相关协议，并及时向其取得保险单据。

若需要委托运输时，应委托符合评价标准的运输公司实施，货物交承运人时，要求承运人选择合理的运输方式和提供恰当的运输工具，同时务必向其取得合理、规范的运输单据。货到后，应要求承运人及时准确地将货物移交给收货人，并要求承运人取得收货人出具的载有详细信息的收货确认单据，禁止由客户代办运输。

（3）物流过程中发生的各种费用，如运费、仓储费、口岸代理费、装卸费、商检费、包装费、保险费等，按照相关申请、审批制度、流程办理。

（4）采购部门应将供应商的发货信息及时通知仓储物流相关部门，仓储物流相关部门负责通知货代或仓库提前做好收货准备，跟踪货物动态，收到货后及时办理验收入库。

第六节　销售业务的内部控制

企业以创造价值为目标，而销售活动作为业务经营的重要环节，决定着企业所有产品或服务能否实现销售，货款能否有效回收。销售通过出售商品或服务获得货款，可以说销售是企业创造利润的一个最直接、最主要的途径，企业的成败与销售的策略市场研判等内容息息相关。

《企业内部控制应用指引》将销售定义为企业出售商品（或提供劳务）及收取款项等相关活动。通常销售与收款会被作为一个业务循环，包括了从接受客户订单到货款收回的整个业务活动过程。

销售业务是指企业出售商品或提供服务及收取款项等相关活动。企业生存发展壮大的过程在相当程度上就是不断加大销售力度、拓宽销售渠道和扩大市场占有率的过程。

企业如果不能实现销售的稳定增长，售出的货款不能准时收回，那么也必将导致企业的持续经营受阻乃至难以为继。

销售业务流程可以细分为一些子流程也可以称作二级流程，包括销售计划管理、客户开发与信用管理、销售定价、合同订单管理、收款管理以及客户服务等。在这些二级流程的共同作用下构成了一个完整的销售业务流程（见图5-15）。

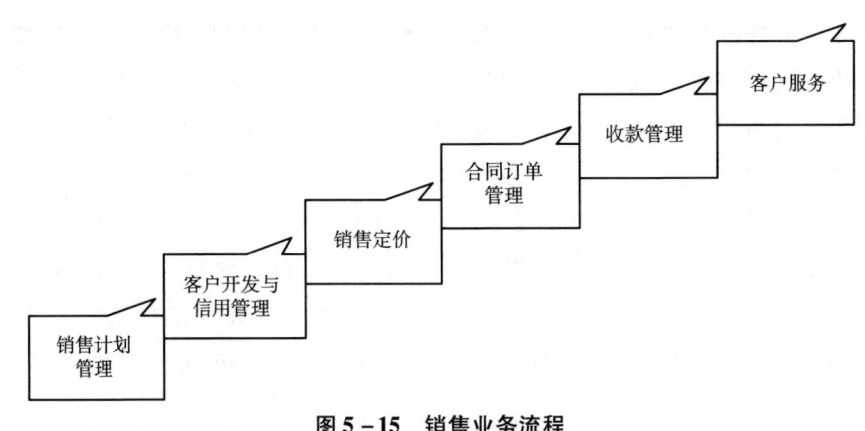

图 5-15　销售业务流程

资料来源：作者整理。

一、销售计划

整个销售业务流程的起点是销售计划。每个企业都有自己的销售目标，那么如何制定销售目标？在确定了销售目标后又如何通过一个强有力的销售计划来支持销售目标的实现？继而那又如何制定销售计划呢？

销售计划通常是由销售部门经理通过收集客户的需求、历史销售数据、生产和存货情况而制定,并获得相关领导批准。

一方面,对于生产企业来说,最重要的是要充分了解自己的生产能力,包括产能情况、生产设备数量和运行情况、技术水平等,就是企业到底能够生产出多少合格的产品。这是制定切实可行的销售计划的基础。

另一方面,企业要对外部市场进行准确预测比如市场需求经济变动,还有竞争者的动向,了解市场对自身生产的产品的需求情况,以及市场总体的供给情况和竞争态势。

企业需要根据对外部市场需求和竞争对手情况的分析来预测和研判市场行情,同时结合企业自身的生产能力制定出适合的销售计划,如图5-16所示。

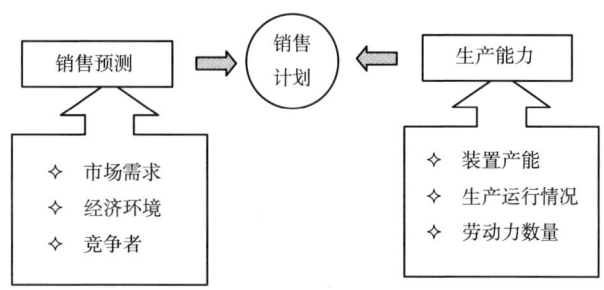

图5-16 销售计划的制定

资料来源:作者整理。

为更好地支持企业销售目标的实现,在销售计划管理方面通常企业应该关注以下三点:

◇ 销售计划是否准确、合理;
◇ 销售计划是否建立在合理的产品结构和生产安排上;
◇ 销售计划是否经授权审批。

1. 销售计划方面的主要风险

(1) 市场预测不准确、销售策略和计划制定不当、销售渠道管理不当等,可能导致销售不畅、库存积压、经营难以为继。

未制定销售计划或销售计划制定不合理,导致企业难以控制销售及生产平衡,无法分析和对比销售数据并有效监控销售各环节运作的效率及效果。

(2) 未有效沟通销售计划或未对销售计划进行定期分析,导致销售计划有名无实,不能有效监控销售执行情况、发现问题、无法及时对异常情况做出调整。

(3) 调整方案未经批准,导致销售方案与企业发展战略不一致,影响企业发展,损害企业经济利益。

2. 销售计划活动的主要控制措施

应对销售计划制定中存在的风险所应采取的主要控制措施包括:

（1）制订营销计划和方案，建议包括计划提要、营销现状、目标与问题、营销策略、行动方案、预算与控制等内容，提交适当管理层审批。

结合市场供求/客户订单等情况，制定年度/月度销售计划，并按规定的权限和程序审批后下达执行。

定期（至少每月一次）对各产品的销售额、利润差价、销售计划与实际销售情况等进行分析。

（2）在市场形势发生较大变化或依据企业发展的战略性要求需要对销售方案进行重大调整时，须提交申请报告及相关支持文档，由适当管理层确认和批准方可执行。

（3）企业应当结合实际情况，全面梳理销售业务流程，完善销售业务相关管理制度，确定适当的销售政策和策略，明确销售、发货、收款等环节的职责和审批权限，按照规定的权限和程序办理销售业务，定期检查分析销售过程中的薄弱环节，采取有效控制措施，确保实现销售目标。

图5-17案例是一家企业的销售计划制定与审批过程。从中我们可以看到一些内部控制的缺陷，在销售计划制定与审批环节没有设置必要的控制点。第一，销售计划的制定只是通过收集客户的需求和历史销售数据而完成，并没有基于完整、系统的分析得出的销售结论，没有基于企业整体的销售情况、生产产品以及市场进行分析和预测，而只是通过与主管领导的讨论，就做出对销售情况的一个预测，从结论上来说更多地依靠经验，或者说"拍脑袋"。第二，整改销售计划没有经过正常的审批，在销售部门制定完销售计划之后，整个流程就结束了，既没有集体决策过程，又完全失去了多层级、多部门的监督和审批。

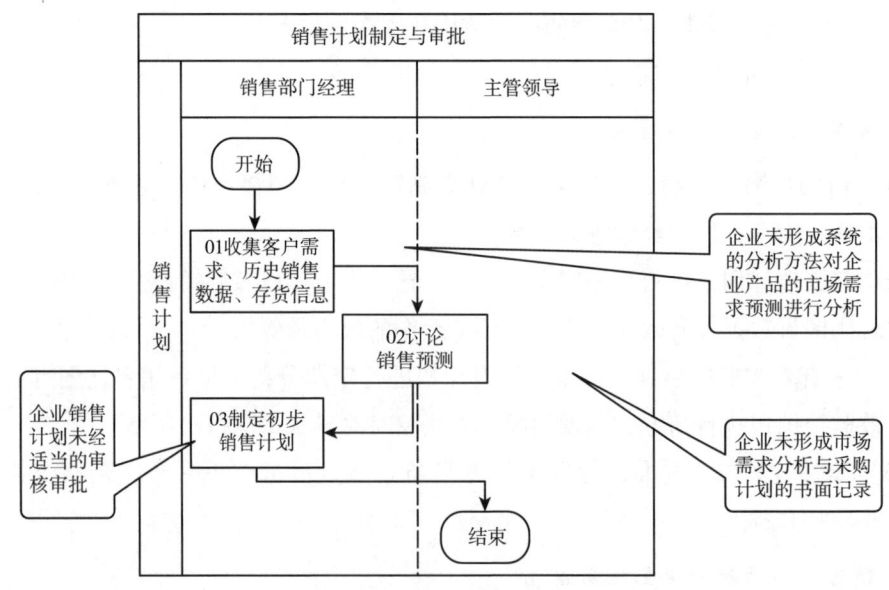

图5-17 销售计划制定与审批案例

资料来源：作者整理。

二、客户管理

在制定销售计划之后下一个重要的内部控制环节是客户管理,包括客户开发、信用管理和考核等方面内容。其中,信用管理和考核最为核心。

客户信用是指从客户经营能力、盈利能力、偿债能力、发展能力、客户素质和信用状况等方面分析总结得出的一个对客户的评价。客户开发尤其是信用管理是销售工作的重要一环,这个环节如果没有把控好,很容易产生大量的应收账款和坏账。

客户信用管理一般分为三个部分:授信前、授信中和授信后。授信前我们主要关注是否建立健全这样的一个客户资信的评估体系,是否建立客户授信标准;授信中我们更多关注是否赋予客户恰当的信用评级,授信额度是不是合理;授信后关注重点是是否定期对信用额度进行评估,是否对信用额度超额的情况进行预警。

这三个方面在信用管理方面都是相当重要的。

首先,授信前是对客户信用情况的整体把握,它需要我们设计非常合理的评估指标去对客户进行合理的授信。

其次,在授信中我们更关注的是信用额度审批,也就是说我们需要制定一个明确的授信体系去明确什么样的客户需要什么层级的授权。

最后,在授信后我们还要建立起信用管理的动态预警机制。因为信用管理不是一成不变的,它是需要根据我们与客户开展业务的大小交易规模以及客户在前期与我们交易过程中的一些表现而对他的信用情况进行适当地调整,才能保证整个信用管理过程是比较完善的。

1. **客户管理的主要风险**

(1) 客户信用评审不到位,信用档案更新不及时,导致错误的评级和授信。授信额度不合理或未经适当管理层审批,导致超额授信,销售款项不能收回,损害企业利益。接受不满足资信条件的客户订单或向其发货,导致应收账款难以收回或遭受欺诈,损害企业经济利益。

(2) 未建立信用保险机制,导致无法有效控制信用风险对企业造成的损失,影响企业正常运作。接受的抵押资产管理不规范,导致资产被盗或丢失,或者不能及时发现抵押资产价值变动,有损企业经济利益。

2. **客户管理的主要控制措施**

(1) 企业应当健全客户信用档案,关注重要客户资信变动情况,采取有效措施,定期(至少每年一次)进行复核和更新,将不符合标准的客户依据其具体情况分别列入黑/灰名单,由不相容岗位人员提出划分、调整客户信用等级的方案,防范信用风险。

对不符合资格的客户开放临时授信及特殊授信权利，申请人须提交授信申请，并经过适当权限的管理层审批通过，方可执行。

在销售制单、审批及发货等环节应审查客户的信用额度及占用情况，对超出信用额度的，及应收账款出现逾期的客户，在额度恢复到审批限额之内或者逾期得到解决之前，不得开展新的信用交易，除非有补救措施；同时企业应仅与符合标准的客户进行交易，对于已列入黑名单客户不进行交易。

企业在日常销售活动中，对于客户的信用管理给予足够多的重视。对于客户的准入、合理授信、考核几个环节环环相扣，也是严控销售活动、加强应收账款管理的关键环节，对客户的信用额度、生产经营状况进行密切关注，及时调整信用政策，同时根据还款情况、信用额度使用情况以及客户经营状况等加强对客户的周期性考核也是保证回款的关键。

（2）企业应当建立严格的信用保证制度。应充分利用信用保险、抵押、担保等债权保障措施，按照相关规定对客户供应商信用风险进行管理，有效降低信用风险给企业带来的损失。根据需要，建立健全信用保险制度。加强对赊销接收的抵押资产的管理，编制专门的资产目录，合理评估抵押资产的价值，妥善保管，并定期进行检查。

三、销售定价

销售定价管理方面，主要的工作流程是要拟定目标价格，同时进行成本测算，然后综合考虑定价因素，最后才可以确定一个合理的销售价格。

根据企业在生产竞争环境中的不同位置其定价策略可能也是有所不同的。比如企业的产品市场需求非常大，那么企业会具有更大的定价自主权；如果市场环境不是特别好，那么企业可能在价格上受制于外部的因素就比较多。

首先，在制定销售定价时要看定价和调价是否符合企业的整体价格政策。其次，定价或调价需要结合市场的供需情况、成本核算、盈利测算等进行适当的调整。定价对于企业来说也是一个非常重要的环节，因为价格的高低左右着企业可以拥有的利润空间。另一个关注要点是销售价格是否经过适当流程获得适当层级的审批（见图5-18）。

1. 销售定价的风险

（1）产品定价高于同类同质产品市场价格，导致销售量增长放缓或减少；定价低于同类同质产品市场价格，导致企业利益受到损害。

（2）未经授权的销售定价、价格浮动或销售折扣折让，导致售价不符合企业标准，甚至造成亏损，损害企业利益。

2. 销售定价的主要控制措施

（1）企业应成立价格委员会负责产品销售价格的审批，价格委员会成员应包括企业负责人、销售主管领导、生产主管领导、财务负责人、采购主管领导、计划主管领导、监事部人员等。

价格委员会根据有关价格政策,综合考虑企业财务目标、营销目标、产品成本、市场状况及竞争对手情况等多方面因素,确定产品销售价格,定价或调价需经具有相应权限人员审核批准。

(2) 根据企业的相关制度规定,针对某些产品可以授予销售部门一定限度的价格浮动权,销售部门可结合产品市场特点,将价格浮动权向下实行逐级递减分配,同时明确权限执行人。价格浮动权限执行人必须严格遵守规定的价格浮动范围,不得擅自突破。确定的最终执行价格应留下相应的记录。

(3) 销售折扣、销售折让的确定应由具有相应权限人员审核批准。销售折扣、销售折让授予的实际金额、数量、原因及对象应予以记录,并归档备查。

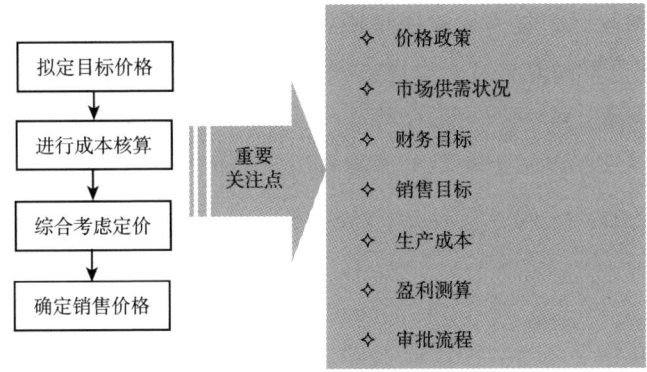

图 5-18 销售定价流程和主要关注点

资料来源:作者整理。

为促进销量会给予购买量大的客户或者战略客户一定的折扣,多大的购买量给予多大的折扣应该有相关的规定或经过相应权限的领导审批,而折让是由于质量、逾期交货等问题给予客户一定的优惠,也应该按照相关规定执行。企业应当制定了相关的机制去授权相关的人员,使其具有适当的折扣和折让权力。

如果是超额给出折扣和折让,需要相关的层级进行审批。在这个环节里一般是通过价格管理政策量本利分析定价法、授权体系以及销售价格表来进行控制和把关的。

四、销售渠道管理

销售渠道管理是指企业的经销商准入和经销商考核方面的管理。

1. **销售渠道管理的主要风险**

(1) 未制定经销商管理制度,导致经销商标准不明确,选择的经销商资质及诚信不足，影响企业产品销售，损害企业利益。

（2）对经销商评估不当或未经过管理层审核，导致选择资质或诚信不足的经销商，损害企业利益。

（3）对经销商控制力度不够，导致销售不稳定。

（4）未定期对经销商进行评估和筛选，导致与资质不足或业绩未达标准的经销商长期合作，影响企业销售业绩，增加企业运营风险及成本。

2. 销售渠道管理的主要控制措施

（1）明确经销商的选择、评估及日常管理等操作规范，确定经销商的甄选条件，保证经销商质量，维护企业合法权益。

（2）需对潜在经销商的资质及诚信进行评估，提交适当管理层进行审批，并与经过资格审查的经销商签订书面协议后，才能授予经销商资格。

（3）对经销商进行定期或不定期拜访，并对拜访情况进行总结，编制相关报告，上报主管业务领导。同时应按月对经销商订货、库存与销售情况进行统计和小结，并以书面形式上报相关权限领导。

（4）应定期（至少每年一次）对经销商的运营状况进行考评，评估及考核结果需上报适当管理层审核。对不符合资质或业绩考核未达到标准的经销商及时终止合作，避免企业遭受损失。

五、收款管理

收款是企业提供产品服务后收取价款回收资金，实现销售业务成果的环节。

1. 收款管理的主要风险

（1）发票未经独立人员复核或未经适当管理层审批，导致发票信息与实际销售信息不一致，影响财务报表的准确性。

（2）授信额度不合理或未经适当管理层审批，导致超额授信，销售款项不能收回，损害企业利益。

（3）销售收入相关会计处理不当或缺乏有效核对机制，导致财务报表准确性受到影响，不能及时发现异常情况并及时处理，造成款项拖延或无法收回，损害企业经济利益。

（4）销售收款管理不当（如结算方式选择不当、票据管理不善、账款催收不力），导致销售款项不能按期收回或被欺诈，损害企业的合法权益。

（5）对应收款项管理的相关考核缺失或考核不当，导致激励约束机制不合理，未对销售执行情况进行定期考核并奖惩分明，导致员工积极性不高，不能有效监控和发现销售流程中出现的问题，不能及时对异常情况做出调整。影响企业实现经营目标。

2. 收款管理的主要控制措施

（1）销售部门签订合同或接受订单之后，应及时将合同/订单副本传递至仓储及财务部门。在仓储部门依据订单发货后，应及时书面通知客户，并将发货单副本等原始凭证及时提交至财务部门，财务部门将发货单与合同/订单进行核对，核对一致后及时准确地进行发货的账务处理。

依据销售通知单等有关凭据开具发票，并加盖印章。严禁开具虚假发票。仅经授权的销售开票人员开具发票。负责销售开票的人员应独立于负责应收对账的人员。作废发票应当书写或加盖"作废"字样，完整保存各联备查。

（2）对于赊销及预收款项，相关部门须动态审核客户信用等级，按规定权限审批。在仓储部门发货前，应当由相关部门确认资金及信用额度是否充足，然后由仓储部门发货。财务部门审核发票等有关单证及时确认应收款项，须经不相容岗位人员稽核。

（3）应收款项应由财务部门组织业务部门定期（至少每年一次）对账，确保销售记录与实际销售数量一致，如有差异，查明原因，及时处理，并取得对方书面确认依据（询证函须签字或盖章）。

财务部门应由独立于销售凭证操作环节的会计人员进行定期（至少每月一次）核对：

发票及财务收入金额是否一致，若发现差异，查找原因并进行说明；

合同、发票及合同执行相关原始单据是否一致，以发现是否存在违规让利及虚增或虚减收入造成企业潜盈或潜亏等问题。

财务部门根据销售合同、销售方式，对销售价格及数量等信息进行审核，并按照会计准则的规定确认收入，并作账务处理，记账凭证须经独立于会计凭证制作的人员进行复核。无论采用何种对账方式，都要保存对账时间、对账人员、对账方式、债权金额等事项的记录。针对对账差异编制对账差异调节表，经相关权限负责人审核后及时调整差异。记账凭证须经不相容岗位人员稽核。无法取得对方书面对账依据的，应将对账详细情况整理记录，经相关权限负责人审核签字。

（4）财务部门定期（建议每月一次）编制应收款项账龄分析表，并由业务部门对应收款项的可收回性进行分析，形成应收账款分析报告，经适当管理层审批后，及时采取相应措施进行处理。

对逾期的应收款项，应落实相关责任人催收欠款。对于未清回欠款，应采取有效措施，及时追回或清理。

财务部门根据账龄及应收款项的可收回性，按照企业内部会计政策计提坏账准备，计提坏账准备须经适当管理层审核。

应收款项在收回款项或收到非现金资产后，要及时进行账务处理。记账凭证须经不相容岗位人员稽核。

对于确实无法收回的款项，按照规定审批程序批准后作为坏账损失处理。已处理的坏账要建立备查簿逐笔登记，同时上报税务部门备案，并整理保存好原始单证，以保留追索权。

（5）定期（至少每季度一次）对销售业绩进行考核，依据销售执行情况，对销售数量、金额、利润等指标进行考核，奖惩分明，鼓励积极发现和改进销售执行中的问题，并对不能积极改善的问题，有针对性地实行惩罚措施。

六、客户服务

在完成从计划制定到提供服务以及收款各个环节的工作后，这时候产品或服务已经销售出去，货款已经收回，有的人会认为销售流程就已经完成了。但实际上整个销售流程还没结束，还有一个重要的环节有待完成，那就是客户服务。

在客户服务管理方面我们需要关注以下问题：

➢ 客户服务水平是否妥当；

➢ 客户满意度是否得到保障；

➢ 客户服务体系是否完善。

客户服务需要有一个完整的制度体系，设有专门的机构由专人负责，履行客户服务也需要有合适的途径和手段，采取正确的方式来保证客户服务的质量，维护客户的权益，保护企业的声誉和利益。

1. 客户服务的主要风险

客户服务方面普遍存在的问题是服务水平低下、消费满意度不足，导致企业品牌形象受到影响甚至造成客户流失。

缺乏有效的客户服务相关制度，包括质量管理制度、客户投诉制度等，没有有效渠道对客户满意程度进行调查。

对客户服务质量缺乏考核，没有与相关人员绩效和薪酬挂钩。

与生产和质量等部门没有建立起反馈机制，客户反馈的问题未能进行有效分析，未能把合理要求及时反映到相关部门并进行调整。

2. 客户服务的主要控制措施

建立客户服务中心，制定客户的服务制度、产品质量管理制度，以及客户投诉制度。记录所有的客户投诉，并分析原因，提出解决措施。

加强客户服务和跟踪，做好客户回访工作，定期或不定期开展客户满意度调查。

对满意度的调查和客户投诉反映出来的问题给予积极回应，对客户的投诉进行非常好的处理，提升客户满意度和忠诚度。

加强售前、售中和售后技术服务，实行客户服务人员的薪酬与客户满意度挂钩。

案例

E 公司应收账款管理

E 公司是一家全球领先的一体化有机硅生产企业，总部位于挪威奥斯陆，拥有太阳能、硅、碳素、铸造四大业务领域，在全球建有 13 个生产基地，总资产 300 亿挪威克朗。应收账款金额约占总资产的 8%，各板块的应收账款信用期平均为开票后 30~60 天，根据与不同客户签订的交割条款略有差异。

E 公司管理层采用信用风险保险合约，对应收账款的可回收风险进行统一管理：

➢ 由总部统一与第三方保险公司进行谈判，包括拟定框架协议、费率的制定等；与保险公司全球网络公司签订了 9 份信用保险子合约，并归属于一份主合约。

➢ 以应收账款发生额作为投保基础，而非就单笔交易进行投保；主合约规定集团层面保费和保险应收账款发生额的比率。

➢ 该信用保险协议，以其多个客户组成的应收账款作为投保基础，而非就单笔交易或单个客户进行投保。在进行资产组投保时主要考虑如下两点：

（1）在评估新客户信用能力时，保险公司提供对其客户的财务表现以及其他偿付能力方面的评估，在评估结束后，会告知企业该客户的被保障额度；

（2）在交易的持续进行中，保险公司会对被投保资产组客户的情况进行持续评估，并根据任何新的信息而更新已给予的被保障额度。

上述服务使得 E 公司可以利用保险公司的全球数据网络，在签订合同时充分考虑对方的经营能力及历史表现，定期跟踪评估现有客户的信用风险，及时了解客户的财务表现和偿付能力，同时能够精简内部组织架构，避免信用风险管理部门的人员冗余。通过以上措施，E 公司在过去几年中应收账款周转天数较为稳定，各部门平均周转天数均在信用期内，应收账款可收回风险较低。

通过这个案例我们可以看到较国内企业来说，西方企业对于信用保险的应用较为广泛，这也与当地的信用体系较为完善有关。通过信用保险可以有效保障企业应收账款收回，避免如客户拖欠账款、无偿债能力甚至破产而导致的信用风险。

（资料来源：作者整理）

第七节　研究与开发的内部控制

研究与开发是指企业为获取新产品、新技术、新工艺等所开展的调查、分析和实验等活动。创新和研发是实现企业持续发展的动力，企业要获得持续发展的动力，就必须不断进行新产品的研发和技术、管理的创新活动。

研发活动也具有很高的风险，通常存在着投入大、周期长、不确定性高等特点。下面我们按照研发活动的流程从立项与研发计划、技术及产品应用和知识产权保护三个方面进行详细介绍。

一、立项与研发计划

立项是指研发项目获得相关审批，可以正式实施执行。研发计划是指研发项目的具体任务、进度等执行方案

1. 立项与研发计划的主要风险

（1）企业的研发计划不符合发展战略要求，可能导致经费投入不足或产出效益低下。

（2）技术改造、新工艺设计，以及研究创新等项目未经科学论证或论证不充分，可能导致创新不足或资源浪费。

（3）研发人员配备不合理或研发过程管理不善，研发人员配备不足或研发项目负责人能力和经验不足，可能导致项目不能顺利开展。

（4）缺乏研发制度管理，项目进度计划编制不合理或与经费预算不匹配，导致项目无法按进度计划进行。

（5）研发过程管理不善，可能导致研发成本过高、舞弊或研发失败。

（6）研发项目合作单位选择不当，导致项目开展受阻、无法实现项目目标、发生纠纷或企业利益受损。

（7）缺乏对研发项目经费支出合理性或必要性的审核或监控，导致项目经费超支、不按规定用途使用等。

（8）对项目进度执行缺乏监控，导致监督管理部门无法对项目情况进行有效监督、无法及时纠正偏差，影响项目进度。

（9）未按照规定及时进行项目调整、撤销及备案，导致无法对项目进行有效管理。项目发生重大事项未及时报批，导致项目无法有效继续开展。

（10）验收程序不规范，验收人员的技术、能力、独立性等不足，导致对验收成果鉴定不充分。

2. 立项与研发计划的主要控制措施

（1）企业应当重视研发工作，根据发展战略，结合市场开拓和技术进步要求，科学制定研发计划，强化研发全过程管理，规范研发行为，促进研发成果的转化和有效利用，不断提升企业自主创新能力。

（2）企业应当根据实际需要，明确各类科研项目的立项申请程序。结合研发计划，按照国家和企业的相关要求提出研发项目立项申请，对技术改造、新工艺设计以及研究创新等项目进行可行性研究及专家论证，编制可行性研究报告，按照决策程序审批后上报审批。

企业应当按规定的权限和程序对研发项目进行审批，重大研究项目应当报经董事会或类型权力机构集体审议决策。重点关注项目促进企业发展的必要性、技术的先进性、成果转化的可行性、是否符合长期发展规划、预期价值、自身能力等。企业可以组织独立于申请及立项审批之外的专业机构和人员进行评估论证，出具评估意见。

（3）企业应当建立严格的核心研发人员管理规定，明确界定核心研发人员范围和名册清单；签署符合国家有关法律法规要求的保密协议；明确项目负责人和项目关键人员选取标准、选取程序，为研发项目配备专业人员，可根据需要聘请相关领域的专家。

（4）建立健全研发管理制度，对研发项目管理、研发进度控制、研发人员管理、研发成果验收、研发成果保护、研发活动评估等内容进行规范。

建立项目管理责任制，明确项目负责人、关键人员、其他团队成员的岗位职责，据此对项目团队成员进行工作考核。按照有关规定编制科技项目责任书，明确项目实施责任，按照规定报送有关部门或领导进行审批。

（5）企业应当建立研发活动评估制度，加强对立项与研究、开发与保护等过程的全面评估，认真总结研发管理经验存在的薄弱环节，完善相关制度和办法，不断改进和提升研发活动的管理水平。企业要合理配备专业人员，严格落实岗位责任制，确保研究过程高效、可控。

对技术改造、新工艺设计以及研究创新等过程进行定期跟踪和评估，以便对异常问题及时发现和记录，并进行相应的处理和调整。企业应当跟踪检查研究项目进展情况，评估各阶段研究成果，提供足够的经费支持，确保项目按期、保质完成，有效规避研究失败风险。

（6）委托外单位承担研发项目应当采用招标、协议等适当方式确定受托单位，并签订外包合同，对研发成果的产权归属、研发进度和质量标准等相关内容进行约定。

与其他单位合作研究应当对合作单位进行尽职调查，签订书面合作研发合同，明确双方投资、分工、权利义务、研发成果产权归属等。

（7）编制全面、具体的研发项目预算，明确关键节点、预算明细等，对经费使用进行过程控制。大额经费支出前，项目单位须按规定的授权审批流程进行审批，并定期跟踪经费预算执行情况，形成书面记录并报告相应监督管理部门；监督管理部门应定期或不定期组织对项目的经费使用情况进行抽查，形成书面检查结果。

（8）研发管理部门对项目执行情况，采用材料审核、现场检查等方式，每半年作出项目实施情况评价。

跟踪检查研发项目进展情况，评估各阶段研发成果，按规定定期形成书面记录并报告相应监督管理部门。

（9）项目在实施过程中出现特定情况需立即调整或撤销的，应由项目申报单位提出书面意见，经审批后执行。

项目撤销后，项目承担单位应对已开展工作、经费使用、已购置设备仪器、阶段性成果、知识产权等情况作出书面报告，上报审核备案。

建立并实行项目重大事项报告相关管理规定。项目在实施期间出现目标调整、内容更改、项目负责人变更、关键技术方案的变更、不可抗拒的因素等对项目执行产生重大影响的情况，按项目管理权限立即报批。

（10）企业应当建立和完善研究成果验收制度，组织专业人员对研究成果进行独立评审和验收。建立研发活动后评估相关管理规定，明确项目评价的基本内容、评价程序、评价标准和要求等。

项目完成后应按规定的项目验收程序组织专业人员对研发成果进行结题验收并出具验收报告。

对于通过验收的研发成果，可以委托相关机构进行审查，确认是否申请专利或作为非专利技术、商业秘密等进行管理。企业对于需要申请专利的研究成果，应当及时办理有关专利申请手续。

项目验收后，项目承担单位应按归档要求将过程文档和成果档案归档，并由项目负责人审核其真实性、完整性，与档案保管人员共同签字确认。

对符合后评价条件的项目，由相应管理部门或委托有关单位按规定时限组织项目后评价工作，将后评价结果反馈至有关监督管理部门。

二、技术及产品应用

技术及产品应用指的是对研发成果应用方面的管理。

1. 技术及产品应用的主要风险

研究成果转化应用不足，保护措施不力，可能导致企业利益受损。

2. 技术及产品应用的主要控制措施

（1）企业应当加强研究成果的开发，形成科研、生产、市场一体化的自主创新机制，促进研究成果转化。

(2）研究成果的开发应当分步推进，通过试生产充分验证产品性能，在获得市场认可后方可进行批量生产。

（3）企业需要推广有关专利的，需经适当管理层及上级单位审批后方可推广，并进行备案。

三、知识产权保护

知识产权保护是依照各国法律赋予符合条件的著作者、发明者或成果拥有者在一定期限内享有的独占权利。

1. 知识产权保护的主要风险

（1）研发人员管理不严，核心研发人员泄密、离职等原因，导致核心技术泄密或扩散，可能对企业的核心竞争力产生影响。

（2）研发成果或相关资料保密措施不当，导致相关信息泄密，丧失技术优势。

（3）未及时办理相关专利申请手续，导致研发成果得不到保护，产生经济损失。专利受理前保密工作不到位，导致专利申请失败。

（4）专利转让、处置或转化前评估或审批不到位，导致经济损失。

（5）存档管理不及时或不完整，导致重要科研资料丢失。

2. 知识产权保护的主要控制措施

（1）企业与核心研发人员签订劳动合同时，约定研发成果归属、离职条件、离职移交程序、离职后保密义务、离职后竞业限制年限及违约责任等内容。

（2）企业应当建立研究成果保护制度，按照相关规定对专利权、非专利技术、商业秘密及研发过程中形成的各类涉密图纸、程序、资料进行管理。严格按照制度规定借阅和使用，对接触人员进行登记。禁止无关人员接触研究成果。

（3）适于申请专利的发明创造，应先提出专利申请，并及时办理有关专利申请手续，取得专利申请后，才能参加科技评价、评估、评奖、产品展览与销售等活动。

不适于申请专利的发明创造，应将其纳入企业技术秘密管理范围加以保护，因企业经营需要而公开的除外。

（4）企业在专利权转让、专利许可、专利权质押、专利权作价入股、合资合作前，应由专利管理部门参与专利的资产评估，并纳入项目可行性研究报告。应报专利主管部门审批备案。

（5）企业应当建立专利和知识产权档案，包括商标注册、专利申请的相关资料和文件，以及研发活动的研发记录、知识产权评审资料等。专利管理部门应对本企业所拥有的专利或专利申请进行监视和管理，适时提出维护或放弃的建议，按规定时限缴纳维护费等相关费用。

第八节 工程项目的内部控制

工程项目也称建设项目，是指国家或者企业增加固定资产的一种经济行为，包括固定资产的新建、扩建、改建、修复等形式。《企业内部控制基本规范》应用指引中对工程项目的定义是企业自行或者委托其他单位所进行的建造、安装工程。

企业应当建立和完善工程项目各项管理制度，全面梳理各个环节可能存在的风险点，规范工程立项、招标、造价、建设、验收等环节的工作流程，明确相关部门和岗位的职责权限，做到可行性研究与决策、概预算编制与审核、项目实施与价款支付、竣工决算与审计等不相容职务相互分离，强化工程建设全过程的监控，确保工程项目的质量、进度和资金安全。

一、工程立项

工程立项是指整个工程计划经过了各方面的评估并获得审批，可以进入项目实施阶段。

1. 工程立项的主要风险

（1）立项缺乏可行性研究或者可行性研究流于形式，导致决策不当，盲目上马，使得项目难以实现预期效益或项目失败。

（2）工程项目设计方案未经过评审，未经适当审批，导致项目质量、进度、投资等失控。

（3）工程项目未经必要的审批，"未批先建"，未获得相关的许可。

（4）项目设计交底不及时或不清楚，导致设计要求不能及时准确传递给相关合作方，影响工程质量或造成工程变更频繁。

2. 工程立项的主要控制措施

（1）企业应当制定专门机构归口管理工程项目，根据发展战略和年度投资计划，提出项目建议书，开展可行性研究，编制可行性研究报告。

项目建议书的主要内容包括：项目的必要性和依据、产品方案、拟建规模、建设地点、投资估算、资金筹措、项目进度安排、经济效果和社会效益的估计、环境影响的初步评价等。

可行性研究报告的内容主要包括：项目概况，项目建设的必要性，市场预测，项目建设选址及建设条件论证，建设规模和建设内容，项目外部配套建设，环境保护，劳动保护与卫生防疫，消防、节能、节水，总投资及资金来源，经济、社会效益，项目建设周期及进度安排，招投标法规定的相关内容等。

企业可以委托具有相应资质的专业机构开展可行性研究，并按照有关要求形成可行性研究报告。原则上可行性研究报告编制单位不应该参与后期的工程设计和施工。

（2）企业应当组织规划、工程、技术、财会、法律等部门的专家对项目建议书和可行性研究报告进行充分论证和评审，出具评审意见，作为项目决策的重要依据。

在项目评审过程中，应当重点关注项目投资方案、投资规模、资金筹措、生产规模、投资效益、布局选址、技术、安全、设备、环境保护等方面，核实相关资料的来源和取得途径是否真实、可靠和完整。

企业可以委托具有相应资质的专业机构对可行性研究报告进行评审，出具评审意见。从事项目可行性研究的专业机构不得再从事可行性研究报告的评审。

（3）企业应当按照规定的权限和程序对工程项目进行决策，决策过程应有完整的书面记录。重大工程项目的立项，应当报经董事会或类似权力机构集体审议批准。总会计师或分管会计工作的负责人应当参与项目决策。任何个人不得单独决策或者擅自改变集体决策意见。工程项目决策失误应当实行责任追究制度。

企业应当在工程项目立项后、正式施工前，依法取得建设用地、城市规划、环境保护、安全、施工等方面的许可。政府核准项目和重大投资项目的初步设计编制完成后，由主管部门审核后上报规划发展部组织审查并由上级单位进行批复。中小型项目的初步设计由所属单位组织审查批复，并报上级单位规划发展部备案。

（4）工程项目在可研批复后，由项目建设单位委托有资质的专业机构编制初步设计（含概算）。企业应当加强工程造价管理，明确初步设计概算和施工图预算的编制方法，按照规定的权限和程序进行审核批准，确保概预算科学合理。

设计与预算管理流程如图 5-19 所示。

二、工程招标

招标是指招标人发出招标公告或投标邀请书，说明招标的范围、标段（标包）划分、投标人的资格要求等，邀请特定或不特定的投标人在规定的时间、地点按照一定的程序进行投标的行为。企业的工程项目一般应当采用公开招标的方式，择优选择具有相应资质的承包单位和监理单位。

1. **工程招标的主要风险**

（1）缺乏招标制度，导致招标工作无据可依，缺乏有效管理。

（2）未对工程项目进行价格分析，导致招标价格偏高。

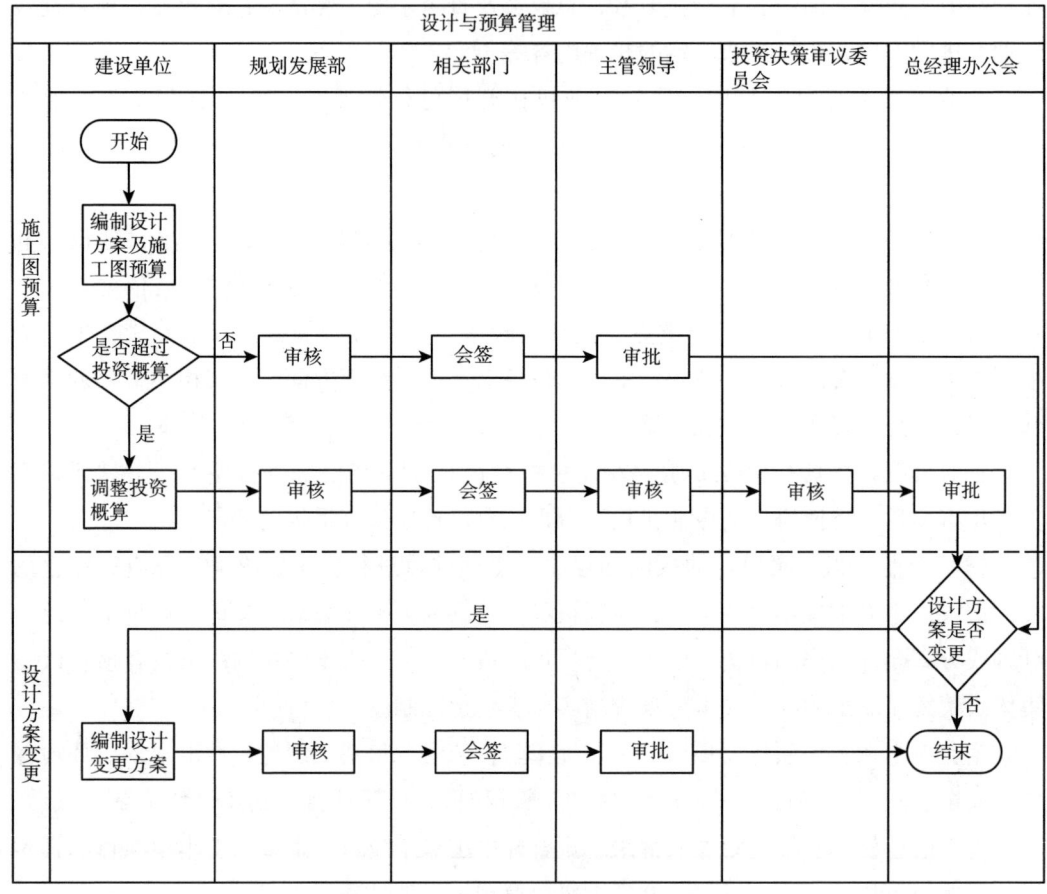

图 5-19 设计与预算管理流程

资料来源：作者整理。

（3）投标人不具备相关资质或合理的投标人没有纳入招标范围。

（4）评审人员构成无法满足招标需求，或缺乏胜任能力及职业道德，导致评标流于形式，损害招标人利益。

招标准备工作不充分，招标组织过程不合理，未按规定要求开展评标、定标、开标工作，影响项目正常进展；或招标工作缺乏控制，项目招标暗箱操作，导致中标人实质上难以承担工程项目、中标价格失实以及发生舞弊行为等。

（5）未按评标结果通知中标人，或未按规定签署合同，造成项目被分拆等，导致诉讼和舞弊的发生。

（6）招标文件编制不严密、标底或重要信息泄露，导致无法实现项目目标，甚至造成损失和引起法律纠纷。

2. 工程招标的主要控制措施

（1）招标制度。建立招投标管理制度，明确招标范围、招标方式、招标程序，以及投标、开标、评标、定标等各环节的管理要求。

（2）招标价格分析。企业应当在充分调研和尽可能详细掌握当地建筑市场、建材价格等的前提下，通过和招标代理公司、设计院等就造价进行沟通，合理确定标底或招标拦标价，从而确保能够获得理想的招标结果。

（3）投标人资格。企业应当科学编制招标公告，合理确定投标人资格要求，尽量扩大潜在投标人的范围，增强竞争性。

企业应当严格按照招标公告或资格预审文件中确定的投标人资格条件对投标人进行资格审查，确定投标人的实际资质，预防假资质中标。企业应当对投标人的信息采取严格的保密措施，防止投标人之间串通舞弊。

（4）开标、评标和定标。企业应当依法组织工程招标的开标、评标和定标，并接受有关部门的监督。企业应当按照国家招投标法的规定，遵循公开、公正、平等竞争的原则，发布招标公告，提高再有招标工程的主要技术要求、主要合同条款、评标的标准和方法，以及开标、评标、定标的程序等内容的招标文件。

企业应当依法组建评标委员会。评标委员会由企业的代表和有关技术、经济方面的专家组成。评标委员会应当客观、公正地履行职务、遵守职业道德，对所提出的评审意见承担责任。评标委员会应当按照招标文件确定的标准和方法，对投标文件进行评审和比较，择优选择中标候选人。

（5）中标人确定。企业应当按照规定的权限和程序从中标候选人中确定中标人，及时向中标人发出中标通知书，在规定的期限内与中标人订立书面合同，明确双方的权利、义务和违约责任。

企业和中标人不得再行订立背离合同实质性内容的其他协议。在选择承包单位时，企业可以将工程的勘察、设计、施工、设备采购一并发包给一个项目总承包单位，也可以将其中的一项或者多项发包给一个工程总承包单位，但不得违背工程施工组织设计和招标设计计划，将应由一个承包单位完成的工程分解为若干部分分包给几个承包单位。

（6）保密管理。企业应当履行完备的标书签署、登记和保管手续。签收标书后应将投标文件存在安全保密的地方，任何人不得在开标前开启投标文件。

企业应当采用必要的措施，保证评标在严格保密的情况下进行。评标委员会成员和参与评标的有关工作人员不得透露对投标文件的评审和比较、中标候选人的推荐情况以及与评标有关的其他情况，在确定中标人前，企业不得与投标人就投标价格、投标文案等实质性内容进行谈判。不得私下接触投标人，不得接受投标人的财物或者其他好处。企业可以根据项目特点决定是否编制标底。需要编制标底的，标底编制过程和标底应当严格保密。

开标过程应邀请所有投标人出席，并委托公证机构进行检查和公证。

招标主要控制程序如图 5-20 所示。

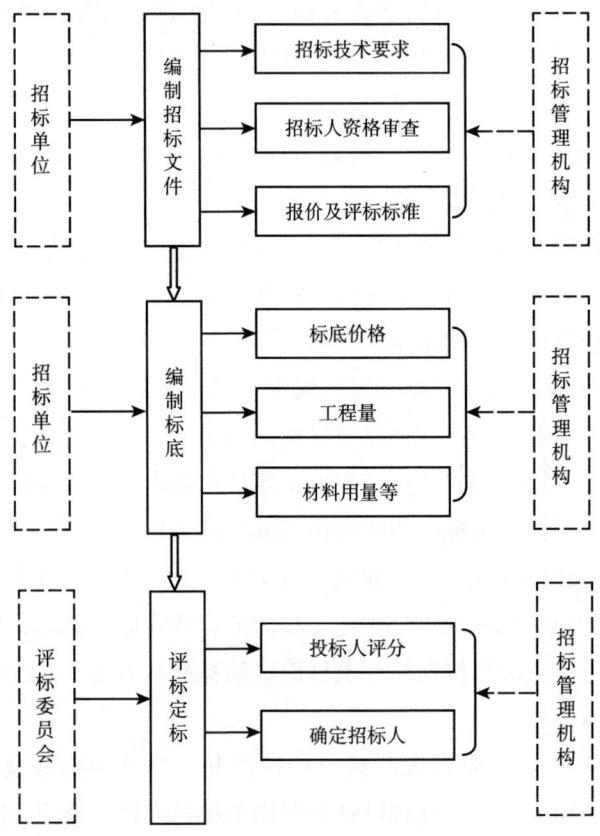

图 5-20 招标控制程序

资料来源：作者整理。

三、工程建设

工程建设是指建筑工程、安装工程、装饰装修工程等项目的新建、扩建和改建，是形成固定资产的基本生产过程及与之相关的其他建设工作的总称。

1. 工程建设的主要风险

（1）项目进度计划编制不合理或无法与其他计划相匹配，导致项目执行出现偏差。对项目进度执行缺乏监控，导致无法及时纠正偏差或对计划进行调整，无法保障项目进度。

（2）缺乏工程变更审批控制或审批不到位，设计方案变更频繁或未经项目相关各方事先认可，导致项目进度延误或项目各方发生纠纷，或导致进度延迟或成本费用超支。

（3）未按计划合理使用资金，收付款与项目进度不匹配，导致占用企业资金或延误工期。

（4）项目实施过程中缺乏有效控制，导致项目不能按照规定进度进行。

（5）未建立工程监理制度，或工程监理执行不到位，导致项目进度质量等得不到保障。

（6）项目质量控制体系不健全，质量控制措施不到位，导致项目存在质量隐患。例如采购物资质次价高，可能导致工程质量低劣，进度延迟或中断。

（7）工程项目建设中发生安全事故，导致施工项目无法正常进行，并给企业带来损失；应急预案缺失或不健全，导致无法有效降低损失。

（8）工程项目变更未经过必要的分析和审批，导致项目进度延误或产生不合理的费用，造成项目超预算。

（9）未及时进行在建工程的评估或者计提减值不合理，未定期对在建工程用工程物资进行盘点工作，固定资产达到预定可使用状态后，未及时进行估价、结转，可能导致在建工程无法真实有效地反映现存状态，导致财务报表的准确性受到影响。

2. 工程建设的主要控制措施

（1）在项目立项与可研批准后，编制项目实施计划，包括但不限于各部门职责、施工组织方案、采购供应方案、进度控制、质量控制、成本控制、安全文明施工、竣工验收等。项目控制实施计划应要求各个部门共同参与，按照企业相关制度要求和规定权限报批后方可执行。

（2）在工程设计方面，企业应当向招标确定的设计单位提供详细的设计要求和基础资料，进行有效的技术、经济交流。初步设计应当在技术、经济交流的基础上，采用先进的设计管理实务技术，进行多方案比选。施工图设计深度及图纸交付进度应当符合项目要求，防止因设计深度不足、设计缺陷，造成施工组织、工期、工程质量、投资失控以及生产运行成本过高等问题。

企业应当建立设计变更管理制度。设计单位应当提供全面、及时的现场服务。因过失造成设计变更的，应当实行责任追究制度。

（3）在工程概预算方面，企业应当组织工程、技术、财会等部门的相关专业人员或委托具有相应资质的事务所对编制的概预算进行审核，重点审查编制依据、项目内容、工程量的计算、定额套用等是否真实、完整和准确。初步设计概算应控制在批复的可研报告估算内，超出10%的初步设计必须进行修改。工程项目概预算按照规定的权限和程序审核批准后执行。

（4）建设方应按项目进度及时有序地组织项目人员入场、设备进场、物资采购等工作，同时，需定期检查项目进度执行情况，尤其是项目关键节点的进度检查。比较分析实际进度与计划进度的偏差，找出偏差产生的原因，确定调整改进措施，并书面记录进度执行情况，报送项目相关方。

承包单位需按月对工程进度与合同规定的进度进行比对，当进度不符时，承包单位应提交修改合同进度的申请报告，并附原因分析及相关措施，报监理机构审批。改进措施和修订计划应取得项目各参与方的认同，并按规定程序经相关授权机构或人员审批。

（5）企业应当实行严格的工程监理制度，委托经过招标确定的监理单位进行监理。工程监理单位应当按照国家法律法规及相关技术标准、设计文件和工程承包合同，对承包单位在施工质量、工期、进度、安全和资金使用等方面实施监督。

监理单位有权对工程项目的所有部位及其施工工艺进行检查验收，发现工程设计不符合设计要求、技术质量标准或者合同约定的，应当要求承包单位立即返工修改，直到符合验收标准为止。

承包单位应按合同规定的工程进度编制详细的分阶段或分项进度计划，报送监理机构审批后，严格按照进度计划开展工作。需要对进度进行调整时，须在保证质量的前提下与监理机构等各方达成一致意见。未经工程监理人员签字，工程物资不得在工程上使用或者安装，不得进行下一道工序施工，不得拨付工程价款，不得进行竣工验收；对于主要工序作业，只有监理机构检验后，才能进行下道工序。

（6）在质量控制方面，质量控制应涉及事前预防、事中监督、事后检查，建设方应当明确质量控制的内容、监控重点、责任主体及相关职责、报告机制等，并符合国家相关法律法规和公司内部规章制度的要求。质量控制应重点关注：关键工序作业人员资格；施工设备材料的性能和质量；施工技术参数；工序之间的作业顺序；工序作业之间的技术间歇时间；新工艺、新技术、新材料的应用，对工程质量产生重大影响的施工方法；工序作业的验收情况等。

承包单位应当建立全面的质量控制制度，按照国家相关法律法规和本单位质量控制体系进行工程建设，在工程施工前需列出重要的质量控制点，报监理机构同意后，在此基础上实施质量预控。承包单位应按照合同约定对材料、工程设备以及工程的所有部位及其施工工艺进行全过程的质量检查和检验，定期编制工程质量报表，报送监理机构审查。

监理单位应建立项目质量核查清单，定期或不定期开展质量检查工作，并进行阶段性质量验收确认。质量检查需形成质量检查报告，披露项目质量问题和整改措施、整改效果内容。发生质量事故，应及时向相关主管机构或人员报告质量事故，说明事故情况、原因、损失、应对措施等。

（7）建设方应当加强对工程项目施工单位的安全检查，并授权监理机构按合同约定的安全工作内容监督、检查承包单位安全工作的实施。编制项目安全检查计划，明确安全检查的目的、内容、要求、频率、方法、安全标准、责任人。遵照安全检查计划，及时对现场安全管理、设备使用、人员操作、劳动保护等进行安全隐患排查，发现问题要限期整改，安全监督责任人要跟踪检查整改情况和整改结果。

明确工程建设过程中的安全检查措施要求，建立突发事故的紧急处理、事故调查处理、监督与报告机制，并应符合国家和行业关于安全生产法律、法规和强制性标准规定的要求。编制应急预案，明确应急响应措施、应急物资及装备准备、信息报告机制、应急小组成员等，定期进行应急预案演练。发生安全事故时，要及时组织抢救、处理，控制事态发展，并按相关规定及时向相关方报告安全事故信息。

逐级建立安全管理责任制，明确责任主体和职责范围，并覆盖全部工程项目管理过程。强化人员安全意识，加强人员安全教育，加强现场管理，为项目相关人员合理投保人身险。

工程监理机构应当按照法律、法规和工程建设强制性标准实施监理，并对建设工程安全生产承担监理责任。在实施监理过程中，发现存在安全事故隐患的，应当要求施工单位整改；情况严重的，应当要求施工单位暂时停止施工，并及时报告建设单位。

承包单位应当设立安全生产管理机构，配备专职安全生产管理人员，依法建立安全生产、文明施工制度，细化各项安全防范措施。承包单位应当对所承包的建设工程进行定期和专项安全检查，并做好安全检查记录。

（8）企业应当严格控制工程变更，包括设计变更、现场施工条件变化导致的施工方案变更、小额合同外增加部分。发生工程变更时，应按企业相关制度要求和规定程序经相关授权机构或人员的审批，重点关注：变更文档资料完整、翔实；变更对项目成本费用、工程价款、技术标准的评估分析等，确保工程变更事项完成后签证资料的完备性，作为结算的依据妥善保管。

因工程变更等原因造成价款支付方式及金额发生变动的，应当提供完整的书面文件和其他相关资料，并对工程变更价款的支付进行严格审核。

（9）在财务方面，建设方根据合同约定结算条款、项目预算、项目进度计划等，编制项目资金使用、付款计划，并结合实际项目开展情况、真实有效的付款凭据，合理安排项目付款，确保项目付款与进度相匹配，项目付款与预算相匹配。执行付款时，尤其是大额工程款的支付，应按规定的程序，经相关授权机构或人员审批支付款项。发生付款与进度不匹配或付款与资金安排不匹配、预算超支情况时，及时进行差异分析并确定调整措施。财会部门应当加强与承包范围的沟通，准确掌握工程进度，根据合同约定，按照规定的审批权限和程序办理工程价款结算，不得无故拖欠。

相关管理人员应对在建工程原始文件进行审核，对于应该计入在建工程的项目进行归集，确认应计入在建工程的金额，经审核后连同原始文件传递至财务部门进行账务处理。财务部门资产会计人员定期（至少每年）组织相关部门对工程物资进行盘点，并编制盘点表，确保在建工程工程物资的实物与账面数一致。财务部门资产会计人员定期（至少每月一次）将在建工程信息文档与工程建设管理部门的在建工程台账等信息进行核对，确保在建工程信息文档与实际工程状态一致，并与合同要求的进度进行核对。定期（至少每年一次）开展在建工程是否发生减值的评估活动，形成在建工程是否发生减值的记录，若发生减值，需明确减值金额，提交适当管理层审批后，由财务部门进行减值账务处理。

在建工程转固定资产时，相关部门需及时向财务部门提交在建工程原始单据，财务部门会计人员审查与在建工程验收或交付相关的验收报告、工程决算、到货清单、发票等原始单据的有效性，判断其为暂估入账或正式交付资产，及时根据在建工程原始单据，进行在建工程转固定资产的会计处理，并经审核，确保转为固定资产的账务处理与相关监管部门的核准文件一致。

四、工程验收与竣工决算

工程建设方在工程竣工后，对符合竣工验收条件的工程项目，应当根据相关行业标准对工程建设质量和成果及时进行评定，即工程验收。竣工决算是建设方编制的从筹建到竣工投产全过程的实际费用。

1. 工程验收与竣工决算的主要风险

（1）竣工决算不及时、不准确，虚报项目投资完成额，虚列建设成本或者隐匿结余资金，导致竣工决算失真。

（2）竣工验收不规范，最终把关不严，可能导致工程交付使用后存在重大隐患。

2. 工程验收与竣工决算的主要控制措施

（1）企业应当组织审核竣工结算，重点审查决算依据是否完备，相关文件资料是否齐全，竣工清理是否完成，决算编制是否正确。

企业收到承包单位的工程竣工报告后，应当及时编制竣工决算，开展竣工决算审计。竣工决算由建设单位的财务部门主办，工程计划统计、合同、概预算、物资供应和固定资产接管部门要指定专人密切配合。决算编制完成后及时报请项目管理部门进行审计，未实施竣工决算审计的工程项目，不得办理竣工验收手续。

（2）交付竣工验收的工程项目，应当符合规定的质量标准，有完整的工程技术经济资料，并具备国家规定的其他竣工条件。承包单位编写《项目竣工验收报告》报请竣工验收，建设方应当由组织设计、施工、监理等有关单位进行竣工验收，包括工程验收及专业验收。交付竣工验收的工程项目，应当符合规定的质量标准，有完整的工程技术经济资料，并具备国家规定的其他竣工条件。

工程项目验收合格后建设方应当签发《竣工验收证书》，承包方应当编制交付使用财产清单，组织相关方确认项目移交内容并书面确认，及时办理交付使用手续。

（3）企业应当建立完工项目后评估制度，重点评价工程项目预期目标的实现情况和项目投资效益等，并以此作为绩效考核和责任追究的依据。

（4）企业应当按照国家有关档案管理的规定，及时收集、整理工程建设各环节的文件资料，建立完整的工程项目档案。

工程验收与竣工决算管理流程如图 5-21 所示。

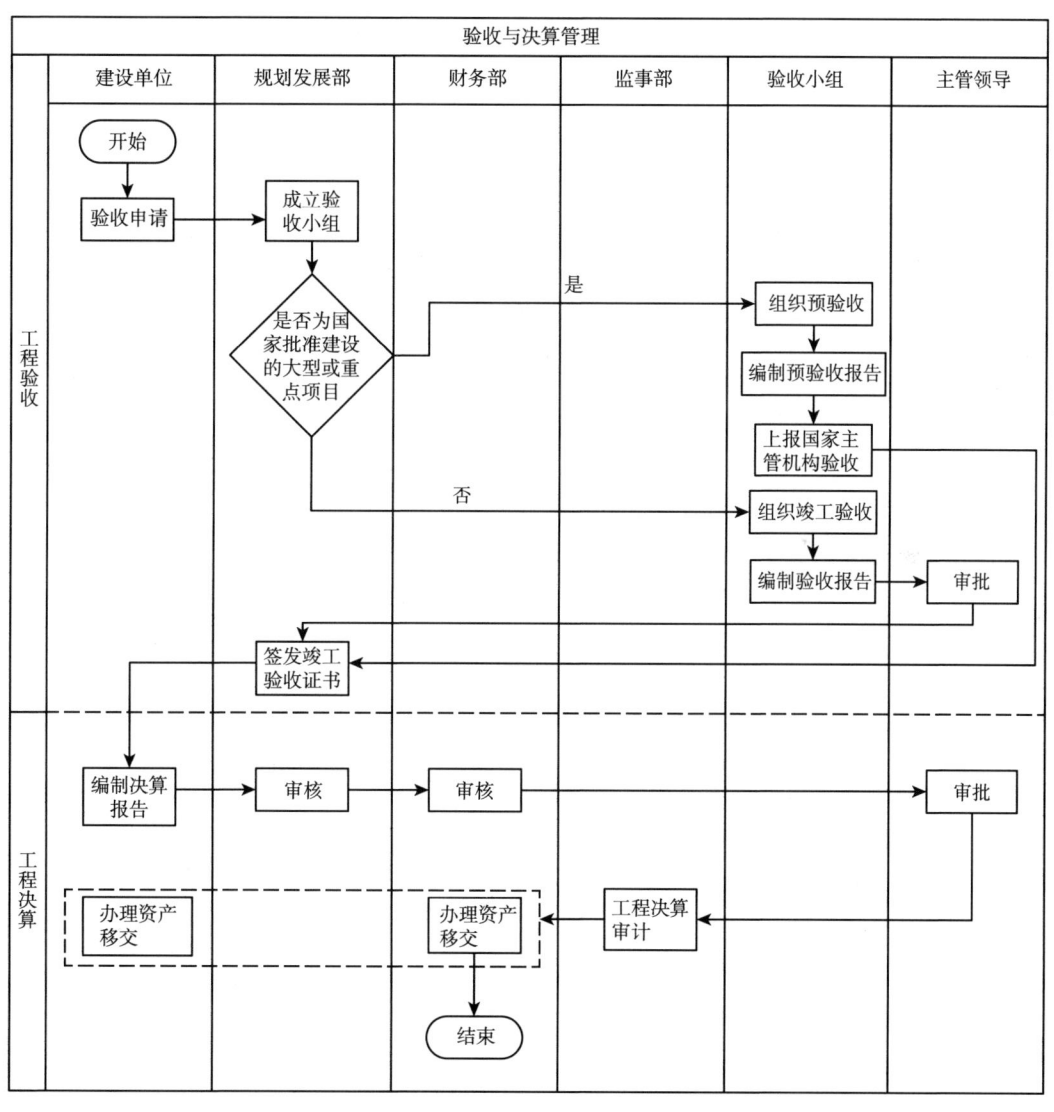

图 5-21 工程验收与竣工决算管理流程

资料来源：作者整理。

案例

N 企业的工程招投标管理

N 企业成立于 2008 年，是国内规模最大的装备研发及制造企业之一，是集设备研发、设计、制造、服务于一体的专业化公司。N 企业由于现有生产制造能力和场地限制，试验检验、加工设备能力等无法满足节能环保成套技术装备市场快速增长，以及部分前沿技术研发的需要，于 2018 年初启动了南京基地的扩产项目建设。

为了规范扩产项目建设，N 企业采取了以下措施规范工程项目管理：

（1）组织上，科研经营办、监事部、财务部等部门负责招投标工作的组织实施，科研经营办负责合同审批和归口管理，财务部负责付款流程管理，监事部负责对招投标工作进行监督管理。

（2）制度上，严格执行上级单位的风险内控相关制度，建立和完善招投标管理制度，规范招标准备、开标、评标、定标等环节的工作流程。对招投标额度、招投标组织部门的职责、审批程序等做了详细的规定。

（3）规定在项目招标开始前，由相关部门编制招标方案，并由相关分管领导或部门对招标方案进行评审。招标方案的审核关注招标形式、范围、时间等是否满足整体项目安排；标段划分是否合理并符合设计要求等。同时对评标委员会组成、评价标准和流程、实际评标结果等都做了详细规定。

（4）N 企业成立了领导小组负责制定和审议项目总体规划方案，监督项目各阶段建设进度，负责审核项目设备采购等用款事项，承担工程项目的协调、推进、监理，以确保项目的如期完成事项。在领导小组下设立了现场指挥部，从组织分工、职责和权限、人员条件等方面保证了项目招投标工作的高效运作。

N 企业的招投标管理措施还包括：调研当地建筑市场、建材价格等，并且与招标代理公司、设计院造价分析比较最终合理确定招标拦标价；专家抽选方法为从政府专家库随机抽选；最终评标从前三名中选取，如不是第一名中标或低价中标需要说明理由并报相关部门和领导审批。

N 企业现场指挥部对招投标代理提出的施工价格、设计院提出的价格逐项进行对比分析，根据对比确定每项的合理价格区间，并最终确定招标拦标价。招标拦标价较招标代理和设计院的施工价格测算均值降低 917 万元，下浮 6.46%。此外，N 企业通过招标方式的合理选择、评标系数的合理设置，最终招标的成交价较招标拦标价又降低 1538 万元，下浮 11.57%。N 企业整体项目招投标工作自觉履行报批手续、严格执行程序、全面收集过程资料、记录和档案，保证了项目招投标工作可控和可追溯。

（资料来源：作者整理）

第九节　资产管理的内部控制

资产是指企业过去的交易或者事项形成的、由企业拥有或者控制的、预期会给企业带来经济利益的资源。《企业内部控制应用指引》将资产界定为企业拥有或控制的存货、固定资产和无形资产。

本章第五节对存货的内部控制进行了详细的介绍，因此这里的资产管理主要针对固定资产和无形资产两方面。

企业应当加强各项资产管理，全面梳理资产管理流程，及时发现资产管理中的薄弱环节，切实采取有效措施加以改进，并关注资产减值迹象，合理确认资产减值损失，不断提高企业资产管理水平。

一、固定资产管理

固定资产是指为生产商品、提供劳务、出租或经营管理而持有的，使用寿命超过一个会计年度，价值达到一定标准的非货币性资产，包括房屋、建筑物、机器、机械、运输工具以及其他与生产经营有关的设备、器具、工具等。

1. 固定资产管理的主要风险

（1）固定资产登记内容不准确、不完整、不及时，可能导致资产流失、资产信息失真、账实不符。

（2）资产购置后未及时进行会计处理或处理不准确，导致账实不符。

（3）固定资产缺乏定期盘点或盘点程序不规范，可能导致固定资产相关的账务处理不准确、不完整，造成固定资产账实不符。

（4）固定资产盘盈盘亏及计提减值准备的账务处理未经复核，导致财务报表中固定资产的准确性受到影响。

（5）固定资产的内部转移、调拨、转让、报废未经适当评估或未经适当管理层审核，导致固定资产处置活动缺乏有效、合理的依据，损害公司资产安全和经济利益。

（6）固定资产投保方案未经有效审批，导致应投保资产未投保、索赔不力等。

（7）固定资产抵押、质押申请及合同的签订未经有效审批或未经适当评估，导致抵押、质押固定资产不合规、不恰当，有损企业资产安全。

2. 固定资产管理的主要控制措施

（1）凡验收合格后的固定资产，由使用部门、财务部门、固定资产管理部门分别登记固定资产台账。

　　企业应当制定固定资产目录，对每项固定资产进行编号，按照单项资产建立固定资产卡片，详细记录各项固定资产的来源、验收、使用地点、责任单位和责任人、运转、维修、改造、折旧、盘点等相关内容。财务部门应及时根据固定资产相关单据建立固定资产卡片信息文档，同时建立固定资产备查簿，卡片及备查簿应得到独立于创建人员的复核，确保其准确性。

　　（2）新增的固定资产，经办人填制固定资产增加登记表后，到财务部门办理入账手续。

　　（3）企业财务部每年制定固定资产盘点计划，报固定资产管理部门负责人、财务负责人、适当管理层审批。财务部应组织固定资产管理部门、监督部门等成立固定资产盘点小组，开展盘点工作，对发现的问题，应当查明原因，追究责任，妥善处理。据实填写盘点报告单，盘点结束后，固定资产盘点小组成员在盘点报告单上签字确认。

　　（4）发生减值迹象时，财务部组织相关部门或聘请具有资质的专业机构对固定资产进行减值评估，编制固定资产减值评估报告，经财务部及其他相关部门审核后报适当管理层审批。财务部固定资产会计根据审批后的处理意见进行减值账务处理。

　　（5）固定资产调拨时，应由需求部门提出固定资产转移申请，经固定资产管理部门负责人审核后，报适当管理层审批。固定资产管理部门负责办理交接手续，移交后填写固定资产移交单，固定资产管理部门、财务部、使用部门各执一份。

　　企业应当关注固定资产处置中的管理交易和处置定价，防范资产流失。固定资产处置时，应由相应部门提出申请，按照固定资产的类别和价值报相关部门及领导审批，例如除土地、房屋外100万元以下的固定资产处置经固定资产管理部门负责人、分管领导、财务部部门负责人审核后，报常务副总经理审批；除土地、房屋外100万元以上的固定资产处置须报财务总监、常务副总经理审批；土地、房屋的处置须报总经理审批。

　　固定资产处置申请审批通过后，由资产管理部组织评估机构对待处置资产进行资产评估，出具资产评估报告，报资产管理部门负责人、相关部门审核，适当管理层审批，对残值较高的固定资产应采取公开招标或公开拍卖方式选择受让方进行处置。

　　（6）企业应当严格执行固定资产投保政策，对应投保的固定资产项目按规定程序进行审批，及时办理投保手续。

　　（7）企业应当规范固定资产抵押管理，确定固定资产抵押程序和审批权限等。固定资产抵押应由相关部门提出申请，经企业授权部门或人员批准后，由资产管理部门办理抵押手续。企业应当加强对接收的抵押资产的管理，编制专门的资产目录，合理评估抵押资产的价值。当对方无力偿还债务或担保项目发生代偿时，企业应当及时对抵押、质押资产进行处置。

　　固定资产处置管理流程如图5-22所示。

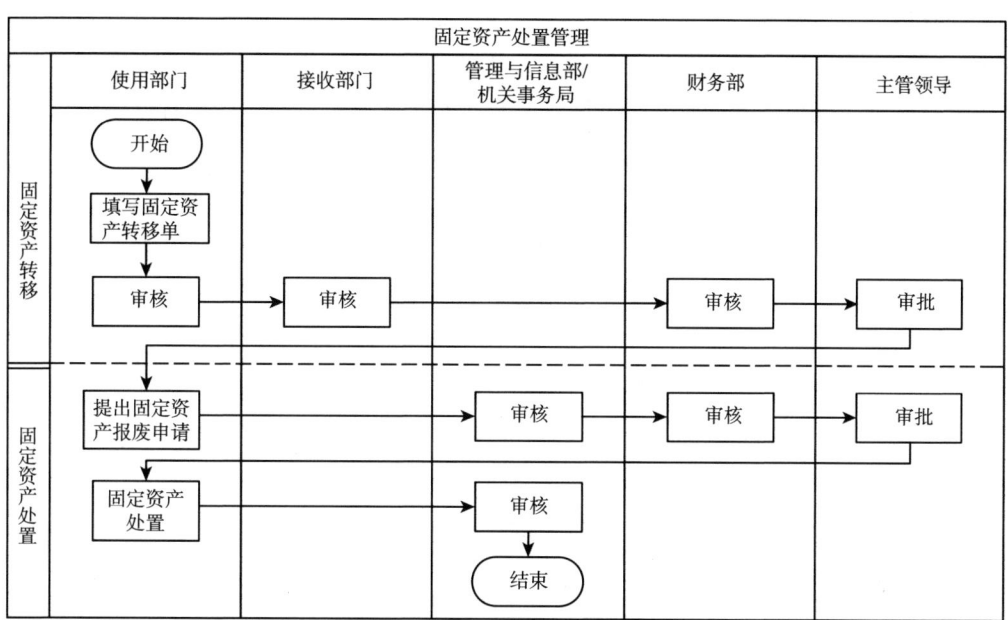

图 5-22 固定资产处置管理流程

资料来源：作者整理。

二、在建工程

在建工程指企业资产的新建、改建、扩建，或技术改造、设备更新和大修理工程等尚未完工的工程支出。通常在建工程是企业还没有完工的固定资产，属于资产类的非流动资产。

1. **在建工程的主要风险**

（1）在建工程的成本未能准确及时地记录在适当期间，可能导致财务报表的准确性受到影响。

（2）固定资产达到预定可使用状态后，未及时进行估价、结转，可能导致财务报表的准确性受到影响。

（3）未定期对在建工程用工程物资进行盘点工作，可能导致财务报表的准确性受到影响。

（4）未及时进行在建工程的评估或者计提减值不合理，导致在建工程无法真实有效地反映现存状态，从而影响财务报表的准确性。

2. **在建工程的主要控制措施**

（1）企业资产管理部门对在建工程原始文件进行审核，对于应该计入在建工程的项目进行归集，确认应计入在建工程的金额，经审核后连同原始文件传递至财务部固定资产会计进行账务处理。

（2）机动部、财务部及工程建设管理等部门审议是否对在建工程进行预转固，如符合转固要求，各工程/建设管理部门需及时向财务部门提交与在建工程验收或交付相关的验收报告、工程决算、到货清单、发票等原始单据，财务部固定资产会计审查其有效性，判断其为暂估入账或正式交付资产，及时根据在建工程原始单据进行在建工程转固的会计处理，确保转为固定资产的账务处理与相关核准文件一致。审计部门负责对符合验收标准的项目进行审计。

（3）财务部定期组织成立盘点小组，对工程物资进行盘点，并编制工程物资盘点表，盘点表须经盘点小组成员签字确认，确保在建工程用工程物资的实物与账面数一致。

盘盈盘亏的工程物资应按实物的具体数量填列工程物资盈亏处理申报表，详细说明盘盈盘亏原因，由盘点小组提出处理建议，报分管领导、财务总监审核，总经理审批。财务部固定资产会计根据审批意见进行账务处理。

（4）发生减值迹象时，财务部组织相关部门或聘请具有资质的专业机构对在建工程进行减值评估，编制在建工程减值评估报告，经财务、规划等部门审核后，上报适当管理层审批。企业根据审批后的处理意见进行减值账务处理。

三、无形资产管理

无形资产指企业为生产商品、提供劳务、出租给他人，或为管理目的而持有的、没有实物形态的非货币性长期资产，通常包括专利权、非专利技术、商标权、著作权、特许权、土地使用权等。

企业应当分类制定无形资产管理办法，落实无形资产管理责任制，促进无形资产有效利用，充分发挥无形资产对提升企业核心竞争力的作用。

1. 无形资产管理的主要风险

（1）取得无形资产未经过适当评估或未经过适当的管理层审批，导致取得的无形资产不具有先进性或权属不清，造成企业资源浪费，损害企业经济利益，甚至引发法律诉讼。

（2）无形资产验收的相关手续或记录不准确、不及时，导致财务报表的准确性受到影响。

（3）未及时进行无形资产的评估或者计提减值不合理，导致无形资产无法真实有效地反映现存状态，从而影响财务报表的准确性。

（4）无形资产处置评估不当或未经审核，导致企业无形资产处置不合规或有欠公允，可能导致资产流失，损害企业经济利益，甚至造成法律纠纷。

（5）未及时维护更新无形资产信息文档，导致无法保证无形资产信息的准确性及完整性，影响财务报表数据。

2. 无形资产管理的主要控制措施

（1）各级无形资产管理部门应当按照国际、国内、行业及企业有关规定，合法取得无形资产及有效证明文件。必要时，需经过专业部门及人员进行评估，并对其合理性进行审核，生成评估报告，新增无形资产的申请（评估报告）须经适当的管理层审批。

企业应当全面梳理外购、自行开发以及其他方式取得的各类无形资产的权属关系，加强无形资产权益保护，防范侵权行为和法律风险。无形资产具有保密性质的，应当采取严格保密措施，严防泄露商业秘密。

（2）企业应当对取得的无形资产进行验收，根据原始文件、单据等及时更新台账并准确入账，确保已准确输入，及时办理相关登记备案手续并取得相关证明文件。

（3）无形资产的摊销按照公司内部会计制度及有关规定由财务部门指定人员计提，并记入当期损益。无形资产摊销汇总表须经相关权限人员审核确认，以确保无形资产摊销合理合法。未经授权人员审批不得擅自变更摊销计提方法。

（4）企业应当定期对专利、专有技术等无形资产的先进性进行评估，淘汰落后技术，加大研发投入，促进技术更新换代，不断提升自主创新能力，努力使核心技术处于同行业领先水平。定期对无形资产的在用状态进行评估，并编制减值评估报告，提交适当管理层进行审批，如发生减值的，提交适当管理层审批后，由财务部门及时进行减值准备的账务处理。

无形资产的处置需提出书面申请，并经过专业部门及人员进行评估，对其合理性及公允性进行审核，并生成报告，处置申请及评估报告需经适当管理层审批并保留相关原始文件，以确保无形资产的处置及时准确入账。

（5）企业应当依据验收等相关原始单据或文件，及时维护无形资产信息文档，并确保与无形资产台账或合同信息以及财务记录一致。严格限制未经授权人员接触技术资料，对技术资料等无形资产的保管及接触应保有记录，违反规定的，实行责任追究，保证无形资产的安全与完整。对侵害本企业无形资产的，要积极取证并形成书面调查记录，提出维权对策，按规定程序审核并上报。

第十节　财务管理的内部控制

财务管理是组织企业财务活动，处理财务关系的一项经济管理工作。财务管理作为企业管理的一个组成部分，包括全面预算、税务管理、会计核算、财务报告、成本与费用管理、关联交易等方面。

一、全面预算

预算是指企业或个人未来的一定时期内经营、资本、财务等各方面的收入、支出、现金流的总体计划。预算作为一种系统的方法，用来分配企业的财务、实物及人力等资源，以实现企业既定的战略目标。企业可以通过预算来监控战略目标的实施进度，有助于控制开支,并预测企业的现金流量与利润。

全面预算是通过企业内外部环境的分析,在预测与决策基础上,调配相应的资源,对企业未来一定时期的经营和财务等做出一系列具体计划。全面预算作为企业内部管理控制的重要手段之一,从最初的计划、协调、发展到兼具控制、激励、评价考核等诸多功能的一种综合贯彻企业经营战略的管理工具,预算管理环节包括预算编制、预算审核、预算分解、预算执行、预算调整、预算监控、预算评价和预算考核等一系列环节(见图5-23)。

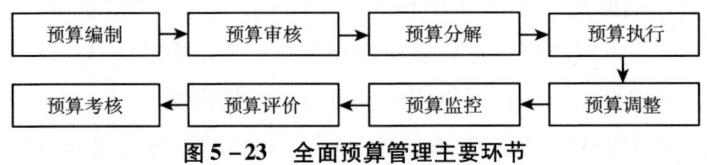

图5-23 全面预算管理主要环节

资料来源:作者整理。

1. 全面预算的主要风险

(1) 企业未建立全面预算制度,导致全面预算未实际开展。

(2) 不编制预算或预算不健全,可能导致企业经营缺乏约束或盲目经营,导致企业资源浪费或发展战略难以实现。

(3) 预算未经适当审批或超越权限授权审批,可能导致预算不合理或权威性不够、执行不力。

(4) 预算指标分解不详细、不具体,责任部门不明确,缺乏科学性和合理性,可能造成管理效率低下。

(5) 预算调整依据不充分、方案不合理、审批程序不严格,可能导致预算调整随意、频繁,预算失去严肃性和"硬约束"。

(6) 缺乏健全有效的预算反馈和报告机制,可能导致预算执行情况不能及时反馈和沟通,预算差异得不到及时分析,预算监控难以发挥作用。

(7) 未对预算执行情况进行分析,导致不能及时发现和解决预算执行中的问题。

(8) 预算考核机制不健全,考核不严,可能导致预算执行力度不足,预算管理流于形式。

2. 全面预算的主要控制措施

(1) 企业应当建立健全预算管理制度,对预算编制、预算执行和监控、预算调整、预算考核等内容进行规范,企业应当实行年度预算制度,全面预算每年编制一次,预算年度与会计年度相同。

(2) 企业应当根据发展战略和年度生产经营计划,综合考虑预算期内经济政策、市场环境等因素,各预算编制单位按照要求编写并逐级上报,按照上下结合、分级编制、逐级汇总的程序,汇总编制全面预算方案,确保预算编制依据合理、程序适当、方法科学,避免预算指标过高或过低。

（3）企业应当加强全面预算工作的组织领导，明确预算管理体制以及各预算执行单位的职责权限、授权批准程序和工作协调机制。应设立预算管理委员会履行全面预算管理职责，负责拟定预算目标和预算政策，制定预算管理的具体措施和办法，组织编制、平衡预算草案，下达经批准的预算，协调解决预算编制和执行中的问题，考核预算执行情况，督促完成预算目标。预算管理委员会下设预算管理工作机构，由其履行日常管理职责。预算管理工作机构一般设在财会部门，总会计师或分管会计工作的负责人应当协助企业负责人组织开展企业全面预算管理工作。

企业全面预算应当按照相关法律法规及企业章程的规定报经审议批准，经适当管理层审批后以文件形式正式下达至各预算执行单位。

（4）企业应当按照"横向到边，纵向到底"的原则将预算指标层层分解，将年度预算方案分解为季度、月度预算方案，将指标逐级分解，最终落实到具体责任人，通过实施分权预算控制，实现年度预算目标。

（5）预算方案一经批准在企业内部即具有"法律效力"，应当保持稳定，不得随意更改与调整。由于市场环境、国家政策或不可抗力等客观因素，导致预算执行发生重大差异确需调整预算的，应当履行严格的审批程序。预算调整在下半年进行，一年只调整一次，申请预算调整需按照规定的调整程序上报相关资料，经适当管理层审批后以文件形式正式下达至相关执行单位。

（6）企业应当建立预算执行监控体系，相关部门互相配合，对各项指标的完成情况进行实时监控、预警。各预算执行单位按期编制季度、年度预算执行分析情况报告，企业预算管理机构汇总编制预算执行情况报告。

企业预算管理机构应当加强与各预算执行单位的沟通，运用财务信息和其他相关资料监控预算执行情况，采用恰当方式及时向决策机构和各预算执行单位报告、反馈预算执行进度、执行差异及其对预算目标的影响，促进企业全面预算目标的实现。

（7）企业预算管理机构和各预算执行单位应当建立预算执行情况分析制度，定期召开预算执行分析会议，通报和分析预算执行情况，充分收集有关财务、市场、技术、政策、法律等方面的信息资料，根据不同情况分别采用比率分析、比较分析、因素分析等方法，从定量与定性两个层面充分反映预算执行单位的现状、发展趋势及其存在的潜力，研究、解决预算执行中存在的问题，提出改进措施。

（8）企业应当建立严格的预算执行考核制度，企业预算管理委员会应当定期组织预算执行情况考核，对各责任中心年度预算执行结果进行考评，将考评最终结果报人事部，作为各责任中心负责人绩效评价的重要内容。通过对预算执行单位和个人进行考核，切实做到有奖有惩、奖惩分明。企业预算执行情况考核工作应当坚持公开、公平、公正的原则，考核过程及结果应有完整的记录。

全面预算管理流程如图 5-24 所示。

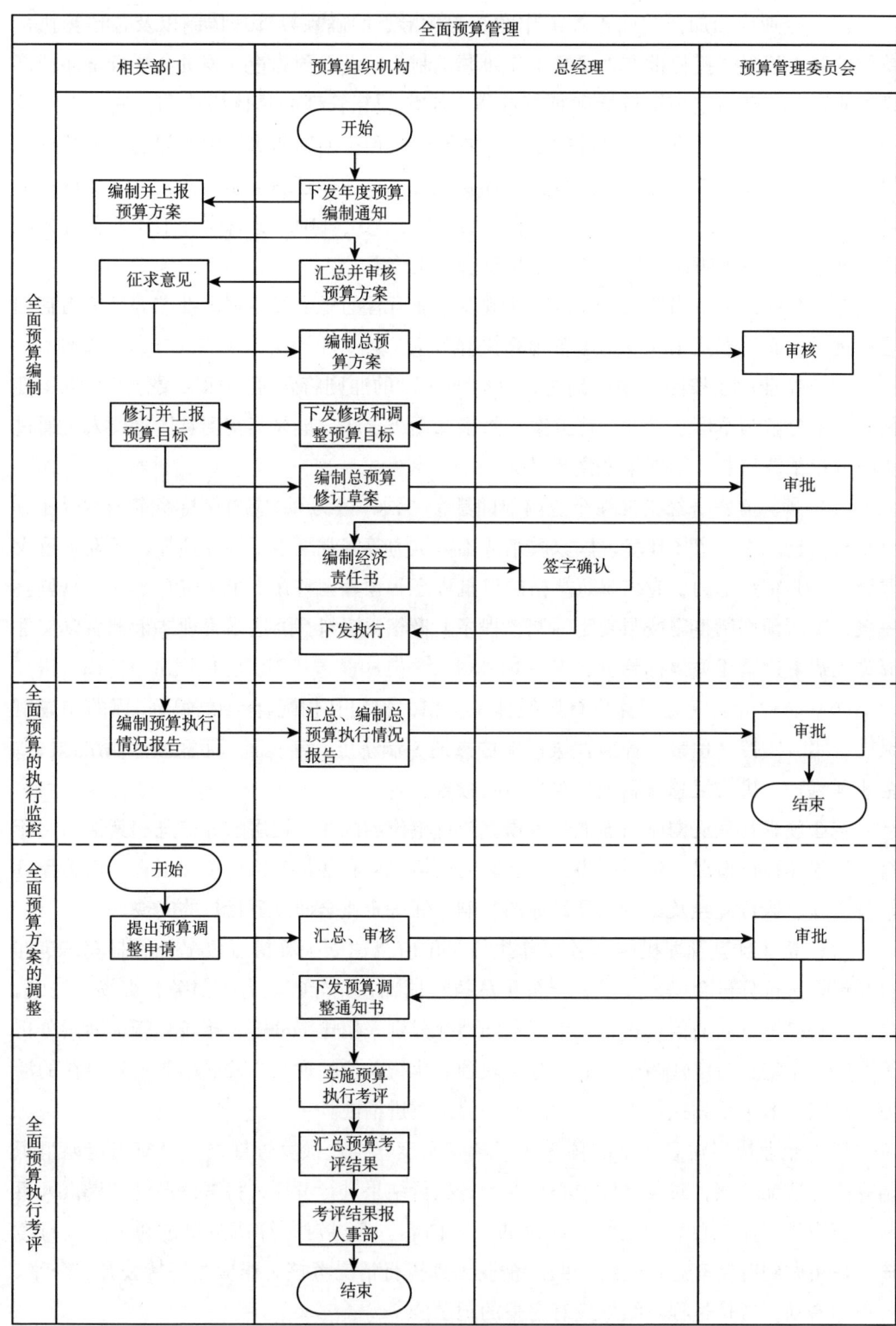

图 5-24 全面预算管理流程

资料来源：作者整理。

案例

Q 企业的预算管理

Q 企业是澳大利亚的聚乙烯生产商及多种特种聚合物供应商，其产品主要用于食品包装、建筑、采矿、能源、农业等领域。

Q 企业执行严格的预算管理制度，其年度预算要经过上级单位审核批准。上级单位对于 Q 企业的预算管理是从下到上和从上到下相结合的机制，每年 8 月 Q 企业根据对下半年及下一年的预测情况编制初步预算，上报上级单位生产经营部门，经生产经营部门和管理层讨论后提出指导意见，Q 企业需要根据指导意见进行修改后再次上报。

Q 企业内部的预算管理制定、汇总和审批环节如图 5-25 所示。

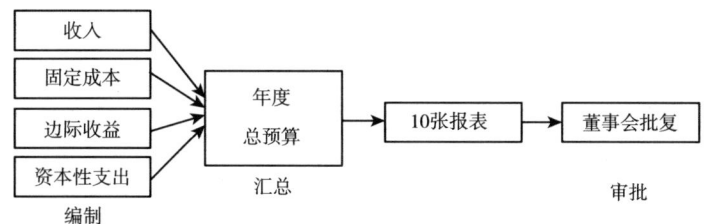

图 5-25　Q 企业内部的预算管理情况

（一）预算编制

Q 企业预算编制主要依据包括以下四个方面。

1. 收入

Q 企业预算制定的基础数据来源于经济因素数据和聚乙烯市场容量数据。其中，经济因素数据主要包括：对汇率、消费者物价指数及税收政策等经济环境的预测；对原油、烯烃、聚烯烃等化学制品价格变动的趋势分析；对市场细分、溢价、运费及税收等定价数据的收集。聚乙烯市场容量数据主要由市场部负责，市场部对聚乙烯现有市场规模及产能进行分析，对产品需求进行预测，形成 Q 企业产品市场占有率、国内及国际市场需求量及工厂产能等预测数据。

2. 固定成本

在成本方面，Q 企业对固定成本有关的部门、与资本性支出有关的部门对各厂区分别进行数据收集及分析。在预算流程中各部门的职责分工如下：

固定成本相关部门包括财务部、预算团队等，固定成本预算根据设备闲置成本、处置成本及现有资产的折旧数据，计算出现有资产的折旧发生额及余额。此外，各厂区还会形成固定成本计划，主要核算工厂直接的及核心的固定成本。

3. 边际收益

Q企业与边际收益有关的部门包括生产经营部、物流部、市场部、财务部等。各部门需要对年末存货余额及本年的增减变动、每吨产品的原材料、能源及包装材料等的使用情况、运费、存货估值（存货平均固定成本及变动成本）、收入及边际变动收益、停产大修时间、产能、主要产品价格等进行分析。负责计算出包括内部销售及副产品销售在内的销售额及销售收入、原材料、能源、运费及其他变动成本、进口产品成本以及净料成本等数据。

4. 资本性支出

Q企业中与资本性支出相关部门主要是规划部，在预算中负责关注企业战略中的资本性支出计划、固定资产资本化大修支出及相对应的摊销期间、资产减值发生的期间及金额，由此得出资本的摊销支出金额、停产大修导致的折旧变动、现金运营资本、对减值总额的税务及账务处理方式等。

（二）预算汇总

收入预算中的经济因素分析数据、聚乙烯市场容量分析数据及各厂区相关成本数据汇总后，由预算团队确认运营资金、应收账款、存货、其他收入和成本、研发支出税务申报、资产余额、员工权益、贷款金额、投资行为、利率及偿还计划等相关信息的预测，形成预测合并财务报表、资产负债表、利润表、现金流量表。

（三）预算审批

Q企业的最终预算会形成10张报表，报请Q企业董事会批准。报表包括：销售额和销售收入；变动成本利润率；财务指标；汇率、消费者物价指数等经济指标；产品、价格溢价及市场份额；各厂区汇总的销量；各厂区汇总的产能；利润表；现金流量表；工厂产生的利润等。

（资料来源：作者整理）

二、税务管理

税务管理是企业对其涉税业务和纳税事务所采取的研究和分析、计划与筹划、处理与监控、协调与沟通、预测与报告的全过程管理。

税务管理作为企业管理的重要组成部分，在规范企业行为、降低企业税收成本、提高企业经营效益、规避税务风险、提高税务管理水平和效率方面起到重要作用。

1. 税务管理的主要风险

（1）未及时妥善处理重大经营事项相关的税务问题，未做好税务评估，导致漏缴税款，违反税务法规，遭受税务处罚。

（2）对相关税收优惠政策了解不足，把握不准，税务筹划方案失误或未能合理避税，丧失享受优惠的机会，导致公司利益受损。

（3）未及时进行税务登记或变更，导致存在违反税务法律法规的风险。

（4）税务申报与缴纳未经适当管理层审批，申报或缴纳不及时、不准确，可能导致企业存在涉税风险。

（5）税务核算要求不严格，各项适用税种及递延税款未被真实准确地计算和记录，可能导致财务报表准确性受到影响。

2. 税务管理的主要控制措施

（1）企业应当加强税务评估工作。财务部门应参与重大投资项目、重组改制、吸收合并、分立、对外合资（合作）等重大事项，并进行税收风险评估，研究涉税事项处理优化方案，并出具报告，提交适当管理层审批。

（2）企业应当开展税务政策跟踪。财务部门指定专/兼职人员收集、研究税收优惠或减免政策，跟踪政策变化信息，并及时将信息通过网络、文件、邮件、会议等方式传递至相关人员。在合法合规的前提下，降低企业税负成本。

（3）企业应当规范税务登记工作。财务部税务管理员负责税务登记工作，税务管理人员持相关登记、变更、注销资料在规定时间内向指定税务机关办理税务登记手续，税务登记表须经企业适当管理层审批。

（4）企业应当及时办理税务申报和缴纳。财务部门会计人员负责所得税、增值税等税项的计算，填报纳税申请表，报财务负责人和适当管理层审核。

经适当管理层批准后，连同其他税务资料，按期向主管税务机关报送或进行网上纳税申报，并依法履行代扣代缴义务。

（5）在缴纳税款后，企业财务部门应当按照税收法律、法规及企业会计准则的规定，编制所得税和增值税等税项缴纳的记账凭证，由独立会计核算人员及时进行税务核算，记账凭证和复核税金核算表格经适当权限的管理人员复核和审批。

案例

S企业的增值税案件

2011年，刚被中国某企业收购的法国S公司接受了法国税务局的增值税税务检查，税务局对于S公司从供应商C的采购已经进行的税务抵扣产生怀疑。

> 按照法国增值税的相关规定,从非法国企业采购时所产生的增值税不能从销售税中抵扣。S公司与C的合作关系于2004年开始到2011年税务调查后终结,在此期间S公司并未意识到C为非法国企业,不应享受增值税优惠政策,因此面临着法国税务局缴纳延迟纳税利息和各项罚金共计2150欧元。S公司于2017年支付了所有税款和罚金。
>
> 随后,S公司除了通过起诉供应商C争取挽回损失外,对此案件进行了详细分析,找出根本原因,并采取了相应措施避免此类事件的再次发生。
>
> S公司分析认为该税务事项首先是由于供应商选择和审查环节存在内部控制问题。据此,S公司在事后加强了对于新供应商选择的内部控制,包括建立合格供应商数据库、查验新交易供应商增值税信息、检查海关清关单据和运输数据等,并定期检查和回顾这些措施的执行效果。
>
> 其次,S公司业务涉及了13个国家和地区,很多税务都是外包给了专业服务机构,各个公司也会根据具体情况咨询税务专家。但由于各地税务环境(包括税务监管力度、税务法规的理解)存在较大差异,咨询税务专家虽然在一定程度上能减少、降低税务事项的风险,但是从税务事项的前期筹划和把控以及沟通有效性的方面还有所欠缺。S公司此后在板块层面设立税务专员的岗位,该人员应拥有良好的国际税务视野和知识,以及对S公司的业务及税务环境具有较为深入的了解,由其对于各地税务事项进行梳理、存档管理以及对外沟通处理税务相关事项,以减少各地及板块管理层的沟通成本。
>
> (资料来源:作者整理)

三、会计核算

会计核算是指对会计主体已经发生或已经完成的经济活动进行的事后核算,也就是会计工作中记账、算账、报账的总称。会计核算是以货币为主要计量尺度,对会计主体的资金运动进行的反映。

1. 会计核算的主要风险

(1) 会计核算未建立相关制度,或者相关制度不合理,导致会计核算不能正常开展。

(2) 会计科目变更不合理,可能导致会计处理及财务报告不准确。

(3) 会计记录未经过独立人员的审核,可能导致会计差错未及时发现,影响财务信息的准确性。

（4）未经授权操作财务系统，可能导致财务信息的准确性受到影响。

（5）未进行整体合理性分析检查，可能导致不能及时发现账务处理的错误，影响财务信息记录的真实性和可靠性。

（6）关账操作未得到合理的授权，可能导致操作失误，影响财务信息的准确性，甚至可能发生舞弊行为。

2. 会计核算的主要控制措施

（1）建立健全核算与会计处理管理制度，对会计核算办法、财务关账及报告管理、财务日常管理等内容进行规范。

（2）企业实行统一的会计科目管理，下级单位不允许更改会计科目。确需进行会计科目变更时，提交会计科目变更申请，经相关授权人员审批后由相关权限操作人员执行。

（3）财务部总账会计负责跟踪审核以下可能影响财务报告编制和披露的重大非常规事项：

以前年度审计调整以及相关事项对当期的重大影响；

会计准则的变化对会计报表的重大影响；

新增业务及对会计报表的重大影响；

需要专业判断的重大会计事项和调整；

对会计报表有重大影响的其他事项；

拟在决算中处理的按规定应报税务部门的重大清查盘亏损失等事项。

（4）财务部对系统中报表格式及报表公式（计算公式、校验公式等）进行变更时，需由相关管理层审批后统一下发通知后进行调整。财务部将审核通过的原始凭证录入系统，若需要进行凭证修正或冲销，需再次经管理会计进行会计凭证复核。

（5）财务部总账会计基于试算平衡表对各科目余额及发生额进行整体合理性分析与检查，对异常、波动较大的会计科目进行分析，并将分析内容编制进财务分析报告。

（6）关账前，财务部各岗位人员审核公司各项经济业务（含对账、调账、差错更正等业务）是否已经处理完毕，相关账务处理是否完成等，并保留相关记录，由成本会计实施关账操作。不允许对已经关闭的账期执行过账操作。

四、财务报告

财务报告是指反映企业某一特定日期财务状况和某一会计期间经营成果、现金流量的文件。企业需要编制财务报告，要保证财务报告内容的真实性和完整性，财务报告作为反映企业财务和生产经营状况的书面文件，对外要提供给投资者、监管部门，对内要提供给企业的管理层。

企业应当按照法律法规和国家统一的会计准则制度的规定，及时对外提供财务报告。财务报告须经注册会计师审计的，注册会计师及其所在的事务所应当出具审计报告，并随同财务报告一并提供。企业对外提供的财务报告应当及时整理归档，并按有关规定妥善保存。

1. 财务报告的主要风险

（1）编制财务报告违反会计法律法规和国家统一的会计准则制度，可能导致企业承担法律责任和声誉受损。

（2）未制定财务报告编制方案或方案不合理，造成财务报告编制进度延后或未能及时对外报送财务报告，影响企业声誉或被监管机构处罚。

（3）编制合并财务报告时，合并范围错误、合并内部交易和事项不完整、合并抵销分录不准确等，导致财务报告质量受到影响。

（4）未按规定程序对财务报告内容的真实性、完整性以及格式的合规性等进行适当审核，导致财务报告质量受到影响，误导财务报告使用者，造成决策失误，干扰市场秩序，甚至被监管机构处罚或承担法律责任。

（5）不能有效利用财务报告，难以及时发现企业经营管理中存在的问题，可能导致企业财务和经营风险失控。

2. 财务报告的主要控制措施

（1）财务部门应当会同相关部门根据会计准则及有关规定，编制财务报告及附注，并报适当管理层审核。

（2）财务部门在年度财务报告编制前，起草本级财务报告编制方案，明确报表编制原则、方法、程序及要求、披露事项等，并确保财务报告及时完成编制和报送。

（3）企业应当按照国家统一的会计准则制度规定，根据登记完整、核对无误的会计账簿记录和其他有关资料编制财务报告，做到内容完整、数字真实、计算准确，不得漏报或者随意进行取舍。

企业应当编制合并财务报表，明确合并财务报表的合并范围和合并方法，如实反映企业的财务状况、经营成果和现金流量。上级财务部门逐级收集、审核下级单位财务报表，重点关注上报的及时性和准确性。

财务部总账会计根据识别的关联交易信息，核对内部交易及往来，根据相关支持性文档编制合并财务报表，报财务部部门负责人、适当管理层审批。

（4）企业在编制年度财务报告时应当进行必要的财产清查、减值测试和债权债务核实。财务报告中各项费用、成本的确认应当符合规定，如实列示当期收入、费用和利润。各项收入的确认应当遵循规定的标准，不得随意改变费用、成本的确认标准或计量方法，虚列、多列、不列或者少列费用、成本，不得推迟或提前确认收入。不得随意调整利润的计算、分配方法，编制虚假利润。

财务部门应指定专、兼职人员跟踪可能影响财务报告编制和披露的重大非常规事项，对财务报告产生重大影响的交易和事项的处理应当按照规定的权限和程序进行审批，并在审批后执行会计处理。

（5）企业应当重视财务报告分析工作，定期召开财务分析会议，充分利用财务报告反映的综合信息，全面分析企业的经营管理状况和存在的问题，企业财务分析会议应吸收有关部门负责人参加。财务分析结果应当形成分析报告，构成内部报告的组成部分。财务分析报告结果应当及时传递给企业内部有关管理层级，充分发挥财务报告在企业生产经营管理中的重要作用。总会计师或分管会计工作的负责人应当在财务分析和利用工作中发挥主导作用，对于经营中存在的问题，制定整改措施并跟踪落实。

企业应当分析企业的资产分布、负债水平和所有者权益结构，通过资产负债率、流动比率、资产周转率等指标分析企业的偿债能力和营运能力；分析企业净资产的增减变化，了解和掌握企业规模和净资产的不断变化过程。

企业应当分析各项收入、费用的构成及其增减变动情况，通过净资产收益率、每股收益等指标，分析企业的盈利能力和发展能力，了解和掌握当期利润增减变化的原因和未来发展趋势。

企业应当分析经营活动、投资活动、筹资活动现金流量的运转情况，重点关注现金流量能否保证生产经营过程的正常运行，防止现金短缺或闲置。

五、成本与费用管理

成本与费用管理是指企业对在生产经营过程中全部费用的发生和产品成本的形成所进行的计划、控制、核算、分析和考核等一系列管理工作的总称。加强成本与费用管理是企业提高经营管理水平的重要因素，也是企业增加盈利的要求，并且为企业抵抗内外压力、求得生存发展提供了可靠保障，具有重要意义。

1. 成本与费用管理的主要风险

（1）成本费用核算不准确，可能导致财务报表或生产报告存在错误。

（2）成本费用未及时、准确进行归集和分摊，可能导致财务报表或生产报告的错误。

（3）成本结转不及时、不准确，可能导致财务报表数据不准确，影响公司经营决策。

（4）未及时进行生产成本的分析，导致不能有效监控生产执行情况、发现问题，无法及时对异常情况做出调整。

（5）未明确各项成本与费用支出的审批程序或未履行审批程序，可能导致费用支出不合理或费用超标。

（6）未对成本与费用支出情况进行考核，可能导致成本费用控制目标无法实现。

2. 成本与费用管理的主要控制措施

（1）生产部门、采购部门及财务部门应定期核准成本费用定额，因经济或业务原因需对定额标准进行调整的，经过财务部门及相关企业负责人审批后，方可进行调整。财务部门按会计制度的相关规定合理确认应计入当期的费用。财务人员依据审核无误的费用支付或报销单据，正确归集、核算及入账。各种费用的分摊规则不得随意更改，如需更改应获得适当权限负责人审批。

（2）财务部成本会计按照成本核算方法对成本进行归集和分摊，并与经适当管理层审批的相关原始凭据保持一致。

（3）依据相关成本核算文档及时结转生产成本、营业成本及相关费用，并由独立人员对成本结转的真实性、准确性进行复核。

（4）财务部门定期（至少每月一次）对实际生产成本与计划/标准/预算等的差异进行分析，编制成本分析报告并按规定程序汇报，发现问题后采取必要的补救措施。

（5）明确各项成本费用开支的相关控制措施，成本费用支出按照规定的权限履行审批手续。财务部会同相关部门对成本费用开支项目和标准进行复核。

（6）企业应当根据成本控制目标和相关成本费用考核规定制定成本费用指标和绩效考核细则对责任主体成本费用完成情况进行测算，对相应的成本费用责任主体进行考核和奖惩。

六、关联交易

关联交易是指企业或者下属单位与在本企业直接或间接占有权益、存在利害关系的关联方之间所进行的交易。

1. 关联交易的主要风险

（1）关联方及关联交易识别和披露不准确、不完整，影响企业关联交易披露质量，导致企业被监管机构处罚，影响企业声誉。

（2）关联交易价格确定有失公允，违反国家有关法律法规，导致企业利益受损或被监管机构处罚。

（3）关联交易金额确定、调整未经相关审批，导致关联交易额度不准确，影响财务报表准确性，违反国家有关法律法规。

（4）未进行关联交易对账，可能导致财务信息质量不高，影响财务报表的公允性或被监管机构处罚。

（5）未建立关联交易价格和关联交易合同执行情况的定期监控机制，可能导致关联交易定价或合同执行不规范，为企业带来经济和声誉损失。

2. *关联交易的主要控制措施*

（1）关联交易管理部门根据相关规定确定关联方并识别关联交易、管理关联方信息，按规定时间提交适当管理层审批后更新关联方名单，按要求及时披露关联交易情况。

（2）关联交易定价标准和方法由指定部门依照相关监管要求与各下属单位协商确定，形成定价方案，上报相应管理层审批后遵照执行。

集团型企业的各下属单位依据关联交易价格标准和方法与关联方协商交易价格；对于超过授权范围的定价，按规定报相应权限部门与管理层审批后方可执行；如对交易价格进行调整，需履行产品定价管理流程。

（3）集团总部定期对持续关联交易额度进行核定，经总经理办公会审批后下发至下属单位遵照执行。财务部总账会计汇总当期实际发生的关联交易金额，每月末编制关联交易报表，经财务部部门负责人、财务总监审核后上报。总部财务部门核实、分析和汇总下属单位及总部的持续关联交易金额，分析本年度的发展趋势，并定期（每月）向关联交易小组汇报。

当预测或统计数据显示某项关联交易可能超过年度上限时，由相关部门拟定处理方案，按相关程序办理调整持续关联交易年度上限的审批手续。

（4）建立关联交易档案和台账，对关联交易账目与关联方进行定期对账，填写内部往来余额对账表、内部交易对账表及内部应付款项明细表。若存在差异，查找原因并调整。对账后编制关联交易报表，提交适当管理层审批。

（5）总部对下属单位关联交易价格和关联交易合同执行情况进行检查，检查是否按照关联交易协议规定的定价原则和其他条款进行交易。下属单位财务部应收会计负责对关联交易价格进行检查，检查是否按照关联交易协议规定的定价原则和其他条款进行交易，并保留关联交易检查记录。

关联交易管理流程如图 5-26 所示。

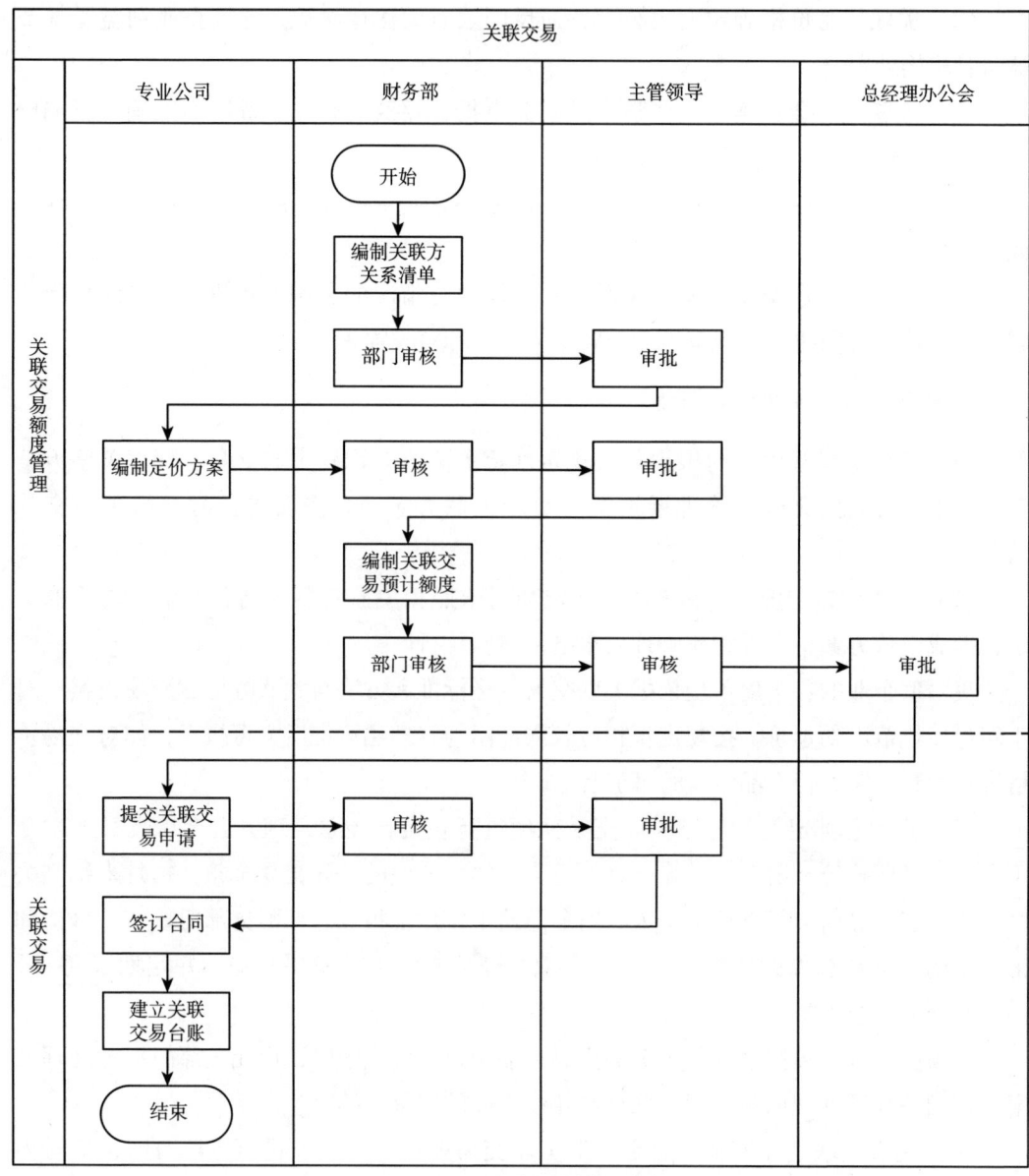

图 5-26 关联交易管理流程

资料来源：作者整理。

第十一节 法律事务的内部控制

一、合同管理

合同是指企业与自然人、法人及其他组织之间设立、变更、终止民事权利义务的协议。在市场经济中，合同已经成为企业最常见的契约形式。

加强合同管理有利于有效防范企业法律风险，保护企业合法权益，能够降低企业运营风险和财务风险，保证企业各项经营管理活动的顺利正常进行。合同管理是企业内部控制的关键环节，包括合同主体资格审查、合同的拟定、审批、合同专用章管理、合同台账管理、纠纷和变更、评估考核等。合同管理的主要环节如图5-27所示。

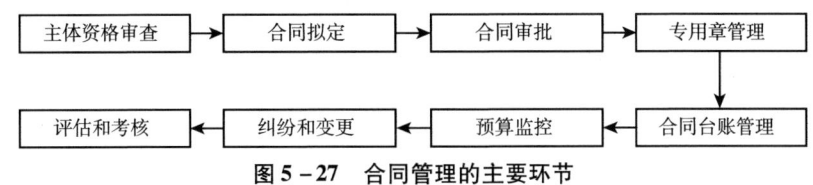

图5-27 合同管理的主要环节

资料来源：作者整理。

1. **合同管理的主要风险**

（1）合同管理制度不健全、不完善，导致相关工作无章可依。

（2）合同对方主体资格未达要求或缺乏履约能力，可能导致企业合法权益受到侵害。

（3）未及时签订合同、未使用标准合同范本或合同审核未能发现合同文本中的不当内容和条款，导致纠纷或企业利益受损。

（4）签署合同或其他法律文件未经适当授权，导致企业权益受到影响。

（5）合同印章管理不当，导致企业权益受到侵害。

（6）合同变更未严格遵照合同约定进行或未经必要审批，导致变更无效或引起纠纷。

（7）合同纠纷事项资料不充分、应对不及时、处理不恰当，导致遭受经济损失。

（8）合同档案管理不规范，导致合同丢失、泄密。

（9）合同执行的监督机制不够健全，导致企业权益得不到保障或存在违约风险。

2. **合同管理的主要控制措施**

（1）企业应当根据实际情况指定部门作为合同归口管理部门，对合同实施统一规范管理，制定合同管理制度。合同归口管理部门负责审核合同条款，编制合同标准文本，管理合同专用章，同时明确合同签订、合同审查、合同履行、合同归档及合同专用章保管与使用等业务环节的管理。风险内控部门要对合同管理中的薄弱环节进行检查和评价，采取相应控制措施，开展对合同履行的后评估等。

（2）合同管理始于对合同主体资格审核，判断签订合同的主体资格是否符合合作的要求。在签订合同前，承办部门对潜在签约方的主体资格、履约能力、专业资质、商业信誉等进行资格预审，并保留相关记录。在签订合同前，承办部门应要求签约方提供相关材料，例如，盖有公章的营业执照复印件；与合同相关的特殊物品的生产、经营许可证等资质文件；其他应具备的证明文件。

（3）企业应当根据协商、谈判等的结果，拟定合同文本，按照自愿、公平原则，明确双方的权利义务和违约责任,做到条款内容完整,表述严谨准确,相关手续齐备,避免出现重大疏漏。企业应当对合同文本进行严格审核,重点关注合同的主题、内容和形式是否合法,合同内容是否符合企业的经济利益,对方当事人是否具有履约能力,合同权利和义务、违约责任和争议解决条款是否明确等。

如存在合同标准范本,应使用标准范本,合同文本一般由业务承办部门起草、由法律部门审核。重大合同或法律关系复杂的特殊合同应当由法律部门参与起草。相关部门提出不同意见的,应当认真分析研究,慎重对待,并准确无误地加以记录,必要时应对合同条款作出修改,内部相关部门应当认真履行职责。国家或行业有合同规范文本的,可以优先选用,但对涉及权利义务关系的条款应当进行认真审查,并根据实际情况进行适当修改。合同文本须报经国家有关主管部门审查或备案的,应当履行相应程序。

(4) 应严格遵照规定的审批权限和程序执行合同审批。企业应当按照规定的权限和程序与对方当事人签署合同。正式对外订立的合同,由公司法定代表人或其授权代理人签名或加盖有关印章。授权签署合同的,应当按照公司规定的程序办理授权委托书。

合同审核主要内容包括:合同的内容是否符合相关法律、法规及其他规范文件;当事人双方的权利、义务是否具体、明确、对等;合同应具备的条款是否齐全;文字表达是否确切无误;合同价款(报酬)是否按规定进行了相关比价调查或招标活动;如涉及担保,须严格审查担保人的资质、能力和必备手续是否完备、合法;如涉及对外投资,须严格审查是否经过论证和批准等。

(5) 企业应当建立合同专用章保管制度。合同专用章由指定部门管理,使用合同专用章须根据公司规定履行审批手续,合同经编号、审批及公司法定代表人或其授权代理人签署后,方可加盖合同专用章。合同承办人需携带合同专用章外出签订合同的须经公司领导书面批准。

(6) 合同履行过程中,对方提出合同变更要求时,必须以书面形式提出,由承办人员必须要求对方提供书面文件,按照规定权限和程序将变更原因、变更内容、变更后影响等以书面文件报适当管理层审批后,办理合同变更。否则仍按原合同规定履行。如合同履行情况发生变化我方需要变更合同条款,承办部门承办人在征得合同签约人的同意并提交合同审批流程审批后,以书面形式确定变更的内容。承办部门承办人不得以对方的口头答复作为合同变更的依据。

(7) 企业应当加强合同纠纷管理,在履行合同过程中发生纠纷的,应当依据国家相关法律法规,在规定时效内与对方当事人协商并按规定权限和程序及时报告。

合同纠纷经协商一致的,双方应当签订书面协议;合同纠纷经协商无法解决的,应当根据合同约定选择仲裁或诉讼方式解决。企业内部授权处理合同纠纷的,应当签署授权委托书。纠纷处理过程中,未经授权批准,相关经办人员不得向对方当事人做出实质性答复或承诺。

（8）企业应当建立合同台账管理制度，保证合同台账资料完整、统一，规范企业各类合同的管理。合同台账采用表格形式，包括合同名称、合同主体、合同内容、合同履行情况等内容。

合同管理部门应当加强合同登记管理，充分利用信息化手段，定期对合同进行统计、分类和归档，明确归档内容（如合同附件/图纸、合同协商记录、往来传真/邮件资料、变更和解除的重要资料和证据、执行情况的记录等），连续编号并详细登记合同的订立、履行和变更、终结等情况，实行合同的全过程封闭管理。

（9）企业应当遵循诚实信用原则严格履行合同，对合同履行实施有效监控，强化对合同履行情况及效果的检查、分析和验收，确保合同全面有效履行。合同生效后，企业就质量、价款、履行地点等内容与合同对方没有约定或者约定不明确的，可以协议补充；不能达成补充协议的，按照国家相关法律法规、合同有关条款或者交易习惯确定。

在合同履行过程中发现有显失公平、条款有误或对方有欺诈行为等情形，或因政策调整、市场变化等客观因素，已经或可能导致企业利益受损，应当按规定程序及时报告，并经双方协商一致，按照规定权限和程序办理合同变更或解除事宜。

企业应当健全合同管理考核与责任追究制度，至少于每年年末对合同履行的总体情况和重大合同履行的具体情况进行分析评估，对分析评估中发现的合同履行中存在的不足，应当及时加以改进。对合同订立、履行过程中出现的违法违规行为，应追究相关机构或人员的责任。

合同管理的主要流程如图 5-28 所示。

二、纠纷与诉讼管理

1. 纠纷与诉讼管理的主要风险

（1）法律管理制度不健全、不完善，导致相关工作无章可依。

（2）法律纠纷备案执行不力，导致企业乃至国家监管部门无法及时掌握法律纠纷案件发生情况，可能导致法律纠纷处理不当。

（3）案件结案后未做好归档工作，导致法律文件丢失或泄密、企业利益受损。

2. 纠纷与诉讼管理的主要控制措施

（1）法律部门负责建立健全各项法律事务管理制度，包括法律顾问制度和重大法律纠纷案件备案制度等，明确法律顾问工作程序与重大法律纠纷案件备案要求。

（2）定期（每年末）按照要求填报诉讼事项情况统计表，按规定做好未结案和已

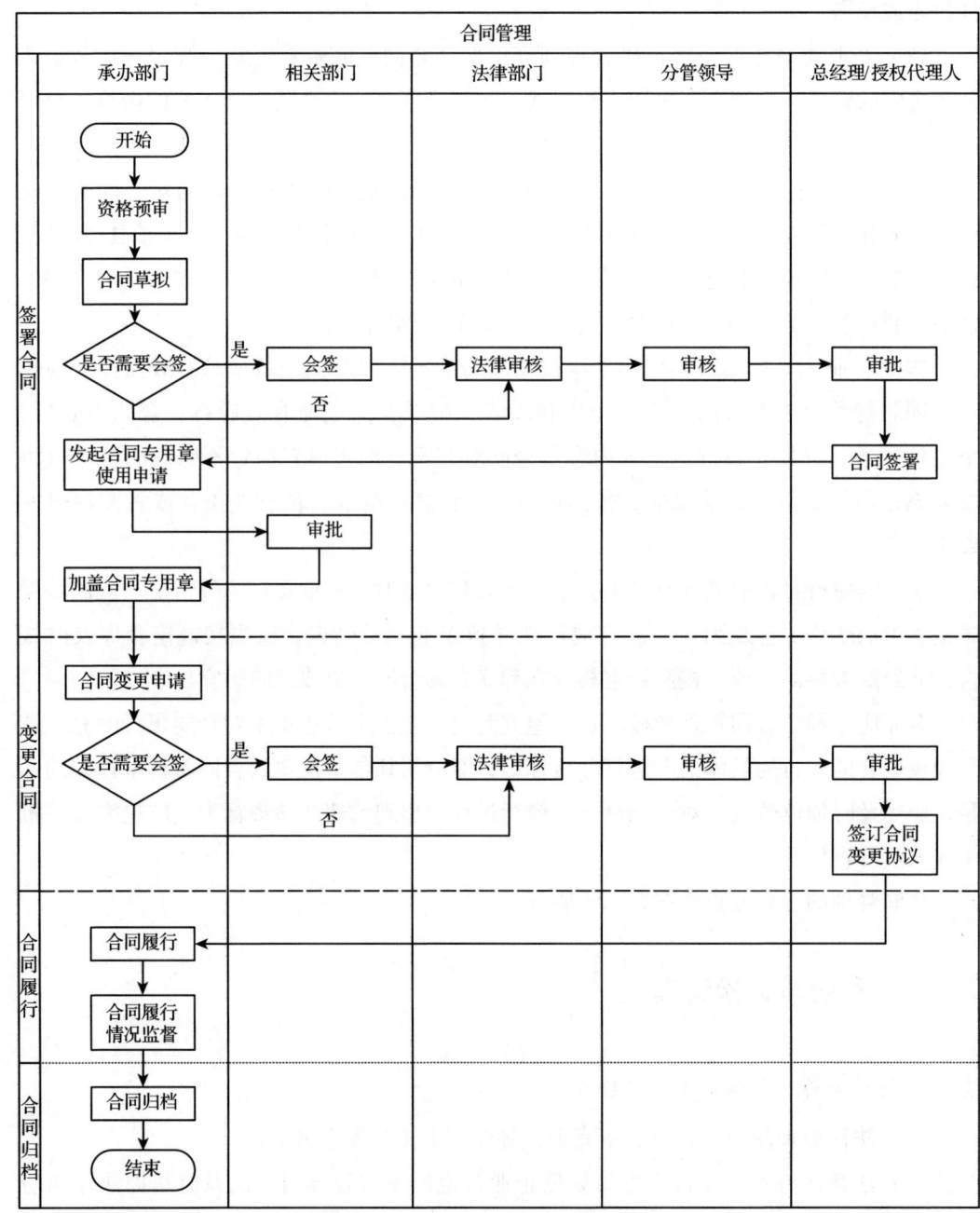

图 5-28 合同管理流程

资料来源：作者整理。

结案件的诉讼及仲裁案件备案工作，应当保管好有关的起诉状、判决书等诉讼文书的复印件、扫描件等。法律部门在发生重大法律纠纷案件时应及时备案并保留好相关材料。发生重大法律纠纷须上报上级单位及监管机构，为原告的应当自案件立案之日起一个月内、为被告的应当自第一次收到审理机关传票之日起一个月内上报有关部门备案。基层单位上报时间根据实际情况按具体规定而确定,总体时间不能超过以上期限限定,以保证上级单位能够及时完成上报和备案。

(3) 法律事务管理部门应当及时将有关重大法律纠纷案件处理结案情况,向上级监管机构及其他有关部门报告。重大法律纠纷案件处理结案后,法律部门应当在处理结案一个月内将案卷交档案管理部门归档,并负责对案卷存档情况登记造册备查。

纠纷与诉讼管理流程如图 5-29 所示。

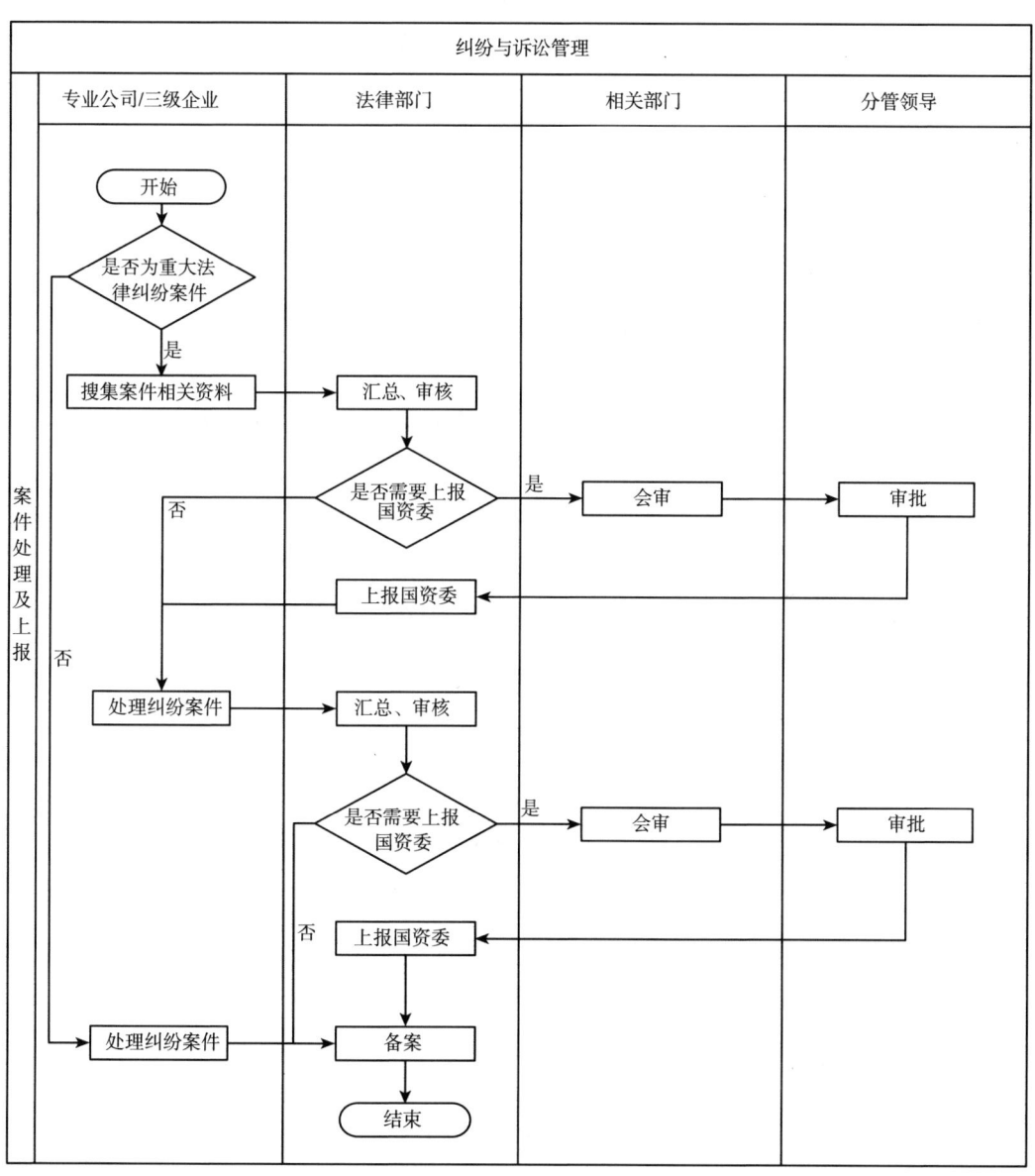

图 5-29 纠纷与诉讼管理流程

资料来源:作者整理。

> **案例**
>
> **H 公司的贸易诉讼案件**
>
> H 公司于 2006 年成立,为国有独资企业。从成立之初起 H 公司逐步发展为集贸易板块、实体板块、服务业板块为一体的化工企业。
>
> H 公司 2013 年开始与浙江 A、B 两家公司(两家公司实际控制人为同一自然人)签订了《购销合同》,约定 H 公司从 A 处购买 PVC 6000 吨,合同总价 3240 万元,同时 H 公司向 B 公司出售 PVC 6000 吨,合同总价 3270 万元。在 H 公司支付货款后,A 公司一直未发货。
>
> 2016 年 8 月两家公司的实际控制人突然失联,导致 H 公司与两家公司相关的贸易货款无法收回。
>
> 对于上述交易,在进行内部控制检查时初步发现了如下三点问题:
>
> 一是合同审批均没有使用 OA 合同审批流程,而是采用线下纸质审批单据,且审批完成日期晚于合同签订日期,即存在合同倒签的情况;
>
> 二是对外付款均没有按照公司规定使用 OA 付款审批流程,而是采用线下纸质审批单据,付款审批决策过程未按照"三重一大"制度执行;
>
> 三是交易过程无任何形式的担保抵押,资金敞口风险未得到有效控制。违反公司禁止无担保抵押的敞口业务的精神。
>
> 目前相关部门已经对负有主要责任的人员进行立案调查;对财务、经营等负有管理责任的责任人进行立案调查。
>
> (资料来源:作者整理)

第十二节 信息系统的内部控制

《企业内部控制应用指引》将信息系统定义为企业利用计算机和通信技术,对内部控制进行集成、转化和提升所形成的信息化管理平台。信息系统包括了信息输入、存储、处理、输出和控制五个基本功能,对实际企业开展内部控制工作具有更清晰明确的指导意义。

现代企业处于不断变化的环境之中,需要有效对各类信息进行收集、识别、处理分析和沟通汇报,以便快速对政策调整、行业变化等作出快速反应,更好地抓住客户需求、实现创新和对竞争环境变化快速了解,这一切都需要企业建立一套有效的信息系统来实现。企业应当加强信息系统建设的组织领导,明确相关部门和单位的职责权限,建立有效的工作机制。企业应当指定专门机构对信息系统建设实施归口管理,可以委托专业服务机构从事信息系统的开发、运行与维护等工作。

信息系统涉及的风险主要体现在信息系统规划、信息系统开发、信息系统的运行维护、信息安全管理等方面。

一、信息系统规划

1. 信息系统规划的主要风险

信息技术发展战略规划缺失或不合理,可能造成信息孤岛、重复建设、系统间难以集成,导致信息技术难以支持企业的业务发展。

2. 信息系统规划的主要控制措施

(1) 企业应在整体发展规划的指导下,统一制定信息系统建设整体规划,由信息部门负责牵头组织编制信息化中长期规划,在充分征求有关部门意见后,组织专家评审,经适当管理层审批后确定。

(2) 根据信息化中长期规划,由信息部门负责牵头组织编制信息化年度计划与预算,在充分征求征求相关意见后,报适当管理层审批。

二、信息系统开发

1. 信息系统开发的主要风险

(1) 系统开发不符合内部控制要求,可能导致无法利用信息技术实施有效控制。

(2) 系统开发职责权限管理不当,未得到适当审批、系统开发和变更方式选择不当,导致无法对信息技术实施进行有效控制。

(3) 未对系统开发工作进行有效管理或质量监控不足,导致系统开发出现质量偏差或开发失败。

(4) 系统开发和上线前未制定完善的技术执行方案,导致系统上线失败,造成资源浪费和数据损失。

(5) 系统上线后,未对系统进行全面验收,导致系统不能满足业务需求,造成资源浪费。

2. 信息系统开发的主要控制措施

(1) 企业应当根据信息系统建设整体规划提出项目建设方案,明确建设目标、人员配备、职责分工、经费保障和进度安排等相关内容。企业信息系统归口管理部门应当组织内部各单位提出开发需求和关键内部控制点,应当将生产经营管理业务流程、关键控制点和处理规则嵌入系统。规范开发流程，明确系统设计、编程、安装高度、验收、上线等全过程的管理要求，严格按照方案、开发流程和相关要求组织开发工作。

（2）企业应当指定专门机构对信息系统开发归口管理，明确相关单位的职责权限，建立有效工作机制。企业在系统开发过程中，应当按照不同业务的控制要求，通过信息系统中的权限管理功能控制用户的操作权限，避免将不相容岗位的处理权限授予同一用户。系统开发和变更需按照规定的权限和程序审批后实施。企业负责人对信息系统开发工作负责。

（3）企业信息系统归口管理部门应当加强信息系统开发全过程的跟踪管理，组织开发单位与内部各单位的日常沟通和协调，督促开发单位按照规划方案、计划进度和质量要求完成编程工作，对配备的硬件设备和系统软件进行检查验收，组织系统上线运行等。

企业应当在信息系统中设置操作日志功能，确保操作的可审计性，对异常的或者违背内部控制要求的交易和数据，应当设计由系统自动报告并设置跟踪处理机制。

（4）系统上线前企业应当组织系统开发方的非开发人员和业务需求方在独立的测试环境中对系统进行全面测试，确保在功能、性能、控制要求和安全性等方面符合开发需求。测试完成后形成测试报告，并提交相应管理层进行审核。测试工作完成后，系统开发方制定系统上线、回退、新旧系统切换计划等技术方案，提交项目管理小组审核，由适当管理层进行审批。

企业应当切实做好信息系统上线的各项准备工作，培训业务操作和系统管理人员，制定科学的上线计划和新旧系统转换方案，考虑应急预案，确保新旧系统顺利切换和平衡衔接。系统上线涉及数据迁移的，还应制定详细的数据迁移计划。

（5）系统上线后，由业务需求方对系统功能、运行情况、性能参数和稳定性等方面进行评价。项目管理小组完成结项报告，对整个系统开发、实施、上线和验收工作进行总结。

三、信息系统运行维护

1. 信息系统运行维护的主要风险

（1）系统运行维护和安全措施不到位，可能导致信息泄露或毁损，使系统无法正常运行。

（2）未对信息系统的工作状态和运行情况进行有效监控，导致系统不能有效运转，从而影响企业生产和经营。

（3）未对委托系统维护服务机构进行资质审查、未与其签订合同和保密协议，导致系统运行与维护无法得到有效管理、发生泄密事件。

（4）数据备份策略设定不当，参数配置不合理，导致信息丢失无法恢复，导致系统中断后业务无法及时、有效地恢复，影响企业的生产和经营。

（5）未经授权对数据进行后台修改、未对录入数据进行独立复核，导致系统数据不准确。

（6）系统的物理安全设施和机房的访问管理不完善，导致对系统硬件设备的安全及稳定运行产生影响。

2. 信息系统运行维护的主要控制措施

（1）企业应当综合利用防火墙、路由器等网络设备，漏洞扫描、入侵检测等软件技术以及远程方向安全策略等手段，加强网络安全，防范来自网络的攻击和非法侵入。企业应当采取安装安全软件等措施防范信息受到病毒等恶意软件的感染和破坏。企业对于通过网络传输的涉密或关键数据，应当采取加密措施，确保信息传递的保密性、准确性和完整性。

（2）企业应对应用系统、网络、防火墙和路由器等安全设备的运行情况进行监控，对系统设备、网络和安全设备的日志进行定期检查，并对监控中发现的问题进行解决。

（3）委托专业机构进行系统运行与维护管理的，应审查被委托机构的资质，并与其签订服务合同和保密协议。企业应当建立信息系统安全保密和泄密责任追究制度。

（4）企业应当建立系统数据定期备份制度，明确系统数据备份的范围，备份的策略和设置须经管理层审核，由信息部门按照审核后的备份策略执行备份的参数配置。

重要的业务数据应存储在文件服务器或其他系统上，不允许在非企业或第三方设备上进行数据备份。定期检查数据备份情况，对数据备份的日志进行审核。对备份的数据进行定期检查并进行异地存储，定期对数据进行恢复性测试。对备份异常情况，及时进行处理。

核心系统的数据备份与灾难恢复由信息部门负责，企业要根据本地应用系统的需要建立系统备份和恢复机制，并定期对灾难恢复计划进行应急演练。

（5）禁止从数据库直接进行数据变更，所有系统录入数据须由具有录入权限的人员进行录入，独立人员对录入数据的重要字段进行检查。建立信息系统变更管理流程，信息系统变更应当严格遵照管理流程进行操作。信息系统操作人员不得擅自进行系统软件的删除、修改等损伤；不得擅自升级、改变系统软件版本；不得擅自改变软件系统环境配置。企业应当建立用户管理制度，加强对重要业务系统的方向权限管理，定期审阅系统账号，避免授权不当或存在非授权账号，禁止不相容职务用户账号的交叉操作。

（6）企业应当加强服务器等关键信息设备的管理，建立良好的物理环境，指定专人负责检查，及时处理异常情况。未经授权，任何人不得接触关键信息设备。统一按照IT基础设施建设标准化规范的要求对本企业的机房、网络及客户端等IT基础设施进行建设和改造。由专人负责机房进出管理，对所有进出机房人员进行记录。机房管理人员定期检查机房情况并记录，管理层定期对机房检查记录进行复核。

四、信息安全

通常所说的信息安全主要包括五个方面，即信息的保密性、真实性、完整性、未授权拷贝和信息系统的安全性等。

1. **信息安全的主要风险**

（1）未建立完善的信息化管理制度，导致信息化管理工作未能有序开展，企业遭受信息泄露、毁损和非法侵入。

（2）信息系统未进行适当的密码安全和访问管理，导致非授权访问和非法操作。

（3）信息系统安全防护技术使用不当，未对系统进行有效的安全防护，导致信息泄露、毁损和非法侵入。

（4）未对外部网络的远程访问进行有效控制，导致信息泄露、毁损和非法侵入。

（5）信息系统未建立并执行对普通用户的适当的访问授权控制和职责分离机制，导致非授权访问和非法操作。

未对特权账户（应用系统管理员、服务器操作系统用户、数据库用户）建立适当的访问控制和职责分离机制，导致非授权访问和非法操作。未对系统账户权限进行定期审核，导致未能及时发现系统权限设置缺陷，造成非授权访问和非法操作。

（6）未对系统管理账户操作日志进行定期审核，导致未能及时发现非授权访问和非法操作。

2. **信息安全的主要控制措施**

（1）企业应当建立信息安全管理制度，涉及规划和计划管理、建设实施管理、运维和安全管理等，包括信息系统防病毒、内部网络安全、用户权限管理等内容。

（2）信息部门应对系统用户设置适当的密码策略和访问策略。用户账号被锁定或用户密码遗忘时，须向信息部门提交申请，由信息部门进行解锁或密码重置。

（3）信息部门应根据业务性质、重要性程度等确定信息系统的安全等级，建立不同等级信息系统的安全防护机制。信息部门应定期对内网进行网络拓扑分析，查找网络安全隐患，加强对服务器、路由器、交换机、机柜、网线、光纤等资源的管理与控制。对重要服务器的访问日志及防火墙日志要定期进行备份与分析。所有连接入企业内部网络的终端需要进行安全认证。

信息部门应定期（至少每月一次）对防病毒软件及病毒特征库进行升级并检查防病毒日志，对防病毒系统的运行情况进行监控，对出现的异常进行处理。

（4）用户终端由外部网络远程接入内部网络时信息部门需使用信息技术手段对终

端进行认证。用户须经过适当审批后方可远程登录公司内部网络。从外部网络接入公司内部网络须采取加密措施。

（5）企业应建立用户管理相关制度，对系统的访问权限、系统账号审阅等内容进行规范。企业应用系统管理员、服务器操作系统和数据库用户新增权限时，需提出新增用户权限申请，报部门负责人、分管领导、管理信息部部门负责人审核，分管领导审批。权限新增需保证不相容岗位分离，并由独立的非业务人员进行操作。应用系统管理员、服务器操作系统管理员和数据库管理员发生工作职能变化或离职时，应对其账户进行权限变更或锁定。在为离职员工尤其是涉及企业软件、信息系统的员工办理工作交接和物品交接时应当立即收回门禁系统识别卡，关闭其所能接触到的信息系统和企业邮箱账号，以确保公司资产和信息的安全。

（6）企业信息部门应对应用系统管理员、操作系统管理员和数据库管理员的操作日志进行定期审核并记录，识别违规操作并进行解决。

第十三节 综合管理

一、综合办公

综合办公是指企业的信息传递、公文收发、印章管理、保密管理等相关业务。

1. 综合办公的主要风险

（1）公文行文不规范，政策掌握不清，与国家相关规定相抵触，导致违规事件发生。

（2）公文流转渠道不通畅，导致信息和指令的传递不及时，影响信息沟通的效率和效果。

（3）文件材料未按规定进行公文立卷、归档和销毁，可能导致资料不能妥善保管，造成资料丢失或商业秘密外泄。

（4）档案销毁不善或未编制销毁清册，导致档案丢失、漏销等。

（5）未严格执行印章管理规定，导致印章被盗用或越权办理，损害公司利益。

（6）未按外事管理规定要求办理员工出国手续及相关费用报销，导致违章事件发生。

（7）信息传递过程中未严格遵循企业关于信息保密的要求，导致资料丢失或商业秘密外泄。

（8）会议纪要未真实准确记录，可能导致不全面、不准确或虚假的会议纪要，误导相关业务，会议过程无据可查。

2. 综合办公的主要控制措施

（1）公文主办部门草拟公文后，由办公室初审，对涉及其他部门职权范围内的事项，应进行会签，会签结束后由办公室主任审核，分管领导或企业负责人签发。以公司党委名义发文的，由党委书记签发。

以企业名义制发的上行文由主要负责人或主持工作的负责人签发；以企业名义制发的下行文或平行文由主要负责人或主要负责人授权的其他负责人签发。公文正式签发前，应当由办公室进行复核。

（2）收到的公文由办公室统一签收、登记，并进行初审，阅知性公文应根据公文内容、要求和工作需要确定范围后分送；批办性公文应由办公室主任提出拟办意见并报企业负责人批示，需两个以上部门办理的，应当明确主办部门，紧急公文应当明确办理时限。需要办理的公文，由办公室呈报有关领导批示或分送相关部门研办。相关部门综合处签收后，交由部门领导阅批并填写办理意见。办毕反馈至办公室。

（3）公文办理完毕后，应当根据《中华人民共和国档案法》和企业的有关规定，及时整理、归档。立卷归档工作应在主管档案工作部门的指导下进行，个人不得保存应当归档的公文。企业及各部门的发文由办公室负责立卷归档。公文由文秘部门或专职人员统一进行收集、整理和移交，做到每项重要工作或具有保存价值的材料，都要有完整、准确、系统的归档保存材料。

（4）不具备归档和存查价值的公文，经过鉴别并经相应管理层批准后，可以销毁。归档后公文及有关材料的销毁应当由办公室提出意见，经档案鉴定小组批准后销毁。销毁秘密公文应当到指定场所由两名以上人员监销，保证不丢失、不漏销。其中，销毁绝密级公文应当进行登记。个人不得私自销毁、留存涉密公文。

（5）企业办公室负责印章的刻制、启用、保管、使用和销毁等工作。印章要指定专人保管，并建立用印登记表。印章需移交其他业务部门保管时要办理移交手续。印章使用时，须提交用印申请，相关领导审批后方可用印。印章外带须至少两人同行。禁止空白资料用印。出现作废印章时，按相关规定提交作废印章移交清单，并提供作废印章的印模。由办公室统一销毁。

（6）外事管理部门应严格按照相关外事管理规定要求开展工作，规范员工出国手续及相关费用报销的管理。

企业相关人员因公出国时，须向办公室提交因公出国活动立项申请报告，内容包括出国团组名称、出国理由、时间、费用来源、人选方案等，经企业审核后上报上级单位。

人力资源部门应将企业中涉及国家安全及国有资产安全、行业机密的人员，以及其他重点岗位人员向当地公安机关出入境管理部门登记备案，备案人员因私出国（境），需填写员工因私出国（境）申请表，报所在部门负责人、人力资源部门负责人审核，企业负责人审批。

（7）办公室应明确信息保密范围、保密要求、密级、保密措施等。各企业（部门）对工作中产生的文件、简报、纪要等均应根据有关规定确定密级，并标明保密期限，采取相应保密措施。在信息传递过程中严格遵循关于秘密分级的要求，在规定范围内分享和使用。

（8）企业应建立健全会议管理机制，明确各类会议召开频率、参与人员、会议纪要要求等内容。在会议结束后，办公室或其他会议主办部门负责整理会议纪要，对需要发布的报办公室主任审核后转入公文签发流程，对不需要发布的按照类别进行存档。

印章管理流程如图 5-30 所示。

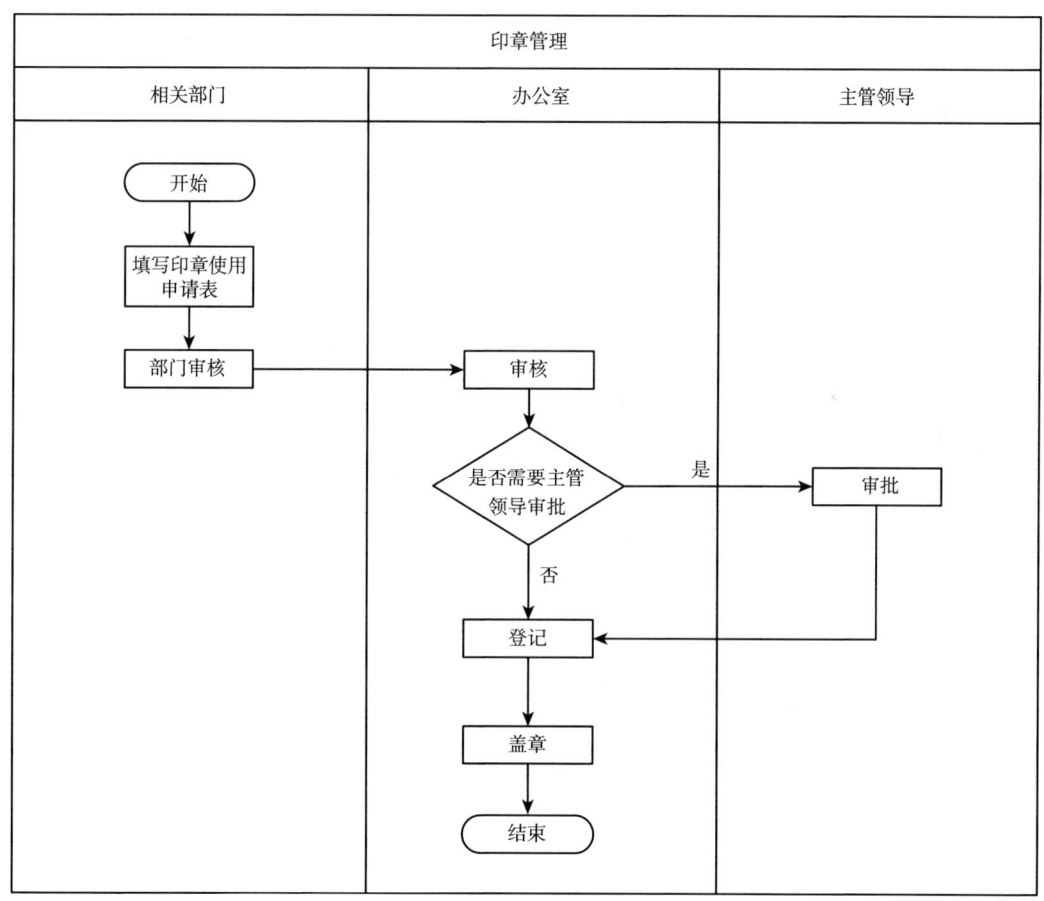

图 5-30 印章管理流程

资料来源：作者整理。

二、制度管理

制度也称规章制度，是各种行政法规、章程、制度、公约的总称。对于企业来说，制度是企业为了维护正常的运行秩序，要求大家共同遵守的能够保证各项工作能够正常开展，依照法律、法令、政策而制定的具有法规性与约束力的控制标准、流程和职责的规定。

1. 制度管理的主要风险

（1）制度计划不合理，可能导致制度缺失、冗余甚至与工作实际不符，降低企业运营效率。

（2）制度编制内容与实际业务脱节，可能导致制度的业务指导性不足，缺乏可操作性。

（3）制度文本未能及时根据业务开展需求进行修订或废止，可能导致制度过旧，制度不适应新的政策和环境，造成制度与实际工作脱节。

2. 制度管理的主要控制措施

（1）相关部门根据所负职责、管理实际和发展需要，在初步论证的基础上，制定制度计划，经部门负责人审核后，提交至制度主管部门。经审核汇总各部门制度计划，制度主管部门编制公司下一年度制度计划，经部门负责人、分管领导审核后报企业负责人审批，并上报公司备案。相关部门根据工作需要对总部颁发的规章制度进行汇编。

（2）经批准的年度制度计划自动转入制度立项，规章制度草案由制度所涉及的职能部门负责起草，制度草案涉及两个以上部门的，需进行会签。公司规章制度起草完毕后，应送至相关部门进行审核，法律部门进行法律审核。各职能部门根据需要，提供相关国家政策、法律制度以及其他资料。拟在公司系统内实施的规章制度，须报送公司负责人审批签发，并以公司文件的形式颁布。

（3）制度一经印发实施，须进行宣贯并严格执行，制度主办部门根据当月的制度监督检查计划组织检查。管理信息部根据实际情况进行督察。

制度的修订由主办部门按照制度的制定程序办理。对于制度的单纯废止，主办部门须提出申请，经部门负责人、分管领导、管理信息部部门负责人审核，分管领导审批后废止。

三、信息传递

信息传递是指企业内部各管理层级之间通过内部报告形式传递生产经营管理信息的

过程。信息收集和信息传递方面的控制目标是建立健全信息沟通机制，促使内外部信息及时有效传达。

1. 信息传递的主要风险

（1）信息来源缺乏权威性，导致误导决策。

（2）信息收集要求不够明确或不够严格，导致信息不全面或失真。信息匮乏或时效性差，无法支持决策。

（3）未能收集员工合理化建议，导致员工积极性受挫或企业经营效率降低。

（4）内部信息传递不通畅、不及时，导致企业管理层对企业状况掌控不足或部门间协作效率低，可能导致决策失误、相关政策措施难以落实。

（5）越级汇报或下达指令，导致日常工作秩序受影响。

（6）内部报告系统缺失、功能不健全、内容不完整，可能影响生产经营活动正常开展。

（7）信息传递过程中未严格遵循企业关于信息保密的要求，可能导致商业秘密外泄。

2. 信息传递的主要控制措施

（1）企业指定部门负责制订信息收集制度，规范信息收集流程。相关部门负责统一汇总、统计和分析生产经营相关信息，通过行业协会组织、社会中介机构、业务往来单位、市场调查、来信来访、网络媒体以及有关监管部门等渠道收集对企业管理产生影响的信息，对财务、资产及其有关数据进行收集、传送、加工、处理、存储和管理，确保财务信息数据的安全性、及时性和准确性，负责信息收集的人员应对收集的外部信息进行合理筛选、核对、整合，提高信息的有用性，满足提供决策信息和披露信息的需要。

（2）企业应当加强内部报告管理，各部门将收集的内外部信息加工整理形成规定格式的材料，对生产经营完成情况进行综合分析。采用例行报告、实时报告、专题报告、定期报告等形式，将分析结果提交企业各层级领导。以保证企业领导及时了解、掌握企业的实时生产经营动态，并将其作为制定生产经营策略的重要参考决策依据，确保企业实现各项发展和经营目标。

例行报告：各部门和各级员工按照企业分级管理的组织架构和岗位职责，在日常工作开展过程中及时向上级请求、报告工作。

定期报告：职能部门根据实际需要，定期向上级报告其职责范围内的工作情况。定期报告可采取签报、提交书面报告等方式进行，也可采取周工作例会、月度工作例会、季度经营分析会、半年度经营分析会/工作会、年度经营分析会/工作会等方式进行。

实时报告：企业建立重大突发事件实时报告机制，发生重大事件时，有关部门立即向分管领导、值班室和政府监管部门同时报告。

专题报告：根据实际需要，各部门就某一专题及时向上级领导汇报情况。

企业各部门根据实际需要，规范信息报告的内容、格式、报送时间、审批程序等方面的要求，并根据内外部经营环境的变化及时进行修订完善。

（3）建立科学的内部信息传递机制，明确内部信息传递的内容、保密要求及密级分类、传递方式、传递范围以及各管理层级的职责权限等，促进内部报告的有效利用，充分发挥内部报告的作用。

（4）相关信息归口管理部门负责对收集的信息进行存储和管理，确保相关信息的安全性。

（5）企业通过设立信箱或电话随时获取员工对日常工作等方面的意见和建议。企业可通过建立改善经营管理建议机制等方式，获取全体员工对企业改革发展、生产经营、企业管理等各项工作提出的具有可行性、先进性和效益性的改进意见。

（6）企业每年召开一次全体员工或员工代表参加的年度工作会议，总结当年工作成果，将企业发展规划、年度计划等层层向下传达至全体员工，确保企业发展规划、年度计划、重要政策措施等得以贯彻实施。

（7）企业定期召开专业工作会议，专门针对某一方面问题开展讨论，总结发现问题的原因并研究对策，协调工作中的有关问题等。

企业通过传真电报、通知等文件下发形式，或通过办公系统，将相关的政策和程序传达至各职能部门，以保证各相关人员了解企业现行有效的政策和制度。

（8）企业指定专门部门或人员负责统一审核、提供企业对外披露的信息。非企业授权人员严禁向新闻单位或监管机构披露企业信息。

对重特大事件，企业应按照应急预案规定的程序及时向应急指挥中心办公室报告。

四、保密管理

保密管理是指遵照企业关于信息保密的要求，防止信息丢失和商业秘密外泄。

1. 保密管理的主要风险

信息传递过程中未严格遵循企业关于信息保密的要求，导致资料丢失或商业秘密外泄。

2. 保密管理的主要控制措施

（1）制定《保密制度》，对企业的综合保密工作进行总体规定。

（2）成立专门的保密委员会，具体指导、推动和检查企业的保密工作。保密委员会下设保密委员会办公室负责日常工作。

（3）企业对外宣传工作严格遵守《保密法》和其他相关保密规定，禁止对外发布涉及国家秘密的信息。未经许可，禁止对外发布或披露企业涉密信息、敏感信息。

（4）企业制定的《员工守则》规定每名员工不可利用企业的知识产权和相关信息谋取私利的同时，也要求员工不要非法使用属于他人的知识产权和相关信息，不实施侵犯他人知识产权的行为。

第六章 内部控制评价

第一节 内部控制评价概述

在复杂多变的社会经济环境中,仅仅通过财务报告等相关信息已经不足以对企业的实际经营管理情况做出判断,还要对企业内部控制体系设计与运行情况进行综合分析,才能判断企业抵御各种风险的能力,判断企业的核心竞争能力以及投资回报率。

那么企业为什么要进行内部控制评价?

内部控制评价是衡量内部控制体系是否有效建立、内控制度是否得到有效执行、识别内部控制缺陷的手段。如果说内部控制手册是内部控制体系建设的标准,那么内部控制评价就是保证内部控制体系能够持续运行和优化的手段。

对于股东、董事会和管理者来说内部控制评价可以对企业内部控制整体情况,设计和执行情况有个清晰的了解,弥补财务报告信息的不足,对企业的整体运行质量和风险防范能力做出正确的判断。总体上说,通过强化内部控制评价和规范内部控制体系运行,能够进一步提升企业管理水平,促进企业健康发展。

企业的监督活动分为日常监督和专项检查,日常监督例如例行的审计活动往往无法做到持续对被检查的企业进行全面、系统的评价。如果说日常监督是使用鱼竿和鱼线在特定领域、特定时段的"钓鱼",往往是静态的、滞后的,所发现的问题也受到样本数量的限制,那么内部控制评价就是拖网渔船,即使用规定大小的渔网对所有业务进行的全面筛查,借助信息系统还可以实现实时监控,形成不断发现问题、解决问题、实现管理提升的动态过程。内部控制的自我评价工作是利用一套完整的内部控制标准体系,对企业的内部控制管理工作进行系统的梳理和对标。因此,与传统日常监督相比较,内部控制自我评价工作有明确的评价标准。

我国企业的内部控制评价工作起步较晚,2008年5月财政部等五部委《企业内部控制基本规范》及其三个配套指引(内部控制应用指引、内部控制评价指引、内部控制审计指引)中的《企业内部控制评价指引》成为内部控制评价工作的指导性文件。《企业内部控制基本规范》明确要求上市公司对内部控制的有效性进行自我评价,并披露年度自我评价报告。

一、内部控制评价的目标

企业内部控制体系建设的目标是合理保证企业经营业务合法合规、资产安全、财务报告及相关信息真实完整,为提高企业风险管理水平提供信息服务和决策支持;提高企业经营效率和效果;促进企业实现发展战略。企业开展内部控制评价工作的主要目的就是考核评价这些内部控制目标是否得以实现。企业开展内部控制评价是以评价监督为手段,识别、确认和揭示企业的内部控制缺陷,得出内部控制设计和执行有效性认定,从而推动企业内部控制体系的不断完善,即以查促建,实现通过检查达到完善体系的目标。

二、内部控制评价的主体

目前对于内部控制评价主体并没有明确的规定,按照COSO委员会2008年发布的《内部控制系统监控指南》(以下简称《指南》),企业要建立一个组织架构,在这个组织架构中一方面要发挥管理层和董事会的监控作用,另一方面要保证内部控制评价工作能够客观独立地进行,开展内部控制评价的"评价师"能够得到充分授权。《指南》提到的评价师,是指经过专门培训且相对独立于经营活动的专业人士,例如组织架构中设置的内部控制负责人,或者内部审计师,他们将内部控制评价作为日常工作职能的一部分,负责监督业务流程,或监控某些控制措施的执行情况。评价师要具有足够的专业技能,更重要的是具有开展内部控制评价的权限,并对企业面临的需要通过内部控制进行管理的风险有足够的了解。

按照《指南》要求,内部控制评价的开展要有组织体系作为保障,通常内部控制评价的组织体系包含以下四个部分:

(1)董事会或总经理办公会对内部控制评价承担最终的责任。内部控制评价执行机构需要得到企业董事会和管理层的支持,并根据企业实际情况,决定内部控制评价的组织形式。

(2)风险指导委员会负责组织实施内部控制评价。

(3)风险管理办公室,即内部控制评价执行机构,根据授权承担内部控制评价的具体组织实施任务。

(4)各职能部门负责组织本部门的内部控制自查、测试和评价工作。同时各级单位逐级履行内部控制评价责任,建立日常监督机制。

以上各个层级构成内部控制评价工作的主体。此外,内部审计、外部审计等在内部控制评价中也发挥各自的作用。企业可以采取自我评价和独立评价相结合的方式进行内部控制评价。自我评价是由开展内部控制工作的单位对照内部控制评价标准进行自我检查，找出与规定标准存在的差异，并开展整改工作。独立评价是委托外部咨询机构或事务所对内部控制工作的开展情况进行评估。

从未来发展趋势来看，为了保证内部控制评价的独立性，内部审计的职能也应该包括对内部控制的评价，从传统的对财务收支和经济活动的审查和评价，以及查找违纪问题等，逐步扩大到对风险管理和内部控制的监督。多数企业的内部控制评价工作是由董事会管理的风险内控主管部门组织开展。内部控制评价的方式是企业自我评价和上级单位组织的独立评价相结合，其中上级单位评价由公司总部组织内部人员（包括从下属企业抽调相关风险内控人员）和外部咨询机构、事务所等组成的联合团队，对企业进行交叉检查。

内部控制评价的主体可以是外部机构也可以是企业自身，而目前我们谈到的内部控制评价多数是由后者发起的，也称为内部控制自评价。内部控制自我评价（Control Self-Assessment，CSA）的概念，最早是由加拿大海湾公司（Gulf Canada）于1987年提出的。在此之前，由于发生了一系列公司破产和审计失败的案例，美国国会下属委员会要求扩大传统的内部审计范围，包括要求公众公司的管理当局评价并报告内部控制，其他西方发达国家也以不同方式关注这个议题。在这种外部监管趋严的大背景下，加拿大海湾公司审计团队结合自身企业特点，设计了一种新型审计手段来对企业的内部控制有效性进行评价，并总结出了一套系统的方法。这种称为"协调性自我评估"的方法通过将流程相关管理人员、审计内控人员和一线员工召集到一起商讨，确认内部控制的运转情况，识别出经营中存在的风险和内部控制缺陷，寻找解决办法，并采取相应的措施实现管理提升海湾公司提出的CSA受到国际内部审计协会（IIA）的认可和推广，目前这种工作方法在全球得到了广泛应用。

此后1992年COSO内部控制框架概念的引入，给CSA方法提供了一个完整的理论框架，将实施的相关活动有效整合。内部控制自我评价的涵盖范围也随之不断扩大，涉及领域越来越广泛。现在CSA已经成为西方发达国家广泛应用的内部审计技术和工具，成为企业管理者检查内部控制设计和运行是否达到要求的重要手段。

从企业自身要求来说，内部控制自我评价可以强化和规范内部控制体系运行，进一步提升企业的管理水平，促进企业的健康发展。

三、内部控制评价的范围

按照财政部等五部委联合发布的《企业内部控制基本规范》及配套指引的要求，内部控制评价要对公司层面和业务层面控制的设计和执行情况进行全面评价。

内部控制评价的范围非常广,既包括公司层面也包括业务层面(见图6-1)。公司层面包括内部环境、风险评估、信息沟通、内部监督,其中内部环境又包括组织架构、权责分配、发展战略、人力资源、社会责任、企业文化、反舞弊、内部审计等;风险评估包括风险识别、风险评估、风险应对、风险管理监督与改进;信息与沟通包括信息收集机制、信息沟通机制、内部报告、保密管理、信息技术整体控制;内部监督包括内部控制、惩防体系、党风廉政建设、效能监察、案件检查、信访维稳。

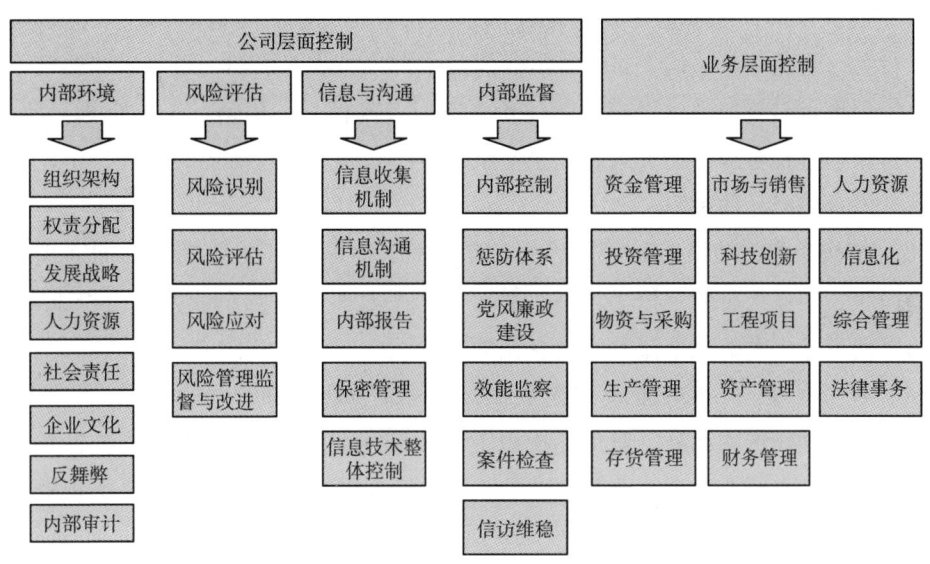

图6-1 内部控制评价内容

资料来源:作者整理。

业务层面包括资金管理、投资管理、物资与采购、生产管理、存货管理、市场与销售、科技创新、工程项目、资产管理、财务管理、人力资源、信息化、综合管理、法律事务。

内部控制涉及企业经营的方方面面,而内部控制实地检查受到时间和资源的限制,所覆盖业务范围比较有限,不可能涵盖企业经营的所有方面。我们在资料审查和背景调研中一定要结合企业的实际情况,综合风险评价结果和行业特点,关注审计、纪检监察、法律诉讼发现的问题,最终划定重点检查领域。为了能够加大特定领域的投入,保证将有效的资源应用到最关键领域、最重要的业务流程和控制点,找出对企业目标实现产生重大影响的因素,需要对各业务领域、各流程有所甄别,重点突出地开展内部控制评价。

对于规模较小、业务较为单一的企业,全面开展内部控制自我评价成本较高,企业自身资源能力有限,很难全面覆盖所有领域,这就要求企业能够将自我评价工作放在企业的关键业务流程和管理流程上,重点对风险较大的管控环节和流程进行自评。在这类企业中往往由于人员、成本等约束暂时无法执行严格的内部控制标准,从成本效益角度出发，可采取多种方式相结合的办法，多管齐下，结合法律、合规、巡视、监察和审计等多种职能，共同发挥大监督的协同效应，采用灵活的方式满足内部控制的要求。

在实际内部控制评价工作开展过程中，我们在业务层面更多关注的领域包括：

（1）资金管理、投资管理，涉及企业如何管好钱袋子，如何使用资金，避免贪污和资金挪用，确保资金能够得到有效的使用产生最大效益。这方面对于多数企业来说都至关重要。

（2）物资采购，涉及企业如何花钱，如何在采购过程中降低成本，规范采购管理和付款行为，避免多头采购、盲目采购，避免采购人员收取回扣，避免采购验收不严等问题。管理重点是要加强对供应商的评价考核以及确保采购申请、采购审批、招投标、验收和付款等过程合理。物资采购是企业组织生产和满足销售需要的前提，也是对未来能够生产出合格产品的保障。

（3）市场销售，涉及定价管理、客户信用管理、客户评价、销售合同管理、应收账款的回收、销售人员的考核等环节，其管理水平直接关系到企业生产能否正常进行，能否给企业带来更大的现金流，实现企业的效益。

（4）存货管理，不同行业不同企业在存货管理方面面临的问题不同，但加强存货管理，避免管理职责的混乱，避免存货积压和处理不及时而给企业造成损失，避免账实不符等方面是各个行业各个企业都关注的，加快库存周转，压低库存也是实现资本优化的方式。

此外，内部控制评价还经常涉及工程项目管理、生产管理、财务管理、信息化等方面。以上是在内部控制评价中重点关注的方面，但并不是说其他领域不重要，每个企业每个行业都有自身的特点，而特定时间某些业务的问题可能会凸显，为管理层所关注，也自然成为内部控制评价的重点。

第二节　内部控制评价程序和方法

风险内控工作和其他管理提升工作一样，需要通过评价和考核推动工作的发展。在集团型企业要全面推进风险内控工作而又不能同时直接指导所有下属企业的时候，以查促建不失为一种好的方式。通过公布要求、标准和考核办法，督促下属企业依赖自身力量结合自身情况开展风险内控工作，通过排查、抽查的形式按照事先颁发的标准进行。明确考核标准，按照公开、公平、公正的方式进行考核，采取科学合理的办法完成风险内控从计划、启动、建立标准、试点项目、下属企业推广、工作评估和考核的完整闭环管理。

内部控制评价需要对企业的内部控制设计和内部控制执行情况进行测试，通过一系列方法和程序了解经营活动和业务流程，结合企业的内部控制管理制度，实现内部控制有效性的认定。与风险评估一样，内部控制评价不是一个一劳永逸的过程，而是一个迭代的过程，企业内外部环境是不断变化的，面临的风险也会不断变化，内部控制措施也要随着组织发展和环境变化而不断完善，对内部控制有效性的评价也要周期性地开展。

一、内部控制评价程序

内部控制评价是推动内部控制体系形成闭环的重要手段，包含了"定期评价、识别缺陷、完善整改"等几个重要的关键要素。内部控制评价普遍采用的方法论是管理学模型（PDCA），PDCA 是计划（plan）、实施（do）、检查（check）、行动（action）的首字母组合。按照 PDCA 理论，企业管理中每一项工作都需要经过以下环节：P——方针和目标的确定以及活动计划的制定；D——具体运作和执行计划；C——检查总结执行情况的结果，分析执行过程，找出问题；A——行动或处理，处理检查的结果，总结经验，完善和提升。

遵循这种方法论，内部控制评价工作程序大概分为：计划准备阶段 P；实施阶段，包括体系建立和检查，即 D + C；整改阶段 A（报告阶段）。如图 6-2 所示。

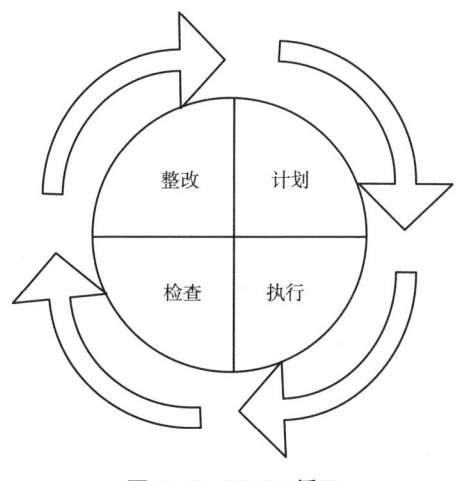

图 6-2 PDCA 循环

资料来源：孙静，王岩，杨建飞，汪秀娟等. PDCA 循环法国内外研究现状及发展趋势［J］. 家庭医药，2017（7）.

如果对整个内部控制评价过程进行延伸，那么这个过程包括制定内部控制评价方案、组织评价工作小组、进行资料审查（自我评价和独立评价）、实施现场评价（自我评价和独立评价）、认定内部控制缺陷、与相关部门进行缺陷确认、得出内部控制评价结论、编制内部控制评价报告、跟踪问题整改。当然也有的情况需要先完成问题整改再完成内部控制评价报告。为便于理解和操作，我们可以将内部控制评价工作程序大致分为计划准备 P、实施 D + C、整改报告 A 三个阶段。

（一）内部控制评价计划准备阶段

首先，在内部控制评价计划准备阶段，即开展内部控制评价工作前，要确定内部控制评价方案，内部控制评价方案中要明确内部控制评价的范围，制定内部控制评价进度和时间安排，组建内部控制评价小组，设计并确定内部控制评价方法、评价原则和程序等。从公司层面还要成立内部控制领导小组，指导、审核和批准内部控制评价工作。

1. 明确内部控制评价的范围

企业应按照内部控制工作的总体安排确定年度内部控制检查的范围，列出检查资料清单，根据行业及企业特点及管理层关注的问题确定内部控制评价重点，最终决定现场检查的范围，并确定由哪些相关部门的人员参加评价。例如对采购销售做专项评价时，应提前将本次内部控制评价的需求与采购销售管理部门负责人进行有效沟通，小组中考虑有采购销售管理部门相关人员参加。

2. 列明评价资料清单

通常开展内部控制评价的流程是先通过资料审查寻找潜在的内部控制缺陷，确定现场开展的业务范围和需访谈的问题，进一步确定重点检查范围。在开始内部控制调研工作前，需要列出所需资料清单，以便对企业基本情况有所了解，也有助于准备访谈提纲和需要访谈的问题。主要材料清单包括：企业职能部门设置情况、制度汇编、部门职能和岗位说明书、组织架构图、年度工作报告和工作计划、信息化系统资料、主要项目情况、财务报表等。以上是访谈开始前需要收集的资料情况，通过对收集信息的阅读，有助于访谈者在访谈开始前对企业整体情况有初步了解，并依据收集来的信息准备访谈提纲。这样可以做到有的放矢，在访谈中对通过资料阅读能够了解到的情况可以简略提问，或者通过补充资料和进一步确认即可，以节省访谈时间，从而把主要精力放在企业面临的主要风险方面。现场工作时，需根据前期结果进一步确定内部控制缺陷可能存在的重点领域，并针对这些领域重点采取资料审查、访谈、穿行测试、单据校对等手段挖掘内部控制缺陷，在此过程中务必对所有资料进行记录和分析。

3. 组成内部控制评价小组

内部控制评价小组成员应满足如下条件：

（1）具有独立客观性。为保证测试结果的客观性，执行测试的人员要保持独立性，最低要求是控制活动涉及的业务不在测试者的职责范围内。

（2）具备专业胜任能力。为保证测试者能够按照测试程序的要求正确执行内部控制测试，测试者应具备一定的专业胜任能力，参加过内部控制测试的培训，了解所测试的控制活动的执行过程，掌握控制活动的测试要求。

需要明确强调的是评价工作涉及企业日常经营管理的方方面面，因而需要各相关部门的通力合作。

（二）内部控制评价实施阶段

在内部控制评价实施阶段，评价小组根据评价计划安排对执行控制的岗位人员进行访谈，并对访谈结果进行记录。针对访谈发现的问题或可能存在的内部控制缺陷环节还要进行抽样检查，并通过业务实际发生的频率以及业务采取线上控制还是线下控制的实际情况，确定需要抽取的样本量。在选取样本进行检查时，需要对抽样测试结果进行记录，如果发现潜在内部控制缺陷但未得到充分确认，或者可能存在更多的内部控制缺陷时，可以适当扩大抽取的样本量进行验证。最后对已确认的内部控制缺陷进行汇总整理，并与相关控制岗位人员进行确认。

（三）内部控制整改报告阶段

评价小组对发现的内部控制缺陷进行汇总，经内部确认后与相关业务部门讨论核实，结合相关合规性要求和行业最佳实践，查找这些缺陷形成的根本原因，集体讨论并提出内部控制整改建议。评价小组和被检查单位要充分沟通，对发现的内部控制缺陷按照重要性水平和优先级进行排序，结合成本效益原则制定切实可行的整改方案。被检查单位应当根据整改方案，确定内部控制整改的时间和主责部门，积极采取有效措施进行整改，从而把风险控制在可承受范围之内。

评价小组还要对内部控制缺陷整改情况进行跟踪，审查在整改期结束后被检查单位提交的内部控制整改报告。评价小组在整改期（通常为半年到一年）结束后对内部控制缺陷整改情况进行验收。

风险内部控制管理工作就是采用这样的闭环管理，以评价监督为驱动点，推动整个企业风险管理和内部控制工作的动态运行。风险内部控制工作不是一项一劳永逸的工作，而是在这种内部控制评价、内部控制缺陷认定与落实整改、再检查再整改的过程中实现现有内部控制体系的不断完善和持续改进。

二、内部控制评价方法

（一）内部控制评价标准

内部控制评价标准的最基础依据是《萨班斯法案》提供的指导方针和相关法规以及 COSO 内部控制和企业风险管理两个框架。国内内部控制评价标准是财政部等五部委联合发布的《企业内部控制基本规范》及配套指引，以及国资委发布的《中央企业全面风险管理指引》中对内部控制评价的规定。各企业在实际开展内部控制评价工作时要结合企业自身的内部控制管理办法和评价办法，对公司层面控制和业务层面控制的设计与执行情况进行全面评价。

既然开展内部控制评价的目的是"以查促建"，那么在开展内部控制评价的同时，就要督促企业按照统一的内部控制标准依靠自身力量加快开展内部控制体系建设。为了能够实现事半功倍的效果，前提就是制定一套统一的内部控制评价标准。国际上通用的内控评价标准是从两方面进行规定的，即内部控制设计的有效性和执行的有效性。其中设计有效性包括：是否建立了健全的组织体系；内部控制制度是否完善；是否设立了合理的风险识别及内部控制标准；内部控制持续改进的情况等。

在具体进行评价时需要对这些评价标准进一步细化，以便更好地进行准确评估。各项内部控制评价指标的细化和打分的标准如表 6-1 所示。

表 6-1　　　　　　　　　　　内部控制评价指标

考评项目		考评指标			
项目	分值	项目	分值	项目	分值
一、风险内部控制体系建设	50	（一）风险内控组织体系健全情况	10	1. 明确风险内控管理组织机构、人员设置及职责分工	
				2. 建立风险内控管理沟通机制，明确各项信息的汇报层级，保证信息沟通渠道畅通	
		（二）风险内控制度完善情况	10	1. 建立健全风险内控管理制度，保障风险管理体系、内部控制体系正常运行	
				2. 风险内控管理制度具有可操作性，并及时更新和完善	
				3. 定期检查制度落实情况，保留检查记录，并对落实不到位情况进行督促整改	
		（三）风险事件识别及内部控制标准设计和持续改进情况	30	1. 按照企业要求定期组织开展风险信息收集和风险识别工作，全面、系统地识别和确认内外部风险，形成风险清单	
				2. 依据相关法律法规、规章制度，针对评估确定的风险，制定符合公司内部控制标准基本要求的内部控制标准	
				3. 内部控制标准应与企业管理制度、业务流程结合，明确管理职责，使每个员工明白自己应该如何执行和操作，将风险控制落实到执行层面	
				4. 根据企业内部控制标准变化情况、公司实际情况及时修订内部控制标准	

续表

考评项目			考评指标			
项目	分值	项目	分值	项目		分值
二、风险内控体系运行	50	（一）风险内控工作计划及培训情况	10	1. 按照企业要求制定年度风险与内部控制工作计划，按时上报审批、备案		
				2. 通过相关会议、专题培训等形式对风险内控管理制度、内部控制标准、风险内控知识等进行培训宣贯，并保留培训记录		
		（二）风险评估与重大风险应对工作开展情况	20	1. 按照企业要求定期及不定期开展风险评估，特别是对重要业务领域风险进行定性定量分析，确定风险等级以及风险管理的重点，并将风险评估结果提交集团及专业公司备案		
				2. 制定重大风险管理解决方案，明确风险管理责任，使员工明白自己应该如何执行和操作，将风险控制落实到执行层面，并进行宣贯		
				3. 定期及不定期开展风险管理解决方案的执行情况检查，并保留检查记录		
		（三）内部控制自我评价工作开展情况	20	1. 制定与企业年度内部控制评价工作协调配合进行的年度内部控制自我评价工作计划		
				2. 按照企业要求和内部控制工作计划开展年度自我评价工作，对内部控制体系的适用性、充分性和有效性做出评价，并编制内部控制自我评价报告		
				3. 内部控制自我评价过程中发现的控制缺陷的整改完成情况		
三、重要重大缺陷一票否决		是否存在重大缺陷		构成企业的重大缺陷一票否决		
总评分：100 分						

资料来源：作者整理。

（二）内部控制评价方法

内部控制评价有很多最常用的方法包括资料审查、访谈、观察、抽样、穿行测试和集体讨论等（见图 6-3）。

内部控制评价类型主要包括设计有效性评价和运行有效性评价，不同类型的内部控制评价会采取不同的方法。下面我们按照设计有效性和运行有效性两方面分别介绍比较常用的内部控制评价方法。

1. 内部控制设计有效性

内部控制评价中对设计有效性的评价是指为了确定实现控制目标所必需的内部控制

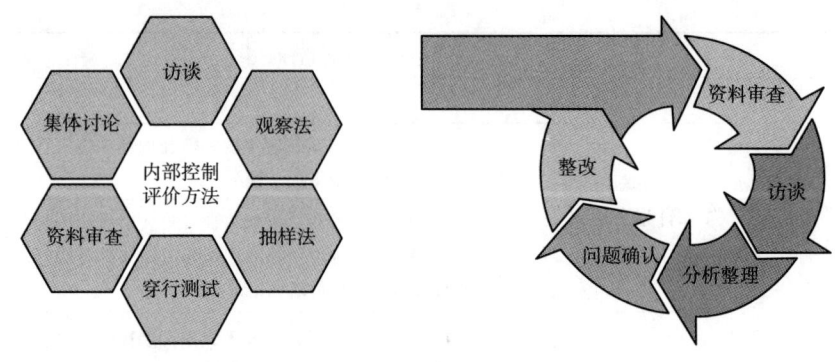

图6-3 内部控制评价方法

资料来源：作者整理。

要素是否存在并且设计恰当而实施的评价程序。设计有效性评价通常采用穿行测试方法进行。

在进行设计有效性评价时，应参照以下关键点执行：

（1）检查内部控制手册控制点设计是否有效，能否满足本单位控制目标；

（2）检查内部控制手册控制点设计是否合理，是否符合成本效益原则；

（3）对照内部控制《企业内部控制基本规范》及《企业内部控制应用指引》的要求，检查实际业务中的控制点是否设计完整。

（4）设计有效性评价中发现缺少为实现控制目标所必需的控制，或现存控制设计不适当，则视为设计无效。评价人员对无效的控制活动，无须进行运行有效性评价，而应将该设计缺陷记录于评价底稿中。

2. **内部控制运行有效性**

运行有效性评价，是确认已经建立的制度和标准是否得到了有效执行，包括：重大风险的评估与应对措施有效性的评价；内部控制自我评价工作是否按要求开展等内容。内部控制评价中进行运行有效性评价是为了确定内部控制运行是否有效而实施的评价程序。

运行有效性评价是在内部控制设计有效的基础上展开的，根据控制活动发生的频率确定样本量，样本应该覆盖检查的整个测试期间，并且平均分布于测试期间。

运行有效性评价的方法包括询问、观察、抽样检查、穿行测试等。

（1）询问法。询问是最为广泛使用的内部控制评价方法，有利于快速了解企业基本信息和整体的内部控制情况。

询问主要用于了解流程和控制活动的基本情况，通常与其他方法结合使用。评价小组成员与被评价单位有关人员进行各种形式的交谈，以了解有关情况、收集内部控制有效性的证据，是内部控制评价中一种最常用的收集资料的方法。为什么说进行各种形式的交谈，而不是面对面的交谈呢？在科学发达的今天，不一定面对面才能交流，还有电话沟通、网络交流、视频会议等手段都可以进行交流与沟通，因此，现在所说的访谈，应理解为多形式、多方面的沟通交流。当然，最好的访谈方式还是面对面的交流，在这种形式的访谈中，访谈人员可以看到被访者的表情、神态和动作，有助于了解更深层次的问题。对于访谈的论述，涉及的内容很多，包括心理、行为、沟通技巧等。

通过询问内部控制活动的相关人员，评价小组可以初步了解内部控制相关的流程现状和相关制度规范以及业务的实际执行方式和流程。询问虽然能够获取内部控制相关信息，但询问不足以提供充分的证据来证明内部控制是否有效运行。访谈中获得的信息有时与实际情况不相符合，例如生产车间操作手册规定操作工必须佩带个人防护用品（PPE）方可进入车间，访谈问及相关流程时，车间负责人会按照操作手册的要求予以答复。但实际观察看到有些工人没有按要求依旧可以进入车间，车间也没有人员进行监督检查等，操作人员实际行为与访谈获取的信息以及生产车间操作手册上的规定存在差异。因此，通过询问的方式获得的证据对最终结论的支持力度较弱。

在实际访谈中不一定要面面俱到，而要根据企业管理层的需求、了解到的情况和收集资料而具体确定。在访谈过程中，要根据实际了解的情况对各个问题进行扩展并关注问题间的联系，例如定价机制与客户评价等方面息息相关，客户的贡献率、市场上竞争对手策略、客户的购买量等分析都会对定价策略产生影响。

（2）观察法。观察法是指内部控制评价人员实地查看被评价单位的人员、场所、流程、实物资产等内部控制的执行情况，以获取证据的一种方法。观察法所运用的结果通常被记录在笔记、图表或曲线图中，与相关的标准与模式进行比较，对偏离标准的事项保持高度警惕。观察法一般在内部控制评价的计划阶段和实施阶段运用，观察范围包括部门相关岗位的设立、不相容职责的分离、业务的确认和业务流程的执行等，收集的资料包括工作范围、工作内容、工作重点、参考或制定的标准等。观察法通过对现场实物、环境和操作方式的直观了解，对正在执行的控制或步骤进行现场见证，了解控制活动的执行现状和结果，以获取一些有价值的线索。比如，对于财务印鉴管理情况、资产是否存在等方面的评价，评价小组便可以通过观察法更加直观、可靠地了解信息并获得相关证据，而不必受被观察者的意愿和回答能力影响，并且这种方法简便易行、灵活性强，可随时随地进行。但观察法又有一定的局限性，其只能保证测试者评估在观察这一时点的内部控制是否得到了有效执行，对最终结论的支持效果有限。同时，在有限的时间内，评价小组通常只能观察到事情的表面，受制于时空条件，无法了解被观察者真实的动机、态度、想法和情感，且容易受到干扰。

（3）资料检查。资料检查（包括抽样检查）是第三种广泛使用的内部控制检查方法，是选择一定比例的样本，通过检查样本，判断控制活动的执行是否有效，如是否存在相关制度明确控制程序、不相容岗位职责是否分离等。资料检查主要应用领域包括：

查阅并核对企业的规章制度是否已订立，并确定是否按章执行；

相应记录是否严格；

是否设立不相容岗位制度，不相容岗位是否分离；

生产计划是否合理，有无不切实际的过高或过低的情况；

采购是否有严格的制度，招投标制度是否完善、执行是否到位；

合同是否妥善保管，合同主要条款和内容是否完备等。

资料检查对最终的结论支持力度大于询问，是目前内部控制评价的最常用方式。

（4）重新执行。重新执行（包括穿行测试）是对一些关键控制点和内部控制缺陷出现可能性较大的领域开展的细致检查，往往需要投入大量的时间精力，一般只有对重点检查的业务流程才会采用，但对最终结果的支持力度非常大，也最具说服力。

穿行测试法（walk through testing）也称全程测试法、遵循测试法，是开展内部控制评价工作的重要手段之一，与复算法内容相近，是常用的审计方法与内部控制评价方法，多用于检查业务流程、确定作业程序及鉴证相关事实等。穿行测试法通常包括程序性穿行测试和文件性穿行测试。程序性穿行测试是指对企业（被审单位）的某项程序或流程进行重新执行测试，确定其程序是否与原规定相符的一种方法，多用于流程与工作操作细节的测试。

例如针对纳入评价范围的流程，选择一笔或者几笔有代表性的业务，抽取贯彻业务活动全过程的一整套样本进行测试，即从业务发生到反映至公司的财务报告里的整个过程进行跟踪，记录实际业务中的内部控制活动，将运行结果与设计要求对比，结合公司实际和专业判断以验证该流程内部控制的设计是否符合内部控制评价标准，以发现内部控制缺陷。

以物资采购为例，评价人员要抽取包括提出采购计划、采购申请与审批、采购单、签订合同、货物验收入库、验收报告、核准付款、单据审核、付款结算，到最后财务入账、进入财务报告等物资采购过程各环节的样本进行测试，以验证关键环节是否存在适当的职责分离、授权、复核等关键控制手段。

除询问、观察、资料检查和重新执行四种方法外，还经常用到的方法是集体讨论法，就是集合有关人员就内部控制执行情况或控制缺陷进行分析和讨论，从而进行内部控制缺陷认定。

（三）样本抽样

抽样是指从样本总体中选取一定数量的样本进行考查，通过对样本的考查结果来推断总体特征的一种技术方法。抽样技术是内部控制评价工作最常用的技术之一，抽样的样本量的准确度直接影响结论判断与评价结果。

西方有句谚语说"你不必吃完整头牛，才知道肉是老的"。这就是抽样的精髓。在调研过程中，对所调研对象中所有元素逐一进行观测考察是不现实的，一方面，收集的信息过多产生成本过高，时间过长；另一方面，往往抽样过程中会造成一定损害，例如从身体中提取一些细胞，采集一些血样，从建筑物中抽取一些材料进行检验，抽取的样本都不能数量过大。这也就是抽样存在的意义，有效的样本抽样能够实现"窥一斑而知全豹"的效果。

下面根据实际情况，对抽样方法做一个简单的介绍。

1. **抽样规则**

在进行内部控制评价时，因为涉及的业务范围非常广，并且资料文件数量巨大，不可能逐一进行检查和评价。比如，在评价采购流程是否存在未授权采购时，对于经济业务量庞大的组织来说，对每一次采购对应的请购单、订购单、采购合同及发票进行审查，无疑会花费大量的时间和人力，所以符合成本效益原则的方法就是采用抽样技术。评价小组成员在衡量风险水平后，通过抽取部门采购流程文件作为样本，只要审查样本中有多少未授权采购数量，即可推断或评估所有采购的未授权采购情况，这就是抽样技术。因为我们经常会对所有的资料文件进行抽样，在抽样过程中我们需要考虑内部控制测试样本的抽样规则。需要遵循以下四个原则。

第一，样本应能够贯穿业务全过程。设计有效性评价中选取的样本，应该贯穿业务全过程，侧重于财务信息相关的资料，应尽量从财务部门取得具体样本。如无法从财务部门取得，可以从相关业务部门取得，但应保证从业务部门取得的样本与财务部门记录的业务确为同一笔业务。

第二，在选择样本时，需要考虑交易的不同性质，执行有效性评价中样本的选择需要考虑交易的同质性，针对同一个控制活动，如果控制流程不同，应该视为不同的控制，分别进行描述。如果交易的性质相同，即便开展交易的责任部门、责任人、单据等有所不同，仍可以视作同质样本而进行合并。

第三，样本应该覆盖完整检查期间，如果控制活动从1月1日或之前开始进行，样本应从年初开始抽取；如果控制活动从年中开始进行，样本应从该控制活动开始执行之日抽取；需要整改的控制活动，样本应从整改完成后抽取。

第四，应从测试期间相对均匀地选择样本。为避免抽样风险，除控制活动存在缺陷等特殊情况外，测试者应在测试期间内相对均匀地选择样本。以上所述就是样本抽样的四项规则。

例如在招投标专项检查抽样过程中，通常以采购金额和考虑特殊采购情况（如频率、种类、合作供应商等）为抽样原则，根据采购合同台账等样本总体进行随机和多维度抽取，在随机抽样的基础上重点抽取大金额采购、同一供应商多次采购等样本，抽样结果如表6-2所示。

表6-2　　　　　　　　　　　　　样本抽样案例

检查单位	采购合同		抽样金额		抽样个数	
	金额（万元）	数量（个）	金额（万元）	比例（%）	数量	比例（%）
A企业	35446	2118	27150	76	93	4
B企业	116191	2532	2856	24	115	5

资料来源：作者整理。

在对A企业的抽样检查中，被检查期间共发生采购合同约3.54亿元，采购发生数量为2118个，检查抽样了其中的93个大金额合同，虽然数量上只占了4%，但覆盖了76%的合同金额。这种情况下可以遵循重要性原则，可重点关注大金额交易样本。

在对B企业的抽样中，合同金额较为分散，因此需要按正常的样本量进行抽取。表6-2中虽然抽样占了5%，数量上是115个，但抽样金额只占了24%。

2. 样本量

在确定样本量时，评价人员应注意控制措施属性，是线下控制还是线上控制，进而根据不同的控制措施属性，确定样本量。

线下控制是指无法通过信息系统环境实现，而需通过人工方式执行的控制措施，如单据的审核、印章的使用审批等。

线上控制是指通过信息系统实现的控制措施，如财务系统自动审查借贷平衡等。

内部控制评价应根据线下控制和线上控制分别进行样本选取。针对线下控制措施，我们要根据控制活动的发生频率是否确定分别选取样本量。

对于线下控制且频率确定的控制措施，根据关键控制运行总次数来确定样本量。比如控制执行频率是每年一次的，我们选取的最小样本量是1；每半年一次的，最小样本量也是1；每季度一次的，最小样本量是2；每月一次的是2~5；每周一次的，样本量是5~15；每天一次的是20~40；每天多次的是25~60。

总的来说，我们在执行评价的时候，选的最少的样本量是1，最多的样本量是60。这是频率确定的控制活动样本量的确定方法。根据控制执行频率需抽取的样本量如表6-3所示。

表6-3　　　　　　　　　　　　　确定的样本量对应表

控制执行频率	控制运行总次数	样本量（个）
每年1次	1	1
每半年1次	2	1
每季度1次	4	2

续表

控制执行频率	控制运行总次数	样本量（个）
每月1次	12	2~5
每周1次	52	5~15
每天1次	250	20~40
每天多次	大于250	25~60

资料来源：作者整理。

如果某类业务全年总共发生12笔，则视为每月发生一次的控制频率，进行评价时就应该抽取2~5个样本。

对于执行频率为"业务发生时"，即发生频率不固定的控制活动，测试时需根据年初到测试执行日的业务量估算该控制活动全年预计发生的数量，并据此确定样本量。

例如，测试的样本期间已定为1~3月，则可按照1~3月已经发生的次数，估算全年发生的次数。如：某个控制活动在3个月间共发生了2次，那么测试者就可以估计全年的发生次数为8次，并据此判断发生频率为介于每月与每季度之间，为保证样本量的充足，以发生频率较高的样本量进行选取，因此测试的样本量为2个（见表6-4）。

表6-4　　　　　　　　　　控制频率不确定的样本量对应表

发生次数	样本量（个）
1~2	1
3~6	2
7~15	2~5
16~50	5~15
51~250	20~40
大于250	40~60

资料来源：作者整理。

有时还会发生如下情况：某个控制活动的发生频率是固定的，但每次控制活动发生时，会有多个同质的控制活动同时发生，其控制方式和控制执行人一致，此时样本总体次数应换算为全年所有发生次数总和。例如，财务部主管人员每月审核银行存款余额调节表，该控制活动的执行频率为每月一次，但企业使用不止一个银行账户，故应考虑所有控制活动全年执行的次数，将其作为全年的样本总体。若企业有8个银行账户，则该控制活动每年的执行次数应为$12 \times 8 = 96$（次），由此判断发生频率介于每日与每周之间，同样，为保证样本量的充足，测试者应该以发生频率较高的样本量进行选取，因此该控制活动全年的测试样本个数应为15个，同时还应注意，样本应均匀地在8个银行账户中进行选择。

对于线上方式的控制措施，由于信息系统存在一贯性，除非系统发生变动，一项线上控制措施应当一贯运行，因此只需对每项线上控制措施的运行测试一次。在对线上控制措施进行测试前，评价人员可考虑信息系统总体控制情况，包括信息系统控制环境、程序开发与变更、程序与数据的访问、计算机运行、信息系统安全等方面。

（四）内部控制评价的结果

内部控制评价结果类型共分五种：达标、未达标、样本量不足、未发生交易和不适用。

1. 达标

一个标准控制活动可能对应多个实际执行的控制活动。对于每个标准控制活动，只有对所有实际执行的控制活动抽取的样本达到规定的样本量且每个样本的所有测试属性全部满足要求后，我们才认为此标准控制活动得到了有效执行。

2. 未达标

对于某个实际执行的控制活动，一旦某一个样本的某一个测试属性的结果是未达标，整个标准控制活动即被认为未得到有效执行。

3. 样本量不足

在测试过程中可能会遇到由于控制活动执行的频率较低或者执行的时间较短，从而导致在测试中抽不到规定的样本量，同时抽到的样本经过测试全部为达标，测试执行人要在测试中将这种情况记录为"样本量不足"。

4. 未发生交易

对于那些适用但在全年均未发生的控制活动，最终的测试结果为"未发生交易"。例如，核销坏账的审核，如果某企业全年均未核销过坏账，该控制活动的评估结果为"未发生交易"。

5. 不适用

对于某些测试单位可能存在一些控制活动不适用的情况。测试人员应在测试中重新评价该控制活动的适用性。如果经过评价，该控制活动仍然不适用，那么其测试结果即为不适用，如某标准控制活动针对某业务制定，本单位无此项业务。

当样本的测试结果为"未达标"或"样本量不足"时，测试者必须在测试评价工作底稿备注栏中说明"未达标"或"样本量不足"的原因，原因注释应简要明确。

三、内部控制评价检查内容

针对相关的专项内部控制检查，在内部控制设计有效性方面我们主要关注相关制度的完整性和承接性,以及岗位设置与职责分离的情况;在内部控制执行有效性方面主要关注公司层面、业务层面及信息系统层面等流程。

(一)制度的完整性和承接性

1. 完整性

一个完整的可操作的制度应包含制定本制度的目的、适用范围、术语解释、部门职责、约束条例、操作流程、相关表单等基本内容。在完整性检查方面,通过审阅企业各项制度,项目组应检查制度的相关内容是否完整覆盖主要业务流程,并重点关注以下内容。

(1)制度体系:制度类别、制度层级、制度体系是否符合与管理对象的联动修订要求,是否建立制度管理台账;

(2)制度体系覆盖面:是否存在制度缺失,制度缺少必要的程序文件和支持性文件,制度的系统性不足,制度对分支机构的覆盖性不足等;

(3)制度体系内容:制度是否具有可执行性,制度之间是否协调一致,制度中是否明确了各部门的权责划分;

(4)制度规范要求:制度文件是否是标准化的文件格式规范,是否具有标准要素要求、命名规则、版本控制要求、有效期、制度文号等。

2. 承接性

在起草制度时,我们一般需要参考相关的法律法规、上级的规范性文件、行业标准及规范、内部控制基本规范和指引以及工作经验总结。关于制度的承接性检查,项目组应主要检查制度内容是否符合相关法律法规和监管要求,并随着相关法律法规、监管要求的更新而及时修订。

对于集团型企业,我们还要检查成员单位的制度内容是否存在与集团制度规定相冲突的内容,成员单位与集团总部的权责划分是否在制度中明确,并与集团制度保持一致。

(二)岗位职责分离

职责分离是企业各业务部门及业务操作人员之间责任和权限的相互分离机制。基本要求是,业务活动的核准、记录、经办及财物的保管应当尽可能做到相互独立,分别由专人负责,如果不能做到完全分离,也必须通过其他适当的控制程序来弥补。

资金管理流程中的不相容岗位包括:

(1)资金支付的申请与审批;

(2)资金的保管与盘点清查;

(3) 出纳工作与稽核、会计档案保管，收入、支出、费用、债权债务账目的登记工作；

(4) 网银付款的发起、复核和大额资金支付的二次复核；

(5) 支票的空白发票管理与印章管理等；

(6) 财务专用章与法人名章的管理。

合同管理流程中的不相容岗位包括：

(1) 合同拟定与审核；

(2) 合同审核与合同专用章保管、使用；

(3) 合同台账的建立与审核；

(4) 合同审核与合同履行；

(5) 合同款项支付的审核与款项支付；

(6) 合同履行与合同履行情况评估。

销售流程中的不相容岗位包括：

(1) 销售谈判与合同的审批；

(2) 合同的签订与信用审批；

(3) 销售订单的录入与发货；

(4) 销售发票的开具与收款；

(5) 销售发票的开具与发票专用章的管理；

(6) 销售收款与收款的账务处理；

(7) 销售退回的验收处置与账务处理；

(8) 收款及收款凭证的录入；

(9) 坏账计提与审批；

(10) 坏账核销与审批；

(11) 应收账款调整的授权与维护应收账款信息文档。

采购流程中的不相容岗位包括：

(1) 请购与审批；

(2) 询价与确定供应商；

(3) 采购合同的订立与审核；

(4) 采购与验收；

(5) 付款申请审批与执行。

存货管理流程中的不相容岗位包括：

(1) 采购申请、采购订单的输入与采购审批、存货验收；

(2) 存货验收、存货记录、存货盘点、存货数量及金额调整审批；

(3) 采购审批与存货记录、会计处理；

（4）采购的具体执行与存货保管、存货记录、存货盘点；

（5）采购、保管等工作与会计处理工作；

（6）存货记录与存货盘点；

（7）出库指令下达与出库具体操作；

（8）采购授权审批与具体执行；

（9）存货的记录与核对。

在实务中，我们既要通过审阅制度和岗位职责说明书的方式了解职责分离控制活动设计的有效性，也要通过询问、观察等方式测试职责分离执行的有效性。如资金活动中，对于资金支付所需的全部财务印鉴分别由专人保管的职责分离控制，我们应实地观察是否财务专用章由会计主管保管，人名章由出纳保管。

（三）关键流程测试程序

下面我们以贸易业务中的合同管理为例对关键流程测试程序进行说明。

合同管理流程需要从合作方管理、合同审批与签署、仓储及运输单位管理三个流程进行测试。合作方管理包括合作方选择、信用审批、信用额度动态管理、信用保险管理、抵押质押管理、第三方担保管理；合同审批与签署包括合同审批和签署、合同专用章管理、合同变更、合同履约评价；仓储及运输单位管理包括仓储及运输单位选择、仓储及运输单位日常管理、仓储及运输单位的评价与考核。

1. 合作方管理

（1）合作方选择。在对合作方选择子流程进行测试时，有以下关键测试步骤：

检查业务发起部门/单位的申报材料中是否按照相关制度要求对拟选择合作方的基本信息、已发生交易、与集团内部其他单位的交易情况、经营异常和受处罚信息等进行列示；

检查拟合作单位的资质是否与开展业务相匹配且在有效期内；登录"国家企业信用信息公示系统"，检查公示信息与拟合作单位提供营业执照的内容是否相符；

登录"国家企业信用信息公示系统"，检查公示信息中拟合作单位的股东是否是企业管理层、员工或其亲属；

登录"国家企业信用信息公示系统"，检查拟合作单位是否有经营异常信息、行政处罚信息等列示，且相关信息是否与业务发起部门/单位的申报材料一致；

检查合作方各项资料是否有序归档；

检查企业是否建立交易黑名单；

检查黑名单中是否包括所有信用评估结果较差的或发生纠纷事项的客户和供应商；

检查是否发生与黑名单中列明的供应商或客户的交易行为。

（2）信用审批。在对信用审批子流程进行测试时，有以下关键测试步骤：

检查合作方的信用额度审批的必要支持依据，如信用保险额度、抵押质押物价值或者第三方担保等，评估信用额度审批结果是否恰当；

检查供应商和客户的信用额度是否按照企业的制度要求经过了相关部门会签和适当管理层的审批；

检查企业对有关联关系的合作方是否执行"分别授信、总量控制"的原则，依照信用额度评估的程序分别对各有关联关系的合作方执行授信，但其合计总量不得超过对其合并报表的母公司的授信金额；

检查企业对既是客户又是供应商的合作方是否执行预付款额度与赊销额度分别授信，且合计信用额度是否恰当。

(3) 信用额度动态管理。在对信用额度动态管理子流程进行测试时，有以下关键测试步骤：

检查企业是否建立客户/供应商信用台账，检查是否记录客户或供应商的基本信息、授予的信用额度、使用条件、信用额度调整等相关内容；

检查是否由授权人员对合作方信用信息进行记录、管理，是否经过独立人员的复核；

检查企业是否建立了信用额度余额预警机制，对合作方信用额度使用情况进行动态追踪；

检查企业相关部门是否定期对客户及供应商进行全面重新评估，包括对客户和供应商的资信、经营状况进行评价，对供应商提供货物的质量、交货及时性、供货条件以及付款及时性进行评价；

检查是否根据合作方的异常交易情况和已发生的风险事项和案件诉讼对其信用额度进行调整或中止业务；

检查对合作方的信用额度调整是否按制度规定经相关部门会签及适当层级审批；

检查企业是否存在与供应商和客户超过信用额度、超过授信期限开展交易的情况，对于超额度或信用期限延长是否进行了必要的管理层特例审批。

(4) 信用保险管理。在对信用保险管理子流程进行测试时，有以下关键测试步骤：

获取每年的各个供应商信用保险额度，从应收账款和预付账款等往来款项寻找未投保的、已投保未获批的、已投保已获批但已经超过信用保险额度的事项；

针对上述超过信用保险额度的业务，检查其是否得到额外审批或采取其他保障措施；

对于已经出险的业务，检查申报和索赔的情况；

检查保费支出的情况，关注比较各年投保客户、供应商的变动情况，获取异常变动的背景原因。

(5) 抵押质押管理。在对抵押质押管理子流程进行测试时，有以下关键测试步骤：

检查企业是否建立抵押质押台账，以记录抵押质押的基本信息；

检查抵押物或质押物是否符合国家相关法律法规的规定；

检查抵押物或质押物是否经过本企业认可的评估机构进行评估，评估结果是否经双方签字确认；

检查抵押合同或质押合同是否经过了企业制度要求的规范的审批流程，重点检查是否经过法律部的审核；

检查对于依法需要登记的动产质押和权利质押，检查相关的权证正本或登记后的相关证件原件，以验证是否依法进行登记；

检查企业是否享有抵押、质押物权的优先处置权；在第三方担保管理子循环，检查担保函是否列明担保项目、担保限额、担保期限、担保方等重要信息；

检查业务开展的时间和信用贸易峰值是否在担保范围内；登录"国家企业信用信息公示系统"，检查公示信息中担保方的基本信息是否真实可靠。在合同台账管理子循环，向担保方就担保信息进行核实。

2. 合同审批与签署

（1）合同审批和签署。在对合同审批和签署子流程进行测试时，有以下关键测试步骤：

检查贸易合同是否按制度规定经过相关部门会签及适当层级审批；

检查合同方是否为经审批合格的合作方并且不在禁止合作名单内；

检查是否按会签部门、审批领导的意见对合同进行修改；

检查采购合同是否对付款、结算方式、收货节点等关键条款进行合理约定；

检查销售合同是否对收款、结算方式、放货节点等关键条款进行合理约定；

检查合同是否由法定代表人或其授权人签署；

如由法定代表人授权人签署，检查签署人是否有法定代表人的授权，签署的合同是否在其授权范围和授权时间内。

（2）合同专用章管理。在对合同专用章管理子流程进行测试时，有以下关键测试步骤：

对比检查信用额度审批时间、合同审批时间、合同签署时间、业务开展起始时间的逻辑顺序；

检查合同签署和执行是否早于各类关键事项审批完成时间；

检查合同会签、审批、签署过程中是否存在大量不记录、签署会签、审批和签署时间的情况；

检查合同用章时，是否对使用用途、使用部门、使用时间等信息进行登记；

检查用章登记时间是否晚于合同审批时间；

检查企业合同专用章是否由专人保管；

检查企业是否建立合同专用章登记簿；

合同专用章使用是否根据经审批完成的合同流转审批单据进行；

合同专用章是否保管安全（如存放在专门的保险柜或抽屉中）。

（3）合同变更管理。在对合同变更管理子流程进行测试时，有以下关键测试步骤：

检查合同变更是否按制度规定经相关部门会签及适当层级审批；

检查是否签订补充协议对合同变更情况进行书面约定；

检查合同实际变更时间是否早于合同变更得到审批的时间。

（4）合同履约评价。在对合同履约评价管理子流程进行测试时，有以下关键测试步骤：

检查企业是否按制度定期开展对合同履约情况的评价并据此对合作方进行评价。

（5）合同台账管理。在对合同台账管理子流程进行测试时，有以下关键测试步骤：

检查企业是否建立合同台账；

检查合同台账是否对合同编号、合同名称、交易对手、合同金额、收放货情况、收付款情况等进行登记；检查企业序时账的收付款部分，检查企业是否存在贸易业务不签订合同的情况；

根据合同台账，进行购销合同匹配，对购销业务流进行毛利分析，考虑到融资性贸易的综合盈亏水平较低，应重点对毛利率在正负2%以内的贸易业务进行检查，关注其是否存在实物流转。

3. 仓储及运输单位管理

（1）仓储及运输单位选择。在对仓储及运输单位选择管理子流程进行测试时，有以下关键测试步骤：

检查是否按制度规定通过招标/比选程序选择仓储、运输单位；

如采用单一来源、直接指定的方式选择仓储、运输单位，原因是否充分合理并获得恰当的审批；

检查招标/比选过程是否合理；

检查是否按照企业制度的要求对外部仓储、运输单位等资质材料进行审核、实地考察；

检查是否按制度规定履行仓库报批备案等手续；

了解仓储、运输公司的背景，取得仓库的营业执照等材料，检查是否为国有仓库，是否有相关贸易背景，如有贸易背景，是否与企业有贸易往来，对于具有贸易背景仓库的选择是否经过特殊审批；

检查使用的运输单位是否具有危险品、化学品运输资质；

检查使用的仓库、货代是否有不良信用记录，是否发生过安全事故，是否在上级单位建立的合格仓库目录中；

检查仓储、运输单位提供的基础性资质文件是否满足合作需求且在有效期内；

登录"国家企业信用信息公示系统"，检查公示信息与仓储、运输单位提供营业执照的内容是否相符；

登录"国家企业信用信息公示系统"，检查公示信息中仓储、运输单位的股东是否是公司管理层、员工或其亲属；

登录"国家企业信用信息公示系统"，检查仓储、运输单位是否有经营异常信息、行政处罚信息等列示，且相关信息是否与业务发起部门/单位的申报材料一致。

（2）仓储及运输单位日常管理。在对仓储及运输单位日常管理子流程进行测试时，有以下关键测试步骤：

检查与车队签订的合同，重点关注合同价格条款；

以电话咨询形式，向运输单位询价，并与企业实际运费价格进行对比，确认价格的合理性；

检查实际付款情况和开票情况（如收款单位、价格等），检查发票出具方是否为合同签署方；

检查企业是否定期对外部仓库进行巡库、盘库，并出具由巡库、盘库人和仓库管理人员共同签字的巡库、盘库报告；

检查是否存在长期由同一人对同一外部仓库进行巡库、盘库的情况；

检查巡库、盘库报告是否留下照片作为巡库、盘库依据，对比历次巡库、盘库的照片确定是否雷同；

检查企业是否建立合格外部仓储、货代、运输供应商名单，并维护更新此名单。

（3）仓储及运输单位的评价与考核。在对仓储及运输单位的评价与考核管理子流程进行测试时，有以下关键测试步骤：

检查企业是否对外部的仓储公司、货运代理公司和运输公司建立动态评价和年审机制，定期（至少每年一次）进行综合评价，按照评价结果进行分类管理；

检查评价报告出具后，企业是否存在使用不合格仓储货代和运输公司的情况；

检查是否存在不合格现象，但是评估报告未指出的情况，从而评价企业定期资信评估工作的有效性。

四、内部控制缺陷认定

（一）内部控制缺陷分类

财政部和证监会等五部委联合发布的《企业内部控制评价指引》指出，企业内部控制缺陷包括设计缺陷和运行缺陷，并按其影响程度分为重大缺陷、重要缺陷和一般缺陷。

（1）按照内部控制缺陷成因或来源，内部控制缺陷分为设计缺陷和执行缺陷。

设计缺陷是指企业缺少为实现控制目标所必需的控制，或现存控制设计不适当，即使正常运行也难以实现控制目标。运行缺陷是指现存设计完好的内部控制由于运行不当（包括不恰当的人执行、未按设计的方式运行、运行的时间或频率不当、执行者没有获得必要授权或缺乏胜任能力难以有效地实施控制）而形成的内部控制缺陷。

（2）内部控制缺陷按其影响程度分为重大缺陷、重要缺陷和一般缺陷。

重大缺陷，是指一个或多个控制缺陷的组合，可能导致企业严重偏离控制目标。重要缺陷是指一个或多个控制缺陷的组合，其严重程度或经济后果低于重大缺陷，但也有可能导致企业偏离控制目标。而一般缺陷是指除重大缺陷、重要缺陷之外的其他缺陷。多个一般缺陷共同作用，有可能形成一个重要缺陷，而多个重要缺陷共同作用，有可能形成一个重大缺陷。大家注意，只要有一个重大缺陷出现，企业的内部控制评价就将会失效。

此外，还可以根据内部控制目标的具体表现形式对内部控制缺陷进行分类，将内部控制缺陷分为财务报告内部控制缺陷和非财务报告内部控制缺陷。

（二）内部控制缺陷的认定

内部控制缺陷通常采用定量、定性，或二者相结合的方法进行认定。企业内部控制缺陷的认定标准在不同评价期间应保持一致，避免管理层通过随意调整缺陷认定标准、回避重大缺陷披露，误导报告使用者，导致不良影响。

第一，定量分析法。通过评估内部控制缺陷可能导致财务报表错报的影响程度进行定量判断。也就是通过汇总已发现的错报、推断的错报以及以前年度发现应调整而未调整的错报等所有错报，将汇总错报对财务报表错报的影响进行判断。汇总错报超过确定的判断指标评价标准，应认定为重大缺陷，予以披露。

第二，定性分析法。在企业实际运营中，可能被认定为重大缺陷的情形包括：

（1）三重一大的审批权限和审批程序不规范，可能导致企业决策错误或违规行为；

（2）安全生产管控措施不到位、责任不落实，可能发生安全事故，导致人身伤亡或者财产损失；

（3）招投标程序或者定价机制不规范，可能导致物资采购质次价高或发生商业贿赂等舞弊行为，致使企业利益受损；

（4）产品生产和检验程序存在漏洞，产品质量不合格，损害消费者利益，可能导致企业形象受损及经济赔偿；

（5）内部信息管理不严格，信息系统运行维护和安全措施落实不到位，可能导致泄露商业秘密等。

我们从财务报告内部控制缺陷和非财务报告内部控制缺陷两个方面来介绍内部控制缺陷认定的标准。

1. **财务报告内部控制缺陷**

财务报告内部控制是针对财务报告目标而设计和实施的内部控制。财务报告内部控制的目标是保证财务报告的可靠性，因而财务报告内部控制的缺陷是指不能合理保证财务报告可靠性的内部控制设计和运行问题，以及不能有效及时防止或者发现并矫正财务报告错报的内部控制问题。

通常来说，财务报告内部控制缺陷的认定，要考虑以下八个步骤。第一，确定受缺陷影响的会计科目和披露事项。第二，判断错报发生的可能性。第三，计算潜在影响金额。第四，检查是否存在补偿性控制活动。第五，确定补偿性控制活动后的潜在错报金额。第六，根据错报发生的可能性和潜在影响金额，判断缺陷类型。第七，考虑定性因素。第八，重新确认缺陷类型。

内控控制缺陷可能导致财务报表错报的发生，不同程度的缺陷引发错报的可能性和错报的潜在程度有所不同。当内部控制缺陷导致财务报表重大错报的可能性比较微小，或者该内部控制缺陷导致错报的严重程度并不重要，我们将其称为一般缺陷。当缺陷的可能性大于微小，且严重程度大于不重要时，我们将其称为重要缺陷。这两个同时出现，我们则称之为重大缺陷。

对内部控制缺陷进行判断先要考虑内部控制缺陷是否对财务报表有直接影响，再考虑导致财务报表出现错报的可能性，及财务报表错报的影响程度。错报的可能性包括微小以及大于微小两种。错报的可能性界定需要专业判断，在判断发生的可能性时，可参考影响到的财务报表科目，披露事项，在确定错报金额时需要的主观判断性，控制执行中的异常情况发生的频率，与其他控制的关联性和缺陷可能造成的后果等因素。我们可采用定量和定性两种方法确定错报的潜在程度。如果从定量角度看，错报的潜在程度分为不重要、大于不重要和重大。当错报金额小于财务报表整体重要性水平的20%时，该错报可归类为不重要；大于或者等于财务报表整体重要性水平的75%为重大错报。某些性质的控制缺陷，即使其潜在错报金额小于总体重要性水平的20%，其缺陷的判定结果也应调高，这一判断即为定性标准。缺陷认定的具体步骤如图6-4所示。

在确定内部控制缺陷的可能性和影响程度之后，要考虑是否存在补偿性措施并得到有效执行，最后管理层的风险偏好和战略导向也与企业内部控制缺陷的认定息息相关，对于重大缺陷的认定需要经企业管理层确认，并最终由董事会进行审定。

2. **非财务报告内部控制缺陷**

非财务报告内部控制是指除财务报告目标之外的其他目标的内部控制，包括战略目标、资产安全、经营目标以及合规目标等。同样，非财务内部控制缺陷也是按照可能性

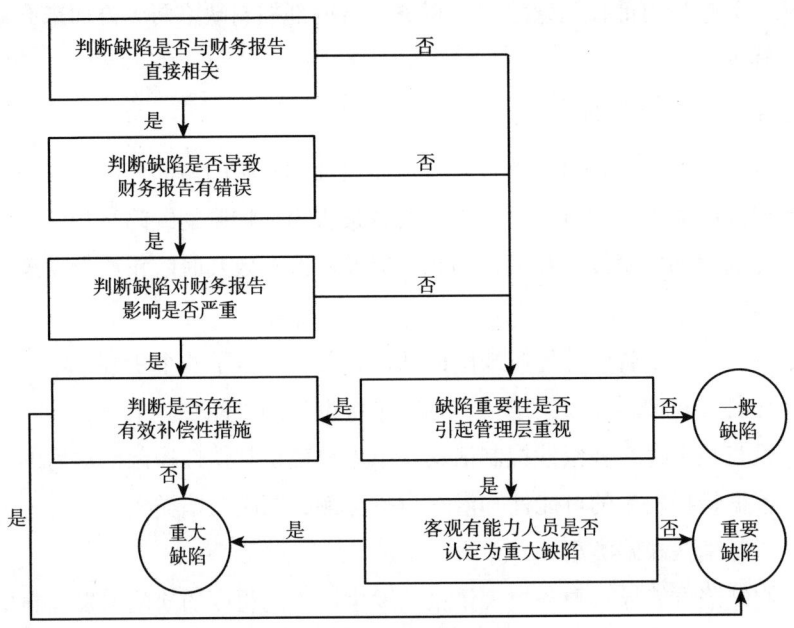

图 6-4 缺陷认定步骤

资料来源：作者整理。

和影响程度划分为一般缺陷、重要缺陷和重大缺陷。因为非财务报告内部控制缺陷涉及范围较为广泛，根据每家企业和行业而有所不同，因而形成统一标准的难度较大。一般来说，采用的定性标准包括对业务产生负面影响的严重程度、影响的性质及影响的范围等；采用的定量标准包括可能导致损失金额的大小，造成损失占整个企业资产、销售收入及利润等的比例，以及发生可能性的比例。

在实际评价中，内部控制缺陷认定通常还包括以下四种情况：

（1）实际控制未按相关制度或控制标准执行；

（2）执行了相关制度或控制标准，但执行过程中相关资料及证据没有妥善保留，导致现场检查过程中无法获得相关资料，或者相关资料为应对检查而进行补充的；

（3）实际控制结果未实现控制目标的要求，在检查相关资料的过程中发现不符合规定的地方，证明该内部控制环节未按目标要求得到有效执行；

（4）按照规定的内部控制评价程序没有发现缺陷，但实际工作开展过程中根据评价人员常识、经验和判断发现了内部控制问题。

比较常见例子：评标报告的时间晚于合同签订时间，则证明招标程序为后补；合同会签表签字时间晚于合同签订时间，则证明合同会签程序为后补。内部控制评价过程重要的是通过现象看出本质问题，表面上按照制度执行，获得了签字盖章，且留有所有记录不一定就是真实执行了内部控制的要求。

总体上说，从内部控制缺陷的判断程序来说，对于三类缺陷的认定一方面涉及是否会对财务报表产生实质性的影响,另一方面在一定程度上依赖于评价者的主观和经验判断。

内部控制评价可以看作企业进行的"体检",不仅能够真实了解企业管理的现状,还能有效甄别管理薄弱、控制缺失的业务环节。对于内部控制缺陷出现频率高或者多次重复出现的业务环节,需要遵循重要性原则,对这些业务环节给予更多的关注,有效监督高风险环节,把关键控制措施落实到位,切实落实整改,充分发挥内部控制评价的价值。

五、内部控制评价工作底稿

(一)内部控制评价工作底稿

下面介绍内部控制评价的工作底稿。通常来说,我们可以利用的工具由两个部分组成,一是内部控制评价手册,二是内部控制测试矩阵。其中,内部控制评价手册包括总则、内部控制评价的内容、内部控制评价方法、内部控制评价程序等内容,是编制内部控制测试底稿的参考或者指南。

内部控制评价的工作底稿通常按流程划分,每个流程的底稿包括两类表格,分别是主页面和测试页。一个测试底稿通常会由一个主页面和若干个测试页构成。通常来说,应对每一个控制活动填列一张测试页底稿。主页面的内容主要包括该流程的风险点、控制点、控制措施、测试程序、测试结论、测试底稿索引。测试页则针对主页面中的每一个控制点对测试程序进行详细描述,并对抽样样本及检查结果进行详细记录。

以"物资与采购流程"内部控制测试底稿为例(见表6-5),介绍内部控制测试工作底稿的主要内容和使用方式。

表6-5　　　　　　　　　　物资与采购流程底稿——主页面

物资与采购	控制描述				适用层级	内部控制测试					
	风险编号	风险描述	控制编号	控制点描述		控制方式	控制频率	执行日期	测试底稿索引	测试结论	测试发现

资料来源:作者整理。

如表6-5所示是"物资与采购流程"内部控制测试工作底稿的主页面(部分)。在页面的第一列,是物资与采购流程下的子流程,如采购计划管理、供应商管理、招标管理等。各企业应参照本单位的内部控制标准中划分的流程进行填列,确保内部控制标准中涉及的流程均得到有效测试。

自左向右,依次填列该子流程的控制描述、适用层级和内部控制测试情况。其中,控制描述主要包括风险编号、风险描述、控制编号、控制点描述。控制描述应根据企业内部控制标准填列，涵盖所有关键风险点和控制点。在适用层级部分，应标明该流程适用于集团总部、二级单位还是三级企业。不同的适用层级对应的流程和控制点不尽相同。内部控制测试部分主要包括控制方式、控制频率、执行日期、测试底稿索引、测试结论和测试发现。其中，控制方式、控制频率按照企业内部控制标准填列。测试底稿索引是单击后自动转至相关测试页的链接。在测试结论一列，应根据测试情况对内部控制设计和执行是否有效作出评价。测试发现为测试结论提供支持性证据，对内部控制缺陷和相关样本进行详细描述。

物资与采购——采购计划管理子流程的内部控制测试评价工作底稿的测试页如表6-6所示。在表头部分，对于外部独立进行的内部控制评价，需要评价小组填列抽查人、抽查时间、复核人、复核时间，用以明确责任，提高测试质量。若是企业开展自我评价，可以改成测试人、测试时间、复核人、复核时间。表格的中间部分是该子流程的控制变化、控制标准和测试程序，与主页面中相关内容自动链接，保持一致。

表6-6　　　　　　　　　内部控制测试评价工作底稿格式

物资与采购——采购计划管理子流程 内部控制测试评价底稿			
抽查人		复核人	
抽查时间		复核时间	
控制标准编号	C01.01.01		
控制标准			
测试程序			
测试描述			
控制方式			
控制频率			
全年发生交易			
样本量			
序号	样本信息	是否满足测试要求	说明	未达标样本编号
测试结论			
测试发现			

资料来源：作者整理。

控制标准应与企业内部控制手册的内容一致，着重描述职责分离、授权审批、连续编号、例外报告、预算控制、记录等控制措施。测试程序描述测试方法与步骤。测试方法包括询问、观察、资料检查和重新执行四种，需将三个部分填写以后，再开展内部控制评价。

测试页的下部是对测试情况的详细说明。其中，测试描述是对测试结果的必要说明，例如制度建立情况、业务流程审批程序或权限等。控制方式包括人工控制、自动控制，按照流程的实际操作情况填列。控制频率是指控制活动的执行频率，包括每年一次、每季度一次、每月一次、每周一次、每日一次等。对于控制频率为业务发生时的控制活动，根据询问结果，填写全年发生交易的次数。在本节第二部分"内部控制评价方法"中，已对样本量的选取方法进行了详细介绍，这里就不再赘述。

样本信息是能够辨识样本唯一性的重要信息。例如样本为某单位某账户余额调节表，则应注明该余额调节表的银行账号和编制时间。再如样本为记账凭证，则应注明记账凭证的日期和凭证号。这一点很重要，应通过样本信息确保样本唯一性，以便在进行归档和整改工作时可以快速索引至相关样本。

是否满足测试要求一项应依据样本检查结果填写，若样本经测试后符合内部控制标准，填写"是"，否则填写"否"。如果样本不符合控制标准，就将其认定为缺陷，在其后的说明部分填写与测试内容相关的解释性文字，例如，注明缺陷描述，未能获取样本的具体原因等。未达标样本我们要加以编号，进行标注。

最后，评价人员应根据控制点样本检查的情况，得出测试结论，并对测试发现进行详细描述。测试结论包括达标、未达标、未发生交易、样本量不足和不适用。评价人员应当根据测试结果对测试发现的问题进行描述，对于结论为未达标的还需要详细说明具体情况及做出该结论的原因。

（二）内部控制的可追溯性

内部控制的工作底稿等内部控制实施的证据是为了保证内部控制的可追溯性，即确认内部控制措施在实际工作中得到了切实执行，确保内部控制实施过程中的信息和数据真实、准确、完整、有效等。内部控制可追溯性要求企业在业务申请、审批、执行、监督等过程中文档资料以应用系统、纸质材料、邮件等形式记录存档，将过程中各项涉及的表单和票据按要求填制、审核、归档和保管。一方面可以确认业务开展遵从了内部控制的规则和要求，按照内部控制既定程序执行；另一方面也是按照内部控制评价的要求，将业务决策执行整个过程以文档的形式记录和保留下来，做到所有的业务活动有迹可循、有据可查。内部控制可追溯性是内部控制评价得以执行的基础，保证内部控制评价能够开展，内部控制工作底稿等材料是内部控制评价的重要对象。通过将内部控制文档资料的收集和比对能够识别流程中的内部控制缺陷和舞弊环节，发现证据链中资料的缺失和"造假"部分。例如出差申请要在系统中明确写明出差地点、日期等信息，出差返回后报销须提供住宿、行程原始发票，包括住宿发票、车票等完整的证据，财务要对相关证据进行比对，确保出差申请、提供票据与出差地点、时间等相互一致。

六、内部控制成熟度评价

（一）内部控制成熟度概述

能力成熟度模型（CMM）最早源于软件行业，是帮助软件组织改善其软件过程的工具。此后,很多学者通过对 CMM 理论深入研究,借鉴它的思想,并将其应用到其他领域,提出基于 CMM 的不同行业的能力成熟度模型。现在能力成熟度模型已经广泛应用在很多学科领域,例如人力资源成熟度模型、系统工程成熟度模型、项目管理成熟度模型等。总体上说,能力成熟度模型是一种推动过程改进的管理模型,能够帮助组织改善工作过程,模型能够描述组织从混乱的、不成熟的过程向成熟的、规范化过程改进的途径。

在内部控制领域引入成熟度模型,能够帮助企业认识到内部控制系统的实施现状,诊断现阶段的内部控制管理水平等级,识别出其内部控制系统各个关键领域中的不足之处,解决企业想提升内部控制系统质量水平而毫无头绪的烦恼。让企业根据自身发展水平选择适合本企业的成熟度,并找到达到目标成熟度所需要完成的关键活动。因为内部控制系统的完善不是短时间就可以完成的,企业可以通过一系列小的改进,逐步提高和完善内部控制系统。同时成熟度模型还能为构建企业内部控制建设蓝图奠定基础,为企业确定未来内部控制建设的策略提供指导。

在设计内部控制成熟度模型时国外企业普遍采用 COSO 内部控制框架中确定的五要素作为内部控制成熟度模型设计的理论基础,而国内企业还可以以五部委发布的《企业内部控制基本规范》作为参考。

(二)内部控制成熟度指标体系

不同国家、不同行业、不同企业在内部控制五要素基础上会根据实际情况需要总结、分析、筛选各自进行内部控制评价所要考虑的重要因素,因此具体的指标体系会有很大的差异。本书以风险内控业界公认的德勤内部控制成熟度模型为例对指标体系进行详细介绍,该模型从"公司治理""内控机制""控制活动归属"三个层面对内部控制成熟度进行分析,把内部控制五要素(内部环境、风险评估、控制活动、信息与沟通、内部监督)的内容融入上述三个层面(见图 6-5)。

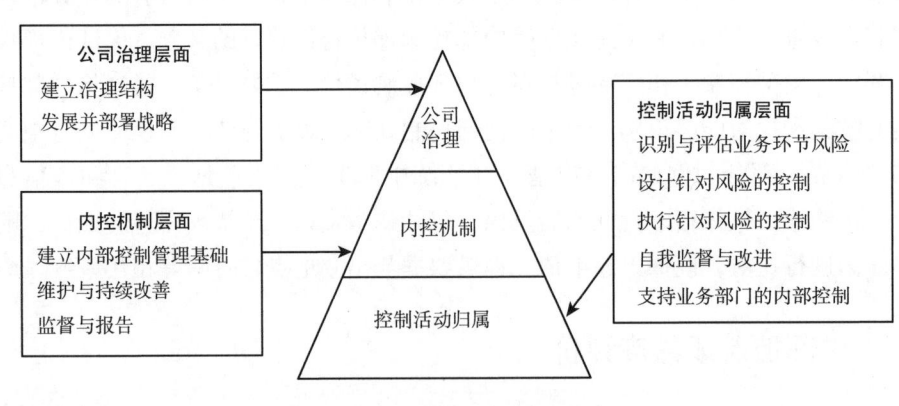

图 6-5 内部控制成熟度模型

资料来源:作者整理。

成熟度评估要在三个层面基础上进一步对指标进行细化，构成一个完整的评价体系，由于各企业所处行业及业务类型不同，具体的指标也会有较大差异。以下我们以某中央企业的内部控制成熟度评估为例，对其指标体系进行举例说明。某中央企业内部控制成熟度指标体系包括公司治理指标8个（见表6-7）；内控机制指标19个（见表6-8）；控制活动归属指标59个（见表6-9）。最终内部控制成熟度等级是通过对各项指标的评分来确定的。

表6-7　　　　　　　　　　　　　公司治理指标

类别	责任主体	职责	问题点
公司治理（8个）	最高管理层（如董事会或类似机构）	建立治理架构（5个）	董事会及专业委员会（或类似机构）的组建、权限及工作程序； 董事会及专业委员会（或类似机构）成员胜任能力； 针对高级管理层的授权、薪酬激励机制和绩效评价体系； 公司治理架构的定期梳理与改进； 董事会及专业委员会（或类似机构）在内部控制体系中的职责
	最高管理层（如董事会或类似机构）	发展并部署战略（3个）	战略的制定； 战略的实施； 战略的监控与调整

资料来源：作者整理。

表6-8　　　　　　　　　　　　　内控机制指标

类别	责任主体	职责	问题点
内控机制（19个）	执行管理层	建立内部控制管理基础（6个）	公司管控模式与业务架构的设定； 内部机构设置、部门职责、岗位职责的制定与传达； 对内部机构设置、部门职责、岗位职责的评估与改进； 企业文化建设； 企业人力资源政策； 社会责任
	执行管理层	维护与持续改善（7个）	风险评估机制、程序和方法； 风险应对策略； 风险预警机制和突发事件应对机制； 信息收集渠道； 信息沟通机制； 信息系统支撑； 投诉举报渠道
	内部审计、合规、风险管理等职能部门	监督与报告（6个）	内部控制建设和管理机制； 内部控制管理工作程序、方法和要求； 内部控制监督机制与内审职能； 内部审计人员数量及能力； 内部控制审计方法和程序； 反舞弊机制

资料来源：作者整理。

表 6-9 控制活动归属指标

类别	责任主体	职责	问题点
控制活动归属（59个）	业务部门	识别与评估业务环节风险（6个）	采购与支出管理（2个——风险识别，风险评估） 销售与收款管理（2个） 资产管理（2个）
	业务部门	设计针对风险的控制（15个）	采购与支出管理（5个——职责分离，授权审批，工作程序，分析与报告，成本效益） 销售与收款管理（5个） 资产管理（5个）
	业务部门	执行针对风险的控制（6个）	采购与支出管理（2个——人员配备，内部控制措施执行） 销售与收款管理（2个） 资产管理（2个）
	业务部门	自我监督与改进（6个）	采购与支出管理（2个——自我监督机制，内部控制措施更新完善） 销售与收款管理（2个） 资产管理（2个）
	支撑部门（如财务、信息、法律、人力等）	支持业务部门的内部控制（26个）	财务管理（10个——建立沟通渠道了解需求；风险评估、识别潜在风险；预算管理体系建立；预算管理体系执行；资金管理体系建立；资金管理体系执行；税务管理体系建立；税务管理体系执行；财务报告管理体系建立；财务报告管理体系执行） 人力资源管理（4个——建立沟通渠道了解需求；风险评估、识别潜在风险；建立管理办法和控制措施；有效执行并自我监督） 安健环管理（4个） 信息系统管理（4个） 法律事务管理（4个）

资料来源：作者整理。

针对以上指标体系，在进行内部控制成熟度评估时，体系内每个指标的评价结果对应6个选项：

➢ 非常符合（5分）
➢ 符合（4分）
➢ 基本符合（3分）
➢ 不符合（2分）
➢ 非常不符合（1分）
➢ 不适用（0分）

（三）内部控制成熟度分析结果

通过对三个层级成熟度指标以及各分解指标进行打分汇总可以确定企业总体内部控

制有效性程度,并根据打分将企业的内部控制成熟度划分为不同的等级(见图6-6),包括以下五级。

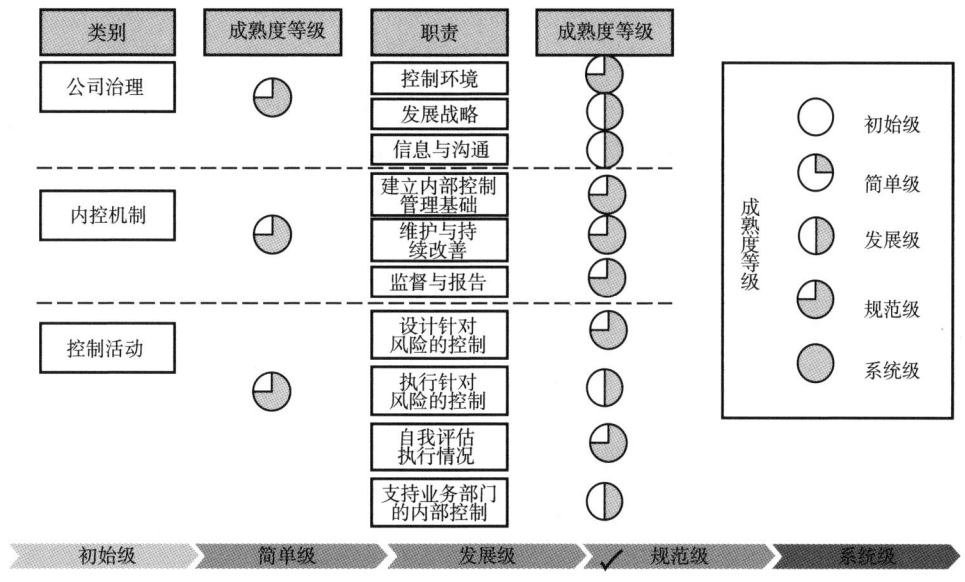

图6-6 内部控制成熟度分析结果

资料来源:作者整理。

1. 初始级

内部控制设计不适当、不健全;内部控制执行混乱,管理无章,尚未形成稳定的内部控制体系。

2. 简单级

界定了基本的内部控制关键点,内部控制执行处于重复但模糊的状态;能利用常用的管理和评价工具进行内部控制监控,初步建立了较有效的内部控制体系。

3. 发展级

内部控制体系基本建立,并在一定程度上得到执行,但内部控制评价还不够系统、完善。

4. 规范级

内部控制管理过程得到定义和集成,并形成较完善的制度,员工能很好地理解和遵循内部控制体系要求;能够进行包括内部控制体系论证与评估、规划、变更等管理。

5. 系统级

内部控制及时、高效,并且已经实现了量化管理;内部控制设计健全、适当,执行有效。

内部控制成熟度等级可以根据企业具体情况和实际需要进行设定。

综上所述，在内部控制评价中引入内部控制成熟度模型，通过科学有效的模型对企业内部控制系统的状况进行评估，能够为企业内部控制管理水平不断改进的历程提供一份引导图，以利于企业内部控制系统趋于完善。内部控制成熟度模型在内部控制评价基础上，依据内部控制评价指标，对企业内部控制成熟度进行分析，识别出内部控制的薄弱环节，指引企业不断改进其内部控制管理的缺陷，使企业内部控制管理能力持续增长。

第七章 风险内控的信息化

第一节 风控信息化的重要性

企业在内部控制体系建设过程中要将外部监管机构的相关要求与企业所处行业、行业内优秀企业的最佳实践、企业现行制度和实际经营情况相结合,提炼出适应企业实际的管控要求,并将其与现有业务密切融合。内部控制体系建设始于对内部控制流程和制度的梳理,以流程的梳理优化与制度建立健全为最基本要求。在此基础上,通过内部控制试点和推广,通过对内部控制体系运行的有效性进行持续监督和评价,保证内部控制能够在系统内全面实施。而最终内部控制体系的有效固化和落地需要有信息系统作为支撑,需要通过信息化手段将已经优化完善的流程固化到信息系统中来实现内部控制措施的落地。风控信息化是内部控制体系建设的重要组成阶段,通过信息化手段能够更及时有效识别出企业经营过程中出现的风险,将内部控制措施固化到业务流程中,可以实现实时的监督,减少人为因素造成的错弊,推动风险管理和内部控制措施与企业实际业务流程密切结合,提高风险内控的执行力和效率,内部控制体系建设总体思路如图7-1所示。

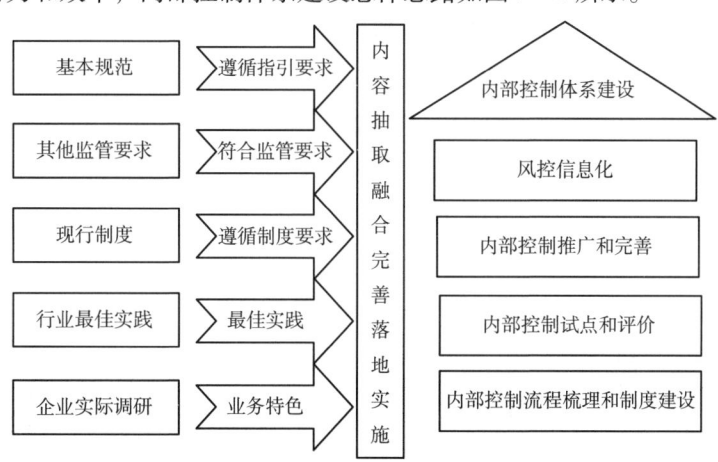

图 7-1　内部控制体系建设总体思路

资料来源:作者整理。

下面就风控信息化的重要性从企业自身内在需求和外部监管要求两个维度来进行分析。

一、风控信息化的内在需求

近年来，随着大量新技术的广泛应用，中国企业的运营模式发生了重大的变化，越来越多的企业由原先纯粹的手工流程、人工处理的方式转变为使用企业资源计划（ERP）系统对企业的业务运营进行流程化、标准化的管理。

现代企业的运行很大程度上依靠信息系统，中国政府提出的通过实施"中国制造2025"战略，实现中国制造业的全面升级，这些都离不开信息系统。不仅很多新兴产业的商业模式诸如以京东为代表的网上购物商城和以阿里巴巴为代表的网上交易平台等完全依赖于信息系统，很多传统产业也需要凭借信息系统提高经营效率、创新业务模式，如建立采购和销售电商平台，应用 ERP 系统等。但信息系统本身并不创造价值，信息系统需要与业务相结合，反映业务的需求，以提升企业现代化水平，进而提升企业运营效率和效益，实现企业价值增值的目标。

伴随着信息化的发展，企业也在不断探索利用信息系统实施和加强内部控制的技术和方法。企业在风险内控工作的开展过程中会遇到各种问题，需要通过风险内控信息化建设解决这些问题，这些问题包括：风险内控项目投入不少人力物力，但因为未能与业务密切结合而成为"花架子"，和现有管理成为"两张皮"；各业务部门自身业务工作繁忙，还要配合风险内控项目进行访谈、数据收集等很多工作，加之业务部门对风险内控工作理解存在差异，协调沟通工作量大，风险内控工作开展成本较高；风险管理工作较为烦冗，人员编制少，大量工作需手工进行，如风险评估工作、控制自评等，工作量大，往往为满足合规要求而编写各类报告就牵扯大量精力，无法有更多的时间和精力去顾及效率提升等。信息系统有助于规范企业运行、固化内部控制措施，提高管理水平，实现对业务和事项的自动控制，减少或消除人为操纵因素；还可以利用网络技术实现对企业经营管理的远程监督、实时监督和在线跟踪，进行全方位的评价，有效进行风险预警；同时借助相关软件能够完成自动数据分析、检查内部控制执行情况、生成报告等一系列工作。

信息系统可以减少控制成本，弥补人工内部控制措施受时间、地域、人力限制的不足，大幅度提高内部控制的效率。信息系统的应用使得企业的业务运营迈上了一个新的台阶，但同时也给企业的风险管控带来了新的挑战。一个企业的 ERP 系统往往包含大量的业务数据，也包含大量的控制配置信息，如何利用这些现有的资源，从大量的业务和配置数据中识别企业所面临的风险，构筑企业强大的自动化风险和内部控制管理体系成为管理层和业务人员需要面对的一个新的挑战。

二、外部监管要求

国资委《中央企业全面风险管理指引》要求企业将信息技术应用于风险管理，建立涵盖风险管理基本流程和内部控制系统各环节的风险管理信息系统，强调风险管理信息系统要与其他管理信息系统统筹规划，有机结合。

具体内容如下：

（1）企业应将信息技术应用于风险管理的各项工作，建立涵盖风险管理基本流程和内部控制系统各环节的风险管理信息系统，包括信息的采集、存储、加工、分析、测试、传递、报告、披露等。

（2）企业应采取措施确保向风险管理信息系统输入的业务数据和风险量化值的一致性、准确性、及时性、可用性和完整性。对输入信息系统的数据未经批准不得更改。

（3）风险管理信息系统应能够进行对各种风险的计量和定量分析、定量测试；能够实时反映风险矩阵和排序频谱、重大风险和重要业务流程的监控状态；能够对超过风险预警上限的重大风险实施信息报警；能够满足风险管理内部信息报告制度和企业对外信息披露管理制度的要求。

（4）风险管理信息系统应实现信息在各职能部门、业务单位之间的集成与共享，既能满足单项业务风险管理的要求，也能满足企业整体和跨职能部门、业务单位的风险管理综合要求。

（5）企业应确保风险管理信息系统的稳定运行和安全，并根据实际需要不断进行改进、完善或更新。

（6）已建立或基本建立企业管理信息系统的企业，应补充、调整、更新已有的管理流程和管理程序，建立完善的风险管理信息系统；尚未建立企业管理信息系统的，应将风险管理与企业各项管理业务流程、管理软件统一规划、统一设计、统一实施、同步运行。

财政部等五部委联合出台的《企业内部控制基本规范》对企业内部控制与信息系统的结合提出了要求："企业应当运用信息技术加强内部控制，建立与经营管理相适应的信息系统，促进内部控制流程与信息系统的有机结合，实现对业务和事项的自动控制，减少或消除人为操纵因素"。

综上所述，各监管机构都对风险内控工作和信息系统的结合提出了明确的要求。通过建立和完善风险内控信息系统，构建重大风险监测预警和监控机制，充分运用信息化手段和风险量化工具，对重大风险进行全过程动态跟踪，将业务流程和控制措施逐步固化到信息系统，提升风险内控信息系统与其他业务信息系统的集成度。不断提高风险内控信息化水平是摆在企业面前的重要任务。

风险内控信息化是企业风险内控工作顺利开展的内在要求，也是外部的监管要求，通过风险内控信息系统能够有效推动风险管理体系建设工作，明确体系建设的参与者在体系中的位置及职能；改变风险管理工作过分依赖参与者的自觉性来推动的传统方式；减少手工操作的工作量（见图7-2）。提高风险内控的效率和效果；通过一个共享的平台，风险体系的参与者不仅可以在线沟通和分享风险管理的成果，而且可以互相促进、互相制约形成企业风险管理的良性循环。

图7-2 风控信息化的动因

资料来源：作者整理。

第二节 风控信息化建设

一、风控信息化应注意的问题

（一）正确认识信息系统的作用

尽管很多企业管理者都强调信息化建设，但很多人往往也只是将信息化看作一项技术和手段，而忽视信息系统与管理思想的有机融合。信息系统毕竟是人们实现管理目标的工具，所承载的是管理理念和管理逻辑，助力人们提升管理效率和效果。反之，如果信息系统不能与管理思想结合，助力业务发展，就会严重影响系统应用的效果，造成企业资源的浪费。

（二）正确处理标准化问题

标准化是实现信息化的基础，没有标准化就相当于一个现代化的工厂没有统一规格的零部件，无法进行自动化生产。内部控制标准化的内容包括：组织架构、业务流程及相关表单、岗位职责和管理权限、职责分离、各种主数据（一般指ERP系统，包括物料、资产名称）的定义和编号等。实现了这些方面的标准化，信息系统上线的标准模板就有了扎实的基础。应该说明的是，标准化的历程是风控信息化难度最大且最需要下功夫的，尤其是对于特大型且拥有众多分（子）公司的集团型企业，需要管理层坚定的决心和操作层充分的精力投入。

(三) 正确处理各种信息系统的关系

在实现企业信息化的过程中，有相当部分的企业选择了 ERP 系统进行相关的信息处理。ERP 系统能够有效整合企业资源（包括采购、销售、项目、财务和人员），统一调度、合理配置和管控，可以最大限度地发挥企业能力，提高核心竞争力。在此过程中，每一个模块都执行严格的自动控制规则，例如没有预留（计划）就不能创建采购订单，没有采购订单就不能办理入库，入库立即自动生成财务凭证等。ERP 系统能够满足企业内部控制要求的日常业务审批及专业管理的需求，但其功能在有些方面还略显不足，例如很多审批环节、设备状态管理、供应商的选择、客户信用额度的确定等仅仅依靠 ERP 系统是不够的。因此，企业往往还需要处理好诸如办公自动化系统、电子商务系统、客户关系管理系统等与 ERP 系统的对接，这些系统也是实现风控信息化的重要组成部分，发挥着非常重要的作用。

二、风控信息化平台建设的目标

风控信息化平台通常都内嵌有效且完善的风险管理和内部控制方法论，实现各职能部门内部控制评估方法、结果和展现的标准化。风控信息化平台建设是通过实施标准化的管控模块提升企业风险管控的自动化管控水平，其主要目标体现在以下三方面。

(一) 建立风险指标监控模型和数据标准

风险指标是指代表某一风险领域变化情况并可定期监控的统计指标。风控信息化工作通过确定主要的风险领域和主要风险指标，设计风险指标监控模型，整理风险指标监控方法和预警规范。信息化平台能够帮助风险内控部门与各业务职能部门共同设定确定关键风险指标体系（KRI），为风险指标监控系统的实施和使用建立基础。企业需要根据行业特点和企业实际情况确定赋值的标准，根据风险承受度确定可接受的风险范围，确定风险的承受极限，即阈值。

企业通过关键风险指标能够从所拥有的 ERP 系统、数据仓库系统、商务智能系统及其他提供数据信息的数据源中抽取相应所需的信息进行分析、比较，方便企业监控全面的风险组合，并在风险超出企业特定阈值时立即发出警告。

(二) 实现风险指标系统监控和预警

通过建立统一的风险内控管理平台，实现对各部门业务执行、绩效指标、关键管控的监测。通过风险内控管理平台，管理需要系统监控的风险指标，将风险内控手段进行系统化落地；通过系统收集相关业务数据降低管理层对相关管理数据的收集成本；以报告、指标形式提供可视化管理平台,对于关键业务的管控、绩效指标实现系统监控和预警,提升指标监测和预警的及时性和有效性。

(三) 实现风险内控工作的电子化、自动化

实现风险管理和内部控制的系统化管理,搭建起高效的工作计划、管理、报告、追踪平台,实现外部法规、公司政策制度文档化;通过系统实现查询检索和归档功能;通过自动化方式提升体系的执行和管理效率;通过内部控制评估数据、证据、进度和结果展现的透明,为业务目标和管理层决策服务。

三、风控信息化的基础和前提

风控信息化的具体工作包括以下四个方面。

(一) 建立良好的信息化环境

领导重视且正确认识是信息化得以实现的前提。第一,管理者对信息系统有正确的认识,并给予高度重视,应将管理思想与信息化有机结合,在提出管理要求伊始就考虑与所选择的信息系统管理思想是否吻合。在信息化实现的过程中,应充分重视和支持信息化所带来的管理变革,尽可能改变现状以适应系统,而不是让系统"将就"现状。第二,管理者应该带头操作系统并服从系统控制,不随便破坏系统控制的规定,业务的实际执行要依赖技术手段加以实现,不允许绕开系统控制,从而尽可能地减少人为因素的影响。第三,要通过多种方式的培训宣贯等措施来协助建立良好的信息化环境。只有这样,风控信息化才能起到应有的作用。

(二) 推进标准化管理

风险机制包括对风险的识别、分析、评估和认定。在这个过程中,必须充分调研实际业务,收集业务信息,模拟执行情况。具体应做好以下四方面的标准化工作。

1. 组织架构标准化

企业应结合管理模式(集中管理或分散管理),充分利用风险识别和评估的结合,关注重点业务领域,梳理并合理设计明确各业务流程的管理权责分工,建立不相容岗位分离,明确各层级的权责划分,这些会直接决定控制的效果,也直接影响业务流程的具体构成路径,是业务流程和岗位职责标准化的前提。

2. 业务流程及岗位职责标准化

业务流程标准化需要召集一线管理人员,充分征求意见,利用风险机制分析、优化

业务流程，拟定关键控制点，界定各岗位职责和管理权限以及不相容职责的划分标准。其中，优化流程是最关键的环节，如果流程优化环节考虑不周全，将造成系统上线时出现问题，浪费人力物力资源。对关键控制点逐项梳理后应记录哪些能够固化在系统中、哪些不能实现或实现成本较高。对能够固化在系统中的业务流程和控制点，应确定系统标准模板。系统标准模板概括起来一般包含标准业务流程、管理权限、不相容岗位配置或参数设定。应说明的是，由于风控信息化是在一定条件、一定范围内的信息化，对于实现系统自动控制成本较高的业务环节，应明确允许系统外控制（如人工稽核等）的措施以提高控制效率。

3. **表单标准化**

在优化流程的基础上，由于梳理了业务申请部门（人）、业务审核部门（人）及审批人、不相容岗位等控制环节，相关审批表单的标准化也成为可能。

如果说制度规定的是"怎样做"，那么表单就是"具体去做"的载体。企业中绝大部分事务，均需通过填写一张张的表单来完成，表单的标准化一定程度上代表了工作的规范化。表单工作规范、统一，对于提高工作规范性，以及提高工作效率，都有着显著的作用。

4. **ERP系统主数据标准化**

ERP系统主数据指用来描述企业的客户、供应商以及企业采购和销售物料的重要数据，包括物料主数据、业务伙伴主数据、价格、物料清单（BOM）、员工、财务科目、成本中心、项目等静态数据。

客户、供应商、物料等主数据是ERP系统的构成细胞，主数据不实现标准化就无法实现风控信息化，因此必须对这些主数据的定义和编码予以标准化。

（三）建立持续性监督的机制

利用信息系统进行持续性监督是实现高效内部监督的重要方式，COSO委员会2009年发布的《内部控制体系监督指南》对利用信息技术持续性监督概括了四种方式，涵盖了目前技术条件下的所有信息化监督手段，包括：利于误差管理的工具（记录误差的日志、后续跟进、处理情况分析）、监督应用程序变更的工具（变更认证、沟通、适当评价）、评价系统状况的工具（包括内置参数、可容忍水平、不相容岗位分离、管理权限）及评价过程完整性的工具（包括标准及协同、数据加总、文档完整性）。前两项工具主要是对系统日常操作的直接监控，适合于专业管理在日常业务汇总时进行监督；后两项则主要由内部控制部门专门开发检查工具进行监督，具体方法是通过对关键控制点所对应的业务流程、管理权限、不相容岗位和参数予以标准化，建立信息系统标准模板，并针对标准模板开发检查工具，通过定期运行检查工具、对比与标准模板的差异，逐步建立持续性监控的机制。

（四）培养风控信息化人才

要实现风控信息化，人才培养也是关键环节之一。培养一大批既懂内部控制又懂信息系统，既熟悉了解具体业务流程又熟悉了解控制方法的人才，应鼓励风控人员积极探索和借鉴国际上先进的内部控制理念与方法来不断完善有中国特色的风险内控体系，了解和掌握最新的风险内控信息化手段。

四、风控信息化的具体内容

风控信息化工作包括两方面内容：一方面是对现有信息系统进行诊断和优化；另一方面是建立风险内控信息化管理平台。风险内控信息化平台会在下一节风险内控应用软件中做详细介绍。这里首先介绍现有信息系统的内部控制诊断和优化。

对现有信息系统进行优化首先要通过对现有信息系统进行全面诊断，了解系统中存在的问题和不足，在此基础上主要的优化方式有三种。第一种是按内部控制要求固化到企业的信息系统当中。企业的信息系统一般包括 ERP 系统、OA 协同办公平台系统、财务管理系统、分散控制系统（DCS）等，不同企业通常采用的信息系统也会有很大区别。现有管理信息系统在开发之初通常会将管理者的相关管理控制要求融入其中，但随着业务的发展企业会不断上线新的管理信息系统，不同信息系统的集成和权限设定就可能出现问题，不同的系统由不同的人员进行维护，导致关联信息系统间的数据很难进行有效传输和保持同步，而且随着业务的不断发展信息系统中的管理要求也会与实际业务情况和管控要求不相符，甚至发生矛盾。风险内控工作能够根据企业内部控制的实际要求，将外部最新的法律法规、内部企业变革和管理要求、流程优化方案等通过风控信息化诊断和优化的方式重新融入信息系统中，实现现有信息系统的优化。例如通过在系统内增加新的控制点，对一些业务活动进行更严格的审批，在领导定价审批环节提供参考价格、销售量级客户信用等信息，更好地为管理层决策提供支持。

第二种风控信息化优化方式是通过实现不同信息系统的集成，梳理各系统间的业务衔接与流转方式，实现系统数据的自动传递，减少不必要的人为干预，减少线下单据文档处理，避免信息在不同系统或模块中的不同步，例如业务审批流程在线下进行，与 OA 系统上的审批重复，或是 OA 与其他系统集成度不高，造成工作效率降低、快速响应能力降低。可以通过对 OA 中各类审批结果与 ERP 及其他系统实现集成，以实现数据的有效、高效传递。

第三种风控信息化优化方式是根据实际管理需要上线新的系统。随着企业业务的扩展，往往现有的信息系统不能满足新业务和新项目的要求，这时需要考虑上线新的信息系统。例如企业如果计划开展大的工程建设项目，而企业并没有工程管理系统，光靠传统手工记录很难将成本控制、项目内容、项目进程管理相结合。为确保项目结构中每个项目内容都与预算相对应，需要上线诸如 PS 的工程项目管理系统，通过系统管控都能够保证设计和施工按工程计划时间发生，增加工程建设项目的可预测性，提前准备好资金，避免因资金问题影响项目进展，也能有效了解不同项目阶段各个项目内容发生的实际费用。项目进行中所发生的实际生产、实际采购、项目经费输入等的实际资料会实时地在系统内的账面得到体现，最终构成项目的实际成本。信息系统还可以实现项目建设过程中设计、施工、验收等资料及时存档。包括：设计人员可以将项目相关的土建、工程等图纸进行上传；项目施工过程中的施工进度验收材料存档；项目验收的证明材料等上传存档，从而保证整个项目进程文档的可追溯性，如图 7-3 所示。

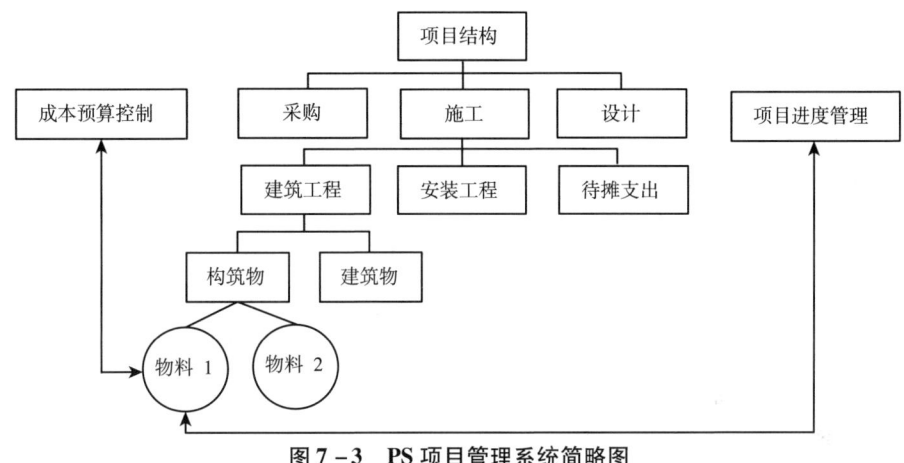

图 7-3　PS 项目管理系统简略图

资料来源：作者整理。

第三节　风险内控应用软件

一、风控信息化软件应用现状

目前世界 500 强企业中有 90% 的企业都已经使用风控管理系统开展风控工作。实施风控信息化的目的是利用标准化的管控模块以提升业务风险的信息化管控水平。

目前，市场上主流的风险内控管理系统有两类，一类是 GRC 系统，即公司治理、风险及合规管理系统（根据 Gartner 排名，目前市场上主流管理软件有 SAP GRC、Oracle GRC 和 Infor GRC）；另一类是自主开发系统，如德勤在 Java 基础上开发的 RISK 系统，如表 7-1 所示。

表 7-1　　　　　　　　　　　常见风险管理系统

厂商	产品	匹配度分析
SAP	GRC	包括风险管理、内部控制、访问管理、流程监控等。国内外案例最多
Oracle	GRC	包括风险管理、访问管理、流程监控等。国内没有案例
Infor	GRC	包括访问管理、流程监控等。国内案例很少
德勤	RISK	德勤自主研发，包括风险管理、内部控制

资料来源：作者整理。

从功能角度来看，SAP/Oracle/Infor GRC 三种产品功能都比较成熟，差异不大，区别在于针对的是不同的 ERP Base 客户。GRC 的优势在于标准化的指标配置；兼容性好，可以直接配置连接，二次开发量较小，因此实施风险较小，项目周期短。比如 SAP GRC 和 SAP ERP 等系统之间直接兼容，有现成接口可以使用。

SAP GRC 产品为目前应用最为广泛、功能最为全面的风险内控管理软件，全球用户遍布各个地区与行业。例如，巴斯夫、杜邦、陶氏化学、亨斯曼化工、沙特基础化学、壳牌、美孚、英国石油公司、中石油、神华、一汽－大众、上汽、华为、中兴、富士康、美国银行、联合利华、可口可乐、奔驰、苹果、通用电气公司、霍尼韦尔等。世界上主要石油化工行业企业 GRC 系统的使用情况如表 7-2 所示。

表 7-2　　　　　世界上主要石油化工行业企业 GRC 系统的使用情况

序号	公司名称	GRC 模块		
		AC	PC	RM
1	巴斯夫	√	√	
2	拜耳	√	√	√
3	埃克森美孚	√	√	√
4	英国石油公司	√	√	√
5	道达尔公司	√	√	√
6	通用电气公司	√	√	√
7	杜邦	√	√	√
8	阿克苏诺贝尔	√	√	
9	沙特基础工业公司	√	√	
10	荷兰皇家壳牌石油公司	√	√	√
11	陶氏化工	√	√	
12	霍尼韦尔	√	√	√
13	帝斯曼 DSM	√		

资料来源：作者整理。

德勤 RISK 系统能满足风险管理和内部控制管理基本要求，进行风险识别和内部控制评价。但德勤 RISK 系统缺少流程控制、访问控制、风险预警等功能，需要企业进行二次开发。其他自行开发的系统普遍存在类似 RISK 系统的二次开发和兼容性问题，如某海外公司使用的持续监控系统（CM）能够针对审计关注的一些指标进行抽取和监控，这些指标体系需要审计部门根据实际需求自己设计。按照该公司业务特点进行个性化开发，只是关注单一产品的产供销等环节，具有很强的行业和产品特色，非标准化通用性较差。在对该项系统进行推广到别家企业甚至别的行业时，要评估对其他企业的适用度，要考虑各家企业管理关注点、行业特点不同，如果不考虑行业和企业特点就盲目推行，很难取得预期的效果。

二、国内企业风险内控信息化现状

2017 年，世界 500 强排行榜中共有 113 家中国企业上榜，其中排在 2017 年世界 500 强排行榜前 100 位的有 20 家企业，但榜单中有很多中国企业处于亏损状态，正如时任国资委主任李荣融先生曾经提到的中国企业所面临的问题，在他看来中国"500 强"实则为"500 大"，即我国多数大企业缺乏核心竞争力，企业风险控制能力还比较低，属于典型的速度经济型企业；面对高成本时代，中国企业经营能力依然比较弱，大多数企业尚未走出国门，尚未在全球范围内实施资源配置，依然以低成本优势处于全球产业链的低端。企业的发展壮大必然要有先进的管理理念和工具保驾护航，企业不能再采用以前"小作坊式"的管理方式，而是应该引进更科学、高效的管控方式。

国家经济的腾飞、中国企业的崛起、对外投资的增加都要求中国企业更加注重管控能力、风险管理和合规管理建设，这就给 GRC 市场提出更高的需求，也促进了 GRC 市场的不断扩大和增长。

国内很多企业已按照相关的要求全面推进风险内控工作，建立了统一的风险内控管理标准，完成内部控制试点和推广工作。但仍存在很多突出的问题。

第一，风险内控缺乏信息化支持。当前很多国内企业风险评估工作的开展还是人工方式，通过面对面访谈、文字资料和实地检查，获得的信息有限且成本较高、效率较低。所有资料收集都是通过邮件征集，文档也都是手工化管理。缺乏统一、完整、专业的信息化系统支持风控工作的进一步开展。

第二，风险内控与业务活动脱节。无法实现对现有业务的统一规范化管理，企业制度要求与实际业务执行存在差异，不能确保内部控制措施有效嵌入信息系统中，现有系统不能体现内部控制流程中的管控节点导致存在的风险无法被有效控制，存在内部控制与实际业务活动"两张皮"的现象。

第三，风险内控信息获得不及时。无法实现可视化展示、数据分析，无法实现对风险内控情况实时监控和建立风险预警机制。

第四，内部控制整改和跟进难度大，缺乏有效的信息系统监督整改顺利进行以及确保改进后同样的问题不会再次发生。

第五，编写各类风险及内部控制报告占据大量时间，不能自动生成有效披露实际情况的风险内控报告。

通过搭建风险内控信息化平台，与核心业务系统数据结合，可以提升公司风险内控工作的执行效率，有效规范业务活动，进行持续性的风险预警和监控，建立系统化的风险管理视图，对企业的日常经营管理和战略决策提供支持和保障。

2014年之前中央企业中只有中国国电集团公司等少数企业应用SAP GRC，而现在GRC已经在很多中央企业中广泛使用。包括中国石化、中海油、中国移动、神华集团、五矿集团等。对于很多应用ERP系统的企业来说，整个系统内的用户数量较多，制度管理和用户权限管理复杂且难度大，GRC能够自动管理用户权限和满足合规性需要，适用于业务广泛的规模较大型企业。

三、SAP GRC 系统功能和模块介绍

GRC（Governance，Risk and Compliance Management）是公司治理、风险和合规的英文首字母缩写，作为ERP软件的一类，GRC设计目的是加强合规和政策管理，提供风险管理框架和执行风险内控管理，具有能够自动、全面地满足合规要求的能力。

GRC的概念在国内才刚刚兴起，但其在国外已经发展相当长时间。GRC以美国安然、法国兴业银行等一系列反面教材为触发点，以《萨班斯法案》为源泉，并贯穿到企业治理、风险管理和合规经营等各方面。随着企业的发展，以整体管控、战略执行为目标，实现企业管控、风险规避、战略绩效、业务流程管理及包括质量、安全、环境等在内各种遵从管理，服务于管理层和决策层的GRC管控系统被认为是企业在日益复杂的竞争环境下赖以生存和发展的必然和有效选择。

中国经济快速增长带动中国企业不断做大、做强，并迈出国门，但在扩张并走向世界的过程中，中国企业逐渐暴露出"低效率、低绩效、管控能力薄弱、不合规不透明"等诸多管控问题，不少企业也因此遭受了重大损失；GRC正是很好解决这些问题的管理方法与工具。

GRC将公司治理、风险管控和合规融为一体，打通企业管理的各个层级，其精细化管理和流程控制、权限控制理念也为越来越多的人所接受，成为未来开展风险内控以及合规管理等的有效手段。GRC管理概念在发展过程中逐步与企业管理需求相结合，越来越强调将企业管控要求落实在具体的管理流程和业务流程中，以保证企业的健康有序发展。

GRC 作为国际上最普遍应用的风险内控管理软件，可以较好地与现有系统实现对接，有利于了解集团公司海内外企业现有系统、业务运行情况，可以从设计环节就充分考虑未来对海外企业的管控，完善现有信息化系统，规范现有系统中运行的业务，以及未来在海内外企业开展试点和推广，从而逐步实现对海内外企业风险内控的统一规范管理。

GRC 主要包括风险管理模块（RM）、流程控制模块（PC）、访问控制模块（AC）。

（一）风险管理模块（RM）

SAP GRC 风险管理模块从企业的业务流程出发，为企业建立一套完整的中央风险库，并提供了完整的闭环风险管理流程。企业的全面风险管理包括风险计划（planning）、风险识别（identification）和风险分析（analysis）、风险响应（respond）、风险监控（monitoring）四大环节（见图 7-4），SAP GRC 风险管理模块涵盖风险闭环管理整个流程，满足管理平台化阶段对于风险管理的相关需求，并能够在与企业的 ERP 系统、数据仓库系统或外部数据源信息相集成的基础上提供持续性的风险监控和风险预警，SAP GRC 能实现线上风险识别、分析、评估，实现对风险点的监控。在实现全面风险管理的道路上，为企业管理层提供全方位的支持。

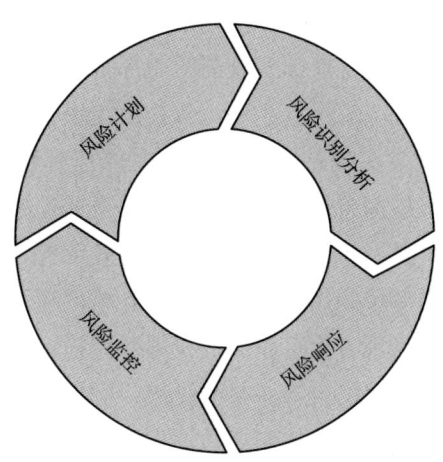

图 7-4　GRC 闭环风险管理流程

资料来源：作者整理。

GRC 风险管理模块内置大量的风险监控报告、风险概率和风险预警仪表盘等全面展现企业风险识别、评估、应对的结果，为企业决策者与部门负责人提供风险管理决策支持。对于不同类型的风险评估，GRC 可建立不同类型的风险评估清单，管理不同的风险评估工具或方法，其风险评估方法通过风险评估模板的形式实现标准化。

GRC 系统支持定义风险预警指标、收集和监控业务系统数据、定义指标预警和通知规则。风险管理模块的关键风险指标（KRI）能够与 SAP ERP、SAP BW、SAP HANA

等系统提供无缝的集成，与企业所拥有的 ERP 系统、数据仓库系统、商务智能系统乃至任何外部提供数据信息的数据源集成，自动从这些数据源中抽取相应所需的信息进行分析、比较，方便企业监控全面的风险组合，并在高影响和高利润风险超出公司特定阈值时立即发出警告。通过有效的风险信息收集手段，识别并规范企业各类风险信息，定期对风险进行风险评估，基于风险等级进行风险应对，实时通过报表掌握风险现状，支持业务决策。

GRC 风险管理模块中内置有 260 多项关键风险指标（KRI）模板，包括战略风险、合规风险、财务风险和运营风险四类。同时这些预置关键风险指标也分别涵盖了油气行业、矿业、高科技行业、化工业、生命科学行业、航空与国防业和政府行业七大行业类别。预置关键风险指标能够帮助企业在实施其全面风险管理和风险监控的过程中节约大量的时间和成本，真正做到快速实施、全面应用的业务目标。

GRC 系统支持风险事件库管理，支持风险对象录入、风险对象更新、风险对象审核和风险对象归档。能够实现快捷的事件查询和归档，系统可出具历年重大风险事件报告。建立风险事件导入来源，可由审计事件、风险问题等来源导入风险事件。

（二）流程控制模块（PC）

流程控制模块与风险评估和风险应对环节相互连接，贯穿内部控制设计和执行评估、缺陷认定、缺陷整改等环节。能够实现集团内部从下而上及时、全面的自我评估和汇报，实现在线测试，跟踪整改情况。利用流程控制模块，企业可以借助技术手段完善风控管理一体化的闭环管理，实现从风险识别、内部控制建设、立项、工作底稿、报告、整改、整改复盘、内部控制自评等环节实现工作全过程的电子化管理。

流程控制模块对现有信息系统内部控制点是否有效设置和有效实施进行评估，通过在信息系统中固化企业的内部控制矩阵及其相关业务单位和人员岗位信息，建立有效的内部控制体系，同时能够规范现有信息系统的权限和流程；流程控制模块中固化了标准化企业的内部控制测试评价、缺陷报告及整改过程，可以协助内部控制自我评价工作有序开展；支持各业务部门对其内部控制评估过程中所发现的内部控制问题进行逐个确认，汇总每个控制点所发现的所有内部控制缺陷，进行综合结果评价。

流程控制模块的主要功能有：

1. 内部控制环境建立

流程控制模块通过固化企业内部控制矩阵及其相关业务单位和人员岗位信息，建立内部控制体系，企业可以依据此内部控制体系有序地开展其内部控制评价工作。自动生成企业所有的制度文件、流程手册、岗位职责以及各类报告。支持批量导入整套内部控制手册，全面覆盖内部控制基本要素，直接实现对业务的控制，与业务系统相关联，规范现有业务流程。确保 ERP 等核心企业经营相关系统的安全、稳定运行。

2. 内部控制测试评估

通过工作流形式，标准化企业的内部控制测试评估、缺陷报告及整改过程。对内部控制设计有效性和执行有效性进行测试，并支持内部控制缺陷报告和整改计划管理。对现有信息系统内部控制点是否有效设置和有效实施进行评估，对重要的信息实施监控。

3. 内部控制缺陷汇总与报告

流程控制支持各业务部门对在其内部控制评价过程中所发现的内部控制问题进行确认，汇总和评定每个控制点所发现的所有内部控制缺陷，最终在公司层面能够掌握内部控制有效性的总体结果，并生成内部控制评价报告。通过设置监控条件和获取数据的间隔，实现对业务的持续监控。与风险评估和风险应对环节相互连接，全面管理业务流程与各控制点，贯穿内部控制设计和执行评估、缺陷认定、缺陷整改等环节。能够实现集团内部从下而上及时、全面的自我评估和汇报，实现在线测试，跟踪整改情况。提供多维度内部控制情况报告，包括评估结果报告、问题状态报告、纠正与预防性措施状态报告、整改状态报告等。

4. 多合规框架

流程控制可以将流程和控制点与法规要求链接起来，不管企业是需要符合 SOX 法案，还是需要符合中国《企业内部控制基本规范》及其配套指引的本地合规要求，均可生成符合该法规的控制点要求。

流程控制支持对多个合规要求的同时管理。每一项法规和政策都是多合规框架体系的一个组成部分，可以融入内部控制矩阵中进行管理，且如果控制点在不同的合规框架下要求是一致的，就可以共享测试结果。

5. 持续监控

流程控制模块可以对后台 ERP 或应用系统中设置的系统控制点进行持续性、不间断的监控，并在发现问题时及时向有关负责人员报告。

通常的控制评估方式依靠人工查看系统配置、人工调阅系统交易数据进行抽样检查等方式进行，而这些方式既费时又费力，更关键的是，人工测试所检查的均是该检查时点的系统状况，而无法达到持续监控的目的。

SAP GRC 流程控制所提供的自动控制通过设定相关的测试规则和测试计划，即可以达到周期性地对 ERP 系统中的自动控制进行持续监控、及时预警的效果。

6. 自动报告

流程控制模块能生成各类报表，包括管理仪表盘、内部控制评估类、自动控制监控类、审计依据、用户和权限类等，提供对管理层决策的支撑。

（三）访问控制模块（AC）

访问控制模块构建了企业全部应用系统的统一权限管控平台，应用职责分离管理规则、敏感访问规则，实现用户全生命周期的统一权限管理。

访问风险管理支持定义职责分离、敏感访问规则，对业务系统内的权限分配基于规则进行检查，识别潜在的风险，并支持在线整改流程。访问授权管理支持用户账号和授权的全生命周期管理，包括：整合各系统授权申请，统一管理界面；整合各渠道申请，单点管理，防止运营漏洞；多层次审批，防止误判；自动根据申请内容开通权限；与 HR 系统集成实现离职人员账号自动禁用；用户自助服务修改系统账号密码。

定义权限维护、监督流程，明确的部门职责和权限分配，包括职责分离管理、系统角色管理、用户授权管理、紧急访问管理四大管理领域。职责分离管理功能通过事中预防、事后侦测识别系统中存在的问题，及时发现问题并进行整改。对各业务系统进行全生命周期管理，实时掌控系统访问风险，进行使用过程分析与监控。

参考文献

[1] 国务院国有资产监督管理委员会. 中央企业全面风险管理指引. 2006.

[2] 财政部,证监会,审计署,银监会,保监会. 企业内部控制基本规范. 2008.

[3] COSO 委员会. 方红星,王宏译. 企业风险管理——整合框架 [M]. 大连:东北财经大学出版社,2004.

[4] 财政部,证监会,审计署,银监会,保监会. 企业内部控制配套指引. 2010.

[5] COSO 委员会. 方红星译. 内部控制——整合框架 [M]. 大连:东北财经大学出版社,2008.

[6] COSO 委员会. 企业风险管理——整合战略与绩效. 2017.

[7] 德勤永华会计师事务所. 风险应对策略图(MARCI CHART). 2009.

[8] 李明,徐玉德,赵治纲. 内部控制与风险管理 [M]. 北京:经济科学出版社,2006.

[9] 徐玉德. 企业内部控制设计与实务 [M]. 北京:经济科学出版社,2009.

[10] 金占明. 战略管理:超竞争环境下的选择 [M]. 北京:清华大学出版社,2000.

[11] 宋建波. 内部控制与风险管理 [M]. 北京:中国人民大学出版社,2017.

[12] 牟宝喜,宋广宇. 工程风险与风险管理 [M]. 海口:南海出版公司,2007.

[13] 北京慧点科技有限公司. 有原则绩效之路:GRC 理论与实践初探 [M]. 北京:清华大学出版社,2016.

[14] 张玉. 内部控制管理技能 [M]. 北京:企业管理出版社,2017.

[15] 保罗·霍普金. 蔡荣右译. 理解、评估和实施有效的风险管理 [M]. 北京:中国铁道出版社,2014.

[16] 约翰 C. 赫尔. 王勇,董方鹏译. 风险管理与金融机构 [M]. 北京:机械工业出版社,2015.

[17] 胡为民. 内部控制企业风险管理:实务操作指南 [M]. 北京:电子工业出版社,2011.

[18] 程爱学,徐文峰. 麦肯锡咨询方法 [M]. 北京:北京大学出版社,2008.

[19] 比约恩·安德森,汤姆·费格豪. 根原因分析:简化的工具和技术 [M]. 北

京：中国人民大学出版社，2011.

[20] 李三喜，徐荣才．基于风险管理的内部控制［M］．北京：中国市场出版社，2013.

[21] 罗伯特·卡普兰，大卫·诺顿．刘俊勇，孙薇译．战略地图：化无形资产为有形成果［M］．广州：广东经济出版社，2004.

[22] 方少华．业务流程咨询［M］．北京：电子工业出版社，2005.

[23] 姜涛．企业内部控制规范手册［M］．北京：人民邮电出版社，2017.

[24] 赵立新，程绪兰，胡为民．上市公司内部控制评价实务［M］．北京：电子工业出版社，2012.

[25] 中国内部审计协会．内部审计在治理、风险和控制中的作用［M］．北京：中国财政经济出版社，2004.

[26] 马瑞民．新编战略管理咨询实务［M］．北京：中信出版社，2008.

[27] 国际内部控制协会．国际注册内部控制师通用知识与技能指南［M］．北京：中国财政经济出版社，2009.

[28] 侯其锋．企业内部控制基本规范操作指南［M］．北京：人民邮电出版社，2016.

[29] 张玉，邱胜利．企业内部控制规范性操作实务［M］．北京：企业管理出版社，2013.

[30] 薛祖云．企业信息化与内部控制［M］．厦门：厦门大学出版社，2011.

[31] 企业内部控制编审委员会．企业内部控制主要风险点、关键控制点与案例解析［M］．上海：立信会计出版社，2018.

[32] 道格拉斯·麦格雷戈．企业的人性面［M］．北京：中国人民大学出版社，2008.

[33] 弗兰克.H.奈特．风险、不确定性与利润［M］．北京：商务印书馆，2006.

[34] 国家发展改革委．企业海外经营合规管理指引．2018.

[35] 国资委．中央企业合规管理指引（试行）．2018.

[36] 张利，胡华夏，余跃洋．基于舞弊三角理论的财务舞弊案例研究［J］．财会月刊，2015.

[37] 国际标准组织．合规管理体系——指南（ISO 19600）．2014.

[38] 孙静，王岩，杨建飞，汪秀娟等．PDCA循环法国内外研究现状及发展趋势［J］．家庭医药，2017（7）.

[39] 岳鑫．企业内部控制信息化实现探析．企业研究，2011.

[40] Sim Segal．Corporate Value of Enterprise Risk Management［M］．John Wiley & Sons，Inc.，2011.